कलाओं की मूल्य-दृष्टि

कलाओं की मूल्य-दृष्टि

संपादक
हेमन्त शेष

वाणी प्रकाशन

वाणी प्रकाशन का 'लोगो'
विख्यात चित्रकार मक़बूल फ़िदा हुसेन की
कूची से

ISBN : 978-81-8143-953-6

वाणी प्रकाशन
21-ए, दरियागंज, नयी दिल्ली-110002
द्वारा प्रकाशित

फोन : 0091#11#23273167, 23275710
फैक्स : 0091#11#23275710
ई-मेल : vaniprakashan@gmail.com
vani_prakashan@yahoo.com
वेबसाइट : www.vaniprakashan.com
प्रथम संस्करण : 2009

मूल्य : 395.00

आवरण : वाणी प्रकाशन
जय भारत प्रिंटिंग प्रेस, शाहदरा, दिल्ली-110032
द्वारा मुद्रित

KALAON KI MOOLYA-DRISHTI
Edited by : Hemant Shesh

उन सभी चिंतकों की स्मृति को समर्पित

जिनके लेख इस पुस्तक में हैं—

पर दुर्भाग्यवश जो आज

हमारे बीच नहीं हैं!

क्रम

संपादकीय के बहाने

कला क्या है?

कला क्या है, इसकी चर्चा करने से पहले सबसे पहले जरूरी है, कला की किसी एक या सर्वमान्य परिभाषा पर हमारी असहमति। ईश्वर है या नहीं, या कविता क्या है, जैसी ही यह बहस अनंत है। कला, जैसे अंधों का हाथी है। कला-गणित में दो का और दो जोड़ सिर्फ चार ही नहीं वह पांच भी हो सकता है, तीन भी, क्योंकि इस जोड़ का संबंध पूर्व निश्चित-प्रतिज्ञाओं, सिद्धांतों से कम और अंधकार में लगाई गई खतरनाक हवाई छलांग जैसे अनुभव से ज्यादा है। दूसरी बात—रचनात्मकता का संबंध साक्षर या शिक्षित होने से जरा भी नहीं। सांस्कृतिक दृष्टि से नितांत असंस्कृत महाकवि भर्तृहरि के पात्र, बहुत से शिक्षितों का हाल सब जानते हैं। तीसरी बात—कला, शास्त्र से पहले बहुत पहले की चीज है। संगीत पहले आया, संगीतशास्त्र बाद में, इसलिए शास्त्र उपयोगी तो है, पर वह हमेशा कला का परवर्ती रहा है। रोचक अंतर्विरोध है कि शास्त्र के रूप में निश्चित या सर्वमान्य हो चुकने पर शास्त्र, कलाओं को प्रभावित और परिवर्तित करते रहते हैं। इस अर्थ में कला और शास्त्र, दोनों ही अन्तःक्रिया करती, रचना और आलोचना जैसी स्वाधीन पर परस्पर आश्रित विधाओं के बतौर शांतिपूर्वक साथ-साथ रहते आए हैं। कला, शास्त्र की मुखापेक्षी या चेरी नहीं है, तथापि वह कई बार हमारे यहां परम्परा में प्रायः शास्त्र का मुंह देखती-सी ही दिखती है। काव्य, शिल्प, ज्योतिष, संगीत और नाट्य आदि को लेकर रचे भारतीय शास्त्रों का नाम शायद विश्व के लगभग अगुवा शास्त्रों में माना जाता है। पर यह कहना भी सही नहीं है कि हम महज परम्परावादी ही हैं। हमारे यहां खंडन और मंडन दोनों की बड़ी लम्बी परम्परा रही है। ये सम्पूर्ण मानवीय ज्ञान की स्वाभाविक प्रवृत्ति है। भारतीय ज्ञान की संस्कृति, मूल्य-निर्माण और रूढ़िभंजन दोनों की द्वन्द्वात्मक बौद्धिक-गतिशीलता से मिलकर बनी है।

कला का संबंध मनुष्य की रचनाशीलता से है, जो उसकी मूल-प्रवृत्ति (इंस्टिक्ट) है। प्रागैतिहासिक काल से हम अपने पूर्वजों को सदैव से सृजनशील पाते आये हैं। आकस्मिक नहीं कि आधी सदी पूर्व एक आधुनिक चित्रकला प्रदर्शनी

(1952) का शीर्षक दिया गया था—'आधुनिक कला के बीस हजार साल'। अगर कोई चित्रकार पर्यावरणवादी कला (Environmental art) के नाम पर पृथ्वी पर ट्रेक्टर चलाकर 4-5 मील लम्बी लकीरें खींच दे और दर्शकों से हवाई जहाज में जाकर कुछ हजार फिट ऊपर से उसे देखने को कहे, तो क्या उसका यह प्रयास कला की परिभाषा में गिना जा सकेगा? उत्तर है—हां! भारत के लिए आज भी ऐसे प्रयोग सिर्फ कल्पना-भर हैं, पर ये पश्चिमी आधुनिक कला-जगत के लिए एक सच्चाई हैं। ब्रिटिश चित्रकार रिचर्ड लोंग (1945-) ने ऐसे बहुतेरे प्रयोग किये हैं। पृथ्वी को ही कैनवास की तरह काम लेने वाले चित्रकार जापान जैसे देशों में भी खूब सक्रिय रहे हैं। और याद रखें—ये नये नहीं, बल्कि 1960 और 1970 के दशकों के प्रसिद्ध आधुनिक कला आन्दोलनों में से हैं।

कला के केंद्र में अपने आसपास सहित सदैव से मनुष्य है। कला मनुष्य की ही कल्पना-रचना या कृति है। चित्र बनाता जिराफ हम सिर्फ सपने ही में देख सकते हैं।

आखिर क्या है जो एक मूर्तिशिल्पी को तो कलाकार बनाता है और एक कुम्हार को शिल्पकार Artisan भर। उत्तर है—सर्जनात्मकता। किसी भी कौशल या खास ढंग के काम में निष्णात हो जाना सृजनशीलता नहीं। एक बढ़ई, अभ्यासजन्य-दीक्षा से सुंदर से सुंदर मेजें बनाते भी अगर कलाकार नहीं, केवल शिल्पकार है, तो सिर्फ बुनियादी दो कारणों से। पहली मौलिकता, और दूसरी सृजनशीलता के अभाव से। नया करना, इसलिए कला में मूल्यवान है, क्योंकि मौलिकता ही हमारी सृजनात्मकता का प्रमाण भी है, और उसका प्रतिफलन भी। टी.एस. इलियट का सुप्रसिद्ध निबंध Tradition and Individual Talent यहां याद आता है जिसमें परंपरा और रूढ़ि दो अवधारणाओं का अन्तर स्पष्ट करते हुए परम्परा की महत्ता के संदर्भ में नयेपन की महिमा भी रेखांकित है। प्रयोग की महिमा का गुणगान महाकवि भवभूति ने भी किया था। भारतीय-कला-परम्परा में 'प्रतिभा' को महत्त्वपूर्ण मानते हुए भी मौलिकता या नवोन्मेष को बड़ी तरजीह दी गयी है। कालिदास का कथन—'पुराणमित्यै न साधु सर्वम्'—वह भारतीय-दृष्टि है जिससे हमारे देश में प्रयोग और परम्परा का द्वैत साधा जाता रहा है।

सन् 1870 की 'वार्ड साइंस कांग्रेस' की पेरिस प्रदर्शनी में पहली बार प्रदर्शित दुनिया के पहले बल्ब की रोशनी मोमबत्ती से भी कम थी, पर इससे उस मौलिक ईजाद की अहमियत कम नहीं हो जाती। एक अच्छी कृति भी ऐसा ही आविष्कार है। 'मेरा दागिस्तान' में अवार कवि रसूल हमजातोव ने कहा है कि एक कवि के रूप में उनके लिए बने बनाये आसान रास्तों पर चलने की बजाय अपनी एक आड़ी-तिरछी पगडंडी खुद बनाना कहीं ज्यादा सार्थक और संतोषजनक है।

कला में प्रतिभा, मौलिकता और सर्जनात्मकता के अलावा शिल्प-कौशल (Form) की महत्ता भी है। केवल प्रतिभा के बल पर सच्चे अर्थ में कलाकर्मी होना

कठिन है। उसे निखारने के लिए जरूरी है माध्यम से सतत जुड़ाव और उसके विविध रूपों का विस्तार और अभ्यास। माध्यम को अधिकाधिक जानना ही उसकी एक जरूरी कुंजी है। मैक्लीन मैक्लुहान, जिन्होंने वर्तमान युग को 'प्रिंट एज' की संज्ञा दी थी का यह कथन भी बहुत मशहूर है 'Medium is the message' एक माध्यम में एक कलाकर्मी जितनी निष्ठा लगन और गहराई से काम करता है, वह अपने माध्यम की सीमाओं संभावनाओं को उतना ही खोल पाता है। भारतीय-शास्त्रीय संगीत में रियाज़ या अभ्यास का महत्व इसलिए तो अधिक है।

कला के संसार में 'परिचित' भी 'अपरिचित' के रूप में उपस्थित होता है। कवि कविता लिखने के लिए कोई नई वर्णमाला, नये शब्दों, नई भाषा का आविष्कार नहीं करता, पर उसके कर्म की सार्थकता इसी सच्चाई में अंतर्निहित है कि वह जाने पहचाने रोजमर्रा शब्दों के सार्थक संयोजन से भाषा में एक नई व्यंजना या नया अर्थ प्रकट करने की चेष्टा करता है। कलाकार, चित्र के खाली अवकाश को रंग रेखाओं और आकृतियों से कुछ इस ढंग से भरता है कि कागज का वह शून्य एक सार्थक चाक्षुष-अनुभव में बदल जाता है। इस दृष्टि से सारी कला 'कुछ नहीं' से 'बहुत कुछ' या 'सब कुछ' तक की अनुभव-यात्रा है। नृत्य जैसी कला, विजय वर्मा के अनुसार—चलने का अगला परिष्कृत रूप है। जैसे गायन बोलने या वाणी की कैण्डैन्स का एक प्रीतिकर, सुव्यवस्थित, लयबद्ध, तालबद्ध रूप।

हर कला के केन्द्र में मनुष्य था, है, और रहेगा। राजनैतिक-अर्थशास्त्र की दृष्टि से भी कलाओं को (साहित्य भी जिनमें शामिल है) एक विशेष कोण से परिभाषित और व्याख्यायित किये जाने की कोशिशें हुई हैं और वैसे अध्येताओं के अनुसार आर्थिक कारणों से, वर्गों का उदय और विकास एक द्वन्द्वात्मक व्यवस्था है, और कला एक 'Super Structure' या स्वाभाविक सामाजिक उत्पाद। परन्तु कलाओं की दुनिया की यह व्याख्या एकाकी और अपर्याप्त है। कला समाज-निरपेक्ष नहीं, पर कला से समाज को बदलने की उम्मीद करना एक अतिरिक्त मांग है। हर पल बदसूरत और जटिल होते जा रहे संसार में कला की अनिवार्यता असंदिग्ध है। कला हमारी संस्कृति है—इसीलिए वह नित्य नयी, नित्य परिवर्तनशील, नित्य गतिमान है। समाज, व्यक्ति, समय, परिस्थितियां उसमें बराबर बदलाव लाते हैं।

कला के साथ एक और तत्त्व गहराई से जुड़ा है—संयोग और रहस्यात्मकता का तत्त्व। रचना-प्रक्रिया सौंदर्यशास्त्र के सबसे जटिल प्रश्नों में महज इसीलिए तो है कि इसका संबंध, मनुष्य की क्षमताओं के अनेकानेक गुह्य-आयामों से है। मैं चित्र बनाते समय अगर उस रचना के अन्त की पूर्व-कल्पना नहीं कर सकता—तो केवल इसीलिए कि रचना मेरे भीतर-बाहर के बनते हुए संसार से मेरी मानसिक-प्रतिक्रिया का साक्ष्य है। वह बनने की प्रक्रिया में भी विकसित होगी। उसका अन्त कैसे होगा अभी क्या पता!

साहित्य भाषा में एक पहल है। एक पूर्व-प्रतिज्ञा, परिचित के भीतर ही अपूर्वमेय और नये अर्थ का संधान। आप ऐसे वाक्यों की रचना करते हैं जिनकी कोई साफ-साफ तस्वीर या शक्ल-सूरत पहले से आपके दिमाग में नहीं होती। वह लिखने के दौरान ही अपनी आकृति ग्रहण करती है। मैं एक वाक्य लिखता हूं और फिर दूसरा वाक्य, जिसके बीच बहुत-सा वह अनकहा अर्थ भी तैरता है—जो पाठक की अपनी कल्पनाशीलता के सहारे ही खुलेगा। रचना के इन क्षणों में आप कागज के अवकाश में हस्तक्षेप करते हुए अपने कौशल के भरोसे जाने पहचाने रोजमर्रा शब्दों के भीतर एक अलग अर्थ पैदा कर पाने के उपक्रम से जुड़ते हैं। लेखन एक ऐसे अर्थ की तलाश है, जो लिखने से पहले तक आपके लिए और आसपास की दुनिया के लिए अनजान और अपरिचित था।

श्रेष्ठ कलाकृति एक बार में अपने को जितना प्रकट करती है उतना ही अपने भीतर वह गोपनीय भी रखती है। यही कारण है कि आप अलग-अलग वक्तों पर अलग-अलग मानसिकताओं में जब-जब उसके पास जाते हैं—वह पहले से कुछ भिन्न, कुछ श्रेष्ठ, कुछ और नया अनुभव भी आप में जगाती है। रचना के संदर्भ में निर्मल वर्मा ने एक जगह कहा है—'एक बड़ी रचना संसार को नहीं बदलती, वह सिर्फ उस रिश्ते को बदलती है जो एक पाठक, उसमें वर्णित संसार से रखता आया है। एक अच्छी, एक उत्कृष्ट कृति के सम्पर्क में आने पर न आप वैसे ही रह जाते हैं जैसे पहले थे न वैसा रह जाता है—आपका संसार, जो उस कृति के सम्पर्क में आने से पहले आपके लिए था।'

हर अच्छी कला एक बात और सुझाती है—'यहां से देखो'। इस सबमें 'देखना' तो महत्त्वपूर्ण है ही, 'यहां से देखना' अधिक महत्त्वपूर्ण घटक है। इस लिहाज से, एक कलाकार चीजों का परिप्रेक्ष्य बदलने का काम भी करता है। और एक बार चीजों का परिप्रेक्ष्य बदल जाने के बाद जानी-पहचानी, परिचित चीजें भी हमें नये आलोक, नये रंग-रूप, नये आकारों में दिखने लगती हैं। कला एक जाग्रत, चेतनाशील मस्तिष्क की सौंदर्यपरक प्राथमिकताओं का रचनाशील रूपान्तरण है।

जैसे लिखना वह रचनात्मक कार्यवाही है जिसके माध्यम से आप शोर-शराबे से भरी दुनिया के बीच भले कुछ वक्त के लिए ही सही सच्चे मायने में अन्तरस्थ होते हैं। अगर किसी रचनात्मक क्षण में मुझे कोई दृश्य, कोई स्मृति, कोई बिंब, कोई अनुभव ऐसा लगता है जिसे मैं अपने लिए और पाठक के लिए शब्द में स्थिर कर देना उचित मानता हूं तो उसे लिख कर भाषा में संघनित कर देना मेरी आन्तरिक प्रकृति के नजदीक है। लिखा जा चुका उस तकलीफ, उस स्मृति, उस अनुभव, उस बिंब, उस दृश्य का मात्र अनुवाद नहीं होता। दिमाग के काठगोदाम से हाथ की जुम्बिश तक आते-आते वह नये रूप धरता है। उसमें कल्पना और भाषा के पंख जो लगे होते हैं। वह बहुत बार इतना बदल चुका है कि आपको उसे अपने मूल रूप में पहचानने में बहुत मुश्किल होती है। वह वहीं तक मेरा है, जब तक वह व्यक्त नहीं हो जाता। अभिव्यक्ति की

अनगिनत राहें लेखक के सामने खुली रहती हैं।

एक ही अनुभव को अनगिनत तौर तरीकों से व्यक्त कर पाना संभव है। यहां आकर मुझे अपनी स्वाधीनता और स्वायत्तता का बोध एक बार लेखन-कर्म की मौलिक-मस्ती के मजों से मुखातिब होने का मौका देता है। पर यह स्वतंत्रता अराजक नहीं, आपको भीतर से गहरे तौर पर जिम्मेदार बनाती है। आप न चाहते हुए भी अपने प्रति, अपने पाठक के प्रति अपनी भाषा, समाज और उसकी अनगिनत अपेक्षाओं के प्रति जवाबदेह होते हैं। इनमें सबसे बड़ी जवाबदेही है—संप्रेषण। एक कवि को यह अधिकार, यह सुविधा तो है कि वह अपनी शर्तों पर कविता लिखे, पर उसके लिए सम्प्रेषण, हमेशा एक बड़ी और बुनियादी चुनौती है। लिखने के दौरान भले मैं पाठक की उम्मीदों और अपेक्षाओं की पर्वाह न करूं, पर लिख चुके जाने पर मेरी कविता मेरी ही नहीं रह जाती। वह अनिवार्यत: दूसरे का भोग्य भी होती है। पाठक लिखे को कैसे और किस सूरत में ग्रहण करे वह उसकी अपनी स्वायत्तता है पर लेखकीय स्वाधीनता का पक्षधर होते हुए भी मेरा मानना है कि शब्द अगर शब्द है तो वह एक साझा-सम्पत्ति है। वह मनुष्य की निर्मिति होते हुए भी मनुष्य की नश्वरता से कहीं ज्यादा बड़ा है।

शब्द में अर्थ का होना ही इसे मूल्यवान बनाता है। कविता में कहीं अधिक जटिल और संश्लिष्ट। कविता मेरे लिए अपने अकिंचिन होने के पुनर्बोध की प्रतिष्ठा है—वहीं इसका अतिक्रमण कर यह अपने होने के अर्थ की तलाश भी है जो मनुष्य होने और भाषा में मनुष्य होने की जिम्मेदारी को बार-बार गहरा करती है। यह वह माध्यम है जो मुझे काल और स्थान की सीमाओं के परे ले जाने की ताकत रखता है।

कला की प्रकृति के बारे में बिना किसी परिभाषा के भी पूछा जा सकता है कि आखिर कला का उद्देश्य या प्रयोजन आखिर क्या है ? कला क्यों ? इसका उत्तर एक नहीं। अनंत हैं इसके जवाब।

कलाएं अपने बाहरी रूपों में भले ही भिन्न स्वरूपों वाली हों, उनका मूल है—मानवीय करुणा, सहानुभूति, सौंदर्य। सौंदर्यबोध की अभिव्यक्ति और सुंदरता की तलाश। कलाकृति का समय, मनुष्य के समय-बोध का स्थानांतरण है। मृत्यु के निरुद्ध मनुष्य का रचनाशील हस्तक्षेप। उसका विस्तार और मनुष्य होने की नश्वरता का अतिक्रमण। अपरिचित से परिचित कराने का माध्यम। अपनी अनुभूतियों को व्यापक मानवीय अनुभवों से जोड़ने का दूसरा नाम। कृति के माध्यम से एक निहितार्थ तक पहुंचने का जरिया। एक ऐसी जगह ले जाने का उपक्रम—जहां आप पहले न गए हों। कला आत्माभिव्यक्ति है। समय से संवाद। मानवीय संवेदना और सहानुभूति का विस्तार। सौंदर्य-बोध का प्रतिफल। कला एक विचार है। सौंदर्य के विचार का कारण। करुणा की अभिव्यक्ति। मनुष्य की रचनात्मकता का विस्तार। पशु और मनुष्य की विभाजक-रेखा। मनुष्य होने की याद। सत्य, शिव और सुन्दर की प्रतिकृति। प्रतिसंसार की सर्जना। एक समानांतर दुनिया। कला अगर एक चीख है तो वह एक चुप्पी भी

है। कला अगर एक भूख है, तो आग भी। कला बेचैनी है। एक अनिवार्यता, एक आवश्यकता। कला सामाजिक है। कला राजनीति है। कला अर्थशास्त्र है। कला व्यंग्य भी है। कहते हैं एक दफा जब एक जर्मन सेनाधिकारी ने विश्वविख्यात कृति गुअर्निका को देखकर पिकासो से पूछा था—'डिड यू क्रियेट दिस ?' तो कलाकार का उत्तर था—'नो सर! यूव हैव क्रियेटेड दिस!'

कला-अस्वाद के आयाम

समीक्षा, कला की परवर्ती कार्रवाई है और किसी भी दूसरे शास्त्र की ही तरह, मीमांसा का काम रचना हो चुकने के बाद का काम है इसलिए समीक्षा का एक बुनियादी दायित्व कलाकृति के देशकाल के साथ अपने आपको सार्थक ढंग से जोड़ने की प्रारम्भ से ही है। कलाकृति का देशकाल, कला-मीमांसा के काल और स्थान-बोध से भिन्न है, इसलिए कला-समीक्षा की सबसे पहली बौद्धिक चुनौती अपने कालबोध को छोड़कर, कृति के कालबोध में प्रविष्ट होने की है। एक अच्छे भावक और प्रेक्षक के रूप में सर्वप्रथम कला-समीक्षक के कला रचना से साक्षात्कार में न तो वैयक्तिक इच्छाओं, अनिच्छाओं की जगह है, न कलाकृति के ऐतिहासिकता, परिप्रेक्ष्य, उसके दबावों और अन्यान्य समीकरणों की। यहां देखना ही सर्वप्रथम और मूलभूत जरूरत है। 'देखना' एक बहुत साधारण शब्द है—पर समीक्षा-कर्म अवलोकन, पर्यवलोकन है, समान रूप से देखना। गुण और अवगुण दोनों को संतुलित, समग्र, पूर्वग्रहहीन समभाव से देखना। 'देखना' कला वस्तु को भौतिक रूप से देखना अगर है, पहला पड़ाव तो उसकी प्रदक्षिणा, उसको विविध-कोणों और दूरियों से देख सकना, उसकी सामग्री, माध्यम, बरतने के ढंग, उसके कुल प्रभाव, पहले पड़े प्रभाव, दुबारा उसी कृति से साक्षात्कार, अलग-अलग आलोकों और पुन: स्थितियों में साक्षात्कार का असर भी देखने की परिभाषा में ही शामिल हैं। हम किसी भी कृति को कैसे देखें—यह प्रश्न कला-समीक्षा का बुनियादी प्रश्न है—जो हमारे अनुभव करने की मनोवैज्ञानिक, सामाजिक, सांस्कृतिक-प्रक्रिया की जटिलता से मिलकर बनता है। देखना कुछ अतिरिक्त जरूरतों की माँग भी करता है। देखने के बारे में ज्योतिस्वरूप जैसे चित्रकार द्वारा बातचीत में कहा गया एक रोचक तथ्य यह है कि हम अगर किसी दिन यह निश्चित करें कि सुबह से शाम तक सिर्फ एक-एक रंग—उदाहरण के लिए—पीला ही देखेंगे, पीले रंग पर ही गौर करेंगे तो शाम या रात होते-होते हम पायेंगे कि अगर हमारा पर्यवलोकन ठीक है और हमारी उत्सुकता पीले को लेकर शिथिल नहीं होती, तो हमने पूरे दिन भर में जितनी जगह, जितना पीला देखा है वह संख्या कल्पनातीत होगी। सामान्यत: हम संवेदना के स्तर पर रंगों के प्रति स्वभावत: निरपेक्ष और अनजान बने रहते हैं। जिस दिन हम रंग या आकार के संसार के प्रति जागरूक और संवेदनशील हो जाते हैं, चीजों की एक नई आभा, वस्तु-जगत की एक अलग अपरिचित दुनिया हमारे सामने खुल जाती है।

कला-आलोचना-समाज

कला की रचनात्मक यात्रा के कई पड़ाव हैं पहला यथार्थ, कलाकार द्वारा देखा गया यथार्थ। कलाकर्मी अगर किसी यथार्थ का चित्रण और परिवर्धन करता है तो वह भौतिक यथार्थ भी हो सकता है, मानसिक या काल्पनिक यथार्थ भी। उसके द्वारा अभिव्यक्त या विश्लेषित यथार्थ भी। जब कलाकृति का स्वरूप ग्रहण करता है तो वह ठीक वैसा नहीं होता जैसा वह है। कला के रूप में वह बदलाव कितना सार्थक है, कितना निरर्थक यह समीक्षा का कार्य क्षेत्र है। कलाकृति या कलावस्तु का निर्माण अंतत: मनुष्य के लिए ही है और इस निर्माण की कमजोरियों, उसकी शक्तियों, उसकी संरचनाओं, उसके गुणों, उसकी विशिष्टताओं की जानकारी अन्य तक पहुंचाने का बुनियादी काम कला-समीक्षा का। कलाकार और समीक्षक अन्योन्याश्रित हैं : अगर कला, समीक्षा को उत्तेजित करती है तो समीक्षा भी कई बार कला प्रवृत्तियों, कलाकारों को। कलाकार के गुणागुण की सम्यक परीक्षा और इतिहास-वृत्त में उसकी सर्जना के महत्त्व का निर्धारण कला की समीक्षा का जरूरी काम है। कलाकृति का महत्त्व सही ऐतिहासिक परिप्रेक्ष्य में उद्‌घाटित करने और रचना-परम्परा में उस कृति-विशेष के स्थान का निर्धारण करने में भी आलोचना एक महत्त्वपूर्ण भूमिका का निर्वाह करती है। कला-समीक्षा, कला की समानान्तर सर्जना है : चित्रकार या मूर्तिकार का सरोकार अगर मूलत: अपनी रचनात्मक क्षमता के बेहतरीन रूपायन के माध्यम से एक रचना की सर्जना में है तो, समीक्षा भी उसी की पुनर्रचना है। रचे जा चुके रूपायन। बदले हुए माध्यम से उसकी कहानी दुबारा कहने की इच्छा। उसका विवेक : 'यहां से देखो' यही समीक्षा भी कहती और करती है। और 'यहां से देखने' में वे कई स्थल शामिल हैं जिन पर आमतौर पर दर्शक उतना सजग नहीं होते। उदाहरण के लिए वही पीला रंग जिसकी चर्चा हम ऊपर कर आये हैं।

कला में रचना-प्रक्रिया के कई अंत:सूत्र हैं—यथार्थ, कलाकार, कलाकृति, उसका भावक (पाठक, दर्शक, श्रोता)—और यथार्थ। कलाकर्मी मानसिक या भौतिक यथार्थ की ही व्याख्या करता है—वह व्याख्या स्वयं कलाकृति है—या कलाकृति में अन्तर्निहित है जो पाठक, दर्शक या श्रोता पर एक निश्चित तरह का बौद्धिक और सौंदर्यजनित प्रभाव डालती है। प्रभाव भावक को कुछ निश्चित संवेदनाओं के जरिये उसकी अंतर्दृष्टि को भी प्रभावित करता है। इस तरह एक यथार्थ से दूसरे यथार्थ तक की शृंखला एक कलाकृति तय करती है। आलोचना का एक काम इस शृंखला को पहचानना है और उसके अंत:सूत्रों का विश्लेषण करना है। आलोचना कभी-कभी कलाकर्मी की विश्वदृष्टि को भी प्रभावित करती है। वह कलाकर्मी का ध्यान जीवन के कुछ पक्षों और कलाकृतियों के कथानकों के माध्यम से उठाये जा सकने वाले प्रश्नों की तरफ आकर्षित कर सकता है, और इसी प्रक्रिया में वह कुछ ज्वलंत सामाजिक

राजनैतिक और दार्शनिक समस्याओं की ओर भी संकेत कर सकता है। आलोचक, कलाकार को इस अर्थ में प्रभावित करता है कि आलोचना से उसके सर्जनात्मक व्यक्तित्व को नया आलोक मिल सकता है, कलाकर्मी के आत्मनियन्त्रण की क्षमता को बढ़ाने और सामाजिक-संदर्भों में उसकी रचनात्मकता को अवस्थिति देने में भी एक आलोचक उत्तरदायी है। साम्यवादी देशों में तो एक कलाकार के व्यक्तित्व के सारे व्यक्तिगत या सामाजिक पक्ष तक कला आलोचक के कार्यक्षेत्र में आते हैं!

कलाकार और समीक्षक के बीच एक बौद्धिक-शीतयुद्ध और असहमति की गुंजाइश की बात की जाती है, पर कुछ अर्थों में समीक्षा, कलाकार के कला-व्यक्तित्व के विकास के लिए कुछ हद तक आवश्यक उपकरण है। कलाकृति के मनोविज्ञान और कौशल से जुड़ी समस्याओं पर एक समीक्षक भी कलाकर्मी को कुछ जरूरी स्थलों की तरफ संकेत करता रह सकता है। समीक्षक एक दौर विशेष में समानांतर रूप से रचना कर रहे विभिन्न कलाकारों की कृतियों की तुलनात्मक व्याख्या के माध्यम से भी कलाकृतियों की गुणवत्ता और दिशा पर अचेतन प्रभाव डालता है। कलाकार और समाज के बीच एक समीक्षक एक पुल की तरह काम करता है, ताकि कलाकृति का अर्थ और संदेश आम प्रेक्षक तक ठीक ढंग से पहुंचाया जा सके। कलाकार की रचना के तत्त्व—एक अच्छी आलोचना ही सामान्य प्रेक्षक को बखूबी दिखा सकती है। कलाकार के काम के प्रति प्रशंसकों या सहृदय भावकों को आकर्षित कराने के लिहाज से आलोचक का अपना एक मायना है। कला-आलोचना एक भाव को कृति से तादात्म्य कर सकने के लिए कुछ अपेक्षित मानसिक अंतर्सूत्र प्रदान करती है। इस अर्थ में एक समीक्षक का काम फिल्म निर्देशक के काम जैसा भी है!

कला मीमांसा : कला है या विज्ञान?

यह प्रश्न बार-बार उठाया गया है कि कला-आलोचना एक साहित्य है या विज्ञान? यह एक जटिल सवाल है। गणित के सूत्रों की तरह एक कलाकृति की वैज्ञानिक या तार्किक व्याख्या असंभव है। कलाकृति की रचना में जिस तरह कलाकर्मी की मनोवैज्ञानिक प्रेरणाएं, उसकी अपनी अंतर्दृष्टि, अपने अनुभव, अनुभूतियां, आदि काम करती हैं, कुछ-कुछ वैसे ही एक आलोचक की अपनी विषयपरकता भी कृति के मूल्यांकन में चेतन-अचेतन रूप से रहती है। यह स्वाभाविक है। पर संस्कृत में 'नीर-क्षीर विवेक' की बात कही गयी है।

आधुनिक समय की बुनियादी तार्किक, वैज्ञानिक, सुव्यवस्थित और अधिकाधिक सुचिंतित वैचारिक-परम्परा के अनुरूप कला-आस्वादन को भी एक तथ्य वैज्ञानिक, तर्कशील स्वरूप ग्रहण करने की आवश्यकता है। यहां हम समीक्षा-कर्म, खासतौर पर कला-आलोचना को साहित्य की या अन्य आलोचना प्रविधियों से निहायत भिन्न आधार पर ही परिभाषित करना चाहेंगे, क्योंकि विधागत-साम्य के बावजूद तकनीक, संवेदना,

प्रविधि आदि-आदि में कला-रूपों की अपनी निजता और अन्यता भी है। मीमांसा के तीन सवाल हैं : क्यों, क्या और कैसे? कलाकृति के मूल्यांकन की दिशा में आलोचना उसके संपूर्ण कला व्यक्तित्व को जानने के परिप्रेक्ष्य में तीन आवश्यक प्रश्न पूछ सकती है।—क्यों? में कृति की ऐतिहासिक अनिवार्यता का औचित्य—क्या? में कृति का समूचा अंतरंग विश्व: कथ्य—कैसे? में कृति की भौतिक गुणधर्मिता तकनीक रूप।

कलाओं की मूल्य-दृष्टि

अगर इसे गर्वोक्ति न माना जाय तो विनयपूर्वक हम यह लिखना चाहेंगे कि स्तरीय और संग्रहणीय सामग्री की प्राप्ति में आने वाली कठिनाइयों और संसाधनों की सीमाओं के उपरांत भी एक नई परंतु चित्त-स्वायत्त रचनात्मक उच्चावचनता के लिए प्रतिश्रुत पत्रिका के रूप में 'कला प्रयोजन' के विगत 49 अंकों की प्रकाशन-यात्रा अनुभवार्जन और पाठ-ग्रहण दोनों ही दृष्टियों से फलदायी साबित हुई। दलविहीनता के सचेष्ट आग्रह और मात्र सर्जनात्मकता के प्रति सन्नद्ध रहने की अपनी बुनियादी प्रतिज्ञा को हम शायद इसीलिए क्रियात्मक रूप दे सके कि दृष्टि और इरादे में खरे प्रकाशन के तौर पर हमें ऐसे लेखकों और संस्कृतिकर्मियों का स्नेह मिला जो परस्पर अनेक वैचारिक मतभेदों और दृष्टि-वैभिन्न्य के बावजूद 'कला-प्रयोजन' को पूर्वाग्रहविहीन विमुक्त और जिम्मेदार मंच मानते हैं, जहां वे निर्द्वंद्व मिल सकते हैं। दृष्टि-भेदों की अप्रतिमताओं का गहरा सम्मान करती यह भूमि सिर्फ नैष्ठिक बौद्धिक विमर्श की हो सकती है। इस पुस्तक में शामिल सारे आलेख इसी लेखक द्वारा संपादित की जा रही पत्रिका 'कला प्रयोजन' में पहले प्रकाशित हुए थे। यहां पश्चिम क्षेत्र सांस्कृतिक केन्द्र, भारत सरकार, उदयपुर का आभार व्यक्त करना उपयुक्त है।

'कलाओं की मूल्य दृष्टि'—पद का विचार आते ही बीसियों प्रश्न दिमाग में उठते हैं। वे स्वतंत्र भी हैं और अनुषंग भी। ऐसा जरा भी नहीं है कि ऐसा विमर्श हमारे यहां पहली बार हो रहा है, किंतु बदलती हुई सांस्कृतिक-सामाजिक जरूरतों के आलोक में हर पुराना प्रश्न नये तेवर और चुनौती के साथ पुनरावलोकन की अनिवार्यता बनकर सामने आता है।

कलाएं क्यों हैं? उसकी जरूरत किसे है? कलाएं जिनमें साहित्य भी शामिल है, मनुष्य के किस विश्वास आशा और आकांक्षा की रचना और रक्षा करती हैं? समाजों के सांस्कृतिक विकास और अपेक्षाएं, बल और शक्तियां कार्यशील रहती हैं? उनका मनुष्य और समाज के सांस्कृतिक और सामाजिक भविष्य से क्या संवाद होना चाहिए? मूल्य-दृष्टि के संदर्भ में समाज और कलाओं के जटिल अन्त:संबंधों की प्रकृति मूलत: क्या है? क्या दोनों के बीच कोई आदर्श स्थिति संभव है? कलाएं अपनी व्यापक अंतर्वस्तु में क्या कोई पाठ हैं? क्या सिखलाती हैं वे हमें? क्या संकल्प है उनका? क्या कलाओं की कोई एक विश्व-दृष्टि है? उनकी अनेकात्मकता के उत्स और कारण

क्या हैं ? कलाओं की मूल्य–दृष्टि के संदर्भ में हमारे बौद्धिक और सर्जनात्मक दायित्व क्या है ? किन–किन आग्रहों ने वर्तमान सदी के कला–मूल्यों को पिछले कालखंडों की तुलना में बदला है ? मूल्य–संक्रमण के इस दौर में क्या कुछ ऐसे कला–मूल्य और आदर्श हैं जिन्हें यथासंभव बनाए–बचाए रखने के लिए सुव्यवस्थित प्रयास जरूरी हैं ? हमारी अन्य संस्कृतियों से संपर्क की प्रकृति और दिशा क्या है ? इस अंतःक्रिया के मूल्य–दृष्टि पर क्या स्वाभाविक परिणाम हैं ? आधुनिक मूल्य–दृष्टि प्राचीन परंपरा के प्रसंग में कितनी सुसंगत अर्थकामी और मानवोन्मुखी है ? कलाओं और व्यक्ति के बीच संबंध कैसे हों ? परंपरा के नवान्मेष के लिए क्या भारतीय कला–दृष्टि में कोई अंतर्निहित उत्प्रेरणाएं और बौद्धिक संकेत है ? वे किन–किन रूपों में हमें दिखते रहे हैं ? क्या कलाओं की मूल्य–दृष्टि एक ऑर्गेनिक प्रक्रिया जैसी है जिसमें संरक्षण, संवर्द्धन और उद्विकास जैसी धारणाएं और क्षरण, विनाश, ध्वंस और विलुप्तीकरण जैसी आंतरिक प्रतिशक्तियां बराबर सक्रिय रहती हैं ? कलाओं की मूल्य–दृष्टि में परिवर्तनकामिता के और स्पष्ट कारण क्या है ? समाजों की मूल्य–दृष्टि में परिवर्तन का कला–रूपों प्रयोगधर्मिता और रचनाशील–उन्मेष पर असर किस प्रकार पड़ता है ? उसकी वैधता की पहचान कैसे संभव हो ? कला–मूल्य मानव–केंद्रित हैं या सृष्टि–केंद्रित ? क्या हम कुछ भूल गये हैं ? क्या हमें कलाओं में नये शास्त्रों की जरूरत नहीं है ?

ऐसे ही कुछ प्रश्नों को लेकर मन में उठी जिज्ञासाओं को जब इस संपादक ने अपने समय के महत्त्वपूर्ण चिंतकों के सामने रखा तो उन्होंने इन पंक्तियों के लेखक के आग्रह का मान रखते हुए अपने–अपने ढंग से मंथन किया और अपने लेख प्रकाशन के लिए भेजे। हम अपने सभी लेखकों और रचनाकारों के प्रति कृतज्ञ हैं।

प्राप्त सामग्री बहुत ज्यादा थी, पर किताब के कलेवर की सीमा को देखते हुए डॉ. सीमाकांत महापात्र अयप्पा पणिक्कर, अरुण कमल जैसे कई गंभीर रचनाकारों के लेख मजबूरन छोड़ देने पड़े, इसका मुझे व्यक्तिशः बड़ा संताप है। आशा है ये सहयोगी हमें क्षमादान देंगे।

इस किताब का महत्त्व समझते हुए मेरे मित्र अरुण माहेश्वरी ने तत्परतापूर्वक किताब को दिनालोक दिखाया इसके लिए उन्हें सस्नेह धन्यवाद।

मुझे उम्मीद है हिंदी में स्तरीय सौंदर्यशास्त्र–चिंतन की कमी को पूरा करने की दिशा में इस संपादक के परिश्रम का लाभ केवल विद्यार्थी ही नहीं, ऐसे सब पाठक लेंगे जो कलाओं की संश्लिष्ट और जटिल, किंतु बहुत पुरानी होने के बावजूद रोज़–रोज़ नयी बनती रंगारंग दुनिया को अधिक अंतरंगता और गंभीरता से समझना–बूझना चाहते हों!

—हेमन्त शेष

प्रो. सिद्धेश्वर प्रसाद

अनुभूति और अभिव्यक्ति

[1]

बाबू जयशंकर 'प्रसाद' ने सौंदर्य को 'चेतना का उज्ज्वल वरदान' कहा है। क्या यह केवल उस नारी का सौंदर्य है जो 'जीवन के सुंदर समतल में पीयूष स्रोत-सी बहा करती है, जो विश्वास रजत नगर पगतल में केवल श्रद्धा है?' (कामायनी, लज्जा) चेतना के उज्ज्वल वरदान के रूप में सौंदर्य की प्रस्तुति का आधार केवल शैव दर्शन नहीं (जैसा कि अक्सर मान लिया जाता है), बल्कि बृहदारण्यकोपनिषद् (2.3.1) का वह मंत्र है जिसे उन्होंने अपने एक निबंध में उद्धृत किया है ('काव्य और कला' शीर्षक निबंध, प्रसाद वाङ्मय, खंड-5)। उपनिषद् के उक्त मंत्र में कहा गया है, ब्रह्म के दो स्वरूप हैं—एक व्यक्त और दूसरा अव्यक्त। इसमें मरणधर्मा व्यक्त है और अमर्त्य ही अव्यक्त है। जो मर्त्य है—वह जड़-स्थिर है और अमृत (अविनाशी) सतत् गतिमान है (पं. श्रीराम शर्मा आचार्य कृत अनुवाद 108 उपनिषद्)। जीवन गति है, अत: वह जड़, स्थिर या मर्त्य नहीं, बल्कि चेतन, गतिशील और अमृत है। प्रसाद जी की दृष्टि में सौंदर्य, चेतना की अभिव्यक्ति है, अपितु उज्ज्वल चेतना का वरदान है, क्योंकि हर चेतना का रूप होता है, पर हर रूप सुंदर नहीं होता। उज्जवल चेतना का स्वरूप ही सुंदर होता है। काव्य और कला के प्रसंग में प्रसाद जी ने संस्कृति के संबंध में कहा है कि वह 'सौंदर्यबोध के विकसित होने की मौलिक चेष्टा है' (वही, काव्य और कला)। सांस्कृतिक परंपराओं की विविधता और सौंदर्यबोध की भिन्नता का यही कारण है।

हेगेल का जो कला विवेचन भारत में प्रचलित हो रहा था, उसके संबंध में प्रसाद जी ने लिखा, 'हिंदी में आलोचना कला के नाम से आरंभ होती है और साधारणत: हेगेल के मतानुसार मूर्त और अमूर्त विभागों के द्वारा कलाओं में लघुत्व और महत्त्व समझा जाता है। इस विभाजन में सुगमता अवश्य है, किंतु इसका ऐतिहासिक और वैज्ञानिक विवेचन होने की जैसी संभावना पाश्चात्य साहित्य में है, वैसी भारतीय साहित्य में नहीं।' और भी, 'वर्तमानकाल में सौंदर्यबोध की दृष्टि से यह वर्गीकरण

अपना अलग विचार-विस्तार करने लगा है। इसके आविर्भावक हेगेल के मतानुसार कला के ऊपर धर्मशास्त्र का और उससे भी ऊपर दर्शन का स्थान है। इस विचारधारा का सिद्धांत है कि मानव सौंदर्यबोध के द्वारा ईश्वर की सत्ता का अनुभव करता है। फिर धर्मशास्त्र के द्वारा उसका अभिव्यक्ति लाभ करता है। फिर शुद्ध तर्क ज्ञान से उससे एकीभूत होता है।'

इस संबंध में भारतीय विचारधारा क्या है? इसे स्पष्ट करते हुए प्रसाद जी ने लिखा है, ''काव्य के संबंध में यहां की प्रारंभिक और मौलिक मान्यता कुछ दूसरी थी। उपनिषद् में कहा है, 'एदेएतत् सत्यं मंत्रेषु कर्माणि कवयो यान्ययश्यंस्तानि त्रेतायाम् बहुधा संततानि।' कवि और ऋषि इस प्रकार पर्यायवाची शब्द प्राचीनकाल में माने जाते थे। 'ऋषियो मंत्रद्रष्टारः'। ऋषि लोग या मंत्रों के कवि उन्हें देखते थे। यही 'देखना' या 'दर्शन' कवि की महत्ता थी' (वही, काव्य और कला)।

ऐसी समृद्ध भारतीय परंपरा की फिर भी अवमानना की जा रही थी। एक ओर डॉ. श्यामसुन्दर दास 'साहित्यालोचन' में साहित्य और कला का विवेचन पाश्चात्य प्रभावित दृष्टिकोण से कह रहे थे, दूसरी ओर आचार्य रामचन्द्र शुक्ल कविता की 'भारतीय दृष्टि' को 'व्यक्त और गोचर के भीतर ही' मान कर चल रहे थे (काव्य में रहस्यवाद, चिंतामणि, भाग-2, पृ. 90)। इन सबसे आश्चर्यजनक तो यह था कि पांच खंडों में 'भारतीय दर्शन का इतिहास' लिखने वाले डॉ. सुरेन्द्रनाथ दास गुप्त के 'सौंदर्य तत्त्व' (अनुवादक—डॉ. आनन्द प्रकाश दीक्षित, भारती भंडार, इलाहाबाद) का पहला वाक्य है, 'सौंदर्य के स्वरूप तथा उसके लक्षण के संबंध में हमारे देश में अभी तक कोई विचार नहीं हुआ है।' यह वाक्य यदि इस रूप में होता कि 'सौंदर्य के स्वरूप तथा उसके लक्षण के संबंध में पाश्चात्य परंपरा से भिन्न दृष्टिकोण से विचार हुआ है' तो कथन सत्य के निकट होता।

आचार्य शुक्ल 'भारतीय दृष्टि' को 'व्यक्ति और गोचर के भीतर' ही मान कर चल रहे थे। भारतीय दृष्टि को इस रूप में सीमित करने का क्या औचित्य है? आचार्य की इस संकुचित धारणा के निराकरण के लिए प्रसादजी ने बृहदारण्यकोपनिषद् (2.3.1) से उद्धरण दे कर टिप्पणी की, 'इस तरह मूर्त और अमूर्त का भौतिक भेद मानते हुए भी रूप दोनों में ही माना गया है।' इस मूल वैदिक स्थापना की भारतीय परंपरा को ध्यान में न रखने के कारण ही कला, साहित्य, दर्शन, कलाशास्त्र, साहित्यशास्त्र, दर्शनशास्त्र आदि का विवेचन करते हुए डॉ. दासगुप्त की तरह या तो निराधार टिप्पणी कर दी जाती है, या आचार्य शुक्ल की तरह एकांगी विवेचन किया जाता है। चूंकि रूप की भारतीय धारणा पाश्चात्य धारणा से भिन्न है, इसलिए सौंदर्य की धारणा भी भिन्न है, अनुभूति के स्वरूप की धारणा भी भिन्न है, और इन सबके विवेचन की दृष्टि भी भिन्न है। 'भारतीय सौंदर्यशास्त्र' (हिस्ट्री ऑफ़ फिलॉसफी : ईस्टर्न एंड वैस्टर्न—सं. डॉ. राधाकृष्णन्) का संक्षिप्त विवेचन प्रस्तुत करते हुए डॉ. पांडे ने

कहा है कि "रस ब्रह्मवाद, नाद ब्रह्मवाद और वास्तु ब्रह्मवाद के विशेषज्ञ मानते आये हैं कि ये परम तत्त्व की ही अभिव्यंजना हैं।'

सौंदर्य की अनुभूति और अभिव्यक्ति पर इस दृष्टि से विचार करते हुए भारतीय परंपरा ने 'रसौ वै सः' (तैत्तरीयोपनिषद् 2.7.1) वही रस है, को अंतिम माना। इस मंत्र की व्याख्याएं भिन्न-भिन्न रूपों में भले ही की गयी हैं, पर मूल मान्यता यही रही है। भरतमुनि से ले कर आचार्य शुक्ल तक के इस मंत्र के सभी व्याख्याकार अपने-अपने दृष्टिकोण से रस के स्वरूप का तब से विवेचन इसीलिए करते आ रहे हैं कि इस मंत्र के आगे के मंत्र के इस मंत्रार्थ को कि इस रस को पा कर ही मनुष्य आनंदित होता है, मानव अनुभूति का ऐसा सनातन, सार्वकालिक और सार्वदेशिक यथार्थ है कि जिसे नकार कर और किसी अनुभूत सत्य को स्थापित किया ही नहीं जा सकता। रस और आनंद की अभिन्नता ही इस विवेचन का आधार रहता आया है।

सौंदर्य, रूप तक ही सीमित है क्या? भाव, विचार, अनुभूति आदि से हीन रूप का सौंदर्य वस्तुतः सौंदर्य है या सौंदर्य का कंकाल मात्र? शव के रूप का सौंदर्य कहां लुप्त हो जाता है? जब जायसी की कुरूपता देख कर शेरशाह हंसा तो जायसी ने टोका कि मुझ पर हंसता है या मेरे रचने वाले कुंभकार पर? शेरशाह ने लज्जित हो कर माफ़ी इसीलिए तो मांगी कि वह कवि के आंतरिक सौंदर्य पर मुग्ध हो गया।

अतः गहराई से विचार का विषय केवल मूर्त नहीं, बल्कि अमूर्त रूप ही है, क्योंकि आनंद का उत्स वही है। रस, नाद, वास्तु, सब का मूल एक ही है।

इस मूल धारणा को डॉ. रामविलास शर्मा ने 'भारतीय नवजागरण और यूरोप' में अद्वैतवाद, सर्वात्मवाद और भौतिकवाद के द्वंद्वात्मक संबंधों के आधार पर विश्लेषण करते हुए नवजागरण की जो व्याख्या की है, उससे यह स्पष्ट रूप से प्रमाणित होता है कि भारतीय वैदिक परंपरा ने संपूर्ण विश्व को किस रूप में किस प्रकार प्रभावित किया। 'एकं सद् विप्रा बहुधा वदंति' (ऋग्वेद, 1.164.46) का द्वैत-भाव 'ईशावास्यमिदंसर्वं' (यजुर्वेद) के सर्वात्म भाव से अभिन्न है और इस भाव की अनुभूति ही इस रूप में अनुभूत हो सौंदर्यभाव को विभिन्न रूपों में अभिव्यंजित करती है। अद्वैतभाव और सर्वात्मभाव अनुभूति के स्तर पर अभिन्न हैं। अद्वैतभाव की स्वीकृति और सर्वात्मभाव की अस्वीकृति की स्थिति में मायाभाव की माया को स्वीकारने की शंकराचार्य की विवशता ने भारतीय परंपरा के इतिहास में विवशता का एक अध्याय ही जोड़ दिया। लेकिन यदि इसका विस्मरण कर दिया जाये कि भूतभाव की स्वीकृति ही अद्वैतभाव की सर्वात्मभाव के रूप में परिणति है तो इससे शंकराचार्य के मायावाद के स्थान पर जड़तावाद की प्रतिष्ठा को जिस रूप में प्रश्रय मिलेगा उसका परिणाम भी वैसी ही विकृति का कारण होगा। अद्वैतभाव का द्वंद्वबिंदु सर्वात्मभाव ही हो सकता है, भूत-भाव नहीं। भूतभाव का द्वंद्वबिंदु सर्वात्मभाव हो तो वह भाववादी अद्वैत का भूतवादी अद्वैत होगा, जिसकी परिणितियों की एकेश्वरवादी विकृति के विभिन्न रूपों

से मानव समाज का इतिहास भरा पड़ा है। सर्वात्मभावी अद्वैतभाव को जब (शंकराचार्य) माया भावी अद्वैतभाव के रूप में प्रस्तुत किया जाता है तब वह वस्तुतः द्वैतभाव का ही ऐसा रूप ले लेता है, जिसके अंतर्विरोधों का कभी अंत ही नहीं होता। 'भक्ति' शीर्षक निबंध में प्रसाद जी ने लिखा है कि 'मुक्ति से मनुष्य में मिल सकता है और भक्ति से मनुष्य ईश्वर को अपने पास बुला सकता है' (प्रसाद वाङ्मय, खंड-5, पृ. 18)। लेकिन यह द्वैतभाव है। 'रस' शीर्षक निबंध में उनका कथन है, 'कदाचित् प्राचीन रसवादी रस की पूर्णता भक्ति में इसीलिए नहीं मानते थे कि उसमें द्वैत का भाव रहता था।' (प्रसाद वाङ्मय, पृ. 74)

[2]

इस संक्षिप्त विवेचन में यह स्पष्ट करने का प्रयास किया गया है कि कला प्रयोजन की भारतीय मूल्य दृष्टि में परम तत्त्व सौंदर्य नहीं, रस है। संपूर्ण भारतीय मूल्य दृष्टि इसी जीवनबोध से अनुप्राणित है। यह बोध तात्त्विक दृष्टि से अद्वैतभाव है और अभिव्यंजना की दृष्टि से सर्वात्मभाव। यह जीवनबोध वेद, उपनिषद्, पुराण, काव्यकला आदि में ही नहीं, बल्कि व्याकरणशास्त्र, अर्थशास्त्र, आयुर्वेदशास्त्र, कामशास्त्र आदि सभी शास्त्रों में भी परिव्याप्त और अनुस्यूत है। यह कहने की आवश्यकता नहीं है कि सूत्रग्रंथ और धर्मशास्त्र भी इसे अंगीकार कर ही अपने-अपने विषय का विवेचन करते हैं।

इस जीवनबोध की, इस मूल्य दृष्टि की, युक्तिसंगतता इसकी तात्त्विकता, मनोवैज्ञानिकता और वैज्ञानिकता है। तैत्तिरीयोपनिषद् (2.4) में कहा गया है, 'जिस ब्रह्म के आनंद की अनुभूति में मन के साथ वाणी भी असमर्थ रहती है, उसका बोध (आनुभविक ज्ञान) करने वाला विद्वान् कभी भयग्रस्त नहीं होता' (पं. श्रीराम शर्मा आचार्यकृत अनुवाद)। इसके आगे (2.7) जिसे रस कहा गया है, जिससे आनंद प्राप्त होता है, वह मन और वाणी के परे होने पर भी अनुभूतिगम्य है। आगे इसकी प्रामाणिकता की कसौटी भी दी गयी है, 'जब कोई जीवात्मा उस अदृश्य, शरीर रहित, अवर्ण्य, निराश्रय परमात्मा में निर्भय हो कर स्थित हो जाता है तो वह अभय पद को प्राप्त होता है। जब तक वह (जीवात्मा) परमात्मा से विमुक्त रहता है, तब तक भय से युक्त होता है (वही)। अद्वैतभाव और सर्वात्मभाव की मनोभूमि की इस स्थिति की कसौटी वस्तुतः स्वयंसिद्ध है, क्योंकि वह 'मैं भी हो गयी लाल' (कबीर) या 'बूंद समानी समुद्र में' (जायसी) की भी स्थिति है, केवल वैदिक युग के ऋषियों की नहीं। आधुनिक शिक्षा-प्राप्त स्वामी रामतीर्थ ने कहा है :

गुलिस्ताँ में जा कर हर इक गुल को देखा।
तो मेरी ही रंगत व मेरी ही बू है ॥

मिरा तेरा उठ्ठा हुए एक ही हम।
रही कुछ न हसरत न कुछ आरज़ू है ॥

इस अखंड भारतीय परंपरा की उपेक्षा के आज प्रमादवश जो प्रयत्न हो रहे हैं उनसे प्रेरित पोषित कृतियां भारतीय जनजीवन में क्षणिक विक्षेप भले ही उत्पन्न कर लें, वे भारतीय जनजीवन की गहराई में नहीं प्रवेश कर सकतीं। पानी के बुलबुले के समान ये कब उठेंगे और कब फूटेंगे, यह कहना कठिन है।

जीवन का रस उसकी अखंडता के बोध पर निर्भर करता है। इस ओर मानव मात्र की जन्मजात रुचि होती है, वैसे ही जैसे अग्नि की ज्वाला का ऊपर की ओर उठना और जल का नीचे की ओर प्रवाहित होना। ये इनके सहज धर्म हैं। पर सृष्टि की प्रकृति द्वंद्वमयी है। सहज को असहज बनाने के तत्त्व यदि इसमें निहित हैं तो असहज को सहज बना लेने का विवेक और युक्ति भी मनुष्य में है। भारत ने सदा विवेक और युक्ति से ही काम लिया हो, ऐसा तो नहीं कहा जा सकता, फिर भी इतना तो है ही कि जीवन का मूल प्रयोजन कभी आंखों से ओझल नहीं हुआ। तभी ऋग्वेद के प्रथम सूक्त के द्रष्टा ऋषि मधुच्छन्दा वैश्वामित्र से ले कर महात्मा गांधी, महायोगी श्री अरविन्द और महर्षि रमण तक यह परंपरा कभी क्षीण और कभी पीन रूप में प्रवाहित रही है। याज्ञवल्क्य से मैत्रेयी का यह प्रश्न सनातन है, 'जिससे मैं अमर नहीं हो सकती, उन भोगों को ले कर मैं क्या करूंगी?' (बृहदारण्यक, 2.4.3)

फिर भी भोग में अमरता की खोज समाप्ति नहीं हुई है। आधुनिकता अपने को इसी तक सीमित रखने के लिए मचलती रहती है। मचलने के इस दृश्य के दर्शन की अनुभूति सौंदर्यबोध नहीं है, अतः यह आनंद नहीं, बल्कि विकल मन की प्यास को ओस से बुझाने का प्रयास भर है। कलागुरु डॉ. आनन्द कुमारस्वामी ने ठीक ही कहा है कि, 'कला के सभी प्रकार के लयों का पर्यवसान ब्रह्मांडीय लय में होता है' (कलातत्त्व कोश, खंड-2, पृ. 397)।

ऋग्वेद के दसवें मंडल के इकहत्तरवें सूक्त में वागर्थतत्त्व का जो विवेचन है उससे यह स्पष्ट है कि उनकी दृष्टि में प्रारंभिक ज्ञान से ले कर ब्रह्मज्ञान तक ही अनुभूति और अभिव्यक्ति में भाषा के संस्कार का कितना महत्त्व है, 'सूप से सत्तुओं को स्वच्छ करने के समान मेधावीजन जिस समय अपनी बुद्धि, ज्ञान के सामर्थ्य से भाषा को सुसंस्कृत करते हैं, तब मित्र, आत्मीयजन मित्रता के भावों को समझते हैं। ऐसी स्थिति में उनकी वाणी में मंगलकारी लक्ष्मी (समृद्धि बढ़ाने वाली शक्ति) का निवास होता है' (ऋग्वेद, 10.71.2 पं. श्रीराम शर्मा आचार्य कृत अनुवाद)। इसी सूक्त का छठा मंत्र है, 'जो व्यक्ति दिव्यज्ञान की धारा के साथ मित्रभाव (आत्मीय स्नेह) त्याग देते हैं, उन्हें दिव्य वाणी में कोई उल्लेखनीय भागीदारी नहीं मिल पाती। वह जो कुछ सुनता है, उसके लिए सब निरर्थक होता है तथा उससे उसे सत्कर्म

का मार्ग भी प्राप्त नहीं होता' (वही)।

वागर्थ की इस वैदिक साधना का प्रयोजन था 'यथेमां वाचं कल्याणी मावदानि जनेभ्य:। ब्रह्म राजान्याभां शूद्राय चार्याय च स्वाय चारणाय च' (यजुर्वेद, 26.2)। कल्याणी वेदवाणी सबके लिए है—ब्राह्मण, राजन्य, वैश्य, शूद्र, आर्य, अनार्य। अद्वैतभाव और सर्वात्मभाव का वैदिक स्वरूप यही है। यही वैदिक औपनिषदिक मूल्य दृष्टि है, भारतीय मूल्य दृष्टि है।

कला, साहित्य, संगीत आदि को सर्वजन सुलभ रूप देने का अर्थ उसे मूल्यहीन बना देना या उसे क्षणिक इंद्रियज उत्तेजना तक सीमित कर देने का अर्थ है उसे जीवन की सांस्कृतिक धारा से काट कर अलग कर देना। अर्थात् मानुष संस्कृति को पुन: पशु प्रवृत्ति युग में वापस ले जाना। इस प्रयोजन को भारत ने न प्राचीन काल में स्वीकार किया था, न अब करेगा। जो ऐसा भ्रम पाल रहे हैं उन्हें मानव जीवन में इस प्रवृत्ति के बढ़ावा देने से उठ रहे तूफ़ान का कोई बोध है ही नहीं।

साहित्य, संगीत, कला की मूल्य दृष्टि जीवन की मूल्य दृष्टि से भिन्न नहीं हो सकती और मूल्य दृष्टि को फ़ैशन की कोटि में परिगणित नहीं किया जा सकता। ऐसा इसलिए होता दिख रहा है कि आधुनिकता के नाम पर पाश्चात्य मूल्यहीन भोगभाव को विश्व संस्कृति के नाम पर थोपा जा रहा है। हां, शाब्दिक अर्थ में थोपा जा रहा है। अमेरिकी लेखक हंटिंग्टन (क्लैश ऑफ़ सिविलाइजेशंस) ने इसके लिए युद्ध तक का सहारा लेने का प्रस्ताव किया है।

भारतीय मूल्य दृष्टि में विविधता के लिए कोई स्थान नहीं है, यह वही व्यक्ति कह सकता है जो भारतीय परंपरा के सर्वात्मभाव के बोध से वंचित है। वैदिक नासदीय सूक्त, पुरुष सूक्त और पृथ्वी सूक्त—मात्र ये तीन उदाहरण प्रयोग और अभिव्यंजना की विविधता के पर्याप्त उदाहरण हैं। इसी प्रकार से रवीन्द्र संगीत और नज़रुल गीति बंगभूमि के समवेत स्वर की विविधता केपरिचायक नहीं हैं क्या? प्रसाद संगीत और निराला गीति पर कभी इस दृष्टि से विचार किया गया क्या?

विश्वभाव का विस्तार पश्चिमी बाज़ारभाव के अबाध आक्रामक प्रवेश से नहीं, बल्कि 'यत्र विश्वं भवति एक नीड़म्' (यजुर्वेद, 32.8) की स्थापना के विरुद्ध खड़ी की गयी सभी दीवारों को ध्वस्त करने से ही हो सकेगा, भौतिक और भावात्मक दोनों प्रकार की दीवारों को। जिन्होंने शताब्दियों संसार की आज़ादी छीन ली वे मानवाधिकार की बात करें, यह मानव इतिहास की सबसे बड़ी त्रासदी है। पाश्चात्य साहित्य में ऐसी सार्वदेशिक समतामूलक मूल्य दृष्टि कब विकसित होगी? कला, साहित्य, संगीत आदि मनोरंजन के अतिरिक्त मानव संस्कार के मूल्यबोध को अभिव्यंजित करने में कब सक्षम होंगे?

[3]

पंडितराज जगन्नाथ (रसगंगाधर) ने 'रमणीयार्थप्रतिपावक: शब्द:काव्यम्' परिभाषा कविकुलगुरु कालिदास के 'रम्याणि वीक्ष्य मधुरांश्च निशम्य' (अभिज्ञानशाकुन्तलम्, 5.2) से प्रभावित हो कर की तो अपने ग्रंथ का नाम 'रसगगांधर' क्यों रखा? 'रमणीय' की जगह 'रस' की इस स्वीकृति में 'जननांतर' संस्कार कारण था क्या? इससे कालिदास के उसी श्लोक की उक्ति 'तच्येतसा स्मरति' की प्रामाणिकता भी प्रत्यक्ष हो जाती है। चेतना में जो अनुभव संस्कार के रूप में स्थान बना लेता है वही तो स्मरण के रूप में, मन में उदित होगा। इस दृष्टि से रस भारतीय सामूहिक मन का ऐसा संस्कार है कि उसे सामयिक फ़ैशन के प्रभाव के बल पर मन से निष्कासित नहीं किया जा सकता।

पुराने और नये के ग्रहण के लिए आंखें मूंद कर हां या ना के बदले दोनों के गुण-दोषों का परीक्षण कर उनमें से जो अच्छा हो उसे अपनाने का मार्ग कालिदास ने सुझाया है (मालविकाग्निमित्रम्, 1.2)। भारतीय परंपरा के दीर्घ जीवन का कारण यही है (कुछ बात है कि हस्ती मिटती नहीं हमारी—इक़बाल)। भारत की तीर्थ जैसी पवित्रता सनातन है, क्योंकि इसने सदा सब का खुले मन से स्वागत किया (कार आह्वाने कत मानुषेर धारा हेथाय आर्य, हेथा अनार्य, हेथाय द्रविड़ चीन-शक-हून-दल पाठान मोगल एक देहे हल लीन—रवीन्द्रनाथ ठाकुर)। कवि ने भावी मार्ग बताया है, मां के अभिषेक के लिए शीघ्र आओ, सबके स्पर्श से पवित्र किये हुए तीर्थ जल से मंगलघट तो अभी भरा ही नहीं है, (एकोत्तरशती, पृ. 264, साहित्य अकादमी)। हां, मंगलघट में सब के स्पर्श का पवित्र तीर्थजल चाहिए।

भारत क्यों लड़खड़ा जाता है? कहां लड़खड़ा जाता है? फिर अपनी राह पहचान कर कैसे चल पड़ता है? अद्वैतभाव सिद्धांत पक्ष है, सर्वात्मभाव व्यवहार पक्ष। भारत की सनातनता इसलिए बनी रही है कि सिद्धांत पक्ष का सर्वथा विस्मरण इसने कभी नहीं किया है। लड़खड़ा इसलिए जाता है कि व्यवहार पक्ष बीच-बीच में दुर्बल पड़ जाता रहा है। आज आवश्यकता इस बात की है कि सिद्धांत पक्ष का स्मरण रखने के साथ-साथ व्यवहार पक्ष को सबल किया जाये। भारत को लगभग सारा वैज्ञानिक, तकनीकी और तात्त्विक ज्ञान उपलब्ध है, आवश्यकता है इसे सर्वात्मभावी बोधरूप की दृष्टि प्रत्येक मानव के आध्यात्मिक भौतिक विकास के लिए सर्वजन सुलभ बनाने की। आज मानसिक प्रतिबद्धता, संकल्प शक्ति के अभाव के सिवा और कोई कारण नहीं है कि सर्वांगीण विकास की सारी सुविधाएं बिना किसी भेदभाव के प्रत्येक भारतीय को उपलब्ध न हों। कला का प्रयोजन इस उद्देश्य की प्राप्ति के लिए अनुकूल भावभूमि का निर्माण और संकल्प शक्ति का विकास है। अत:—

शक्ति के विद्युत्कण, जो व्यस्त
विकल बिखरे हैं, हो निरुपाय,
समन्वय उसका करे समस्त
विजयिनी मानवता हो जाये ॥ (कामायनी)

समन्वय के इस अभिनव अभियान में समस्त मानवता की विजय निहित है; बल्कि भरतमुनि द्वारा वर्णित नाट्य (अभिव्यंजना के सभी रूपों) का यह प्रयोजन भी इसी से सिद्ध होगा :

न वेद व्यवहारोऽयं संश्राव्य: शूद्रजातिषु।
तस्मात् सृजापरं वेदं पंचमं सार्ववर्णिकम् ॥ *(नाट्यशास्त्र, 1.12)*

जगदीश गुप्त

कला की मूल दृष्टि : मानवीय सहानुभूति

कला, मानव में अंतर्निहित रचनाशक्ति एवं सौंदर्यबोध का समन्वित प्रतिफलन है। उसका लोक रूप मानव मात्र की चित्तवृत्तियों से निर्धारित होता है, परंतु विशिष्ट रूप की रचना, उद्भावना, परिष्करण तथा प्रथम प्रस्तुतीकरण कलाकार के द्वारा ही संपन्न होता है और कलाकार, एक व्यक्ति विशेष होता है। आस्वादन या कला पारखी भी पहले धरातल पर ही उसका सार्थक अनुभव करता है, फिर विभिन्न व्यक्तियों में, इस या इस प्रकार के अनुभव की आवृत्ति द्वारा एक ही सामाजिक संदर्भ बनता है जिसमें कला अपना स्वतंत्र स्थान बनाती है। व्यक्ति के भीतर जो संवेदन संस्कार रूप में सक्रिय रहते हैं उनका भी एक सामाजिक पक्ष होता है, क्योंकि परिवेश से संपृक्त हो कर ही उनका विकास संभव हुआ है। साहित्य भाषा का मोहताज होता है, पर कला ऐसे किसी अनुवाद सापेक्ष बंधन से बंधी नहीं है। उसकी प्रतीति और व्याप्ति संपूर्ण मानव समाज तक रही है तथा आगे भी रहेगी।

व्यक्ति और व्यक्ति के बीच असमानताओं और समानताओं की एक पूरी सरणि लक्षित होती है, पर जैविक और बौद्धिक दोनों धरातलों पर समानता अधिक अर्थवती प्रतीत होती है। जैसे पानी की बूंद दूसरी बूंद से मिल कर एकात्म हो जाती है, उसी तरह चेतना के संपर्क से मानव-मानव के बीच की एकता प्रस्फुटित होती है। आदमी में परिचय का अंश, अपरिचय के अंश से बड़ा सिद्ध होता है, क्योंकि लाखों करोड़ों वर्ष की जैविक सृष्टि का इतिहास प्राणि मात्र को जोड़े हुए है। मनुष्य इस परिचय को कला एवं साहित्य के माध्यम से और अधिक सघन, सूक्ष्म एवं सक्षम बनाने का उपक्रम करता है। एक-दूसरे के प्रति आत्मिक ऐक्य के आधार पर जो सहानुभूति उत्पन्न होती है तथा उसमें जो मानवीय गुण प्रस्फुटित होते हैं, वे कला के उपजीव्य बनते हैं, इसमें संदेह नहीं।

परंतु मात्र मानवीय सहानुभूति कला का उत्स नहीं मानी जा सकती। सौंदर्यानुभूति का उसमें समावेश होना अनिवार्य है। यदि यह कहा जाये कि सहानुभूति (या 'सह-अनुभूति' जैसा शब्द रूप मैंने नयी कविता के सैद्धांतिक पक्ष को प्रस्तुत करते हुए स्वीकार किया है) और सौंदर्यानुभूति दोनों एक ही हैं, अथवा पर्याय हैं तो यह बात भी तब तक स्वीकार नहीं की जा सकती, जब तक हम 'सौंदर्य' के सृजन पक्ष को

उसके आस्वाद पक्ष से अलग नहीं कर देते। जहां तक कला के सृजन का प्रश्न है, उसके मूल में कहीं-न-कहीं यह भाव अवश्य रहता है कि अन्य मनुष्य इसे देखेगा तो यह कैसा लगेगा! कलाकार स्वयं ही अपने को सृष्टा और दृष्टा की उभयात्मक स्थिति में परिणत करने की क्षमता रखता है। बिना इसके सौंदर्यात्मक दूरी का विचार उठ ही नहीं सकता। कला में जहां तक आत्मरंजन का गुण है वहां तक 'अनुभूति' ही पर्याप्त है, 'सहानुभूति' कहना उसके लिए आवश्यक नहीं है। सहानुभूति का क्षेत्र वहां से आरंभ होता है जहां द्वैत और अद्वैत दोनों का बोध एक साथ होने लगता है और निर्विकल्प समाधि के स्थान पर सविकल्प मनोदशा उत्पन्न हो जाती है। कला मनोमयी सृष्टि होते हुए भी आत्मिक धरातल से असंपृक्त नहीं रहती और न उसकी उत्पत्ति ही बिना आत्मप्रकाश के संभव है। आनंदवादी दृष्टि से वह कला कला नहीं है, जिसका प्रभाव केवल मानसिक विश्रांति तक सीमित रह जाये, वस्तुतः वही 'कला' 'कला' या 'पराकला' है जो चित्त को परमानंद में विलीन कर दे।

विश्रांतिर्यस्याः सम्भोगे सा कला न कलामताः।
लीयते परमानन्दे ययात्मा सा परा कला॥

यह विचार शैव परंपरा का है, जिसमें सारी सृष्टि को शिव की कला का अद्‌भुत प्रकाश माना गया है :

नरूपादान समारम्भमभित्तावेव तन्वते।
निर्मयेज्जगचित्रं कलाश्लाध्याय शूलिने॥

कदाचित् इसी श्लोक की प्रेरणा से तुलसी ने अपना प्रसिद्ध पद 'केसल कहि न जात का कहिए' रचा। 'सून्य भित्ति पर चित्र, रंग नहिं तनु बिनु लिखा चितेरे' में 'निरूपादान' और 'अभित्तौ' की स्पष्ट अनुगूंज सुनायी देती है।

'कला' और 'शिल्प' दोनों शब्दों का पृथक्-पृथक् प्रयोग मिलता है जैसा भरत के नाट्यशास्त्र में प्रयुक्त 'न तच्छिल्प' 'न सा कला' से स्पष्ट है, किंतु उनसे पूर्व वैदिक-साहित्य में 'शिल्प' शब्द को वरीयता मिली थी। 'आत्मसंस्कृर्तिवै शिल्पानि' कह कर वैदिक ऋषि ने शिल्प को सर्वोच्च स्थान पर प्रतिष्ठित कर दिया। लोग कहते हैं कि 'संस्कृति' शब्द अर्वाचीन है, पर यहां वह तद्धत् प्रयुक्त है और अर्थ भी बहुत भिन्न नहीं है। आत्मसंस्कार भारतीय कला का ही नहीं, धर्म साधना का भी केंद्रीय उद्देश्य रहा है। शिल्प और कला में उद्देश्य की दृष्टि से यहां कोई भेद नहीं रह जाता भले बाद में शिल्पी का स्थान समाज में हेय मान लिया गया हो (दुजनाः शिल्पिनो दासाः)। उसके कारण भिन्न हैं और अनुप्रेक्षणीय भी नहीं। आत्मसंस्कार की प्रेरणा, मनुष्य को, आत्मा विषयक सामाजिक दार्शनिक धारणा तथा संस्कारवान् व्यक्ति की लोक मान्यता से मिली होगी, इसमें संदेह नहीं। असंस्कारी व्यक्ति के प्रति संस्कारी

व्यक्ति करुणा का भाव भी रख सकता है और उपेक्षा का भी। वह अहम् भाव से प्रेरित हो कर अलगाव की दिशा भी अपना सकता है जैसा द्विजादि और शूद्र वर्ग के वर्ण विभाजन से सिद्ध होता है। मैं करुणा और सद्भावना का समर्थक हूं। द्विजादि की अहंता पोषक श्रेष्ठता का नहीं जो उपेक्षा और अमानवीय छुआछूतपरक आचरण का रूप ग्रहण करती रही है। मेरी उसमें तनिक भी आस्था नहीं है। 'शम्बूक' नामक अपने लघुकाव्य में मैंने उसका उत्कट प्रतिवाद कराया है :

सभी पृथ्वी पुत्र हैं तब जन्म से
क्यों भेद माना जाये,
जन्मजात समानता के तथ्य पर
क्यों खेद माना जाये।

वर्ण व्यवस्था का ऊर्ध्वमुखी रूप ढह गया जब उसने, 'जन्मना जायते शूद्रः' कह कर भी शूद्र को लौकिक एवं आध्यात्मिक दोनों प्रकार की उन्नति के अधिकार से वंचित कर दिया। वैष्णव भक्ति ने इसका प्रतिवाद किया। गौतम बुद्ध ने 'कर्मणा ब्राह्मणत्व' को मान्यता दी और उसके 'जन्मना' रूप का आग्रहपूर्वक खंडन किया। सूफ़ियों के माध्यम से इस्लाम धर्म ने भी मानवीय सहानुभूति को 'प्रेम' के बैकुंठी रूप का दर्शन कराया :

मानुस प्रेम भयेउ बैकूंठी
नाहिं त काह छार एक मूठी।

'वैष्णवजन' की परिभाषा ही नरसी ने ऐसी दी जो मानवीय सहानुभूतिपरक है :

वैष्णवजन तो तेणे कहिये जे पीड़ परायी जाणै रे।

तुलसी मानते ही हैं :

पर दुःख-दुखी सो संत पुनीता।

इस प्रकार भारतीय साहित्य ने सदैव मानवीय सहानुभूति का पक्ष लिया है।

कला के क्षेत्र में यह स्वर इतना मुखर तो नहीं रहा, पर इसकी अंतर्व्याप्ति बहुत दूर तक लक्षित की जा सकती है। एक तो इसलिए कि कला बहुधा साहित्य से प्रेरित हो कर विकसित होती रही, दूसरे जिन शास्त्र ग्रंथों से कला ने प्रेरणा ग्रहण की उन पर वाङ्मय का पर्याप्त प्रभाव रहा। सभी धर्म मानवीय सहानुभूति पर केंद्रित हैं, भले ही संकीर्णता व्यवहार में अमानवीय आचरण का कारण बनती जा रही हो जैसा आज भी बहुधा मिलता है। अतः धर्मप्रेरित कला के उत्स में मानवीय सहानुभूति का समावेश मानना असंगत प्रतीत नहीं होता। मानव कल्याण का मार्ग बलि प्रथा और

अंधविश्वासों, अभिचारपरक मंत्र-तंत्रादि के कारण बहुत बार अवरुद्ध हुआ और उसे शीलवान एवं विचारवान महापुरुषों द्वारा प्रशस्त भी किया गया, परंतु विकास की ओर मुड़ी हुई कला इनकी अमानवीयता के प्रति उदासीन और अप्रभावी रही। आज का साहित्य और आज कला विलास की जगह वैचारिक क्रांति और सामाजिक परिवर्तन को लक्ष्य बना कर चल रही है, अत: उसके उत्स में भी मानवीय सहानुभूति सन्निहित है। मनोविकारों की निरीह एवं विकृत अभिव्यक्ति भी पाश्चात्य कला में मिलती है। आधुनिक भारतीय कला उसके दुष्प्रभाव से अपने को मुक्त नहीं कर पा रही है। उसके विषय में यह दावा नहीं किया जा सकता कि वैचित्र्य प्रदर्शन और चौंकाने की विधियों के अतिरिक्त उसमें कहीं मानव की दयनीय दशा, संत्रास और शोषण के प्रति भी कोई सजगता है। कला का तथाकथित विश्वव्यापी स्वरूप यदि इसी तक सीमित है तो चिंता की बात है, पर वस्तुत: वैसा नहीं है। पिकासो की 'गुएर्निका' प्रतीक रूप में उदाहृत की जा सकती है जिसमें विश्वयुद्ध की विभीषिका का सघन अनुभव सशक्त आकृतियों के माध्यम से व्यक्त किया गया है। मानव सहानुभूति का क्षेत्र अत्यंत व्यापक है, अत: उसे किसी एक भाव या दिशा तक सीमित नहीं किया जा सकता और न यही कहा जा सकता है कि इस देश के कलाकारों में वह है, अन्य देश के कलाकारों में नहीं तथापि पौर्वात्य कला इस दृष्टि से अधिक समृद्ध दिखायी देती है।

इस संबंध में कतिपय अन्य प्रश्न भी माननीय एवं विचारणीय हैं। वासुदेवशरण अग्रवाल, आनन्द कुमारस्वामी तथा अन्य भारतीयकला चिंतकों ने यह निर्दिष्ट किया है कि भारतीय कला में पशु-पक्षी तथा वनस्पति जगत में गहरी एकात्मता अनुभूति के धरातल पर ही लक्षित होती है तभी अभिव्यक्ति में उसका व्यापक समावेश मिलता है। जब आत्मीयता का दायरा इतना विशद है तो 'आत्मवत् सर्वभूतेषु' की धारणा रखने वाला चित्त मानवीय भावना से रहित कैसे हो सकता है। आधुनिक अर्थ में भले ही वह मानववाद या मानवतावाद का पोषण न करता रहा हो, धर्म और ईश्वर पर उसे प्रगाढ़ आस्था रही हो पर उसकी अनुभूति की प्रकृति और बुनावट में मानवीयता का स्वर्ण सूत्र अलग से पहचाना जाता है। अगर एक क़दम आगे बढ़ कर यह भी कहा जाये कि उसमें आस्था की दृढ़ता आज से कहीं अधिक दिखायी देती है तो भी कुछ अनुचित नहीं होगा। मैं स्वयं मनुष्य से ही धर्म और ईश्वर की उद्‌भावना का बुद्धिसंगत मार्ग अपनाता हूं, पर यदि कोई इनकी सत्ता मान कर 'बहुजन हिताय बहुजन सुखाय' अथवा 'जन मंगल' एवं 'सब कर हित कोई' की धारणा व्यक्त करता है तो भी मैं उसके सदाशय को सही रूप में समझने के लिए तत्पर रहता हूं। बौद्धकला दु:ख त्राण की विश्वव्यापी भूमिका पर प्रतिष्ठित है। जैनकला में भी लोक कल्याण की भावना त्यागवृत्ति के साथ घनिष्ठ रूप में समाहित है। ईसाई-कला तो दया, वात्सल्य, ममता और सहानुभूति पर ही केंद्रित रही है। जो अंतर्विरोध कालांतर में उत्पन्न हुए उनके प्रति सजग रहते हुए भी धर्माश्रित कलाओं का प्रधान उत्स मानवीय सहानुभूति ही

है। इस तथ्य को एक सीमा तक मानना ही होगा।

चैतन्य की सत्ता सर्वव्यापक मानने के कारण भारतीय धर्म साधना में अनुभूति के प्रवाह को उभयपक्षीय माना गया है तथा संघर्ष की अपेक्षा सामंजस्य या समरसता पर बल दिया है। पाश्चात्य भौतिक वैज्ञानिक तथा विकासवादी दृष्टि संघर्ष को प्रमुखता देते हुए प्रवाह को प्राय: एकपक्षीय मान लेती है। इतना सरलीकरण कठिनाई उत्पन्न कर सकता है तथापि यह बात तत्त्वत: निराधार नहीं है। दोनों की कला का स्वरूप भी आधार भेद से प्रभावित हुआ इसमें संदेह नहीं, पर कला के उत्स तक यह प्रभाव जाता है, यह अवश्य शोध सापेक्ष्य है। सहसा कुछ कह देना उचित नहीं है। ललित कलाओं में भारतीय दृष्टि काव्य को सर्वोपरि स्थान देती है और पाश्चात्य दृष्टि रस्किन, टॉलस्टाय आदि के प्रमाण से 'संगीत' को काव्य से नीचे स्थान नहीं देती। सरस्वती के ऊपर वाले हाथों में से एक में वीणा और दूसरे में पुस्तक का होना प्रतीक रूप से इसे प्रमाणित करता है। संगीत संवेदनाओं को जितनी गहराई से उभारता, संवारता और सहेजता है उतना और किसी कला के द्वारा संभव नहीं है, यह मैं काव्य का पक्षधर हो कर भी मान सकता हूं। संगीत का उत्स क्या है उसमें मानवीय भाव है या अतींद्रिय अलौकिक चेतना संचार, यह कहना कठिन है, पर संगीत मानवीय धरातल का स्पर्श ही नहीं करता वह उसे पूरी तरह अपनी लयात्मकता में डुबो देता है यह तथ्य भी स्वत: सिद्ध है। संगीत रसिक इसके साक्षी हैं। जो कला पहले सृष्टि से मानव संबंध स्थापित करके फिर मानव-मानव का संबंध विकसित करने की दिशा में प्रवृत्त होती है उसे भी हम मानव सहानुभूति से विमुख या रहित घोषित नहीं कर सकते। यही स्थिति संगीत कला की है। श्रव्काव्य तो संगीत से अनुप्राणित रहता ही है, भरत के अनुसार दृश्यकाव्य में भी उसका महत्त्वपूर्ण स्थान सिद्ध होता है।

कला न तो साधन है और न साध्य। मानव संदर्भ में उसकी स्थिति इन दोनों के बीच ही कहीं आती है। कुछ उसे साधन मान कर परितुष्ट हो जाते हैं और उनकी कला की प्रेरणा भी व्यापारिक लगने लगती है। दूसरे उसे साध्य मान कर कलाकर्म को साधना की संज्ञा देते हैं जो आज भारी पड़ती दिखायी देती है। मेरे विचार से कलात्मक सौंदर्यबोध का सही रूप वही है, जहां साध्य साधन का यह द्वंद्व समाप्त हो जाये या समाप्त होता दिखायी दे। समाज परिवर्तन के संदर्भ में भी मैं कला एवं कविता को साधन मात्र नहीं मान पाता और साध्य कह कर कलाकार की निष्क्रियता को भी समर्थित नहीं कर पाता। वस्तुत: यह कलाकार की निजी अनुभूति और विवेक का विषय है।

प्रागैतिहासिक चित्रों के अनुशीलन क्रम में मुझे मिर्ज़ापुर के एक शिलाश्रय पर घायल सूअर का चित्र देखने को मिला। 'प्रागैतिहासिक भारतीय चित्रकला' में मैंने उसे प्रकाशित भी किया है। 'युग्म' की एक कविता में उसका संदर्भ अनायास ही आ गया और यह पंक्तियां लिख गयीं :

यातना का अंकन भी,
कितनी बड़ी यातना है।   (युग्म) से

मैं समझता हूं कि जो कला इस धरातल पर रची जाती है, उसके कलाकार को कहीं-न-कहीं आत्मबलि देनी ही होती है। बलिदानों का यह क्रम मुझे स्व. पंडित माखनलाल चतुर्वेदी की वाणी का स्मरण दिलाता है, जिन्होंने कूंचीधारी कवि के रूप में मेरा स्मरण करते हुए पत्र लिख कर मुझे प्रेरित किया था। कला के विषय में उनके विचार द्रष्टव्य हैं :

'वे (कलाकार) भेद मिटाने का उपदेश नहीं करते, भेद मिटाने की डींगें नहीं हांकते, किंतु उसकी गति से देश की समझ के दरवाज़े खुल जाते हैं।...कला के मानी मानव के अंतरंग के अस्तित्व की वह सांस है, जिसे मृत्यु कभी पराजित नहीं कर सकी।...कला श्रम को माधुर्य से मिलाने और इस तरह अस्तित्व को अमर बनाने का साधन है' (माखनलाल चतुर्वेदी, रचनावली, खंड-2, पृ. 354-355)।

'उत्स' के विचार से कला दो वर्गों में बंट जाती है। दूसरा वर्ग 'उत्स' से अधिक 'उत्सव' से अनुप्राणित होता है। पहला वर्ग निश्चय ही मानवीय सहानुभूति से शक्ति ग्रहण करता है। मध्यकाल में उत्सवधर्मी कला का प्रध्यान्य मिलता है और आदिमयुग में उत्सधर्मी कला का। सहचरण, सम्मिलित संघर्ष, पशुपतित्व की उपलब्धि के साथ सह नर्तन जैसे विषय आदिम कला के उत्स को मानवीय संदर्भ से ऐसे जोड़ते हैं कि सहानुभूति स्वत: उभरकर सामने आ जाती है। दयनीय स्थिति तब होती है जब कला इतनी सहानुभूतिरहित हो कि कलाकार स्वयं सहानुभूति का पात्र बन जाये और 'उत्स' की जगह उसकी कला 'कुत्स' का रूप प्रदर्शित करती दिखायी दे।

कला की परिभाषा

'कला' कर्म की कुशलता मात्र नहीं है और न कर्म की कमनीयता ही उसकी एकमात्र पहचान है। रमणीयता और नमनीयता के साथ-साथ उसमें अनैतिकता के प्रतिवाद और आततायी से संघर्ष की भावना भी मिलती है। भले ही वह देवासुर संग्राम के पौराणिक प्रतीकों या रामायण-महाभारत के अर्थ पौराणिक व्याख्यानों अथवा जातक कथाओं के माध्यम से ही क्यों न हुई हो।

रूपनारायण बाथम द्वारा प्रकाशित 'परिभाषिक कला कोश' कला के संदर्भ में कुछ महत्त्वपूर्ण सूचनाएं देता है, जैसे :

'आर्ट' प्राचीन लैटिन के 'आर्स' (Ars) शब्द से बना है, जिसकी विशेष पहचान शिल्पगत निपुणता से होती है। शिल्प तथा कला को प्राय: एक ही माना जाता है, किंतु 18वीं शताब्दी में जब सौंदर्यशास्त्र के विचारक शिल्प और उसके दर्शन पर विचार करने लगे तो शिल्प तथा कला का विभाजन उपयोगी एवं ललित कला के रूप में हुआ।

19वीं शताब्दी में 'कला' शब्द में छिपा सौंदर्यबोध इतना प्रबल और मुखर हो उठा कि उसमें 'ललित' (Fine) को हटा देने पर भी वह अपना अपेक्षित अर्थ देने लगा।

सामान्यत: ललित कलाओं के अंतर्गत काव्य, संगीत, स्थापत्य, मूर्ति और चित्रकला को माना जाता है। भारतीय कला साहित्य में कला की अलग-अलग सूचियां मिलती हैं, जैसे 'ललित विस्तर' में 86, वात्स्यायन के 'कामसूत्र' में 64, 'शुक्रनीतिसार' में 64, 'प्रबंध कोश' में 72 के अतिरिक्त बौद्ध एवं जैन संप्रदाय के ग्रंथों में 64 कलाओं की चर्चा मिलती है। जैन ग्रंथ इन्हें 64 'महिला गुण' कहते हैं। इसी प्रकार 10वीं-11वीं शताब्दी में रचित 'कालिका पुराण' में भी 64 कलाओं का उल्लेख मिलता है, अत: इसी आधार पर सामान्यत: कलाओं की संख्या 64 मानी जा सकती है (पृ. 23-24)।

इसके विपरीत पाश्चात्य विचारकों ने अति संकुचित दायरे में एक निश्चित सिद्धांत के अनुसार कला विभाजन की चेष्टा की जो इंद्रियों के ग्रहण गुण पर आधारित है। कलाओं की संख्या की तरह इसके विभाग भी विवादास्पद हैं। उपयोगिता और सौंदर्य के आधार पर कुछ विद्वानों ने इन्हें 'उपयोगी कला' और 'ललित कला' में बांटा है। उपयोगी कलाओं का संबंध मानव की भौतिक आवश्यकताओं की पूर्ति तथा सभ्यता के क्रमिक विकास से है, जब कि ललित कला का संबंध सौंदर्यबोध, सांस्कृतिक विकास और आध्यात्मिक चेतना से है।

'रचना' शब्द कला का समानार्थी माना जाता है। भारतीय दृष्टि सृष्टि और सृजन को मानवीय संदर्भ से जोड़ती है। ईश्वर की कल्पना मानवीय भावना के साथ की गयी है। अत: सृजनात्मक मानववाद अथवा गुणान्वेषी मानववाद एक पारिभाषिक शब्द बना जाता है जो मूलत: रचना पर आधारित है। सृजनात्मक जीवन मानवता को क्रमश: उच्चतर मूल्यपरक स्थितियों की ओर अग्रसर करता है। एक प्रकार से वह मनुष्य को पूर्णता प्रदान करता है। मेरी मान्यता है, 'चित्रकला सब कलाओं की आंख हैं।' इसका आशय यही है कि सभी चाक्षुष कलाएं चित्र से आरंभ होती है। 'चित्र' शब्द वैचित्र्य का द्योतक है और उसमें असाधारणता निहित रहती है—'चित्र लिखित कपि देखि डराती।' सीता के प्रति कौशल्य का यह भाव वात्सल्य पूरित होते हुए भी सिद्ध करता है कि चित्रों के द्वारा मनोभावों का उद्वेलन संभव है। यही नहीं कलाकार की सफलता इसमें भी मानी गयी है कि उसकी रचना हूबहू का भ्रम उत्पन्न कर दे। तितली भी फूल को देख कर उस पर बैठने की चेष्टा करे, किंतु यह स्थिति कला का सर्वोच्च मूल्य नहीं है, क्योंकि मूलत: कला भ्रमात्मक नहीं है, वह तत्त्वत: संवेदनात्मक है।

पुणे विश्वविद्यालय के दर्शन विभाग से संबद्ध अर्चना देगांवकर का एक लेख मैंने 'परामर्श' में देखा। 'परामर्श' (हिंदी) खंड-13, अंक-2, मार्च, 1992—'चित्रकला की चुनौतियां' शीर्षक आकर्षक लगा, किंतु सामने सामग्री बहुत संतोषप्रद सिद्ध नहीं हुई। 'देखना' शब्द पर महिला लेखिका ने विचार करते हुए लिखा कि

'जब कोई वस्तु दिखायी देती है तब देखने वाला यानी कर्त्ता अपने आप सोद्देश्य एवं हेतुत: किसी प्रवृत्ति रूप क्रिया का आचरण नहीं करता है। अपनी ज्ञानेंद्रियों से प्राप्त संवेदनाओं को ही वह केवल ग्रहण करता है, लेकिन देखने की क्रिया सोद्देश्य एवं प्रवृत्ति रूप होती है। यहां मनुष्य अपनी कल्पना शक्ति का प्रयोग करता है। इस कल्पना शक्ति के सहारे भूतकालीन अनुभवों को इकट्ठे लाना, प्राप्त संवेदनाओं को विरोध में या संगति में अनुभव करना, उनका विश्लेषण करना, विभिन्न संभावनाओं के माध्यम से उनको निरखना आदि क्रियाएं की जाती हैं। इसलिए देखने की क्रिया व्यामिश्र एवं पद्य बंधात्मक होती है। कला के बारे में तो इस देखना क्रिया का चोली दामन का साथ होता है, क्योंकि यहां समूची कला वस्तु एक ही ज्ञानेंद्रिय के लिए प्रस्तुत संभावना होती है, जैसे, चित्र केवल आंखों का विषय होता है। चित्र को हम न सुनते हैं, न सूंघते हैं, उसे केवल देखते ही हैं, इसीलिए कलाकृति अपनी ज्ञानेंद्रिय को कितना मोहित करती है, कितना आनंद देती है और किस तरह विविध भावनाओं एवं अनुभवों को परावर्तित करती है, इस पर उस कलाकृति का बल निर्भर करता है। कलाकृति का आस्वाद तो मनुष्य को उसके देखने के लिए चुनौती होता है, क्योंकि देखने से कोई व्यावहारिक रूप का फ़ायदा मिलता नहीं है। लेकिन इस देखने की क्रिया में कल्पना शक्ति को अपनी करतूत दिखाने का बड़ा मौक़ा मिलता है। कला वस्तु के विभिन्न घटकों का आपसी संबंध एवं उन संबंधों से प्रतीत होने वाला अनुभव हम कल्पना शक्ति के जरिए ही कर सकते हैं। अत: कल्पना शक्ति की प्रगल्भता के माफ़िक़ कला वस्तु के आस्वाद की क्षमता विभिन्न रहती है, और आस्वाद की प्रक्रिया में वह कल्पना शक्ति काफ़ी सहयोग देती है।'

ज्ञानेंद्रियपरक बोधि में परस्पर विनिमय की संभावना बनती है, क्योंकि मन ही केंद्र स्थल बनता है। निराला जी की यह पंक्ति जिसमें कविताओं को 'सनयन' कहा गया है, मुझे असाधारण लगती है, क्योंकि मेरा काव्यानुभव भी इसका समर्थन करता है। 'हिमबिद्ध' में मैंने स्वयं लिखा है :

देखा हिमवान को
शब्दहीन राशि भूत अट्टहास
कानों ने नहीं मुग्ध आंखों ने सुना।

हिमालय के प्रति कालिदास की यह कल्पना शिव के अट्टहास जैसी है, जो श्वेत हिम-शिखरों के रूप में मूर्त हो गया है। अट्टहास यद्यपि सुनने की वस्तु है, किंतु हिमालय पर जा कर वह हिमशिरों का मूर्त रूप बन जाता है। ऐसे और भी उदाहरण मिल सकते हैं जहां इंद्रियबोध परस्पर विनिमयकर्त्ता दिखायी दे। शब्द, स्पर्श, रूप, रस, गंध पांच ज्ञानेंद्रियां और पांच तन्मात्राएं भारतीय जीवन दृष्टि को इस प्रकार परिभाषित करती हैं कि यूरोपीय चिंतन से भिन्न हो जाता है। भारतीय कलाकार

इसी रूप में जीवन को आस्वाद बनाता है और इतना परितोष पाता है कि उसी में तल्लीनता उसका अभीष्ट बन जाती है। भारतीय कला-दृष्टि मूलतः रसात्मक है और रस भावाश्रित होते हैं। ऐसी कला जो भाव-रहित हो भारतीय मानस को परितुष्ट नहीं करती। यूरोपीय कला चिंतन जिस अमूर्त की बात करता है, वह भी वस्तुतः अमूर्त नहीं होता। केवल ज्ञात रूपों से ही भिन्नता उसे अमूर्त बनाती है। यह समस्या स्वतंत्र विचार की अपेक्षा रखती है।

आधुनिक सामाजिक संदर्भ में मानस विकास की कितनी भी उन्नत स्थिति की कल्पना क्यों न की जाये, मानव व्यक्तित्व की ऐसी कोई स्थिति कदाचित ही दिखायी दे, जिसमें 'आत्मसंस्कार' सर्वथा अनावश्यक सिद्ध हो अथवा उसकी कुछ भी अपेक्षा न रह जाये। कला की भाषा मेरी दृष्टि में सबसे अधिक मानवीय और सार्वभौम भाषा है, क्योंकि इसका संबंध सीधे मनोभावों से होता है, जिनको समझने की प्रातिभ क्षमता प्रकृति की ओर से ही सब मनुष्यों को प्राप्त हुई रहती है। यह दूसरी बात है कि किसी में वह अस्फुट हो और किसी में स्फुट। अस्फुट क्षमता को सजग संस्कार के द्वारा ही स्फुट बनाया जा सकता है, अतएव कला दोहरा कार्य करती है। एक ओर वह मनोभावों का संस्पर्श करती हुई सूक्ष्म सौंदर्यबोध को परितृप्ति प्रदान करती है, दूसरी ओर वह सोये हुए संस्कारों को जगा कर, जल पर से काई की तरह चेतन मन की जड़ता को हटाती हुई, अस्फुट प्रातिभ क्षमता को स्फुट बनाती चलती है। बौद्धिक उत्कर्ष को प्रतिबिंबित करने वाले श्रेष्ठ-से-श्रेष्ठ विचार कला का आधार पा कर ही मनोग्राह्य हो पाते हैं, इसमें संदेह नहीं।

भारतीय कला चिंतन की यह विशेषता रही है कि उसने रूपात्मक तत्त्व से भावात्मक तत्त्व को सदा प्रधानता दी है। भावहीन रूप के प्रति होने वाले बौद्धिक आकर्षण से भावयुक्त रूप जन्य हार्दिक आकर्षण को श्रेष्ठतर माना है। फलतः प्रकृतिगत स्वाभाविकता और भावगत मानवीयता को विलक्षणता एवं कौशल की तुलना में अधिक गौरव प्रदान किया गया। युग के अंतर और सार्वभौम दृष्टिकोण के प्रति सजग होते हुए भी मैं यह मानता हूं कि आधुनिक कला में भारतीय परंपरा के सशक्त तत्त्वों का समावेश हो सकता है और होना चाहिए। वास्तविक कलाकार एक ही चीज़ से विद्रोह करता है और वह है निर्जीवता। सजीवता चाहे जिस रूप में भी हो, कलाकार को सदा आकृष्ट करती है और परंपरा भी वास्तव में सजीवता की ही होती है, निर्जीवता की कोई परंपरा नहीं होती।

भारत के इतिहास में विभिन्न युगों की कलात्मक उपलब्धियों को जब मैं 'पदचिह्न' के रूप में देखता हूं तो मुझे सहस्रों वर्षों तक विस्तृत कला परंपरा के पीछे एक सजीव गतिमान व्यक्तित्व का बोध होता है और लगता है जैसे सारे चिह्न मेरी ही मनोभूमि पर अंकित हुए हों। पदचिह्नों की दृढ़ता, आकार और स्पष्टता से जैसे चलने वाले के स्वभाव और स्वरूप का बहुत कुछ अनुमान हो जाता है, उसी प्रकार

भारतीय कला के प्रौढ़ तथा महान व्यक्तित्व का पर्याप्त आभास मुझे विगत युगों की भारतीय कलाकृतियां कराती रही हैं जिनकी संख्या अपरिमित है और उत्कृष्टता अतुलनीय। जहां ख़ुदाई होती है, जिधर खोज की जाती है, अद्‌भुत सौंदर्य से युक्त वस्तुएं उपलब्ध होती चली जाती हैं। कई वर्षों से मृण्मूर्तियों के संकलन और अनुशीलन में व्यस्त रहा हूं—उस क्षेत्र में स्वयं मुझे ऐसी ही प्रतीति हुई है और इधर विंध्य और सतपुड़ा की दुर्गम पर्वत श्रेणियों में स्थित अनेक गुफाओं एवं शिलाश्रयों में अंकित अगणित प्रागैतिहासिक चित्रों को प्रत्यक्षतः देखने का अवसर मिला—उसमें भी मैंने यही पाया कि अभी उपलब्धियों की संभावना अनंत है। भारतवर्ष में अत्यंत प्रारंभिक युग से ही कला चेतना अदम्य शक्ति के साथ सक्रिय एवं गतिशील दिखायी देती है। मेरा कहना यह नहीं है कि सांस्कृतिक दृष्टि से समृद्ध ग्रीस, रोम, इजिप्ट और चीन आदि संसार के अन्य देशों में ऐसा घटित नहीं हुआ, मेरा अभिप्राय तो केवल यही है कि भारतवर्ष भी उन देशों की तरह कला और संस्कृति के क्षेत्र में प्रथम पंक्ति में स्थान पाने का अधिकारी है। इस दिशा में आनन्द कुमारस्वामी, स्टेला क्रेमरिश तथा मुल्कराज आनन्द जैसे कलाविदों के कार्य से मैंने सदा प्रेरणा ग्रहण की है। विदेशों से जो कला के इतिहास और समीक्षा ग्रंथ प्रकाशित होते रहे हैं, उनमें बहुधा भारतीय कला के साथ न्याय नहीं किया जाता, जिसे देख कर खेद होता है। संभवतः भारत के किसी भी स्वाभिमानी कलाकार या कला प्रेमी को इस स्थिति से संतोष नहीं होगा।

विज्ञान प्रदत्त साधनों द्वारा औद्योगिक प्रगति के महाअभियान में संलग्न इस वर्तमान युग में कला और कलाकार की स्थिति बहुत विषम हो गयी है। अनुकृति और प्रतिकृति के संपूर्ण क्षेत्र पर यंत्रों का अधिकार हो गया है, इस कारण मौलिक उद्‌भावना का महत्त्व कला जगत में पहले ही अपेक्षा कहीं अधिक बढ़ गया है। युगों से प्रतिष्ठित शिल्प कौशल की सार्थकता इतनी ही रह गयी है कि वह मौलिक उद्‌भावना को कम-से-कम बाधित करते हुए, उसे पर्याप्त शक्ति के साथ धारण कर सके। इस प्रकार की कलाकृतियां उतनी बड़ी संख्या में कभी भी निर्मित नहीं हो सकतीं, जितनी कौशल प्रदर्शन या परंपरा का अनुसरण करने वाली कृतियां। फलतः अपवाद रूप में ही ऐसे कलाकार दिखायी देते हैं जो केवल अपनी कला द्वारा अर्जित अर्थ से सम्मानपूर्ण जीवन बिता रहे हों। एक तो मौलिक कृतियों का मूल्य उस अनुपात में नहीं बढ़ा, जिस अनुपात में मौलिकता का आग्रह। दूसरी ओर जनता में भी फ़ैशन के स्तर से ऊपर उठ कर, मौलिक-अमौलिक के बीच भेद करते हुए वास्तविक महत्त्व की कृति को उचित मूल्यबोध के द्वारा प्रतिष्ठित एवं प्रशंसित करने की प्रवृत्ति अपेक्षित मात्रा में विकसित नहीं हुई है। कला मनोरंजन ही नहीं, गंभीर स्तर पर एक आत्मसंस्कार की दृष्टि से भी महत्त्व रखती है, इसकी चेतना बहुत कम लोगों में पायी जाती है। कला की दृष्टि से मैं उसी समाज को सभ्य और सुसंस्कृत कहूंगा जिसमें मौलिक प्रतिभासंपन्न कलाकार को केवल अपनी कलाकृतियों के आधार पर ही सम्मानपूर्ण ढंग से

जीवनयापन की यथेष्ट सुविधा मिल सके और सुविधा के बदले उसे साधन बना कर न छोड़ दिया जाये। भारतवर्ष में शताब्दियों से व्याप्त पराधीनताजन्य संस्कारहीनता तथा अशिक्षा के कारण निकट भविष्य में ऐसी आदर्श स्थिति आती दिखायी नहीं देती। अपेक्षित प्रतिष्ठा प्राप्त करने के लिए भारतीय कलाकार को अभी कितना संघर्ष और करना होगा, यह कहना कठिन है। हर्बर्ट रीड ने योरोपीय समाज में एक सीमा तक पहुंची हुई औद्योगिक संस्कृति की प्रकृतिगत आंतरिक विषमताओं का विश्लेषण करते हुए कला के भावी संघर्ष एवं स्वरूप का अपने 'Future of Art in an Industrial Civilization' शीर्षक लेख में बहुत दूर तक सही अनुमान लगाया है। पर वे भावी युग की विकासशील यांत्रिकता से इतना संत्रस्त हो उठे कि उन्होंने प्रत्येक व्यक्ति के कलाकार बन जाने की अव्यावहारिक सलाह गंभीरतापूर्वक दे डाली :

'I am recommending that everyone should be an artist. I am not recommending it in a spirit of dilettantism, but as the only preventive of a vast neurosis which will overone a wholly mechanized & rationalized civilization.' (The Grass Roots of Art, p. 72)

मानव समाज का प्रत्येक प्राणी न कभी कलाकार हुआ है और न आगे कभी हो सकेगा, चाहे जितनी दूरदर्शिता एवं सद्भाव के साथ उपर्युक्त मंतव्य व्यक्त किया गया हो। यांत्रिकता का आघात कितना ही क्यों न बढ़ जाये, कलाकारों की संख्या उसके प्रभाव से बढ़ेगी नहीं, घट भले ही सकती है, जिसके लक्षण कुछ-कुछ सामने आने भी लगे हैं।

इस विषम स्थिति में कलाकार का अपना कोई दायित्व न हो, अथवा मैं उसका अनुभव न करता होऊं, ऐसी बात नहीं है। वास्तविकता तो यह है कि मैं उसके दायित्व को समाज के दायित्व से भी अधिक महत्त्व देता हूं। परंतु यह अवश्य है कि कलाकार के दायित्व को आंकने का ढंग दूसरा होता है। कला सृजन में जहां तक सचेतन का प्रवेश है वहां तक कलाकार से अपने युग के प्रति पूरे दायित्व-निर्वाह की अपेक्षा की जा सकती है, परंतु कला के सृजन में अवचेतन का भी पर्याप्त योग रहता है, उसकी गति को अछूता रहने देना ही श्रेयस्कर है। उसका नियमन एक संवेदनशील जागरूक कलाकार सौंदर्यबोध जितना कर पाता है, स्वयं कर लेता है और जितना उसके द्वारा नहीं हो पाता, उसका अन्य किसी साधन से किया जाना मुझे संभव नहीं प्रतीत होता, तब तक जब तक मन के निर्माण की ही कोई यांत्रिक प्रतीक्रिया विज्ञान सहज सुलभ नहीं कर देता। मन का निर्माण अभी तक तो अध्ययन-अनुशीलन, चिंतन-मनन, अनुभव-अभ्यास, संस्कार और व्यक्तियों के सजीव संपर्क आदि से ही होता दिखायी देता है और इस दृष्टि से कलाकार कोई अपवाद बन कर सामने नहीं आता। जैसे सब का मन होता है वैसे उसका भी, यह दूसरी बात है कि अपने को कला के माध्यम से अभिव्यक्त करने की उसमें अतिरिक्त क्षमता होती है। जितनी अतिरिक्त क्षमता उसमें

होती है उतना ही उसका दायित्व भी बढ़ जाता है। उसके दायित्व को अधिक महत्त्व देने की बात इसीलिए समस्या को उठाते ही कह दी गयी है।

कला में मिथक चिंतन

माना जाता है कि मिथकों का संबंध प्रधानतः प्राचीन एवं मध्यकालीन कला से रहा है, अतएव प्रागैतिहासिक तथा आधुनिक कला को उससे संबद्ध मानना सही नहीं है, किंतु कला के स्वभाव, संस्कारों और प्रवृत्तियों की गहरी पहचान रखने वाले यह जानते हैं कि उसका सृजनशील रूप रचना विधान की अंतरंगता और सतत् संभावनाओं से जुड़ा रहता है, जिसमें वस्तुगत और मनोगत चेतना का सृजनात्मक संश्लेष सदा क्रियाशील दिखायी देता है। कला में कोई प्रवृत्ति न तो बिना आधार और पूर्व संस्कार के अकस्मात् उपज सकती है और न उसे कृत्रिम रूप से स्थायित्व दिया जा सकता है। मनुष्य मात्र की आत्मिक एकता के कारण बहुधा नितांत विरोधी कला प्रवृत्तियों में भी कहीं-न-कहीं रचनात्मकता का विश्वसनीय समान आधार लक्षित होने लगता है, विशेषतः जब उनमें स्वयं अंतर्मंथन की प्रक्रिया आरंभ होने लगती है। अनुकूलता की संगति तो महत्त्वपूर्ण होती ही है, पर कला जगत में प्रतिकूलता की संगति भी कम महत्त्व नहीं रखती। मन की सच्ची सौंदर्यात्मक अभिव्यक्ति के लिए वैयक्तिक कल्पनाशीलता तथा सामाजिक यथार्थ दोनों की अपेक्षा होती है। इसी बिंदु पर मिथक चेतना हमारे लिए आज भी प्रासंगिक दिखायी देती है। मिथकों की उत्पत्ति और उन पर विश्वास तथा उनके द्वारा प्रेरित सृजन कर्म एवं तदाश्रित सौंदर्यबोध परस्पर संबद्ध होते हुए भी एक चीज़ नहीं है। प्राचीन और मध्यकालीन विश्वासों से बहुत कुछ मुक्त होकर भी हम उनमें निहित रचनात्मक सुंदरता को मूल्यवान मानते हैं। मेरे विचार से एक स्वतंत्र दृष्टि है जिसका अंतर्भाव किसी अन्य दृष्टि में हो पाना संभव नहीं है।

सौंदर्यबोध के इसी आयाम में जो कुछ घटित होता रहता है वह एक स्वतंत्र संसार की प्रतीति कराता है। इसके नियम भौतिक जगत से अनुशासित नहीं होते क्योंकि उसमें मनोजगत का ही साम्राज्य दिखायी देता है। भारतीय जीवन दृष्टि ने कला और साहित्य को लीलात्मक माना है जो उसकी सौंदर्य दृष्टि की सुविज्ञात विशेषता रही है। दार्शनिक भूमि पर जो असत्य, अयथार्थ और मिथ्या कहा जाता है, व्यावहारिक जीवन में और कला जगत में वह अर्थपूर्ण तथा प्रेरक दिखायी देता है। उसके बिना न तो भावनाओं की अभिव्यक्ति हो सकती है और न वैचारिक आदान-प्रदान। सांस्कृतिक जीवन को समृद्ध तथा प्रेरक बनाने के लिए दर्शन से अधिक कला हमारा साथ देती है। गुरुदेव रवीन्द्रनाथ ने इस तथ्य को बहुत गहराई से आत्मसात् किया था, क्योंकि वे मूलतः रचनाधर्मी थे, कोरे दार्शनिक नहीं।

वैदिक संस्कृत का 'मिथ्या' शब्द जिस 'मिथ्' धातु से बना है कदाचित् वही मिथक, मिथ, माइथॉलोजी आदि शब्दों में व्याप्त है और 'इंडोआर्यन' भाषा की

सम्मिलित देन है। इस संबंध में यह धारणा द्रष्टव्य है, 'यह शब्द मूलतः अंग्रेज़ी का शब्द माना जाता है, पर इससे मिलता-जुलता संस्कृत शब्द 'मिथ्या' है। पश्चिमी यूरोप तथा अमेरिका के विचारकों ने मिथ को इसी अर्थ में लिया है और उसे यथार्थ या वास्तव में भिन्न माना है।'

आप्टे के अनुसार 'मिथ' का कोशार्थ उसे एक ओर युग्मपरक संबद्धमूलकता के साथ जोड़ता है, दूसरी ओर ज्ञान और नाश की विरोधी सीमाओं में ला कर 'मिथ्या' को अवास्तविक या अयथार्थ की कोटि में ले आता है। संसार को मिथ्या कहने का अर्थ सर्वथा अनुपस्थित न मान कर उसे निस्सार कहना मात्र है जो पारमार्थिक दृष्टि है, लौकिक नहीं। यथार्थ-अयथार्थ और सत्य-असत्य के बीच कल्पना की उभयात्मक स्थिति कला, साहित्य और मनोविज्ञान एवं दर्शन ने निश्चित रूप से स्वीकार की है। यही नहीं उसमें वैचित्र्य, गूढ़ता, मायावीपन एवं यातुकता तथा लीलाभाव के साथ निरंतर सृष्टि की क्षमता, तात्त्विक रूपांतरण तथा अभिव्यंजना कौशल की असाधरणता का विविध प्रकार से विचार किया जा चुका है, जिसमें अनुकूल और प्रतिकूल दोनों पक्षों का समावेश मिलता है। पुराणों में 'आसुरी माया' के साथ 'दैवी माया' की भी धारणा व्यक्त की गयी है। मैं सृजनधर्मिता के कारण पुराण को कल्प-कथा कहना अधिक सार्थक समझता हूं, क्योंकि कल्पांतर की धारणा पौराणिकता से अभिन्न है। भारतीय सौंदर्यशास्त्र में 'कल्पना' से अधिक'प्रतिभा' को महत्त्व दिया गया है, पर काल-चिंतन में सृष्टि की आवर्ती धारणा के साथ कल्प और कल्पांतर की मान्यता का विशेष योग रहा है। यही कारण है कि भारतीय आवर्ती काल चिंतन वैज्ञानिक रेखाबद्ध इतिहास-दृष्टि की अपेक्षा मिथक चेतना की ओर अधिक झुका दिखायी देता है। अन्य देशों में भी कला जगत को विज्ञान पूरी तरह मिथकहीन नहीं बना पाया, यद्यपि आधुनिक कला इस ओर प्रवृत्त अवश्य हुई। यूरोपीय कला के विविध वाद अधिकतर अभिव्यंजना और रचना-विधान की प्रयोगशीलता से उपजे हैं।

अमूर्तन अवश्य एक चुनौती बनकर सामने आया, पर उसने मानव मन को इतना परितोष नहीं दिया कि परिचित रूपाकार और अलंकृत रंग योजनाएं निष्प्रेरक लगने लगें। आधुनिक कला अलंकरण से प्रेरित नहीं होती, पर लयात्मक विन्यास, मूर्ति और चित्र दोनों में रचनात्मक स्तर पर लक्षित होता है। मिथक-चेतना में लय का समावेश वैयक्तिक से अधिक सामाजिक तथा ऐतिहासिक संदर्भों में क्रियाशील दिखायी देता है। मैं नहीं मानता कि समस्त आधुनिक कला केवल वैयक्तिक कला रह गयी है। अनेक स्तरों पर व्याप्त अंतर्बाह्य का संश्लेष आज और भी अधिक अपेक्षित है।

महानगरों तथा नगरों में जिस कला का सृजन व्यापक रूप से हो रहा है, उसमें अधिकतर व्यापारिक उद्देश्य काम कर रहे हैं जो शक्तियां फ़ैशन से परिचालित होने की जगह अपनी जड़ों से जुड़ी रहती हैं, वे अपनी सार्थकता बाहरी प्रभावों से निर्धारित नहीं करतीं, वरन् उनमें निजी अनुभव की गहराई, अपने सामाजिक संघर्ष की

भागीदारी का अहसास, अपनी सांस्कृतिक परंपरा के सजीव संपर्क की लालसा स्वयं उद्भूत हो कर नयी दिशा का अर्थपूर्ण संकेत देने लगती हैं। हर देश की कला किसी-न-किसी वाद का आश्रय ले कर ही सार्थक सृजन करे, यह आवश्यक नहीं है। अपनी संस्कृति और अपनी जनता से जुड़ कर किसी ऐतिहासिक आवश्यकता या उपलब्धि की प्रेरणा भी उसे नये शिल्प की दिशा में गतिशील कर सकती है। मानव मात्र की चिंता, मानवता के प्रति व्यापक सह अनुभूति तथा कल्याण-कामना, उसकी विरोधी शक्तियों से जूझना और आत्माभिव्यक्ति की उच्चतम स्थिति तक कला के माध्यम से पहुंच पाना हर रचनाकार का अभीष्ट होता ही है।

इस पृष्ठभूमि में मिथक चेतना का आकलन अनेक दुरूह प्रश्न सामने ले आता है जो आधुनिकता से जुड़ कर और जटिल प्रतीत होने लगते हैं। कहा गया है कि 'मिथक का संबंध मानव के आदिम एवं प्रागैतिहासिक काल से है और वे किसी भी जातीय संस्कार में इतने गहरे पैठे रहते हैं कि उन्हें मानव अस्तित्व से नकारा नहीं जा सकता।...मिथक एक अत्यंत जटिल सांस्कृतिक सत्य है जो मानव, प्रकृति और विश्व के पवित्र 'इतिहास' को अनेक प्रकार से रेखांकित और विवेचित करता है।...' आदिम मिथकों ने प्रकृति शक्तियों का मानवीकरण कर उन्हें मानवीय संदर्भ देने का प्रयत्न किया था।

मिथक मानव चेतना की रचनात्मक अभिव्यक्ति है जिसमें सामूहिक मन को प्रेरित तथा सक्रिय बनाये रखने की अद्भुत क्षमता रहती है। मैं उसे किसी प्रकार का इतिहास मानने के पक्ष में ही हूं। मानव निरपेक्ष इतिहास तो कदापि नहीं, क्योंकि वैसा होना संभव ही नहीं है। जीवन के अस्तित्व के साथ जो सृष्टि-प्रक्रिया संलग्न सिद्ध होती है उसमें मानव अस्तित्व के द्वारा गुणात्मक परिवर्तन हो जाता है, क्योंकि मनुष्य आत्मसाक्षात्कार, आत्मविश्लेषण तथा आत्मसृजन का अद्भुत गुण अपने में निहित पाता है। एक ओर उसे विशिष्टता का अनुभव होता है दूसरी ओर सामान्यता का। दोनों में से किसी को छोड़ कर पूरी सार्थकता प्राप्त करना उसके लिए संभव नहीं है। 'पद' और 'अर्थ' से बना 'पदार्थ' शब्द 'मैटर' का अर्थ देते हुए भी उससे विशेष सिद्ध होता है। 'अर्थ' से 'परमार्थ' तक की यात्रा संभव बनाने वाली 'मृत्युंजयी' जीवन दृष्टि भौतिकवाद से ऊपर स्थित और उससे अधिक प्रेरक दिखायी देता है। कला प्रसंग में और भी गंभीर, सहज और विश्वसनीय।

'पूर्वग्रह' के 'काल और सृजन' विषय पर केंद्रित अंक में निर्मल वर्मा के 'कुछ व्यक्तिगत नोट्स' तथा 'भाषा, रूप, समय' शीषक से स्वामीनाथन् की लघु टिप्पणियां इस संदर्भ में विशेष उल्लेखनीय हैं, क्योंकि उनमें जो विचार व्यक्त किये गये हैं, वे रचनाकार के सुचिंतित अनुभव से उपजे हैं। मिथक काल और सृजन की ऐसी अनिवार्य कड़ी है, जिसे छोड़ कर प्रागैतिहासिक युग से आधुनिक युग तक पहुंचना असंभव है। मिथकों की छाया में ही यह मनोयात्रा संभव होती है। उन्होंने जो कुछ कहा है

वह मिथकों से सीधे संबद्ध न होते हुए भी उसी पर आधारित प्रतीत होता है। निर्मल ने कई सार्थक प्रश्न उठाये हैं :

—क्या हम मनुष्य के भीतर बहने वाली सृजन-धारा को इतिहास के दावों और दबावों से मुक्त रख सकते हैं?

—क्या परम की सत्ता, आइडियॉलोजी से कम आततायी है?

—क्या इतिहास की उस सतत् परिवर्तनशील प्रक्रिया में हम कलाकृति की कोई सार्थक, विश्वसनीय कसौटी ढूंढ़ सकते हैं?

—कला जो परिवर्तन के विपरीत, एक स्थिर और चिरंतन विश्वास पर टिके रहने की चेष्टा है, क्या अपने सत्य का रिफरेंस किसी ऐसे मूल्य में खोज सकती है, जो स्वयं इतिहास से उपजा है, कभी भी मृत और अप्रासंगिक हो सकता है?

इस तरह के और भी अनेक तलस्पर्शी प्रश्न कला और उसकी मूल्यवत्ता के संबंध में उठाये गये हैं। आस्था का केंद्र मूलतः अपने भीतर खोजना और चेतना के प्रसार के साथ उसका सर्वत्र विस्तार करते जाना एक आत्मिक उपलब्धि है जो निश्चय ही गहरा परितोष देती है। परंतु नये संदर्भ में 'परम' से अधिक महत्त्व मनुष्य को मिलना स्वाभाविक है। मानववादी और मानवतावादी दृष्टिकोण एक बिंदु पर मिल कर आस्था को नया जन्म दे रहे हैं जिसका अहसास संवेदनशील कलाकारों एवं साहित्यकारों को अपने रचना संसार के भीतर मिलता रहा है। रचना की पहली शर्त ही इस विश्वास में निहित है कि अपने पर आस्था, स्वभावतः अपने कला कर्म पर आस्था उत्पन्न करती है और कला कर्म की सार्थकता अपने से बाहर व्याप्त अनेकमुखी मानवी अस्तित्व से उपजती है जिसमें आत्मीयता के सूत्र स्वयं जुड़ जाते हैं। सबसे बड़ा मिथक यही है कि मनुष्य की कल्पना विचित्र होते हुए भी मनुष्य से मनुष्य की गहरी पहचान कराने में आज भी सक्षम है। सौंदर्य का आयाम उसे अतिरिक्त चारुता देता है। सत्य को सुंदर के रूप में देखना और मानसिक अनुकूलता-प्रतिकूलता से ऊपर उठ जाना उस सुसंस्कार का द्योतक है जो मनुष्य की विवेकशीलता से परिचालित हो कर उसे संवेदना और रस की भूमि तक पहुंचा देता है। विभेद की जगह उसे अभेद का अनुभव होने लगता है। इस प्रत्यक्ष सत्य को मिथ्या कहना वस्तुतः कला और मिथक के निजी संबंध को उपेक्षित करना है। आदिम युग में, भाषा के आविर्भाव से बहुत पूर्व, चित्र अवस्तु हो कर वस्तु का मानसिक साक्षात्कार कराने में सक्षम होता था, यहां तक कि वह अभिचार और यातुकर्म का संवाहक बन कर अतींद्रिय प्रभावों की सृष्टि भी करता था। इसी प्रक्रिया से आगे चलकर देवताओं की मूर्तियां निर्मित हुईं जिनमें आभा मंडल के विकास के साथ, मंत्र-तंत्र के द्वारा प्रतिष्ठा का विधानलोक में आज तक प्रचलित है। विशुद्ध सौंदर्य से चित्र और मूर्ति को देखना मिथक से मुक्ति पाने का सर्वथा आधुनिकयुगीन प्रयास है जो कला के आदिम प्रभाव को बहुत

परिसीमित कर देता है। सौंदर्य को जीवन-सत्य से काट कर देखने की प्रवृत्ति अभी हमारे समाज में स्वीकार्य नहीं है और इसीलिए आधुनिक कला नये सामाज की तलाश में व्यग्र रहती है। विज्ञान और कला के बीच सही समय के अभाव में खाई बढ़ती जा रही है जबकि इसे कम करना श्रेयस्कर लगता है।

'भाषा रूप समय' के अंतर्गत ज. स्वामीनाथन् ने जो इक्कीस स्थापनाएं की हैं, वे सार रूप में निम्नलिखित मान्यताओं से निष्पन्न हैं; बाल चित्रकला तक सीमित रह कर की गयी हैं :

- चित्रकला अनिवार्य रूप से आत्माभिव्यक्ति का माध्यम है, आत्म में स्थित आत्म की अभिव्यक्ति।
- चित्रकला से चित्रलिपि या सजीव चित्रण की ओर गति एक गति है, प्रतीकात्मकता और प्रतिचित्रण की ओर। यह चित्रकला की प्रतिस्थापना है।
- चित्रकला में चाक्षुष प्रतिवादन (प्रतिपादन) स्वयं ही संदेश है।
- चित्रकला अनदेखे या अज्ञात को उद्घाटित नहीं करती। वह ज्ञात वस्तु को अनोखी चीज़ बना देती है।
- चित्रकला की भाषा प्रतीकात्मक नहीं, सहजीवी है। यह दोनों है, प्रतीक और उसका अभिव्यक्ति अर्थ। यदि उसे समझने की कोशिश की जाये, तब वह एक नहीं अनंत अर्थ देगी।
- प्रस्तुत यथार्थ का बिंब चित्रकला के लिए महत्त्व का नहीं, प्रक्षेपित बिंब का यथार्थ उसके लिए अर्थपूर्ण होता है।
- हमारी अनंत की यात्रा में यदि ज्ञान, समय के निरंतर क्षय का हिसाब है, तब चित्रकला समय को दुबारा हासिल कर उसका वैयक्तिकरण करती है।

कला, विशेषत: चित्रकला से संबद्ध गंभीर समस्याएं यहां भी उभारी गयी हैं। सूत्र रूप में कही गयी ये स्थापनाएं कलाकार की अनुभूत मान्यताओं को रेखांकित करती हैं। उनको संक्षिप्त करना उनके प्रति अन्याय करना है, पर मूल को तद्धत प्रस्तुत करना, वह भी एक भिन्न संदर्भ में, इससे अधिक संभव नहीं था। स्वामीनाथन् उस वर्ग के कलाकार हैं जिन्होंने अतियथार्थवादी प्रवृत्ति को नये अनुभवों से जोड़ कर भारतीय कला को एक प्रकार से नयी मिथक-चेतना दी है। उनके पाषाण, पर्वत, पक्षी, छाया, सोपान, रंगरेखा विधान के असाधारण प्रयोग के बीच उभरते उनके लयात्मक रूप से नयी चित्र भाषा का बोध होता है। उनके अनुभव संसार को सल्वाडोर डाली, किरिको तथा ऐसे अन्य अनेक योरोपीय कलाकारों के साथ रख कर देखना उचित होगा जिनसे उन्होंने प्रेरणात्मक सहसंबंध स्थापित किया है। ब्रिटेन की आर्ट्स कौंसिल द्वारा आयोजित कला प्रदर्शनी के अतियथार्थवादी चित्रों का प्रकाशन मैग्रिट या डेविड सिल्वेस्टर द्वारा

प्रस्तुत किया गया, पृष्ठ 103 पर 'दि ग्लासकी' (1959) चित्र इस रूप में विशेष ध्यान आकर्षित करता है कि पर्वतों के बीच स्पेस में स्थित एक पाषाण खंड स्वामीनाथन् के प्रारंभिक चित्रों में लगभग उसी प्रकार समाहित किया गया है। उनकी मौलिकता, उद्भावना से अधिक निजी प्रतीकों के नये-नये विन्यास से युक्त रचना कर्म में मिलती है, जिसमें कालबोध के साथ वस्तुबोध की विशिष्टता या अनोखापन सबसे अधिक ध्यान आकृष्ट करता है। आधुनिक भारतीय कला पर योरोप का कितना ऋण है यह इस उदाहरण से सर्वथा स्पष्ट हो जाता है। इससे दोनों के प्रेरणात्मक सहसंबंध और समान चिंतन पर भी प्रकाश पड़ता है। नयी मिथक चेतना का रहस्य वस्तुतः इसके भीतर निहित है। यह संबंध भारतीयता की सीमा पार करता हुआ योरोपीय की ओर निरंतर देखता रहता है। 'त्रिनाले' इधर और 'भारत महोत्सव' उधर आदान-प्रदान का रास्ता खोलते रहते हैं। वृहत्तर भारत से जितनी निकटता होनी चाहिए थी, उतनी नहीं हुई, फलतः भारत सांस्कृतिक दृष्टि से बहुधा अकेला पड़ जाता है।

अतियथार्थवादी कला अवचेतन मानस और स्वप्न जगत् के साथ यथार्थ जगत के अनुभवों को संश्लिष्ट बना कर अतींद्रिय लोक तक ले जाती है जो कल्पनाशील दर्शन को अधिक रुचता है। वस्तु वैचित्र्य और काल के आयाम में मनोगति उसे नया स्फुरण देती है, परंतु मिथक चेतना की और भी अनेक दिशाएं हैं जो अनुपेक्षणीय हैं। कलाकारों ने उन्हें भी समृद्ध किया है।

प्राग् तार्किक मानसिकता, प्रतीकों और बिंबों की असाधारण युति, यंत्र मानव की असाधारण उपलब्धि, नाश और निर्माण की अंतर्विरोधीमयी प्रक्रिया, सृष्टि और विकास के साथ साधनों के बढ़ते हुए अभाव की विभीषिका और ऐसे न जाने कितने संदर्भ हैं जो कला कर्म को चुनौती देते रहे हैं। ऐसी विषम स्थिति में प्रतीकात्मकता का सहारा ले कर या तो परिचित मिथक नये रूप में सामने आने लगते हैं अथवा मिथकीय कल्पना को बल दे कर नये अपरिचित रूपों की सृष्टि होने लगती है। यही सही है कि नये या पुराने मिथकों के सहारे आधुनिक कला कुछ समस्याओं का निराकरण कर लेती है, पर व्यापक रूप में परंपरा से बंधना वह श्रेयस्कर नहीं समझती।

आधुनिक भारतीय कला में मिथक चेतना उत्तरोत्तर रूपांतरित होती गयी है और कुछ कला प्रवृत्तियों में वह प्रायः अनुपस्थित मिलती है। अमूर्तन उसके निषेध का तथा अतियथार्थ उसके मुक्त स्वीकार का द्योतक है। पौराणिक मिथकों में गणेश और दुर्गा मांगलिकता तथा शक्ति माता के संवाहक रूप में आज भी मान्य हैं। अन्य देवी-देवता संदर्भ विशेष में प्रयुक्त किये गये हैं। जब उनका स्वरूप वाहन सहित चित्रित किया जाता है तो स्वतः नष्ट हो जाता है कि परंपरा का अनुसरण कलाकार को अभीष्ट है, भले ही रूप विन्यास में प्रयोगशीलता और वैचित्र्य हमारा ध्यान आकृष्ट करता है।

इस स्तर से भिन्न सृष्टि मिथक तांत्रिक कला में विशेष रूप से रूपायित किया गया है। नादबिंदु, कमल कुलिश, सूर्य-चंद्र, ओम, सर्प कुंडली, कुंडलिनी से ले कर

सहस्रार तक षट्चक्र, नेत्र, प्रभा-मंडल से निकलती रहस्मयी रश्मियां, छाया-प्रकाश के साथ सांकेतिक रंग योजना ऐसे चित्रों में प्रभावशाली रीति से प्रस्तुत किये गये हैं। सृष्टि के प्रति आस्थामूलक मांगलिक दृष्टि ऐसे चित्रण को प्रेरणा देती रही है। संहार की शक्ति के रूप में शिव भी मिथकीय व्यक्तित्व रखते हैं, पर वे भी अंततः मांगलिक माने गये हैं। शक्ति मिथक के रूप में अश्व, वृषभ, गरुड़, सिंह जैसे जीव चित्रकारों को निरंतर प्रेरणा देते रहे। शक्ति का मातृ रूप महामाता के मिथक में आज भी प्रेरणा देता है। रामायण-महाभारत के प्रसंग, और कहीं-कहीं अवतारवाद भी, आज की कला में अनेक रूप धारण करते हुए मानवीय भावों और नैतिक संघर्ष की प्रासंगिकता के साथ प्रस्तुत किये गये हैं। यह दूसरी बात है कि ऐसे चित्रों में कलाकार प्रायः न्याय नहीं कर सके हैं, क्योंकि उनमें उस आस्था का अभाव रहता है जो इनमें है। विगति के लिए मिथकों का प्रयोग इतनी दूर तक नहीं हुआ है कि उसे स्वतंत्र प्रवृत्ति माना जा सके। पक्षी, वृक्ष, पाषाण और छाया सोपान का काल्पनिक विन्यास करके स्वामीनाथन् तथा उनके अनुवर्ती चित्रकारों ने नव्य कालबोध का मिथकीय जैसा निरूपण किया है जिसका उल्लेख पहले किया जा चुका है। मनुष्य और यंत्र के सहसंबंध से विकसित असाधारण कल्पनाएं नये मिथकों को जन्म दे रही हैं। अतियथार्थवादी कला में इनके रूप विशेषतः लक्षित होते हैं। प्रकृति, जीव और यंत्र को, अनेक रूपों में बांधती है, जैसे पॉल क्ली की कला।

मनुष्य और प्रकृति के बीच यंत्र को अपना स्थान बनाने में असाधारण संघर्ष करना पड़ा जो आज भी चल रहा है। शक्ति का केंद्र हो कर मानव अपने द्वारा निर्मित यंत्र से पराभूत होता दिखायी दे तो यह उसकी विजय नहीं मानी जायेगी, ऐसा उसे अनुभव हो रहा है। यंत्र मानव यदि स्वयं मानव को यंत्र बना कर अंतरिक्ष में संचरण करने लगेगा तो हो सकता है कि उसमें किसी दिन इच्छा शक्ति भी उत्पन्न हो जाये। तब मानव उसमें विवेक किस प्रकार उत्पन्न करेगा कि वह मनुष्य की तरह आत्महत्या न करे और मनुष्य का अस्तित्व निरापद बना रहे!

पुराने मिथक इस समस्या के निकट भी नहीं पहुंच सकते, क्योंकि यह अवधारणा बीसवीं सदी की चीज़ है। फिर भी मनुष्य रहस्यमय शक्ति की तरह-तरह से कल्पना कर सकता है। प्रागैतिहासिक युग से आरंभ करके आगे अंतरिक्षयुग का अवतरण करने वाली मनीषा किन कलाकारों को अपना माध्यम बनायेगी, यह उनके द्वारा उद्भूत मिथकचेतना से ही ज्ञात होगा। मनुष्य तो श्वेतवर्णी शांति कपोत की ही कल्पना कर पाया है जो उसे परितोष देता रहा है। आधुनिक कला में इसे नये मिथक के रूप में ग्रहण किया जा सकता है। परिवर्तन, स्थिति और गति के आवर्त्तन से उत्पन्न लय किस नये मिथक को जन्म देगी, कह नहीं सकता। किंतु यह मेरा विश्वास है कि रचनाकार के मन में सृजन की निगूढ़ लय टूटेगी नहीं; 'नृत्यं ताल लयाश्रयम्'।

राधावल्लभ त्रिपाठी

साहित्य और मूल्य-दृष्टि

वैदिक मनीषियों की दृष्टि में जीवन के तीन स्तर हैं—आधिभौतिक, आधिदैविक तथा आध्यात्मिक। ये तीनों स्तर परस्पर अनुस्यूत हैं। विश्व में सारी चीज़ें एक-दूसरे से जुड़ी हुई हैं। स्थूल से सूक्ष्मतम तक व्याप्त ये तीन स्तर भी एक-दूसरे से जुड़े हैं। इनमें से कोई भी शेष दो के बिना संभव नहीं है। वैदिक कवि ऋषि आधिभौतिक स्तर पर कृषक या श्रमिक भी है, आधिदैविक तथा आध्यात्मिक स्तरों पर वही मंत्रद्रष्टा और स्रष्टा भी है। वेद में जीवन के निपट भौतिक या स्थूल स्तर को अध्यात्म से विच्छिन्न करके नहीं देखा गया, अत: जो वेद तत्त्व का निदर्शन करता है और परमार्थ का बोध कराता है, वही खेत, खलिहान में भी विचरण करता है तथा श्रम की संस्कृति की प्रतिष्ठा करता है। जीवन के ये तीन स्तर तीन पुरुषार्थों से जुड़े हुए हैं। आधिभौतिक सृष्टि का रिश्ता अर्थ पुरुषार्थ से है। कौटिल्य अपने अर्थशास्त्र के प्रारंभ में ही शास्त्र को परिभाषित करते हुए कहते हैं कि सारी पृथ्वी पर जो कुछ प्रत्यक्षगम्य है, उसकी व्यवस्था करना यह शास्त्र सिखाता है। अत: अर्थ का आशय केवल रुपया नहीं, समग्र भौतिक उपलब्धि है जो मनुष्य अपने से बाहर की दुनिया में करता है। आधिदैविक संसार मनुष्य केभीतर का संसार है। इसमें उसकी सारी कामनाएं और अभीप्साएं संचित हैं। इसी में देवता वास करते हैं। यह आधिदैविक सृष्टि है। इसमें अवस्थित हो कर मनुष्य काम पुरुषार्थ को हासिल करता है। काम का अर्थ भी यहां मात्र स्त्री–पुरुष का परस्पर आकर्षण या यौन संसर्ग नहीं है, अपितु मनुष्य की वह सारी ऊर्जा भी है, जो उसमें सिसृक्षा (रचने की इच्छा) जगाती है। इसलिए काम सृष्टि का मूल तत्त्व भी माना गया।

इसके साथ ही यह भी माना गया कि इन तीन आयामों के अतिरिक्त कोई चौथा आयाम भी जीवन का हो सकता है। तीन आयाम तो प्रत्यक्ष अनुभव में आते हैं, यह चौथा आयाम सामान्य अनुभवों से भिन्न है। इसलिए चौथे पुरुषार्थ—मोक्ष की परिकल्पना की गयी। काव्य से मिलने वाले अनुभव को भी रोजमर्रा के सामान्य अनुभवों से भिन्न माना गया। तब प्रश्न यह आया कि काव्यानुभव और इस चतुर्थ पुरुषार्थ—मोक्ष में क्या साम्य या वैषम्य है ? तब काव्यानुभव को ब्रह्मास्वादसहोदर या

मोक्ष के ही एकदम समान बताया गया। कुछ आचार्य ऐसे भी थे जिन्होंने काव्यानुभव को योगियों को मिलने वाले परम आनंद से कहीं अधिक मूल्यवान माना। भट्टनायक कहते हैं :

'वाग्धेनोर्दुग्ध एतं हि रसं यद् बालतृष्णया।
तेन नास्य समः सस्याद् दुह्यते योगिभिर्हि यः॥'

अर्थात् वाग्धेनु के दोहन से होने वाले रस की बराबरी योगियों को समाधि में मिलने वाला रस भी नहीं कर सकता।

व्यक्तित्व की संकुचित सीमाओं से मुक्त हो कर आनन्त्य का अनुभव करना मुक्ति है। कविता हमें व्यक्तित्व की संकुचित सीमाओं से मुक्त करती है। काव्यशास्त्र के आचार्य आनन्दवर्धन (नवीं शताब्दी) कहते हैं कि जीवन और जगत अनंत हैं, इनका शुद्ध वाच्य में अर्थात् सपाटबयानी में भी निरूपण किया जाये तो कविता में आनन्त्य हो जाता है, फिर यदि कवि अपनी प्रतिभा से कविता में जगत का अतिक्रमण करके नया संसार रच देता तो ऐसे संसार में प्रवेश हमें जीवन और जगत में बनी हुई हमारी सीमाओं से मुक्त करे, यह स्वाभाविक है। अतएव एक-दूसरे काव्यशास्त्री राजशेखर (10वीं शताब्दी) ने कहा कि लोकयात्रा कवि वचनों के अधीन हैं और कवि वचनों के अधीन होकर वह मुक्ति का मूल बन जाती है, 'कविवचनायाता च लोकयात्रा सा च निःश्रेयसमूलम् इति महर्षयः।' (काव्यमीमांसा, पृ. 10)

भारतवर्ष में भरतमुनि से लगा कर काव्यानुभूति के स्वरूप पर जो विचार किया गया उसमें काव्यानुभूति या रसास्वाद का अनिवार्य संबंध पुरुषार्थों से माना गया। यदि अपनी परिणति में काव्य अथवा नाट्य प्रस्तुति पुरुषार्थ में प्रवृत्त नहीं करती तो वह काव्याभास या नाट्याभास ही है, सही कविता या नाट्य प्रस्तुति नहीं। रसों में श्रृंगार का संबंध काम पुरुषार्थ से, वीर का धर्म पुरुषार्थ से, रौद्र का अर्थ पुरुषार्थ से तथा शांत और बीभत्स का मोक्ष से अनिवार्य संबंध है। चूंकि चारों पुरुषार्थ परस्पर संश्लिष्ट हैं अर्थात् एक की क्षति या अभाव में दूसरा संभव नहीं है, इसलिए श्रृंगार रस की महान कविता में काम पुरुषार्थ की भी यदि चरितार्थता हो सकती है तो वह धर्म, अर्थ और मोक्ष—इन शेष पुरुषार्थों की अपेक्षापूर्वक ही हो सकती है, उपेक्षापूर्वक नहीं। संस्कृत के टीकाकारों की परंपरा में इसलिए अभिज्ञानशाकुंतलम् जैसी कालजयी रचनाओं की मीमांसा इस दृष्टि से की जाती रही कि ये रचनाएं किस प्रकार श्रृंगार प्रधान हो कर भी धर्म आदि पुरुषार्थ में भी प्रवृत्त कराती हैं।

'अभिज्ञान शाकुन्तलम्' में कालिदास के नायक को केवल शकुन्तला अंत में मिलती हो ऐसा नहीं है। उसे अपने बेटे के साथ शकुन्तला मिलती है। शाकुन्तलम् की प्राचीन टीकाओं की परंपरा में यह बताया जाता रहा है कि एक चक्रवर्ती श्रेष्ठ पुत्र की प्राप्ति का अभिप्राय भी आरंभ से अंत तक शाकुन्तलम् में गुंथा हुआ है अर्थात्

दुष्यन्त को धर्मसंवलित काम की उपलब्धि होती है, केवल काम की नहीं।

इस तरह साहित्य से पुरुषार्थ की सिद्धि अवश्यंभाव्य है। यदि किसी कृति से पुरुषार्थ की सिद्धि नहीं होती तो वह काव्य नहीं है। पुरुषार्थ की सिद्धि के लिए किसी भी रचना में पांच अवस्थाएं आ सकती हैं—आरंभ, यत्न, प्राप्त्याशा, नियताप्ति और फलागम।

भास की 'स्वप्नवासवदत्तम्' एक महान नाट्य रचना है। वत्स देश के राजा उदयन इसके नायक हैं। उनके राज्य का एक हिस्सा शत्रु राजा ने हड़प लिया है। नाटक की अंतर्वस्तु है—राजा उदयन के द्वारा अपने इस खोये हुए राज्य की पुनःप्राप्ति। यह प्राप्ति इस भौतिक संसार से संबंध रखती है। इसलिए कह सकते हैं कि 'स्वप्नवासवदत्तम्' में अर्थ पुरुषार्थ मुख्य है। पर ऐसा कहने से 'स्वप्नवासवदत्तम्' की पूरी वास्तविकता उद्घाटित नहीं हो पाती। होता यह है कि खोये हुए राज्य को वापस हथियाने के लिए राजा का मंत्री यौगंधरायण जो योजना बनाता है, उसमें राजा को अपनी परमप्रिय रानी और एकमात्र पत्नी वासवदत्ता खोनी पड़ती है। मंत्री के लिए राज्य महत्त्वपूर्ण है, राजा के लिए अपनी प्रिया का प्रेम। प्रेम रानी के लिए भी उतना ही बड़ा है, पर वह अपने पति और प्रिय उदयन के लिए व्यक्तिगत प्रेम की बलि चढ़ाने को तैयार हो जाती है। वह यौगंधरायण की योजना में अपने पति को बताये बिना शामिल हो जाती है। वासवदत्ता के एक भयंकर अग्निकांड में जल कर मर जाने की झूठी ख़बर फैला दी जाती है और वासवदत्ता एक मामूली स्त्री के वेश में मगध की राजकुमारी पद्मावती के पास धरोहर के रूप में सौंप दी जाती है। फिर राजा उदयन को किसी तरह दूसरा विवाह कर लेने के लिए राज़ी किया जाता है। यह दूसरा विवाह राजनीतिक है। यह राजकुमारी पद्मावती के ही साथ होता है, जिसे इस बात का कोई अंदाज़ नहीं कि उसकी सौत जीवित है। वासवदत्ता अपने पति का दूसरा विवाह होते देखती है और घोर वेदना से गुज़रती है, हालांकि यह विवाह कराने के लिए वह ख़ुद गुमनामी का कष्ट झेलती आ रही है। अंत में पद्मावती से विवाह होने पर मगध की सहायता पाकर राजा उदयन अपने शत्रु को परास्त कर देते हैं और शत्रु के द्वारा हड़प लिया गया अपना राज्य वापस पा जाते हैं। इसके साथ ही उन्हें वासवदत्ता भी फिर से मिल जाती है।

इस तरह 'स्वप्नवासवदत्तम्' में ऊपरी तौर पर कथा तो अर्थ पुरुषार्थ की प्राप्ति की है, पर इस कथा का सारा निरूपण काम पुरुषार्थ का प्राबल्य ले कर आता है। उदयन का वासवदत्ता को न भुला पाना, दोनों के बीच अनन्यनिष्ठ अनुराग और इन दोनों के बीच राजकुमारी पद्मावती के आ जाने से प्रेम के त्रिकोण में संशय, आशंका, यंत्रणा और गहरे अंतर्द्वंद्व के जो आवर्त्त-विवर्त्त बनते हैं, उनके कारण यह कृति केवल आधिभौतिक जगत तक सीमित न रह कर आधिदैविक लोक में संक्रांत हो जाती है। प्रेम संबंधों के जटिल ताने-बाने के अंत में जा कर दोनों रानियों के साहचर्य की समंजस स्थिति यहां काम पुरुषार्थ की सिद्धि में पर्यवसित होती है। अर्थ और काम दोनों की प्राप्ति कथानक

में नायक को होती है और इनकी प्राप्ति का प्रक्रिया में नाटक आधिभौतिक और आधिदैविक दुनियाओं के बीच झूलता है। पर इस झूले की सारी पींग धर्म पुरुषार्थ के द्वारा ही प्रेरित और विहित है। वासवदत्ता अपने पति तथा राज्य के कल्याण के लिए त्याग करती है। अपने सारे अंतर्द्वंद्व और संकट को वह धर्म और अपनी आस्था के बल पर झेलती है।

स्वप्नवासवदत्तम् आधिभौतिक विश्व में अवस्थित रह कर भी आधिदैविक का उसमें अवतरण कराता है और आध्यात्मिक का प्रत्यय देता है।

कालिदास का 'अभिज्ञान-शाकुन्तलम्' भी 'स्वप्नवासवदत्तम्' की तरह एक कालजयी रचना है। इसका मूल ध्येय पुरुष के द्वारा स्त्री की खोज है। पहला अंक मृगया के दृश्य से आरंभ होता है। मृगया का स्थूल या आधिभौतिक स्तर ही कवि को अभिप्रेत नहीं है, यह इस प्रसंग के निरूपण से स्पष्ट है। मृगया का अर्थ शिकार भी है और खोज भी है। दुष्यन्त हरिण को शिकार करने से तापसकुमारों के द्वारा रोक दिया जाता है, इसके साथ ही पहला अर्थ गतार्थ हो जाता है। दूसरे अर्थ का सातत्य नाटक में बराबर बना रहता है। यह अर्थ एक पुरुष के भटकाव और उसके द्वारा एक चिरंतन प्रणयिनी की खोज का भाव व्यक्त करने लगता है। यह रचना का आधिदैविक स्तर है। यहां आ कर शकुन्तला मानुषी नहीं रह जाती, जीवन भर के पुण्यों का अखंड फल बन जाती है। लताएं उसकी बहनें हैं, हरिणों के छौने उसके बेटे—वह एक ऐसी निसर्गकन्या भी हो जाती है। आधिदैविक स्तर पर अधिष्ठित हो कर ही कविता का वह अनूठा भावलोक या स्वप्नलोक यहां बनता है, जिसके कारण महाकवि गोइथे को इस कृति में स्वर्ग और धरती का मिलन नज़र आता है। शाकुन्तलम् काम पुरुषार्थ की कृति है। इसमें व्यक्ति की दमित वासनाएं, कामकुंठाएं, ऐषणाएं और लिप्सा भी हैं, और इनसे ऊपर उठने की उसकी छटपटाहट भी। अंत में गहरी मानसिक यंत्रणा से गुज़र कर इस काम का परिष्कार होता है।

यदि भवभूति के 'उत्तररामचरित' को देखें तो उसमें सीता और राम के प्रणय और राग का अत्यंत अनुभूतिप्रवण चित्रण तो है, पर काम के परिष्कार का ऐसा कोई प्रश्न यहां नहीं उठता। सीता और राम दाम्पत्य के उस अनन्यनिष्ठ लगाव का अनिर्वचनीय आह्लाद अनुभव करते हैं, जिसमें मनोविकृतियों, कुंठाओं और कालुष्य के लिए कहीं भी कोई जगह नहीं है। उनके आह्लाद के चित्रण में रचना मनुष्य के चित्त की सारी सीमाओं को लांघ जाती है। इस अर्थ में 'उत्तररामचरित' आध्यात्मिक स्तर पर प्रतिष्ठित प्रतीत होता है। इसकी पृष्ठभूमि में प्रजानुरंजन का राजा का आग्रह, लोगों के द्वारा एक स्त्री को लांछित करना, राम के अश्वमेध तथा दिग्विजय के अनुष्ठान आदि के वृत्तांत हैं। सीता को छोड़ते समय राम के मन का भीषण अंतर्द्वंद्व, उनके परित्याग की कचोट, तज्जन्य अपराधबोध और अनुताप—ये सब इस नाटक की आधिदैविक भूमि बनाते हैं।

कौशल्या, जनक, वासंती आदि पात्रों की चिंताएं और वेदनाएं भी इसी भूमि पर अवस्थित हैं। पर पूरे नाटक में कवि ने प्रधानता राम और सीता के पारस्परिक विश्वास और अनन्य निष्ठा को दी है। इसके आगे स्थूल जगत के सारे दबाव छोटे साबित होते हैं। यद्यपि राम और सीता उन दबावों के कारण बिछुड़ते हैं, पर फिर भी वे अंतत: एक-दूसरे को पाते हैं।

'स्वप्नवासवदत्तम्' में इत्तिवृत्त और उसका निर्वाह तथा उससे जुड़ी रचना दृष्टि आधिभौतिक स्तर पर अवस्थित हैं। 'अभिज्ञानशाकुन्तलम्' में इन्हें हम आधिदैविक पर पहुंचा हुआ पाते हैं और 'उत्तररामचरित' में आध्यात्मिक पर। इसका आशय यह नहीं कि इन तीनों में बाद वाली कृति पहले वाली से उत्तरोत्तर श्रेष्ठ है। जगत के स्थूल यथार्थ का मुख्यत: चित्रण करने से कोई कृत्ति छोटी नहीं हो जाती, न मनुष्य के आंतरिक जगत का चित्रण करने से कोई रचना बड़ी हो जाती है। कोई भी रचना जीवन के आधिभौतिक, आधिदैविक और आध्यात्मिक इन तीनों स्तरों में से प्रधानतया किसी एक पर ज़्यादा टिकी हो सकती है। पर उसमें बाकी दो स्तरों के अवहेलना की जाये तो यह उसकी शक्तिमत्ता की क्षति होगी। श्री अरविन्द का 'सावित्री' महाकाव्य एक ही स्तर में अधिक रमता है। दंडी के 'दशकुमारचरित' में भी यही स्थिति है। यह केवल आधिभौतिक स्तर की कथा ही प्रस्तुत करता है। जगत में व्याप्त धूर्तता, फरेब और चालाकी के साथ साहस और शौर्य का बड़ा रोमांचक चित्रण दसों राजकुमारों की कहानियों में है, पर इन कहानियों में यदि कोई निष्कर्ष निकलता है तो यही कि संसार में चालाकी और धोखाधड़ी के बिना कोई काम नहीं बनता।

'दशकुमारचरित' में अर्थ, पुरुषार्थ है, 'सावित्री' महाकाव्य में मोक्ष, पुरुषार्थ। पर दोनों में किसी एक पुरुषार्थ का प्रत्यय इतर पुरुषार्थों से विच्छिन्न होकर दिया जाता है, तो वह पुरुषार्थ पुरुषार्थ नहीं रह जाता। सृष्टि के तीन स्तर आधिभौतिक, आधिदैविक और आध्यात्मिक जिस तरह एक-दूसरे में अनुप्रविष्ट हैं और परस्पर अंतरलंबित हैं, उसी तरह तीनों या चारों पुरुषार्थ भी एक-दूसरे में अनुप्रविष्ट और परस्पर अंतरलंबन में टिके हुए हैं। इनमें से किसी एक को बाकी से काट कर यदि दंडी या श्री अरविन्द की रचना प्रस्तुत करती है तो वह मुकम्मल कृति नहीं है।

पश्चिम के प्राच्यविद्याविशारदों ने संस्कृत साहित्य के इतिहास पर चर्चा करते हुए दो कृतियों को एक दृष्टि से महत्त्वपूर्ण माना—दंडी का 'दशकुमारचरित' तथा शूद्रक का 'मृच्छकटिक'। 'दशकुमारचरित' को 'धूर्तों का रोमांस' कहा गया। 'मृच्छकटिक' को चारुदत्त और गणिका वसंतसेना के बीच के गहरे रागात्मक संबंध और उसकी पावनता के कारण नहीं, उसमें चित्रित जुआरियों, भ्रष्ट राजतंत्र और जर्जर सामंतीय व्यवस्था के सजीव चित्रण और यथार्थ निरूपण के कारण सराहा गया।

प्राकृत में हरिभद्र का 'धूर्ताख्यान' व्यंग्य और विडंबन शैली का अद्भुत प्रयोग है। यह उन लोगों के मुख से सारी परंपराओं और पौराणिक कथाओं व मिथकों की

खिल्ली उड़वाता है, जो स्वयं चोरी और धोखाधड़ी के द्वारा जीविका चलाने वाले लोग हैं। प्राचीन साहित्य की परंपरा में इस तरह निर्मम हो कर प्राचीन कथाओं, विश्वासों और मान्यताओं की छीछालेदर शायद ही और कहीं की गयी हो। यह भी उल्लेखनीय है कि संस्कृत काव्यशास्त्र के आचार्यों ने प्रणय, वेदना और लोक जीवन के अनेक सरस पद्यों को अपने सिद्धांत ग्रंथों में उद्धृत किया, पर 'धूर्ताख्यान' जैसी कृति का कहीं नाम भी नहीं. लिया। क्या उनकी दृष्टि में यह कृति उल्लेखनीय नहीं थी?

'धूर्ताख्यान' का अच्छी हिंदी में अनुवाद करके इसके लेखक और समय की जानकारी दिये बिना आज के पाठक को पढ़ने को दिया जाये तो उसे यह भ्रम हो सकता है कि यह हरिशंकर परसाई या श्रीलाल शुक्ल या ऐसे ही किसी लेखक की व्यंग्य कृति है। प्रस्तुत लेखक ने 'धूर्ताख्यान' के कुछ अंशों का अनुवाद अपनी एक पुस्तक में किया, तो उसे देखकर कतिपय प्रबुद्ध संपादकों, आलोचकों के द्वारा ऐसी ही गद्य कृतियों का और भी अनुवाद करके देने का आग्रह उससे किया गया।

धूर्ताख्यान जैसी रचना को प्राचीन आचार्य परंपरा ने बहुत महत्त्व नहीं दिया, जबकि आज के समीक्षक की निगाह में वह महत्त्व की कृति हो सकती है। तब यह मानना पड़ेगा कि प्राचीन आचार्यों की साहित्य के बारे में, विशेषत: उसके मूल्यबोध के बारे में, दृष्टि आज के समीक्षकों से अलग थी।

'धूर्ताख्यान' के वजन की चीज़ें संस्कृत में न लिखी गयी हों, ऐसा नहीं है। क्षेमेन्द्र ने अनेक रचनाएं ऐसी लिखीं जिनमें उनके समय के समाज का कच्चा चिट्ठा है। दसवीं शताब्दी के कश्मीर की स्थितियों पर अच्छे रिपोर्ताज ये रचनाएं बनाती हैं। क्षेमेन्द्र स्वयं काव्यशास्त्र के माने हुए आचार्य हैं और काव्यशास्त्र में भी वे औचित्य के सिद्धांत के प्रतिष्ठापक हैं। कदाचित् इसीलिए अपने समय की वेश्याओं, कुट्टनियों, भ्रष्ट राजाधिकारियों का कच्चा चिट्ठा खोलते हुए उन पर फटकार लगाते हुए या उनकी खिल्ली उड़ाते हुए क्षेमन्द्र बार-बार उपदेश की मुद्रा में भी आते हैं, और मूल्यों और आदर्शों का आग्रह करते हैं। इस दृष्टि से उनकी 'समयमातृका', 'कलाविलास', 'देशोपदेश', 'नर्ममाला' आदि रचनाओं का स्तर हरिभद्र के 'धूर्ताख्यान' से भिन्न हो जाता है। वे जानते है, कि केवल खिल्ली उड़ाने केभाव को ले कर रची गयी रचना उत्कृष्ट नहीं हो सकती।

खिल्ली उड़ाने का और फटकार लगाने का अधिकार उसे हो सकता है जो स्वयं उन दोषों से मुक्त हो, जिनके लिए वह दूसरे को फटकार रहा है। कबीर भी फटकार लगाते हैं, पर फटकार लगाना अपने-आप में उनका ध्येय नहीं है। यहीं स्थिति क्षेमेन्द्र के साथ है।

आशय यह कि रस में तन्मय न हो कर अपने समय और समाज का यथार्थ उद्घाटित करने के लिए जो कृतियां रची जाती हैं, उनमें रचनाकार और पाठक एक दूसरे तरह के रस में डूब कर रचना के उद्देश्य को ही बिसरा दें, यह ख़तरा रहता है।

यह दूसरे प्रकार का रस परनिंदा का रस है। परसाई की बहुत-सी रचनाएं इस भाव से पढ़ी जाती हैं, भले ही वे इस भाव से लिखी न गयी हों। उन्हें पढ़ कर लोग केवल दूसरों की खिल्ली उड़ाने से मिलने वाला सुख और संतोष ले कर तृप्त हो लेते हैं। आपने एक महान लेखक को पढ़ा भी और खुश भी हुए; न तो भवभूति, शरच्चन्द्र आदि को पढ़ने से जिस आयास और यंत्रणा से गुज़रना पड़ता है, उससे गुज़रना पड़ा, न करुणा विगलित होने या गलदश्रु भावुकता में बहने की ज़रूरत पड़ी। साहित्य इस तरह मनोरंजन का सस्ता, सुंदर और टिकाऊ साधन भर बन कर रह जाता है।

साहित्य में कहीं भावों की मुख्यता हो सकती है, कहीं ज्ञान की। पर दोनों ही स्थितियों में पुरुषार्थबोध से विच्छिन्न होने पर वह स्वयं पतित हो जाता है और पतन की ओर ले जाता है।

उपनिषद् कहते हैं, 'क्षुरस्य धारा निशिति दुरत्यया दुर्गं पथस्तत् कवयो वदंति', ज्ञान का पंथ कृपाण की धारा है। इस पथ पर चलने वालों में कभी भी कहीं भी संस्खलन हो सकता है।

इकहरेपन में चुक जाने वाली या जीवन के एक ही आयाम को खोल कर ठहरी रह गयी रचनाओं में यह स्खलन रहता ही है, पर जीवन और जगत् के विविध स्तरों को निरुपित करने वाली कृतियों में भी स्खलन की संभावनाएं न रहती हों, ऐसा नहीं। सुरेन्द्र वर्मा का उपन्यास 'मुझे चांद चाहिए' नायिका वर्षा के घर परिवार और उससे जुड़े मध्यमवर्गीय समाज का अंतरंग चित्रण प्रस्तुत करता है। मुंबई की फिल्मी दुनिया के ग्लैमर की वास्तविकता भी यह उजागर करता है। इसके साथ ही इसमें नायिका के भीतर के अंतर्द्वंद्वों, संशयों और साहस के साथ उसकी आकांक्षाओं, अभीप्साओं और संकल्पों का भी चित्रण प्रभावशाली है। मनुष्य जीवन की गहरी त्रासदी और अनोखे उत्सव का, युयुत्सा और जिजीविषा का उत्कट रूप एक दुर्निवार भावावेग के साथ इस रचना में निर्मित होता चलता है। इस आवेग में वे तीन स्तर समविष्ट होते चलते हैं जिनकी बात ऊपर की गयी है। फिर भी प्रश्न यह बना रहता है कि क्या पुरुषार्थबोध और उससे अर्जित संस्कार यहां अव्याहत रह सके हैं, विशेषत: नायिका के स्वैराचार, उसके देह के नग्न चित्रण और उसके व्यभिचारों के स्थूल विवरणों में ? जिस रचनात्मक आवेग ऊर्जा के द्वारा वह कृति इतनी समर्थ रचना बनी, उसके ताप में कदाचित् कहीं-कहीं मूल्यबोध झुलस गया है।

'गणदेवता' या 'प्रथम प्रतिश्रुति' जैसे उपन्यासों में भी अर्थ पुरुषार्थ ही आधारभूत है, पर इनमें इतर पुरुषार्थों से उसका अन्योन्याश्रय रिश्ता बना रहा है और संस्कारच्युति नहीं हुई है।

पुरुषार्थबोध रचना करने वाले के भीतर भी संस्कार रूप में भिदा हुआ होना ही चाहिए और साहित्य पढ़ने, सुनने वाले को भी उसे पढ़ कर, देख कर या सुन कर पुरुषार्थ की प्राप्ति अपने भीतर होनी चाहिए। तो क्या महान् रचना से मुक्ति की भी

प्राप्ति हो सकती है?

दरअसल, मुक्ति की कामना तो हमारे हर कर्म में अनुस्यूत है, पर हर कर्म मुक्ति देता नहीं है। पर वह कर्म अवश्य मुक्त करता है, जिसे हम सीमित अहं का त्याग करते हुए बृहत्तर से जुड़ कर संपादित करते हैं। साहित्य ऐसा ही कर्म है।

फूटने के बाद भी मिट्टी की सुराही
जाड़े में बोरसी बन जाती है
वैसे ही मैं भी तो काम आ सकता हूं
अन्न उगा न सकूं तो क्या
सूखते धान के पास बैठ कौआ तो हाकूंगा। (अरुण कमल—'यह वो समय')

काव्यानुभव इसी जगत में रह कर होता है, उसमें अनुभव को उद्‌बुद्ध करने वाली सामग्री भी इसी जगत से गृहीत होती है। वे ही चीज़ें, जो हम रोज़ की दुनिया में देखते हैं, कविता की दुनिया में निरूपित होती हैं, पर कवि का उन्हें देखने का नज़रिया अलग होता है, इसलिए वे भिन्न प्रतीत होती हैं। कविता से होने वाला अनुभव इसीलिए कोई पारलौकिक अनुभव नहीं है। यदि यह अनुभव अलौकिक है तो इसी अर्थ में कि रोजमर्रा के बाकी अनुभवों से वह भिन्न है। मुक्ति भी इसी जगत में रह कर हासिल की जा सकती है। उसका प्रत्यय भी पारलौकिक नहीं है। मुक्ति के अनुभव में चीज़ों के प्रति दृष्टि बदल जाती है।

उपनिषदों में परम सत्ता को एक साथ अन्नरूप, प्राणरूप, मनोरूप, विज्ञानरूप तथा आनंदरूप कहा गया है अर्थात् सत्य का अनुवाद भी हम भौतिक, ऐंद्रिय, मानसिक, बौद्धिक तथा पराचेतना के स्तरों पर करते हैं। काव्यानुभूति के भी ये पांच स्तर हो जाते हैं। अलग-अलग तरह की कविता से अलग-अलग तरह का अनुभव हमें होता है, साथ ही एक ही कविता से भिन्न-भिन्न दृष्टि वाले भावक, भिन्न-भिन्न प्रकार का अनुभव हासिल करते हैं।

काव्यानुभव को इतर अनुभवों का संस्कारक, आविष्कारक और आरंभक भी कहा गया। काव्यानुभव हमें भीतर से बदलता चलता है। बदलाव की यह प्रक्रिया अत्यंत सूक्ष्म होती है। जिस तरह वेदांत की मुक्ति अधिकारी को ही मिलती है, उसी तरह काव्यानुभव का भी अधिकारी संवेदनशील पाठक या श्रोता ही हो सकता है। काव्य की समझ तथा तज्जन्य अनुभव को हासिल करने के लिए मन की पावनता अपेक्षित है। आचार्य अभिनवगुप्त कहते हैं कि भावक में शुभाशुभप्रेप्साजिहासासातत्यस्यूतवृत्ति रहती है। वह यह संकल्प ले कर ही कविता की दुनिया में प्रवेश करता है कि इससे मेरा परमार्थ सधेगा। तब ऐसे भावक के लिए शब्द, मुक्ति का द्वार खोलने लगते हैं। भर्तृहरि के शब्दों में मुमुक्षु के लिए यह अजिह्म या सीधी राजपद्धति है—इयं सा मोक्षमाणानामजिह्मा राजपद्धतिः (वाक्यपदीय)। कविता मोक्ष की पद्धति या पगडंडी दिखाती है, साथ ही वह किसी एक की मुक्ति का ही नहीं सबकी मुक्ति का उपाय भी रचती है। महान कविता सदैव

एक महाकाव्य रचती है, यह महाकाव्य विधिनिषेधावगति देता है और यह विधिनिषेधावगति मुक्ति की ओर ले जाती है।

काव्यानुभूति आपाततः तो उतनी ही देर तक टिकी रहती है जितनी देर कविता और उससे प्रक्षेपित सामग्री का संश्लेष रहता है। काव्य पाठ के विराम होने पर या नाटक की प्रस्तुति के अवसान के बाद पर्दा गिरने पर काव्यानुभूति का भी ऊपरी तौर पर अवसान हो जाता है, पर अनुभव काल में अर्जित संस्कार चित्त में भीतर घर कर लेते हैं। इसलिए हर महान काव्यकृति भावक को भीतर से बदलती चलती है। फिर भीतर के इस बदलाव का असर बाहर की दुनिया पर भी होता है।

भरतमुनि से लगाकर आज तक की काव्यशास्त्र के आचार्यों की सारी परंपरा काव्यानुभव या रसास्वाद का अनिवार्य संबंध औचित्य से मानती आयी है। आनन्दवर्धन ने तो औचित्य को रस का प्राण ही कह दिया है। औचित्य का आशय देशकाल सापेक्ष सामाजिक मर्यादाएं तथा नैतिक मूल्य हैं। औचित्य का उल्लंघन कविता और काव्यानुभव की ही क्षति नहीं करता, वह मनुष्य समाज की मुक्ति के बजाय उसके बंधन का जरिया बन जाता है। औचित्य के दायरे को तोड़ कर कविता रस को नहीं, रसाभास को जन्म देती है। रावण ने सीता से प्रेम किया था। इस प्रेम का वर्णन कोई कवि कर सकता है। कवियों ने इसका वर्णन किया भी है। ऐसा वर्णन किसी बड़ी कविता या प्रबंध का एक हिस्सा हो सकता है, अपने आप में वह किसी बड़ी कविता का मुख्य विषय नहीं बन सकता। यदि किसी कविता में इसी को मुख्य रूप से निरूप्य बनाया जाये तो ऐसी कविता पुरुषार्थ की निष्पत्ति नहीं करायेगी। उससे होने वाला अनुभव मात्र रसाभास होगा।

प्रश्न यह उठता है कि कविता तो राग में, रस में लिप्त करती है। विराग से होने वाली मुक्ति उसका साध्य कैसे हो सकती है? जीवन और जगत् का चक्र थम जाये—ऐसी कामना कोई कवि नहीं करता। कविता अपने अस्तित्व के लिए ही इस जीवन और जगत् पर अवलंबित है। फिर मुक्ति न तो कवि को काम्य हो सकती है, न भावक को।

रवीन्द्रनाथ टैगोर अपनी एक कविता में कहते हैं :

जगत् को छोड़ देना
मेरी मुक्ति की पद्धति नहीं है यह
अनन्त स्वातन्त्र्य का स्वाद मिलेगा मुझे
जीवनचक्र के सहस्रों बंधनों में बंध-बंध कर ही
नाद, रूप और गंध की हर गरिमा में
मैं पाऊँगा तुम्हारा ही अनन्त आनन्द उल्लसित
मेरी कामना ही जलती रहेगी मुक्ति की ज्वाला बन कर

कविता मुक्ति की उस अवधारणा को स्वीकार कर के नहीं चल सकती जिसमें जीवन और जगत् की समाप्ति अभिप्रेत हो। ऐसा समाप्ति यदि कहीं हो भी जाये तो कवि उसमें से फिर संसार के चक्र का आरंभ देखना चाहेगा। अशोक वाजपेयी अपनी एक कविता में कहते हैं :

अन्त के बाद
हम चुपचाप नहीं बैठेंगे
फिर झगड़ेंगे
फिर खोजेंगे
फिर सीमा लांघेंगे
क्षिति, जल, पावक
गगन, समीर से
फिर कहेंगे
चलो
हमको रूप दो
आकार दो। (कहीं नहीं वहीं, पृ. 25)

कविता का सार सौंदर्य में है। वैराग्य से सौंदर्य की सृष्टि नहीं की जा सकती। इसीलिए कालिदास का नायक उर्वशी को देख कर सोचता है कि वेद के अभ्यास से जड़ बन चुके तथा विषयों के प्रति जिनका कौतूहल समाप्त हो गया है, ऐसे नारायणमुनि भला इस रूप की रचना कैसे कर सकते हैं ?

वेदाभ्यासजड़ः कथं न विषयव्यावृत्तकौतूहलो
निर्मातुं प्रभवेन्मनोहरमिदं रूपं पुराणो मुनिः॥

पर यह भी सत्य है कि कविता की समृद्ध और सुदीर्घ कालावधि में विकसित बहुविध परंपराएं व्यक्ति और समाज की मुक्ति का उपाय रचती आयी हैं। रवीन्द्रनाथ ने भी मुक्ति को नकारा नहीं है केवल वैराग्य में चुक जाने वाली मुक्ति को नकारा है। आशय यह है कि कविता मुक्त तो करती है, पर उससे मिली मुक्ति एक सीमित वैयक्तिक साधना से व्यक्ति विशेष को मिली मुक्ति से अलग है।

ऐसा भी नहीं कि उत्तम कविताएं वैराग्यजन्य मुक्ति का सदा नकार ही करती हों। ऐसी भी अनेक महान रचनाएं हैं, जो चित्त में विषय विराग को ही काव्यानुभव की अपनी परिणति में सर्वकष रूप में उदबुद्ध करती हैं। आचार्य आनन्दवर्धन ने इस दृष्टि से महामति व्यास के रचे 'महाभारत' का विस्तार से विश्लेषण किया है। वे कहते हैं कि 'महाभारत' में मोक्षलक्षण पुरुषार्थ तथा शांत रस प्रधान है। आनन्दवर्धन के अनुसार 'महाभारत' में व्यास का सकल अभिप्राय इस प्रकार के अनेक कथनों में है :

यथा यथा विपर्यति लोकतन्त्रमसारवत्।
तथा तथा विरोगोऽत्र जायते नात्र संशयः॥

(जैसे जैसे उलट-पुलट होता जाता है निस्सार यह लोकतन्त्र वैसे वैसे यहां जगत से होता जाता है विराम।)

आनन्दवर्धन यह भी कहते हैं कि मोक्षलक्षण पुरुषार्थ 'महाभारत' में है, पर वह अन्य पुरुषार्थ से संवलित हो कर ही यहां व्यक्त हुआ है। यहां रस और पुरुषार्थ का अविभाज्य संबंध है जो काव्य के चारुत्व की क्षति नहीं करता। 'महाभारत' में पांडवों आदि का सारा चरित और विभिन्न युद्धों आदि के वर्णन भी इसी शांत रस तथा उससे व्यक्त मोक्ष रूप पुरुषार्थ को ही अंततः परिपुष्ट करते हैं।

कालिदास ने अपने नायक के मुंह से यह तो कहलवाया कि वेद के अभ्यास से जड़ हो चुके नारायण मुनि भला उर्वशी की रचना कैसे कर सकते हैं, पर तथ्य तो यही है कि उर्वशी को रचा नारायणमुनि ने ही था। सारांश यह कि कविता का विश्व मूल्यबोध या नैतिक मूल्यों से अविभाज्यतया जुड़ा हुआ है, पर इन मूल्यों को चरितार्थ करने की पद्धति कविता की अपनी और निराली है। इसी तरह मुक्ति की ओर हमें अग्रसर करने की भी उसकी एक अपनी ही निराली पद्धति है।

कविता जीवन में हमें लौटा कर भी मुक्त करती है। एक मुक्ति वह भी है, जिसमें हम बेहतर बन कर जीवन में प्रत्यारोपित होते हैं।

'महाभारत' में तुलाधार वैश्य की कथा है। जाजलि ऋषि उसके पास ज्ञान प्राप्त करने आते हैं। तुलाधार वैश्य मांस बेचने का धंधा करता है। अर्थात् इसी जीवन में यहीं रह कर हम मुक्त बने रह सकते हैं, यह धारणा 'महाभारत' प्रस्तुत करता है।

कविता का इतर अनुशासनों की तुलना में अनोखापन उसके छंद के कारण है। छंद से आशय यहां पिंगल शास्त्र में निरूपित तकनीकी छंद से नहीं है। कविता की दुनिया सृष्टि का मूल ही, छंद को मान कर चलती है। ऋग्वेद के पुरुषसूक्त में इसी दृष्टि से कहा गया है कि परम पुरुष से छंद या छंदस् की उत्पत्ति हुई। वेद की परंपरा छंद का लक्षण यह बताती है कि जो आच्छादित करता है, वह छंद है। छंद मनुष्य को पाप से बचाये रखने के लिए रक्षा-कवच बन कर उसे ढांप लेता है। इस अर्थ में कविता मनुष्य और समाज के अस्तित्व और भवितव्य को बनाये और बचाये रखने के लिए छांदस पर्यावरण निर्मित करती है और इस छांदस पर्यावरण में पहुंचना मुक्त होना है। छंद से च्युति बंधन है।

यह छांदस पर्यावरण हमें सहज बनाता है। वस्तुतः कविता के मूल और परिणिति, दोनों में सहज विद्यमान है। सहज के सामने से छंद भी सधता है। मुकुन्द लाठ कहते हैं, 'कविता मात्र किसी न किसी सहज को साधती है, और सहज सधे तो छंद आ ही जाता है' (पुरोवाक्-3, पृ. 8)।

निश्चय ही कविता मुक्ति का द्वार खोलती है। इस द्वार के खुलने पर हम अनंत संभावनाओं के विश्व में होते हैं। इस अनंत को एक साथ समूचा नहीं जाना जा सकता। काव्यानुभव में उसके असंख्य चेहरों में से हर बार हम कोई एक चेहरा देखते हैं। इसलिए हम हर बार कविता के द्वारा अपने आपको नये सिरे से मुक्त करते हैं।

संदर्भ

1. अवस्थादेशकालादिविशेषैरपि जायते।
   आनन्त्यमेव वाच्यस्य शुद्धस्यापि स्वभावतः।
   वाचस्पतिसहस्राणां सहस्रैरपि यत्नतः।
   निबद्धा सा क्षयं नैति प्रकृतिर्जगतामिव ॥ (ध्वन्यालोक 4/7,10)
2. श्रेष्ठ पौराणिक कहानियां, सन्मार्ग प्रकाशन, नयी दिल्ली, 1992
3. ध्वन्यालोक 4/5 पर वृत्ति
4. छंदासिच्छादनात्। (निरुक्त 7/1/9)

कलानाथ शास्त्री

कला-शास्त्र-प्रणयन
एक ऐतिहासिक अनिवार्यता

शास्त्र शब्द का अर्थ है शास्तीति शास्त्रम् जो विचार करे, मार्गदर्शन करे तथा ज्ञान का विवरण दे। यह ज्ञान निरंतर विकसित होने वाली प्रक्रिया है, यह बात वेदकालीन मान्यताओं में अंतर्निहित देखी जा सकती है। वेद की सृष्टि दृष्टि भी यही है कि प्रजापति निरंतर तप करता सृष्टि रचना करता रहता है। ईश्वर ने एक बार सृष्टि करके ऊपर से जीवों को टपका दिया और बाद में वे अपने आपको बढ़ाते रहे, यह वेदकालीन अवधारणा नहीं है। तभी तो प्रत्येक यज्ञ, सर्जन की एक प्रक्रिया है। यह विषय जटिल और गहन है, अतः इसे संकेत मात्र तक सीमित रख कर हम यहां यह निवेदन करना चाह रहे हैं कि ज्ञान भी विकासशील प्रक्रिया है। यह प्राचीन मान्यता इस विवेचन में स्पष्ट होती है कि उस अनादि, अनंत, अलौकिक ज्ञान को 'तप' के द्वारा ऋषि 'देखते' हैं। वे मंत्रद्रष्टा हैं, ज्ञान के उत्पादक नहीं। ऐसे अनेक ऋषि उस ज्ञान को देखते रहे हैं, देखते भी रहेंगे। तभी तो वेद के मंत्रद्रष्टा ऋषियों के बाद सैकड़ों ऐसे ऋषि हुए जिनके नाम उस सूची में नहीं हैं, पर वे भी महर्षि हैं, शास्त्रकार हैं, मुनि हैं। वाल्मीकि, मार्कण्डेय आदि ऋषियों में कुछ को इसीलिए लोक के छंदों के जन्मदाता कहा गया। वाल्मीकि वैदिक ऋषि नहीं हैं, अतः लौकिक कवि कहे गये, 'आदिकवि' हो गये, किंतु जैमिनि, कणाद, कपिल, गौतम आदि प्रायः समस्त शास्त्रकार (दर्शन शाखाओं के प्रवर्त्तक) उसी शिखर सम्मान के पात्र माने गये जो मंत्रद्रष्टा ऋषियों को दिया जाता है। 'ऋषि' शब्द का अर्थ ही है गतिशील होना। ज्ञान, जड़ नहीं है, निरंतर विकसित होता रहता है, यह बात 'ब्रह्म' शब्द से ही स्पष्ट है। ज्ञानवाचक 'ब्रह्म' शब्द जिस धातु से बना है उसका अर्थ है निरंतर बढ़ना, उपबृंहित होना। ज्ञान की विकसनशीलता की यह मूलभूत अवधारणा उपनिषदों में और दर्शन शाखाओं में स्पष्ट है।

'वादे वादे जायते तत्त्वबोधः' के सिद्धांत के अनुसार दर्शन शाखाएं बढ़ती रहीं, उनके शास्त्र लिखे जाते रहे। एक मान्यता के विरोध में यदि दूसरी मान्यता शास्त्र के रूप में स्थापित हो गयी तो उसे भी उतना ही सम्मान दिया गया, नकारा नहीं गया।

वेद के घोर विरोधी चार्वाक् को भी पूर्ण दर्शन मान कर छह दर्शनों में एक की मान्यता दिया जाना इसका प्रत्यक्ष प्रमाण है। दर्शनों के इस विकासशील फलक का आकलन करने वाले 'षड्दर्शन समुच्चय' (हरिभद्र, 5वीं शती), सर्वदर्शन संग्रह (माधवाचार्य, 14वीं शती) आदि जो शास्त्र संग्रह बतलाने वाले आ कर ग्रंथ लिखे गये उनमें जैन, बौद्ध आदि नास्तिक दर्शनों को भी वही मान्यता दी गयी। वेदांतदर्शन की शाखाएं मुग़लकाल तक बढ़ती रहीं। वल्लभाचार्य ने मुग़लकाल में शुद्धाद्वैत दर्शन चलाया तो वह एक शास्त्र हो गया, चैतन्य महाप्रभु के अनुयायी बलदेव विद्याभूषण ने, जो किसी भी जाति के रहे हों, 'गोविन्द-भाष्य' (ब्रह्मसूत्र का) लिखा तो वह भी शास्त्र बन गया। हमारे यहां तो विद्वज्जन यह कहते नहीं अघाते कि विद्या के क्षेत्र में हमारा इससे बड़ा लोकतंत्र या जनतांत्रिक अभिगम क्या होगा कि कोई भी विद्वान् 'ब्रह्मसूत्रों' का भाष्य लिख दे और शास्त्रकार बन जाये। युगानुरूप नये ज्ञान को समाहित करने हेतु शास्त्र लिखने की यह परंपरा मुग़लकाल तक बराबर चलती रही। वैसे यह तो माना ही जाता है कि नवीनतम दर्शन शाखा 'नव्यन्याय' जिसका उद्भव मिथिला में गंगेशोपाध्याय ने 12वीं सदी में किया था, हमारा नवीनतम प्रमाण मीमांसा शास्त्र था, जिसका दबदबा सर्वाधिक रहा है।

न केवल ऐसे शास्त्र बराबर लिखे जाते रहे हैं, बल्कि उत्कृष्ट शास्त्र को परवर्ती होने के बावजूद, विज्ञान के मामले में तो परवर्ती, नवीनतम और अद्यतन होने के कारण ही अधिक मान्यता दी जाती रही है। दूसरे शब्दों में, बाद में लिखा गया शास्त्र अद्यतन होने के कारण 'मान्यतर' माना गया। भाषा को एक विज्ञान मानें तो उसके क्षेत्र में यही हुआ। भाषा निरंतर विकसित होती रहती है, अतः समय-समय पर उसके शास्त्र (दूसरे शब्दों में व्याकरण) लिखे जाते रहे। एक ही शब्द के बारे में दो तरह के व्याकरण निर्देश हों तो अधिक मान्य किसे जाये? इस पर यह फ़तवा दिया गया 'यथोत्तरं मुनीनां प्रामाण्यम्' बाद वाला शास्त्र अधिक मान्य है। ठीक उसी प्रकार जैसे बाद में बना क़ानून पुराने क़ानून को निरस्त, परिशोधित या रूपांतरित कर देता है और वही लागू होता है, पुराने वाला नहीं। परंपरा प्रेमी होने के नाते हमारे यहां इतनी श्रद्धा पुराने के प्रति अवश्य रही है कि ऐंद्र, चांद्र आदि अनेक व्याकरण लिखे जाते रहे, पर जब से पाणिनि ने अपना वैज्ञानिक, उत्कृष्ट और सर्वग्राही व्याकरण लिखा, तब से ऐसी अलिखित विधि ही बन गयी कि बाद में होने वाले भाषा के विकास को समाहित करने के लिए अब नये व्याकरण न लिखे जायें, बल्कि पाणिनि के व्याकरण के पूरक के रूप में ही शास्त्र लिखे जायें। पूरक के रूप में लिखे वररुचि के 'वार्तिक' और पंतजलि के 'महाभाष्य' को न केवल महान शास्त्र के रूप में मान्यता मिली, बल्कि इन दोनों को मुनि कहा गया और बाद वाले शास्त्र को अधिक प्रभावी माना गया। इस दृष्टि से सच पूछा जाये तो इनके बाद हुए भर्तृहरि (वाक्यपदीयकार) और हेमचन्द्र (शब्दानुशासनकार) और अधिक मान्य होने चाहिएं। दर्शन क्षेत्र में तो सबसे बाद में

उद्‌भूत शास्त्र नव्य न्याय ही विद्वत्ता की कसौटी माना जाता है। आज तक उसका दबदबा चल रहा है, सात-आठ सदियों से।

ज्ञान की विकसनशीलता की तथा शास्त्र लेखन की निरंतरता की वांछनीयता की इस मान्यता के विरुद्ध पुराणपंथियों और कठमुल्लाओं ने समय-समय पर अभियान चलाये, यह बात भी ध्यान रखने योग्य है और इसका आकलन भी कम महत्त्वपूर्ण या कम दिलचस्प नहीं है। यह हर पुराने देश में होता है कि प्राचीन परंपरा को ईश्वरीयता का जामा पहना कर धर्म को अपरिवर्तनीय बतलाना तथा प्राचीन मान्यताओं के विपरीत किसी धारणा की स्थापना के प्रयासों को अधर्म मान कर दंडनीय क़रार देने की प्रवृत्ति पनपाने वाले धर्मगुरु या मठाधीश अपना दबदबा बनाये रखने के लिए हर प्रकार का प्रयत्न करते हैं। कौन नहीं जानता कि इसी पुराणपंथी कठमुल्लावाद ने अनेक सुक़रातों को ज़हर पिलाया है, अनेक ईसाओं को सूली पर चढ़ाया है, अनेक कोपर्निक्सों को यह कहने से रोका है कि पृथ्वी घूमती है। ब्रूनों जैसों को यह कहने पर मृत्युदंड दिया है। हमारे यहां यद्यपि इतनी बौद्धिक ईमानदारी सदा से रही है कि वैदिक 'यज्ञविधेः श्रुतिजातम्' की निंदा करने वाले बुद्ध को अवतार माना गया, पर यह बतलाने के लिए कि वेदों और प्राचीन शास्त्रों के वचन ही विधि है, अंतिम शब्द हैं, नये शास्त्र न लिखे जायें, ऐसी भी एक धारा बराबर चली कि आज भी कुछ पुराणों में ऐसे वचन ढूंढ़े जा सकते हैं 'कुछ लोग अपने-आपको ज्ञानी बतला कर नये-नये शास्त्र लिखने का दम भरते हैं, जनता उनसे सावधान रहे। ऐसे तथाकथित शास्त्र लेखक नरक में पड़ेंगे' आदि। पद्म पुराण के उत्तरखंड (अध्याय 19) में, 'कूर्मपुराण' के ऊपरी भाग में तथा अनेक परवर्ती पुराणों में इस प्रकार के जो वाक्य मिलते हैं उनसे इनके पीछे जो मनःस्थिति रही है उसका अंदाज़ा बख़ूबी लगाया जा सकता है। हो सकता है कि कुछ विद्वान् इन्हें बाद में जोड़ा गया या प्रक्षिप्त भी बतला चुके हों। ऐसी प्रवृत्ति मध्यकाल में या विदेशी आक्रमणों के बाद पनपी हो सकती है। ऐसी पुराणपंथी धारा के बावजूद नये ज्ञान को संचित करने की तथा युगानुरूप नया शास्त्र लिखने की परंपरा बराबर चलती रही। जैसा हम बता चुके हैं, विज्ञान के मामले में तो यह अपरिहार्य ही हो जाता है कि नयी खोजों को शास्त्र में शामिल किया जाता रहे। तभी तो वराहमिहिर ने खगोल और ज्योतिष का ज्ञान चाहे यूनान से प्राप्त किया हो या मिस्र से, उसने अपनी 'पंचसिद्धांतिका' में उन देशों का स्पष्ट 'कॉपीराइट' स्वीकारते हुए उन्हें अपने शास्त्र में शामिल किया और लिखा :

म्लेच्छा हि यवनास्तेषु सम्यक् शास्त्रमिदं स्थितम्।
ऋषिवत् तेऽपि पूज्यन्ते किं पुनर्दैवविद् द्विजः॥

अर्थात्, 'वे यूनानी जिन्हें हम म्लेच्छ कहते हैं इस शास्त्र के बहुत अच्छे ज्ञाता हैं, अतः उन्हें ऋषि की तरह पूजा जाना चाहिए, वे पूजे भी जा रहे हैं। उस शास्त्र को

भलीभांति जानने वाला द्विज तो और भी पूज्य सिद्ध होगा।'

विज्ञान ही नहीं, दर्शन में भी हमारा अभिमत यही रहा इस बात के प्रमाण उदयनाचार्य जैसे उद्‌भट मनीषी हैं जो 11वीं सदी तक पुराने शास्त्रों के व्याख्यान के लिए लिखते रहे और गंगेशोपाध्याय आदि नये-नये शास्त्र बनाते रहे। यह सब पृष्ठभूमि इसलिए उद्धत की गयी है कि शास्त्र लेखन की निरंतरता की अवधारणा और क्रियान्विति पिछली सदियों में संस्कृत के क्षेत्र से किस कारण लुप्त हो गयी या शिथिल हो गयी, किस कारण अन्य भाषाओं में आ गयी, कुछ अन्य भारतीय भाषाओं में भी क्यों शिथिल रही, इस सब पर विचार होना चाहिए जो पर्याप्त रूप में नहीं हो पाया है। धर्म जैसे विषयों पर जिन्हें अपरिवर्तनीय बताये जाने की प्रवृत्ति विश्व के अन्य धर्मों में रही है, हमारे यहां निरंतर शास्त्र लिखे जाते रहे हैं। बीसियों स्मृतियां लिखी जा चुकी हैं, अनेक निबंध, सैकड़ों संग्रह ग्रंथ। मध्यप्रदेश में मुग़लकाल में लिखा गया मित्र मिश्र का 'वीरमित्रोदय' और सवाई जयसिंह द्वारा अठारहवीं सदी में लिखाया गया धर्मशास्त्र ग्रंथ 'जयसिंह कल्पद्रुम' जिस प्रकार निरंतर शास्त्र लेखन की परंपरा को निभाने वाले ग्रंथ रहे उसी क्रम में बीसवीं सदी में जोधपुर के विश्वनाथ रेऊ ने वसीयत, गिफ़्ट, बेनामी बेचान आदि को शामिल कर पूरे हिंदू लॉ की स्मृति बनाते हुए नया धर्मशास्त्र 'आर्यविधानम्' लिख दिया था। भारतीय संविधान को भी स्मृति की शक्ल में लिख कर उन्होंने नये धर्मशास्त्र का रूप दे दिया था। अद्यतन परिवर्तनों को शामिल करते हुए मनु के धर्मशास्त्र को नया रूप देने वाली उनकी 'विश्वेश्वर स्मृति' इस शास्त्र लेखन परंपरा का ही तो प्रत्यक्ष प्रमाण है। वैसे भी धर्म अपरिवर्तनीय और जड़ होता तो एक ही स्मृति लिखी गयी होती, मनुस्मृति के अतिरिक्त याज्ञवल्क्य, यम, हारीत, गौतम आदि के लिखे धर्मशास्त्र और स्मृतियां बड़ी संख्या में क्यों होतीं?

और तो और, हमारे यहां तो विद्वान 'वेद' लिखने से भी नहीं चूके। पहले तो पुराणों को ही 'पंचम वेद' कहा जाता था, फिर नाट्य-शास्त्र को 'पंचम वेद' बताया गया, पर बीसवीं सदी के उत्तरार्ध में जयपुर के नवलकिशोर कांकर ने 'राष्ट्रवेद' उसी शैली और उन्हीं छंदों में लिख कर शास्त्र लेखन की निरंतरता का ही एक निदर्शन उपस्थित किया था। उन्हें राष्ट्रपति का सम्मान मिला।

नये शास्त्रों की वांछनीयता

आज इस प्रकार के आकलन की अर्थवत्ता अधिक होगी कि किन-किन क्षेत्रों में पुराने शास्त्रों का नवीकरण आवश्यक है और किन-किन अनुशासनों के नये शास्त्र लिखे जाने की ज़रूरत है। धर्मशास्त्र युगीन विधियों का आख्यान करता है, दूसरे शब्दों में धर्मानुसार व्यवस्था का पुनराख्यान किया जाता है इसलिए हर युग में धर्मशास्त्र लिखे जाते रहे हैं। आज के युग के अनुसार धर्मशास्त्र लिखे जाने की अर्थवत्ता तो विश्वेश्वरनाथ रेऊ जैसे धर्मशास्त्रियों ने बता ही दी है, जिसका संकेत ऊपर दिया गया

है। अब यदि कोई नया धर्मशास्त्र लिखे तो हिंदू लॉ के नवीनतम प्रावधानों के अनुसार पुत्री का पिता की संपत्ति में जिस सीमा तक कुछ अधिकार प्रपवहित है उसका, स्त्री के वेदाध्ययनादि का, क्या महिला शंकराचार्य पद या ऐसे ही किसी आचार्य पद पर आ सकती है, देवपूजक के रूप में किन-किन जातियों का अधिकार है, सामूहिक यज्ञों या पूजाओं में कौन-कौन सम्मिलित हो सकते हैं, शिवालय जैसे देवागारों में भी क्या जाति-पांति के बंधन दर्शन करने वालों के लिए होने चाहिएं या देवता जो सारे मानव मात्र के कल्याणार्थ उपस्थित होते हैं, सबके द्वारा दर्शन किये जाने के लिए खुले होने चाहिएं, ऐसे सभी प्रश्नों पर अवश्य ही विचार किया जाना चाहिए, व्यवस्था होनी चाहिए अन्यथा 'शास्त्रविधिमुत्सृज्य' 'कामकारतः' लोग चलने लगेंगे, समाज की शास्त्रानुसारिणी व्यवस्था उच्छिन्न हो जायेगी। गीता का 'तस्माच्छास्त्रं प्रमाणं ते कार्याकार्यव्यवस्थितौ' निरर्थक हो जायेगा।

इसी प्रकार का शास्त्र नवीकरण दर्शनों और विज्ञानों के क्षेत्र में वांछनीय है। पाश्चात्य दर्शनों की जो मान्यताएं और जो उद्‌भावनाएं हमें स्वीकार्य हों उनका समावेश क्या हमारे शास्त्रों में होना हमें गरिमा नहीं देगा? इसी प्रकार का एक प्रयत्न काशी के क्वींस कॉलेज के प्राचार्य ग्रिफिथ ने करवाना चाहा होगा जब उन्होंने 'पंडित' पत्रिका निकालनी शुरू की और उसमें पाश्चात्य दार्शनिकों (जैसे कांट) के सिद्धांतों का और ग्रंथों का संस्कृतानुवाद प्रकाशित करना शुरू किया। बर्कले के 'प्रिंसिपल्स ऑव ह्यमन नॉलेज' का अनुवाद 'ज्ञानसिद्धांत चन्द्रिका' शीर्षक से 8, 9, 10 अंकों में निकला, लॉक के ऐसे कन्सर्निंग ह्यमन अंडरस्टेंडिग विद्वद्वर-लोखाभिधविरचित— 'मानवीय ज्ञान-विषयक शास्त्रम्' शीर्षे से दसवें अंक में निकला। विट्ठल पंत ने बेकन के निबंधों का बेकनीय सूत्र व्याख्यानम् शीर्षक से अनुवाद किया (1852)। यह तो हुआ अन्य देशों के दर्शन की अनुवाद के माध्यम से संस्कृत में अवतारणा का कार्य। इसके अतिरिक्त अन्य देशों की मान्यताओं का स्वीकार और उनका हमारे अपने शास्त्र ज्ञान में समावेश भी ऐसा कार्य है, जो होता रहा है और होता रहना चाहिए।

वस्तुतः संस्कृत वाङ्मय के और व्यापक रूप में इस देश के अभिगम की यह प्रवृत्ति रही है कि हम किसी भी क्षेत्र, देश या भाषा का ज्ञान या नया विचार हो, उसका अध्ययन करते हैं। 'आ नो भद्राः क्रतवो यन्तु विश्वतः' का अनुवाद भारतीय विद्या भवन ने यही तो कर रखा है, 'Let noble thoughts come to us from all quarters.' हमारा यही अभिगम रहा है कि ऐसे ज्ञान की परख करके यदि हम उसे ज्यों-की-त्यों संग्रहणीय पाते हैं तो उसका संग्रह, समावेश और स्वीकार कर लेते हैं। यदि यह पाते हैं कि वैसा ही ज्ञान या विचार हमारे यहां पहले भी किसी रूप में रहा है तो हम यह बतलाते हुए कि यह ज्ञान हमें भी मान्य है, हमारे यहां पहले से विद्यमान है, उसे अपना लेते हैं। ऐसे अपनाने को शास्त्रीय भाषा में अंतर्भाव कहते हैं। संग्रह और अंतर्भाव हमारे यहां पहले से किये जाते रहे हैं। वराहमिहिर ने ही नहीं, अन्य

ज्योति:शास्त्रियों ने भी मिस्र, यूनान, इटली आदि देशों का होराशास्त्र, फलित ज्योतिष, रमल आदि का ज्ञान स्वीकार कर लिया, संगृहीत कर लिया। 'पंचसिद्धांतिका' में वराहमिहिर ने ऐसे मतों को पोलिश, रोमक आदि स्पष्ट संदर्भों से समाविष्ट कर भारतीय ज्योतिष का अंग बना लिया। आज इन शाखाओं को आयातित या उधार ली हुई कहें तो ज्योतिषी नाराज़ हो जायेंगे। ये 'संग्रह' द्वारा अपनी बना ली जा चुकी हैं। एकेश्वरवाद यदि बाहर के धर्मों में एकमात्र और सर्वोपरि तत्त्व है तो उसे भी हमने स्वीकारा और यह बतलाते हुए कि 'एकं सद् विप्रा बहुधा वदंति' जैसी ऋचाओं में और 'एकोऽहं बहुस्यां, प्रजायेय' जैसी औपनिषद उक्तियों में हमारे यहां यह अवधारणा पहले से ही थी। यह हुआ अंतर्भाव। बौद्धों के शून्यवाद, दृष्टि सृष्टिवाद आदि को शंकराचार्य ने परखा, उनके मान्य तत्त्वों को अपने ढंग से प्रस्थानत्रयी में से निकाल कर बतला दिया और प्रच्छन्न बौद्ध होने के कटाक्षों की परवाह तक नहीं की। ऐसे संग्रह और अंतर्भाव भी होते रहे हैं। इन दो अभिगमों के अलावा तीसरा था, प्रत्याख्यान। जो बाहर की विचारधारा हमारे मौलिक आधारों से, आधारभूत मूल्यों से बिलकुल असंगत थी उसका खंडन हम कर देते थे, उसे स्वीकारते नहीं थे। भूतवाद और भौतिकता का हमने सदा से प्रत्याख्यान किया। इस प्रकार संग्रह, अतंर्भाव और प्रत्याख्यान—ज्ञान के संदर्भ में हमारे ये तीन मार्ग ही रहे हैं, चौथा नहीं रहा।

भारतीय वर्णक्रम का शास्त्र

यह तो बात हुई बाहर से ज्ञान-विज्ञान शाखाओं के संग्रहण की जिनके लिए शास्त्र भांडागार की वृद्धि होते रहना जरूरी है, किंतु बहुधा ऐसे विषयों पर भी हमें नये सिरे से शास्त्र विधान की आवश्यकता होती है जो हमारे पारंपरिक विषय हैं। किंतु युगानुरूप उनमें व्यवस्था और मार्गदर्शन आवश्यक होता जा रहा है। हम इस बारे में यह उदाहरण अक्सर देते हैं कि अ, आ, इ, ई और क, ख, ग, घ तथा क, का, कि, की, की हमारी वर्णमाला बहुत प्राचीन है। यह कब चली, कैसे चली इस सबका विवेचन हमने अलग से किया है। यहां यही निवेदन अभीष्ट है कि आज के युग में कभी तो आम चुनाव के मत पत्र में उम्मीदवारों के नाम हिंदी वर्णक्रम से छपाने की वैधानिक अनिवार्यता के कारण, कभी शब्दों की अनुक्रमणिका वर्णक्रम से बनाते समय हमसे बहुधा पूछा जाता है कि बंसीलाल और बसन्तीलाल में पहले कौन-सा नाम आयेगा, काशीराम और कांशीराम में कौन सा? केकड़ा और क्रूर में पहले कौन-सा शब्द आयेगा। क्ष, त्र, ज्ञ वर्णमाला के अंत में आयेंगे या क, त और ज के तहत? हम इसका समाधान करते हैं तो वे उस क्रम का प्रमाण पूछते हैं। प्रमाण के लिए हम शब्दकोश में छपे वर्णक्रम की नज़ीर देने के अलावा और कर भी क्या सकते हैं?

पाणिनि ने अ, इ, उ, ण् आदि सूत्र जो उद्धृत किये ('महेश्वर' से) वे वर्णक्रम के सूत्र तो हैं नहीं, प्रत्याहार बनाने के सूत्र हैं। पाणिनीय शिक्षा आदि में जहां वर्णमाला

अनुशिष्ट है वहां भी यह नहीं बताया गया कि इन सबका क्रम क्या होगा। अंगना और अँगना में पहले कौन आयेगा? आज हिंदी अध्यापक अ, आ, इ, ई से अं, अ: तक जो वर्णमाला रटाता है उससे तो छात्र इस भ्रम में पड़ जाते हैं कि अं, अ: तो ओ, औ के भी बाद में आयेंगे इसलिए 'औघड़' के बाद 'अंगारा' आना चाहिए। तब उन्हें किस शास्त्र का हवाला दे कर यह वर्णक्रम समझाएं? पाणिनि को शायद यह कल्पना नहीं होगी कि जनसंख्या बढ़ जाने के बाद चुनावों में या नाम सूचियों में वर्णक्रम आवश्यक हो जायेगा, अकारादि क्रम से शब्दकोश छपा करेंगे आदि, अत: उसने यह आनुपूर्वी अनुशासित करने का शास्त्र नहीं बनाया। वैसे भी संस्कृत में कोई शब्द सानुनासिक अक्षर से शुरू नहीं होता, जैसे अँगना, कँगला, रँगना, हँसी। केवल विद्वांल्लिखति जैसी संधियों में ऐसी ध्वनि आती है। वेदों में यह ध्वनि अवश्य थी।

तब इन सब ध्वनियों को शामिल करते हुए वर्णक्रम बताने वाले स्पष्ट शास्त्रों का होना क्या आज आवश्यक नहीं है? हमने एक बार काशी के वरिष्ठतम विद्वानों से यही प्रश्न किया तो वे भी इसका शास्त्र बनाने में बग़लें झांकने लगे। हमने खोजबीन कर इसकी आनुपूर्वी (पूर्वापरक्रम) निकाली और हिंदी के एक सुप्रचारित दैनिक पत्र में (जो दिल्ली से भी निकलता था और उन दिनों सर्वाधिक प्रसार संख्या वाला था) 'शब्दकोश कैसे देखें' आदि शीर्षकों से इसकी कुंजी धारावाहिक रूप से 'भाषा' स्तंभ के अंतर्गत वर्षों तक निकाली। उसमें शास्त्र प्रमाणों का इतना विवरण तो नहीं था कि 'कांशीराम' पहले क्यों आयेगा 'काशीराम' बाद में क्यों, इसके सूत्र या निदेश किस शास्त्र में हैं, पर यह सब था कि वर्णक्रम सही क्या है, पौर्वापर्य कैसे माना जाये, अनुक्रमणिका कैसे बनायी जाये, शब्दकोशों में किस प्रकार प्रविष्टियां हों आदि। इसका यह सत्परिणाम तो हुआ उसे देख कर शिक्षा और साक्षरता से संबंधित कुछ विभागों में जो पाठ्य पुस्तकें बाद में छपीं, उनमें वर्णक्रम की वह कुंजी भी दी जाने लगी, हिंदी में छपने वाली टेलीफ़ोन डायरेक्टरियों में भी वर्णक्रम की कुंजी दी जाने लगी, पर यदि कोई पूछे कि वर्णमाला का उत्स, वर्णक्रम का शास्त्र कहां मिलेगा तो उत्तर आसान नहीं होगा। किस प्रमाण से हमारा वर्णक्रम चल रहा है, जो सौभाग्य से समस्त भारतीय भाषाओं में बिलकुल एक समान है, उसका इतिहास क्या है, यह सब हमारी पाठ्य-पुस्तकों में नहीं है। इसका शास्त्र लिखा जाना अपनी स्पष्ट अर्थवत्ता रखता है।

जिस प्रकार व्याकरणशास्त्र ने समय-समय पर 'ध्वनि से अर्थबोध की प्रक्रिया क्या है' इसके विवेचनार्थ 'स्फोटवाद' के शास्त्र लिखे 'वाक्य से अर्थबोध की प्रक्रिया क्या है' इसके विवेचनार्थ 'शाब्दबोध' के शास्त्र लिखे, क्योंकि उन युगों में यही शास्त्रार्थ उन्हें सार्थक लगा उस प्रकार आज उपर्युक्त प्रासंगिक विषयों के शास्त्र या प्राचीन शास्त्रों के अनुपूरक भाष्य लिखा जाना क्या वांछनीय नहीं होगा? शास्त्रों की परंपरा वस्तुत: इसी प्रकार विकसित हुई है। सर्जनात्मक साहित्य या कवि प्रतिभा प्रसूत पदार्थ या संवृत्ति का उद्भव पहले होता है, उसका शास्त्र बाद में बनाता है। लक्ष्य

ग्रंथ पहले जन्म लेता है, लक्षण बाद में निर्धारित होते हैं। आचार, परंपरा या चलन पहले स्थापित होते हैं, शास्त्र बाद में उन्हें व्यवस्थापित और विनियमित करते हैं। शास्त्र में परिगृहीत होने का परिणाम यह होता है कि वह चलन सार्वदैशिक और सार्वकालिक हो जाता है, अगली पीढ़ी उस शास्त्रानुमोदित परंपरा का अनुसरण करना निरापद पाती है। हर बार उसे अनेक उदाहरणों को देख-देख कर या लोगों से पूछ-पूछ कर या तर्कों से तौल कर और 'प्रयत्न त्रुटि व सुधार' की क्रियाविधि (ट्रायल एंड एरर) अपना कर सीखने की मशक़्क़त नहीं करनी पड़ती। चलन के अधिकृत रूप से अनुमोदित किये जाने की प्रक्रिया ही शास्त्र निर्माण कहलाती है। यह प्रक्रिया निरंतर चलती रहने वाली प्रक्रिया है, अत: उसे चलते रहना चाहिए।

एक साधारण-सा उदाहरण लें । संस्कृत नाट्यशास्त्र का यह सामान्य चलन है कि नाटकों में अभिजात पात्र संस्कृत बोलते हैं, किंतु स्त्री पात्र और निम्नवर्गीय पात्र प्राकृत बोलते हैं। चूंकि शास्त्र में यह व्यवस्था आ गयी, अत: मुग़लकाल में लिखे गये नाटकों में भी नाटककार स्त्री पात्रों से, नौकरों से प्राकृत बुलवाता रहा, गढ़-गढ़ कर प्राकृत के कथोपकथन लिखता रहा, क्योंकि प्राकृत उन दिनों बोलचाल की भाषा तो रही नहीं थी। इस प्रावधान का आशय यही तो था कि पढ़ा-लिखा व्यक्ति संस्कृत बोलता था। उन दिनों अनपढ़ व्यक्ति प्राकृत बोलता था जैसे आजकल भी नाटक के नायक (ऑफिसर या सेठ) से हिंदी बुलवाने वाला नाटककार नौकर से अवधी, भोजपुरी जैसी कोई देहाती भाषा बुलवाता है। बहुभाषी देश में विभिन्न भाषाओं की अंत:क्रिया होने के फलस्वरूप भी इस प्रकार के द्विभाषी या बहुभाषी कथोपकथन नाटकों में, कथाओं में, कविताओं तक में आयें तो हर्ज़ ही क्या है?

होना यह चाहिए था कि मुग़लकाल तक आते-आते जो स्थिति थी उसके अनुसार ऐसा चलन बन जाता कि संस्कृत नाटकों में अभिजात पात्र यदि संस्कृत बोले तो अन्य पात्र हिंदी या देहाती भाषा या उर्दू क्यों न बोलें? पर शास्त्र में ऐसा नहीं लिखा था अत: यह आम चलन नहीं हुआ। पर बहुभाषी देश में इस प्रकार भाषाओं की अंत:क्रिया, समन्वय, सह अस्तित्व क्या नैसर्गिक नहीं है? वांछनीय नहीं है? कविता तक में अमीर खुसरो जैसे बहुभाषाविदों ने द्विभाषी या बहुभाषी काव्य रचना की है— 'दृष्ट्वा तत्र विचित्रितां तरुलतां' मैं था गया बाग़ में, 'काचित्तत्र कुरंगशावनयना' गुल तोड़ती थी खड़ी। 'उद्यद्-भ्रू-धनुषा कटाक्षविशिखैः' घायल किया था मुझे, 'तत् सीदामि सदैव मोहजलधौ' हे दिल गुज़ारे शुकर।' ऐसी रचनाएं रसनीय भी होती थीं। शास्त्रों का इस दृष्टि से अभिनवन या पुनर्वीकरण न हो पाने के वावजूद नाटकों में बहुभाषी कथोपकथन अनेक वरिष्ठ सर्जकों ने लिखे। अखिल भारतीय संस्कृत साहित्य सम्मेलन के महामंत्री प्रसिद्ध विद्वान् पं. प्रभुदत्त शास्त्री ने बीसवीं सदी के प्रारंभ में संस्कृत नाटक लिखा 'संस्कृतवाग्विजयम्' जिसमें सभी भाषाओं द्वारा परस्पर विमर्श के बाद सर्वसम्मति से संस्कृत को पटरानी चुनने की तथा हिंदी को प्रधानमंत्रिणी

चुनने की कथा उसी प्रकार अनेक अंकों में विभाजित कर निबद्ध की जिस प्रकार नाट्यशास्त्र का तकनीकी विधान है। इसमें जो भाषाएं आती हैं वे अपनी भाषा के कथोपकथन बोलें यह स्वाभाविक था। अतः इसमें हिंदी के डायलॉग भी हैं, अन्य भाषाओं के। संस्कृत का तो यह नाटक ही था। यह छपा, बहुचर्चित हुआ, पर चूंकि नाट्यशास्त्र में ऐसे बहुभाषी कथोपकथनों का विधान नहीं था, अतः कुछ पुराणपंथियों को यह बचकाना या कौतुक मात्र लगा हो, स्तरीय या वरेण्य (क्लासिकल) साहित्य के इतिहास में आने लायक़ न लगा हो, यह स्वाभाविक ही है। ऐसे मामलों में क्या नये शास्त्र लिखे जाने या शास्त्र व्यवस्थाओं के पुनरीक्षण होते रहने की वांछनीयता स्पष्ट नहीं लगती?

भारत जैसे बहुभाषी देश में नाटकों, कथाओं या काव्यों में भी विभिन्न भाषाओं के सह अस्तित्व की परंपरा क्यों नहीं चली? संस्कृत और प्रादेशिक भाषाओं की अंत:क्रिया के कारण दक्षिण भारत में तो यह आम रिवाज था कि मलयालम का कवि संस्कृत के छंद में जो कविता लिखता था उसमें एक चरण में या पूर्वार्ध-उत्तरार्ध किसी में संस्कृत भी होती थी। इस प्रकार मिली-जुली कविता को मणि-प्रवाल शैली कहा जाता था। यदि आप किसी नाटक या कथा में किसी स्टेशन पर या रेलागाड़ी में हुई डकैती की घटना निबद्ध करें और वहां खड़े विभिन्न यात्रियों के कथोपकथन निबद्ध करें जो विभिन्न प्रांतों से यात्रा कर रहे होते हैं, तो एक बंगला में बोले, एक गुज़राती में, एक पंजाबी में (जो दुर्बोध न हो) तो ऐसा नाटक या कथानक हेय होगा क्या? यदि आप इसे हेय मानते हों और यह कहना चाहते हों कि ऐसे अवसरों पर ठेठ प्रादेशिक भाषा बुलवाने की बजाये पंजाबी, बंगाली या गुज़राती लहजे में तथा उनके फ़िक़रों के मिश्रण से बनी हिंदी (या नाटक की माध्यम भाषा) बुलवाना ही पर्याप्त होगा तो वह भी ठीक है। पर ऐसे मसलों पर क्या कभी विचार और निर्णय हो कर हमारे काव्यशास्त्र, नाट्यशास्त्र या आलोचनाशास्त्र में कभी कोई प्रावधान, व्यवस्था या सिद्धांत सूत्र लिखे गये? मुझे तो याद नहीं आता। यहां नये शास्त्र लेखन की वांछनीयता का एक निदर्शन देखा जा सकता है।

जयपुर में ही दो अत्यंत समर्थ और कालजयी कवियों ने अपने लिखे संस्कृत काव्यों में विभिन्न भाषाओं को एक छंद में गूंथ कर अच्छे पद्य लिखे हैं। इन्हें 'भाषासमक' कहा जाता था। कुछ प्राचीन काव्यशास्त्रों में भी इस विधा का उल्लेख है यद्यपि वह तत्कालीन स्थितियों और भाषाओं तक ही सीमित था (वैसा उस समय स्वाभाविक ही था) ये दो कवि थे श्रीकृष्णराम भट्ट और भट्ट श्री मथुरानाथ शास्त्री। इन्होंने क्रमशः उन्नीसवीं सदी के अंत में तथा बीसवीं सदी के मध्य में ऐसी काव्य रचना की। वह लोकप्रिय भी हुई, रसनीय सिद्ध हुई। जयपुर के किसी मेले में जहां पर्यटक बड़ी संख्या में शामिल होते हैं, विभिन्न प्रदेशों के या विदेशों के दर्शक मेले का वर्णन करेंगे तो अपनी बोली बोलेंगे। उनकी बोली में लिखा एक वर्णनात्मक पद्य

जो ब्रजभाषा के लोकप्रिय घनाक्षरी छंद (कवित्त) में निबद्ध है, न तो बनावटी लगता है, न शास्त्रविरुद्ध यद्यपि वह एक महाकवि को शोभा देगा या नहीं देगा इस दुविधा का स्पष्ट आभास देते हुए इसके प्रणेता ने इसे काव्य की अपेक्षा काव्य विनोद अधिक समझते हुए लिखा है।

मेले के आगे चलने वाले हाथी को देख कर एक विदेशी पर्यटक कह रहा है :

ओह, लुक, दैट एलिफेंट इज़ कमिंग हियर। (अंग्रेज़ी)
ज़र्क बर्क अस्प मानिन्दे-परिन्द ये तमाम। (उर्दू)
एइ दिके ऐशो, हेरो, की बहार पोशाकेर। (बंगला)
किंमत कुबेर नी करी छे, जरा जुओ आम। (गुज़राती)
वाह वा सरस सहनाई ये सुनो तो सही। (ब्रजभाषा)
काईं खई जाय, याँ चिरागच्याँ को भार्‌यो काम। (राजस्थानी)
म्याराजाचे भाऊ बंधु आले हे पहा मित्र। (मराठी)
तस्मिन् महीपाले मंक्षु दृष्टिर्दीयतांतमाम्। (संस्कृत)

इस प्रकार के प्रयोग विरल काव्य विनोद ही रह गये, क्योंकि चलन, मान्यता और स्थापित प्रतिमानों के अनुरूप न होने केकारण इनका मूल्यांकन करने की व्यवस्था ही नहीं थी। किंतु भारत जैसे बहुभाषी देश में भाषा शबलता एक काव्य मुद्रा क्यों नहीं बन सकती ? वह किस रूप में उतरे, कौन-सी दिशा, कौन से प्रतिमान उसके हों, यह समीक्षाशास्त्रियों के सोचने की बात है।

इसके अतिरिक्त शास्त्रकारों के विचार के लिए यह बिंदु भी महत्त्वपूर्ण है कि अन्य देशों के सर्जनात्मक साहित्य की अवतारणा जब हमारी अपनी भाषा में की जाती है तो उसका परिवेश कौन-सा रखा जाये ? क्या ज्यों-की-त्यों विदेशी नाम, परिवेश और संस्कृति अनुवाद द्वारा अपनी भाषा में ला दी जाये या उसे अपने नामों और अपने परिवेश में ढाल कर लाया जाये। शेक्सपियर के नाटकों का अनुवाद भारतेन्दु हरिश्चन्द्र ने किया तो इंगलिस्तानी नामों का भारतीयकरण कर दिया, शायलॉक शैलाक्ष हो गया, नेरिसा नरश्री हो गयी, बसानियो वसंत, एंटोनियो अनंत। सारा परिवेश भी भारत में होने वाली तिजारत का हो गया। संस्कृत में किये गये अधिकांश अनुवाद इस प्रकार भारतीय परिवेश दे कर किये गए हैं। इसी प्रकार के अनुवाद किये जायें या ज्यों-की-त्यों अनुवाद याने भाषांतरण। दोनों ही अपनी-अपनी जगह स्वीकार्य हैं तो इनके अनुवाद का शास्त्र भी होना चाहिए जो बताये कि पद्यों का अनुवाद कहां हमारे अपने छंदों में होगा, कहां मूल छंदों में, कहां गद्य में आदि। ऐसे अनेक नये, अछूते विचार क्षेत्र हैं।

कला के शास्त्र अपेक्षित

यह तो बहुत पहले से बहुश्रुत मनीषियों के विचार का विषय रहा है कि हिंदी ही नहीं,

अन्य अनेक भारतीय भाषाओं में काव्यालोचन के प्रतिमान तो कमोबेश निर्धारित हो गये हैं जो भारतीय पाश्चात्य और वामपंथी, सभी काव्यशास्त्रों से सहज रूप से संकलित हैं। कौन नहीं जानता कि काव्य में रस, अलंकार आदि भारतीय प्रतिमान, उपन्यास, कहानी, नाटक आदि में कथोपकथन, परिवेश, पटाक्षेप, औत्सुक्य, आश्चर्य (सस्पेंस, सरप्राइज) आदि अनेक पाश्चात्य प्रतिमान मिला कर हमारा अपना काव्यशास्त्र कुछ विकसित हो गया है। कुछ ऐसे अध्ययन भी हुए हैं कि कौन-कौन से पारिभाषिक पाश्चात्य समीक्षा शास्त्रीय शब्द हमारे प्राचीन काव्यशास्त्रीय संज्ञाओं के ही आधुनिक रूप हैं (जैसे सस्पेंस और सरप्राइज में से 'कार्यो निर्वहणेऽद्भुतः' कह कर नाट्यशास्त्रियों ने नाटक के अंत में जिस अद्भुत रस का उल्लेख किया है वह तो 'सरप्राइज' का ही यथार्थ रूप है, पर संस्पेंस की अवधारणा उतनी स्पष्ट नहीं मालूम पड़ती; कुतूहल, औत्सुक्य योजना, परिभावना आदि कुछ तत्त्व चाहे उसके काफ़ी निकट आ जाते हों) और कौन से पूर्णतः आयातित हैं और अब उन्हें आत्मसात् कर लिया गया है। तथापि इन अध्ययनों से काव्यशास्त्र का समग्र ढांचा नहीं बन पाया है, छुटपुट प्रयत्न भले ही हुए हों, 'तुलनात्मक काव्यशास्त्र' आदि नामों से।

इस सबके बावजूद कलाओं के, जिनमें संगीत, चित्रकला, मूर्तिकला और नृत्य शामिल है, शास्त्रीय विवेचन हेतु समीक्षाशास्त्र अब तक विकसित नहीं हुआ है। संगीत तो हमारी अपनी थाती है, इसलिए इसके ग्रंथ उपलब्ध हैं, नये भी लिखे गये हैं, कुछ लिखे जा रहे हैं। यही हाल नृत्य का भी है। चित्रकला में चूंकि पाश्चात्य रुझान बड़े पैमाने पर समन्वित हुआ है, अतः उसका शास्त्र पूर्णतः विकसित नहीं हो पाया है। 'चित्रसूत्र' (विष्णुधर्मोत्तर पुराण) आदि प्राचीन शास्त्र तो हैं, किंतु नवीनतम (अमूर्त्त, कोलाज आदि अनेक) विधाओं को शामिल करते हुए इस कला का शास्त्र लिखने की क्या आवश्यकता आपको नहीं लगती? फिर कलाओं के आस्वाद, मूल्यांकन आदि का शास्त्र भी जिसे अंग्रेज़ी में 'एस्थेटिक्स' कहा जाता था और हिंदी में सौंदर्यशास्त्र कहा जाने लगा, भारतीय भाषाओं में पूर्णतः विकसित नहीं हुआ है। कलाओं की जानकारी, गणना और वर्गीकरण तो हमारे यहां हज़ारों वर्ष पूर्व से होते रहे हैं, वात्स्यायन से ले कर भोजराज तक, किंतु मध्यकालीन और पाश्चात्य समीक्षाशास्त्रियों के अभिगमों के समन्वयादि द्वारा एक शास्त्र के लेखन की आवश्यकता अवश्य मनीषियों की लगती रही है।

यह आश्चर्य की बात है कि इस प्रकार के शास्त्र की आवश्यकता का एहसास और उसकी परिणति संस्कृत जैसी प्राचीन भाषा में अधिक पैनेपन के साथ परिलक्षित हुई है। विभिन्न भाषाओं के विद्वान्, प्रसिद्ध शिक्षा शास्त्री और मूर्धन्य इतिहासविद् डॉ. गोविन्दचन्द्र पाण्डेय ने कला के मूल्यांकन और आस्वादन का शास्त्र पाश्चात्य एस्थेटिक्स के सिद्धांतों को शामिल करते हुए, उसी नाम का आधार लेते हुए 'सौंदर्यदर्शन' नाम से संस्कृत में शास्त्र की पद्धति पर 'कारिका' और 'वृत्ति' की

प्रणाली द्वारा लिखा, जिसे एक स्मारक भाषणमाला के रूप में काशी के संस्कृत विश्वविद्यालय ने 'सौंदर्यदर्शन विमर्शः' शीर्षक से प्रकाशित किया। इसमें संगीत, चित्रकला, मूर्तिकला आदि के सौंदर्यविधान पर भी शास्त्रीय भाषा और पद्धति से सैद्धांतिक विमर्श किया गया है, कांट, हेगेल, कासिरेर, विटगेनस्टाइन आदि पाश्चात्य शास्त्रकारों के सिद्धांतों को समन्वित किया गया है और रसशास्त्र तथा रूपशास्त्र मिल कर सौंदर्यशास्त्र बनते हैं, ऐसा प्रतिपादन करते हुए जो स्थापनाएं की गयी हैं वे स्पष्टतः नये शास्त्र लेखन की परिभाषा में आती हैं। यही तो कलाओं का नया शास्त्र पुराने शास्त्रों की सरणि पर उसी शास्त्रीय पारिभाषिक शब्दावली में लिखने का वह प्रयोग है जो आज भी वांछनीय है और जिसकी ओर हम संकेत कर रहे हैं।

डॉ. गोविन्दचन्द्र पाण्डेय ने विश्व के किसी भी अंचल में हो जो शास्त्रीय, दार्शनिक और तात्त्विक विमर्श हुआ है, उसे संस्कृत में शास्त्र शैली में अवतारित करने के अभिगम के अंतर्गत विश्व के विभिन्न धर्मों तथा दर्शनों में (यूनानी चिंतन से ले कर अस्तित्ववाद तक के) जो तत्त्व चिंतन हुआ है उसे विशुद्ध शास्त्रीय संस्कृत में कारिका (पद्य) तथा वृत्ति (गद्य) की शैली में निबद्ध कर काशी के संस्कृत विश्वविद्यालय से जो ग्रिफिथ मेमोरियल लेक्चर दिया था वह वहीं से 'एकं सद् विप्रा बहुधा वदतिं' शीर्षक से ग्रंथाकार में प्रकाशित हुआ है। यह तुलनात्मक धर्मदर्शन का नया शास्त्र बन गया है।

ज्यों ही अन्य देशों के सिद्धांतों, समीक्षा तत्त्वों, छंदों, संगीतादि कलाओं और शिल्पों तथा तकनीकों से संपर्क और अंतःक्रियाएं होती हैं, शास्त्रों के नवीकरण, पुनराख्यान या अनुपूरण की आवश्यकता का अनुभव स्वाभाविक है। छंदशास्त्र का उदाहरण स्पष्ट है। वेदकाल में केवल अक्षरवृत्त था, गायत्री, उष्णिक् आदि छंद अक्षरों की इकाई से नियमित होते थे, वे दीर्घ हैं या ह्रस्व, इससे अधिक सरोकार नहीं था। जब 'लोक' की संस्कृत का (लौकिक संस्कृत का जिसके आदिकवि वाल्मीकि थे) छंदशास्त्र आया तो वर्णवृत्त (वर्णिक छंद) आये। उपजाति, मंद्राक्रांता, द्रुतविलंबित, शिखरिणी, शार्दूलविक्रीड़ित आदि का नया छंदशास्त्र क्लासिकल और अभिजात हो गया तो प्राकृत, अपभ्रंश आदि भाषाओं में प्रयुक्त वे छंद जो मात्रिक थे, लोकप्रिय थे, 'लौकिक' थे, लोक से संस्कृत में आने लगे। सबसे पहले आर्या छंद आया जो मात्रिक छंद था। इसे भी संस्कृत के छंदशास्त्र ने 'संगृहीत' कर लिया। फिर तो दोहा, चौपाई, छप्पय, कुंडलिया, सवैया और कवित्त (घनाक्षरी) जैसे मात्रिक छंद भी संस्कृत में लिखे जाने लगे। फलस्वरूप भारतीय छंदशास्त्र आक्षरिक, वर्णिक और मात्रिक, तीनों तरह के छंदों से बनने लगा। फिर पारसी छंदशास्त्र के संपर्क में आने पर तथा ग़ज़ल की कर्णप्रिय संगीतबद्ध लय के लोकप्रिय हो जाने पर वज़न और बहर पर आधारित लय-तालात्मक छंदों का लेखन न केवल हिंदी आदि भारतीय भाषाओं में, बल्कि संस्कृत जैसी प्राचीन भाषा में भी होने लगा। संस्कृत में जयपुर के भट्ट श्री मथुरानाथ

शास्त्री ने सैकड़ों श्रुति मधुर ग़ज़लें लिखी हैं। डॉ. जगन्नाथ पाठक की दो सौ से अधिक ग़ज़लों का संकलन 'पिपासा' अनेक पुरस्कार जीत चुका है। हिंदी में दुष्यन्त कुमार, सूर्यभानु गुप्त आदि से ले कर आज तक बीसियों 'ग़ज़लकार' हो चुके हैं।

आज हाल यह है कि कुछ उर्दू के ग़ज़लग़ो यह अभिमत व्यक्त करते रहे हैं कि हिंदी के ग़ज़लकारों की ग़ज़लें बहर के वज़न पर खरी नहीं उतर रही हैं। उसके लिए फारसी के छंदशास्त्र का गहन अध्ययन और अभ्यास ज़रूरी है। मफ़ाईलुन, फ़ऊलुन, मफ़ऊल आदि वजन नापने वाले बाट-बटखरों से हम कुछ परिचित भी होने लगे हैं पर दिल खोल कर ग़ज़लों के छंदशास्त्र को हमने उस प्रकार अपनी छंद अलंकार की पुस्तकों का अंग नहीं बनाया जिस प्रकार वर्णिक और मात्रिक छंदों को बना रखा है। यहां उन छंदों का भी संग्रह या अंतर्भाव आवश्यक है। अंतर्भाव इसलिए कि कुछ उर्दू छंद हमारे भुजंगप्रयात, पंचचामर आदि छंदों में अंतर्भूत हो सकते हैं। किंतु यह सब हमारे विशाल छंद भांडागार से समाविष्ट हो जाये, आत्मसात् हो जाये, यह क्या समुचित नहीं होगा? वैसे कुछ छुटपुट प्रयत्न इस दिशा में होने अवश्य लगे हैं, पर मैंने यह पाया है कि 'कामायनी' के विभिन्न सर्गों में जो छंद प्रयुक्त हुए हैं उनके नाम बताने में अधिकांश विश्वविद्यालयों के अधिकांश प्राध्यापक समर्थ नहीं होते, यह बात अलग है कि उनके हिसाब से छंद का नाम ढूंढ़ना नितांत निरर्थक है।

ऊपर के विवरण से यह आभास तो अवश्य हुआ होगा कि पाश्चात्य काव्यालोचन के सिद्धांतों का समन्वय जब से होने लगा तब से बहुत से काव्यशास्त्रीय सिद्धांत तो पश्चिम से आ कर हमारे काव्यशास्त्र में मिल गये। श्यामसुंदरदास ने 'साहित्यालोचन' शीर्षक ग्रंथ से जो हडसन के 'इंट्रोडक्शन टू द स्टडी ऑव लिटरेचर' जैसे पाश्चात्य काव्यालोचन शास्त्रीय ग्रंथों पर आधारित था, इस प्रकार के समन्वित काव्यशास्त्र लेखन की शुरुआत की थी। रामचन्द्र शुक्ल ने आई.ए. रिचर्ड्स आदि के मन्तव्यों को भी समन्वित किया। रूमानी युग की प्रवृत्तियां छायावाद आदि के युग में समाविष्ट हुईं। 'इमेजिज़्म' (बिंबवाद), मेटाफ़र, अभिव्यक्तिवाद (क्रोच्चे) से ले कर अस्तित्ववाद, संरचनावाद, विसंरचनावाद आदि तक का विवेचन तो हमारे साहित्य में हो चुका है, व्यवस्थित शास्त्रलेखन ही बाक़ी है।

इसके अतिरिक्त नवयुग की प्रगतियों और मांगों के प्रतिफल स्वरूप जो नये माध्यम विकसित हुए हैं, उनके अनुरूप वाङ्मय के प्रणयन की, विशेषकर सर्जनात्मक साहित्य के निर्माण की प्रविधियों के शास्त्र की आवश्यकता तो बिलकुल स्पष्ट और स्वतःसिद्ध है ही। बीसवीं सदी में प्रत्येक भाषा की हर तरह की साहित्य सामग्री रेडियो जैसे श्रव्य माध्यमों तथा फिल्म व दूरदर्शन जैसे दृश्य श्रव्य माध्यमों से प्रसारित होती रही है। यहां तक कि संस्कृत जैसी क्लासिकल व पुरातन कही जाने वाली भाषा भी इसका अपवाद नहीं है। संस्कृत की एक पूरी फिल्म (आदिशंकराचार्य) लोकप्रिय हुई है, पुरस्कृत हुई है। इसके अतिरिक्त संस्कृत के प्राचीन कालजयी नाटकों,

कथानकों, काव्यों आदि को 'रेडियो रूपांतरणों' तथा दृश्य श्रव्य माध्यमों के अनुरूप अनुकूलनों से गुज़ार कर (जैसे मृच्छकटिक, गीतगोविन्द, शाकुन्तलम्) दूरदर्शन से प्रसारित किया गया है। यही हाल बंगला, मराठी, तेलुगु, तमिल आदि सभी भाषाओं का है। सभी भारतीय भाषाओं में इन अभिनव माध्यमों के अनुरूप सर्जनात्मक विधाओं का नये सिरे से लेखन भी हुआ है (नये रेडियो रूपक, दूरदर्शन धारावाहिक आदि लिखे गये हैं और वे प्रसारित हुए हैं), साथ ही श्रेण्य साहित्य को इन माध्यमों के अनुरूप बनाने हेतु विशेष तकनीक का प्रयोग करते हुए उसके 'रूपांतरण' भी हुए हैं। यह कार्य प्रतिभाशाली सर्जकों ने अपनी-अपनी मौलिक सर्जनात्मक प्रतिभा के बल पर अपना-अपना अलग रास्ता स्वतंत्र रूप से तलाश कर किया है।

क्या यह वांछनीय नहीं कि इस प्रकार के तकनीक का कोई शास्त्र विकसित किया जाये तथा लेखबद्ध किया जाये जिससे कुछ आधारभूत सिद्धांत या मार्गदर्शी संकेत नये सर्जकों को मिल सकें? यद्यपि मौलिकता और नवोन्मेष के लिए लीक से हटने की गुंजाइश रहेगी, पर सामान्य अपेक्षाओं और प्रविधियों का शास्त्र यदि तैयार हो तो मौलिक प्रतिभाओं को भी कितना सहारा और प्रोत्साहन मिले, यह स्पष्ट है। रेडियो नाटक लेखन की विधियों या दूरदर्शन प्रसारण की अपेक्षाओं पर छुटपुट ग्रंथ तो इसी आवश्यकता की पूर्ति के उद्देश्य से आने भी लगे हैं, पर कंप्यूटर प्रविधियों पर जो बिलकुल अभिनव विकास है, जिस भारी मात्रा में अंग्रेज़ी आदि भाषाओं में शास्त्र, पुस्तकें और मार्गदर्शी साहित्य निकला है क्या उसका शतांश भी किसी भारतीय भाषा में इन (ऊपर उल्लिखित) नये माध्यमों की अपेक्षाओं पर या उसके अनुरूप सर्जनात्मक विधाओं के प्रणयन हेतु मार्गदर्शन पर निकल पाया है? अभिनव दृश्य-श्रव्य माध्यमों के लिए नये सिरे से उत्कृष्ट साहित्य के लेखन में क्या अभिगम अपनाया जाये, श्रेण्य साहित्य के रूपांतरण में क्या दृष्टि रखी जाये, इस सब का विवेचन क्या आज के युग की जायज़ मांग नहीं है? कब तक प्रत्येक सर्जक अपनी धुन और नवोन्मेषी प्रतिभा मात्र के बल पर अंधेरे में अपना-अपना पथ तलाशता रहेगा?

साहित्य, काव्य, कला आदि के क्षेत्र में मौलिक सोच रखने वाले अनेक मनीषी नये शास्त्र लेखन की अर्थवत्ता पर वर्षों से बल देते रहे हैं। रामगोपाल बजाज वर्षों से कह रहे हैं कि काव्यशास्त्र के अनेक प्रतिमानों का अद्यतनीकरण आवश्यक है। उदाहरणार्थ, जिस प्रकार नव रसों की सीमा को लक्ष्मण रेखा न मानते हुए मध्यकालीन काव्यशास्त्रियों ने भक्ति रस को भी रस परिवार में सम्मिलित कर लिया था, शाहजहां के मुख्य सभापंडित पंडितराज जगन्नाथ तक भक्ति को नया रस मानने को तैयार हो गये थे, उसी प्रकार बाद में वात्सल्य को रस का दर्जा देने के हामी काव्यशास्त्री भी आये, इतिहास रस को रस परिवार में सम्मिलित कराने वाले भी आये और सब रामगोपाल बजाज बौद्धिक रस अर्थात् विचार और तर्क से नये चिंतन को जगाने के आनंद को रस परिवार में शामिल करने की पुरज़ोर वकालत कर रहे हैं।

कलकत्ता की भारतीय भाषा परिषद् के मुखपत्र वागर्थ (सितंबर 97) में श्री विनोद शाही ने 'नये काव्यशास्त्र की तलाश' शीर्षक से विस्तार से प्रतिपादित किया है कि शब्दार्थ संबंधी प्रतिमानों पर नयी दृष्टि की आवश्यकता है। इस लेख का आशय हम पूरी तरह समझ नहीं पाये, अत: उनकी स्थापना का परिचय आपको नहीं दे सकते, पर उनकी यह तलाश अपने आप में अनेक संभावनाओं का संकेत करती है। डॉ. नामवर सिंह जैसे लोग भी बहुधा समीक्षा शास्त्र में 'नये प्रतिमानों' की तलाश पर ज़ोर देते हैं।

इसके अतिरिक्त एक अन्य तबक़ा भी है जो नये काव्यशास्त्र का पक्षधर है, चाहे उसका अभिगम कुछ भी क्यों न हो। दलित साहित्य का जब से एक अलग प्रकृति और अलग तेवर के साहित्य के रूप में वर्गीकरण हुआ है, यह मांग बहुधा सुनी जाती है कि सारा काव्यशास्त्र इस दृष्टि से नये सिरे से लिखा जाना चाहिए। महाकाव्य का नायक राजा, इतिहास प्रसिद्ध पात्र या अभिजात पात्र ही क्यों हो? जन वर्ग का, दलित वर्ग का, धरती से जुड़े तथ्यों का चित्रण उसी वर्ग के पात्र को नायक बना कर क्यों न किया जाये? तब धीरोदत्त, धीरोद्धत, धीरललित, धीरप्रशांत आदि नायक के वर्गीकरण क्या अप्रासंगिक (कम-से-कम अपर्याप्त) नहीं लगेंगे? अधीर, आक्रुष्ट, उद्धत आदि नायक भेद क्यों न हों? ऐसे बहुत से पक्ष हैं जो काव्यशास्त्रीय प्रतिमानों के पुनराख्यान पर सोचने की गुंजाइश देते हैं। हमारे इस सतर्क पदविन्यास को निरर्थक न समझें। आशय यही है कि कुछ विषयों पर नये सिरे से शास्त्रलेखन, कुछ पर प्राचीन व्यवस्थाओं को पुनराख्यान, कुछ पर पुनर्निर्वचन और कुछ पर नवीकरण आवश्यक है तो कुछ पर इन सब दिशाओं में सोचने की पर्याप्त गुंजाइश है।

यशदेव शल्य

कला की मूल्य दृष्टि

कला की मूल्य दृष्टि क्या है यह समझने के लिए पहले 'कला' का और 'मूल्य' का अर्थ समझना आवश्यक है। यों इनके वाचक शब्दों का प्रयोग सर्वसाधारण रूप से होता है, किंतु इनका तत्त्व क्या है, स्वरूप क्या है, यह उतना स्पष्ट रूप से ज्ञात नहीं है। 'मूल्य' पद के अर्थ के संबंध में तो बहुत व्यापक भ्रांतियां हैं। 'मूल्य' शब्द का अर्थ सामान्यतः इच्छापूर्ति या अन्य किसी प्रकार से महत्त्वपूर्ण होने से संबंधित समझा जाता है। 'कुछ व्यक्ति वस्तु की सुंदरता को उसकी उपयोगिता से अधिक मूल्य देते हैं', 'रमेश के लिए संतान से अधिक मूल्य पैसे का है', 'रमेश मैत्री का मूल्य नहीं जानता, उसके लिए उपयोगितापरक संबंधों का ही मूल्य है' आदि वाक्यों में 'मूल्य' शब्द का जिस अर्थ में प्रयोग हुआ है उसे इस शब्द का प्रचलित अर्थ कहा जा सकता है। अवश्य 'नैतिक मूल्य', 'धार्मिक मूल्य' और 'कलात्मक मूल्य' इन पदों का प्रयोग भी होता है, किंतु इन प्रयोगों में 'मूल्य' पद का क्या अर्थ है और पहले वाक्यों में इस पद के अर्थ से इसका क्या भेद है, यह कुछ स्पष्ट नहीं है। हमारी परंपरा में 'मूल्य' शब्द का यह प्रयोग नहीं था, इसलिए उपर्युक्त वाक्य रचनाओं में 'मूल्य' के स्थान पर यथाप्रसंग 'इच्छा', 'महत्त्व', 'प्रवृत्ति', 'भाव' आदि शब्दों का प्रयोग हो सकता था। आज के 'मूल्य' शब्द के अनेक प्रयोगों में से एक या कुछेक के वाचक अर्थ के निकटतम जो हमारा पारंपरिक शब्द है वह 'पुरुषार्थ' है। किंतु इस शब्द का भी कोई एक ही अर्थ था, ऐसी बात नहीं है, वास्तव में इसमें उतनी ही और वैसी ही भ्रांतियां थीं जैसी 'मूल्य' शब्द को ले कर हैं। 'पुरुषार्थ' शब्द का एक प्रचलित अर्थ 'प्रयत्न' भी था, जिसका निहितार्थ 'प्रयत्न का प्रेरक विषय' या 'प्राप्य विषय और उसके लिए अभीप्सा को जोड़ने वाला प्रयत्न' था। ऐसी अभीप्साओं और उनके विषयों का वर्गीकरण धर्म, अर्थ, काम और मोक्ष इन चार में किया गया था। इनमें 'अर्थ' पुरुषार्थ प्रभुता और धन-धान्य की अभीप्सा विषयक था और 'काम' यौन इच्छाओं विषयक था। ये दोनों पुरुषार्थ सहज जैव प्रवृत्तियों से संबद्ध थे। इनके विपरीत धर्म और मोक्ष पुरुषार्थ थे, जिनमें जैव प्रवृत्तियों का बोध अपेक्षित था। धर्म पुरुषार्थ, कर्त्तव्यनिष्ठा और आध्यात्मिक अभ्युदय के लिए आत्म नियोजन का वाचक था और 'मोक्ष' संसार भाव से पूर्ण निवृत्ति की साधना का वाचक था। इस प्रकार पुरुषार्थों के ये दो विपरीत प्रकारक

वर्ग बन जाते हैं। किंतु तब इनमें प्रथम वर्ग को 'पुरुषार्थ' कहना कैसे अयुक्तिसंगत है, इस पर मैंने अन्यत्र (द्रष्टव्य उन्मीलन षाण्मासिक पत्रिका, वर्ष 10, अंक 2, जुलाई, 1996) विचार किया है। यद्यपि इस युक्तता के परिहार के लिए कुछ विचारकों ने 'अर्थ' और 'काम' परक आकांक्षाओं के साथ उनके 'धर्मपूर्वक होने' की शर्त जोड़ी, किंतु इसमें भी मूलगामी युक्ति दोष है, यह भी हमने वहां दिखाया है। तब 'पुरुषार्थ' का क्या अर्थ होना चाहिए और इस युक्त अर्थ में 'काम' और 'अर्थ' कैसे पुरुषार्थ हो सकते हैं, इस पर मैंने 'साहित्य और संस्कृति' (उन्मीलन, जन 1997) लेख में कुछ विस्तार से विचार किया है। इसके अनुसार 'पुरुषार्थ' का अर्थ 'पुरुष के योग्य अर्थों का अन्वेषण' होना चाहिए। इस प्रकार काम और अर्थ यौन इच्छाओं और प्रभुता की प्राप्ति के रूप में नहीं, बल्कि पुरुष के योग्य अर्थों में रूपांतरित हो कर पुरुषार्थ कहलाएंगे। इस पर कहा जा सकता है कि इस परिभाषा से बात उतनी स्पष्ट नहीं हुई जितनी अस्पष्टता इससे बढ़ी है, क्योंकि अब प्रश्न यह हो जाता है कि कोई अर्थ पुरुष के योग्य है या नहीं, इसकी पहचान क्या है? इसके लिए यह जानना आवश्यक है कि पुरुष क्या है, उसका स्वरूप क्या है? किंतु यह जाने बिना भी यह तो कहा जा ही सकता है कि जो अर्थ पुरुष को उसके स्वरूप के अनुरूप बनायें वे अर्थ ही पुरुष के लिए अनुसरणीय हैं, उसके योग्य हैं। वास्तव में मोक्ष का तो ठीक यही अर्थ है— आत्मा का सब उपाधियों, आवरणों से रहित होना, अर्थात् पुरुष का अपने स्वरूप के अनुरूप होना, और 'मोक्ष के पुरुषार्थ होने' का अर्थ है इस अनुरूपता का अन्वेष्य होना, साध्य होना। जैव प्रवृत्तियां काम और अर्थ ठीक पुरुष के स्वरूप के विपरीत अर्थ हैं, इसलिए वे अपने आप से पुरुषार्थ नहीं हो सकते।

स्पष्ट है कि 'पुरुष का अपने स्वरूप के प्रतिरूप होना' क्या है, यह कैसा हो सकता है, यह अत्यधिक दुरवगम्य प्रश्न है और अत्यधिक विवादास्पद भी। किंतु मनुष्य के संबंध में कुछ मूल बातें हैं जो स्वतः स्पष्टवत् सर्वस्वीकृत हैं। जैसे अमुक स्वार्थी है और अमुक उदार, अमुक क्रूर है और अमुक सहानुभूतिशील और दयालु, अमुक सत्यवादी है और अमुक असत्यवादी आदि कथन क्रमशः निंदात्मक और प्रशंसात्मक हैं और संभवतः मनुष्य मात्र इनके वाच्य गुणों की त्याज्यता और ग्राह्यता को स्वतःप्रमाणवत् देखता है। इस प्रकार प्रथम की त्याज्यता और दूसरे की ग्राह्यता पुरुषार्थ है, किंतु ये क्यों पुरुषार्थ हैं तथा स्वार्थ और क्रूरता क्यों पुरुषार्थ नहीं है? इन प्रश्नों पर हम जैसे ही विचार करने चलते हैं वैसे ही प्रश्नों की अनंत शृंखला उपस्थित हो जाती है। किंतु यहां हमारे विचार का मुख्य विषय नहीं होने से यहां हम इसकी ओर इतना संकेत करके ही आगे बढ़ेंगे।

अब, कला क्या है? इसकी परिभाषा निश्चित करने से पहले हम इसके उदाहरणों को देखेंगे। चित्र, संगीत, मूर्ति, अभिनय ये सब कला माने जाते हैं। पहले लोग काव्य को कला नहीं मानते थे, यद्यपि उसके सहोदर जैसा तो मानते ही थे। किंतु

आज काव्य को भी कलाओं के वर्ग में ही रखा जाता है। सो, काव्य सहित ये सब कलाएं हैं। इनके विपरीत काव्यालोचना, काव्यशास्त्र, कला चिंतन, तत्त्व मीमांसा, स्मृति ग्रंथ, यंत्र या उपकरणनिर्माण ये सब कला नहीं माने जाते। अब, प्रथम वर्ग को दूसरे वर्ग से कौन-सा गुण पृथक् करता है और प्रथम वर्ग में सर्वसामान्य क्या है ? और क्या यह अवच्छेक गुण अपने आप में भी पुरुषार्थक या मूल्यवान् है या कि कोई और बाह्य गुण हैं जिनके होने पर ही कोई कलाकृति पुरुषार्थक या मूल्यावन् बनती है ? यहां हम काव्य की दो प्रसिद्ध परिभाषाओं का उल्लेख कर उन पर अत्यंत संक्षिप्त टिप्पणी करने के बाद कला के स्वरूप विषयक अपना मत प्रस्तुत करेंगे और तब कला के कला होने मात्र में निहित पुरुषार्थ या मूल्य पर विचार करेंगे। ये अन्य परिभाषाएं इस प्रकार हैं—'वाक्यं रसात्मकं काव्यम्' और 'वक्रोक्ति काव्य जीवितम्'। इनमें पहली परिभाषा का तात्पर्य स्पष्ट है, यद्यपि रस क्या है यह एक अत्यंत जटिल प्रश्न है और इस पर अभिनव गुप्त का विवेचन बहुत सूक्ष्म और गंभीर है। दूसरी परिभाषा में 'वक्रोक्ति' का अर्थ 'लाक्षणिक और व्यंजनात्मक पद प्रयोग है।' इस दूसरी परिभाषा में अतिव्याप्ति दोष एकदम स्पष्ट है, क्योंकि भाषा का लाक्षणिक या व्यंजनात्मक प्रयोग सर्वसाधारण बोलचाल में भी होता है, किंतु इस परिभाषा का सबसे बड़ा दोष, और यही दोष इसकी अतिव्याप्ति का भी हेतु है, यह है कि इसकी दृष्टि काव्य के केवल बाहरी रूप तक सीमित है। पहली परिभाषा रसात्मक वाक्य काव्य है, में इस दोष का परिहार है। इसमें इसके केवल आंतर गुण, इसकी आत्मा को ही लक्षित करने का प्रयत्न किया गया है। काव्य और कलाओं की यह परिभाषा बहुत व्यापक रूप से स्वीकृत भी है। किंतु हमने अन्यत्र (द्रष्टव्य हमारी पुस्तकों चिद्विमर्श, सत्ताविषयक अन्वीक्षा तथा मूल्यतत्त्व मीमांसा में कला विषयक अध्याय) विस्तार से कला का स्वरूप विवेचन करते हुए इस परिभाषा की अयुक्तता दिखायी है। किंतु यहां हम महाकवि कालिदास द्वारा 'रघुवंश' के प्रथम श्लोक में पार्वती-परमेश्वर से की गयी प्रार्थना को अपने प्रतिपादन का आरंभ बिंदु बनायेंगे। वे उनसे 'वागर्थ की प्रतिपत्ति' की याचना करते हैं। अर्थात् यह याचना करते हैं कि 'उनकी वाक् विपुल अर्थ गर्भ हो और ये अर्थ तत्त्वों का सम्यक् प्रकाशन करें, ह्यप्त सत्य के निदर्श बनें।' वे यह याचना नहीं करते कि उनकी कविता अधिक रसमयी हो। यदि उन्होंने यह याचना की होती तो यह सहज में ही कहा जा सकता था कि 'रघुवंश' में उनकी यह याचना स्वीकृत नहीं हुई, क्योंकि उससे अधिक रसमय संस्कृत के ही बहुत से काव्य मिल जायेंग। रीतिकालीन हिंदी के काव्य में बहुत-सी कृतियां उससे अधिक रसमय मिल जायेंगी। इस प्रकार 'रघुवंश' की महाकाव्य के रूप में उत्कृष्टता उसकी रसात्मक शबलता के कारण है, यह कहना किसी भी प्रकार से सही नहीं होगा। यह और भी स्पष्ट रूप से वाल्मीकीय रामायण या तुलसीदास के रामचरित मानस में, टाल्स्टाय के 'युद्ध और शांति' या हिंदी के अनेक उत्कृष्ट उपन्यासों में देखा जा सकता है। यह बात इससे और स्पष्ट होती है कि यदि इन

कृतियों में परस्पर तुलना करनी हो तो इनके मूल्यांकन का आधार इनकी रसात्मकता नहीं होगी, रस के किसी भी अर्थ में। किंतु इनके मूल्यांकन का प्रतिमान उपर्युक्त अर्थ में वागर्थ की प्रतिपत्ति हो सकता है, अर्थात् इनमें वाक् किस सीमा तक विपुलतर अर्थों और गहनतर सत्यों के प्रकाशन में समर्थ सिद्ध हुआ है।

किंतु यहां दो आपत्तियां हो सकती हैं। एक तो यह कि वागर्थ की प्रतिपत्ति कलात्मकता का या काव्य का भी अवच्छेक नहीं हो सकती, क्योंकि वह वैचारिक कृति का भी समान रूप से लक्षण है। दूसरे, वाक् कलाओं में वह केवल काव्य में माध्यम बनती है, चित्र, मूर्ति या संगीत आदि में नहीं। इनमें पहली आपत्ति स्पष्टत: सही है। इसलिए उसके निराकण के लिए एक और विशेषक की आवश्यकता है। जहां तक दूसरी आपत्ति का प्रश्न है, उसका उत्तर यह है कि 'वाक्' का अर्थ शब्द और वाक्य रूप में रचित ध्वनि और लिपि से ही नहीं है, बल्कि विमर्शात्मकता मात्र से है। शब्दात्मकता वाक् का केवल एक आयाम है। (यहां यह स्पष्टीकरण आवश्यक है कि वाक् विषयक प्राचीन चिंतन में ऐसा कुछ कहा गया है यह सही नहीं होगा, यद्यपि भर्तृहरि के निम्न श्लोक में यह बात निहित है) :

अनादिनिधनं ब्रह्म शब्दतत्त्वं यदक्षरम्
विवर्ततेऽर्थ भावेन प्रक्रिया जगतो यत:। *(वाक्यपदीय 1.1)*

(अनश्वर शब्दतत्त्वस्वरूप अनादि और अनंत ब्रह्म अर्थ रूप से अपने को व्यक्त करता है, उसी से यह जगत् प्रक्रिया आविर्भूत होती है)। तब देखने की बात यह है कि चित्र, संगीत आदि में विमर्शात्मकता कैसे है और भाषा विमर्शात्मकता का अनेक में से एक आयाम कैसे है? इसके लिए 'विमर्श' का अर्थ समझना आवश्यक है। 'विमर्श' को इस प्रकार परिभाषित किया जा सकता है : विमर्श चेतना का अर्थमय उन्मेष है और अर्थ वे तत्त्व होते हैं जिन्हें आत्मचेतन चेतना विषयों के रूप में प्रस्तुत कर उनके माध्यम से अपने सत्य को व्यक्त करती है। (यद्यपि इस परिभाषा की नीचे व्याख्या की जायेगी, किंतु इस पर विस्तृत विचार 'चिद्विमर्श' अ.1, 'सत्ताविषयक अन्वीक्षा', अ.1-3, समाज : दार्शनिक परिशीलन, अ. 4-5 तथा मूल्यतत्त्व-मीमांसा, अ. 2, 4, 8 में हुआ है)। ये अर्थ अनेक रूपात्मक हैं और ये अपने को प्रतीकों के माध्यम से व्यक्त करते हैं और उन्हीं के माध्यम से अवगत होते हैं। प्रत्येक अर्थ अपने में अथाहता और अपारता लिये रहता है और स्वायत्त तथा सामान्य होता है। उदाहरण के लिए कग गाना को लें। उसमें एक भाव रचित और विवेचित होता है, वही भाव अन्य अनेक गानों में अनेक प्रकार से रचित हो सकता है और वही भाव कविता, चित्र और नृत्य के माध्यम से भी रचित हो सकता है। इसी प्रकार इन रचनाओं की प्रत्येक की अनेक व्याख्याएं हो सकती हैं और तब भी वे नयी व्याख्याओं के लिए निश्शेष नहीं होतीं और ये व्याख्याएं स्वयं रचनाकार के लिए भी नवीन आयामों, पक्षों और दिशाओं

को उद्घाटित करती हैं। यही बात वैचारिक अर्थों के लिए भी कही जा सकती है।

अब, चेतना का अर्थों में यह उन्मेष और इस उन्मेष की प्रतीकों के माध्यम से अभिव्यक्ति, अथवा कहें इन अर्थों के अवगमन के लिए प्रतीक-रचना, यह अपने आप में पुरुषार्थ है। पीछे हमने पुरुषार्थ की परिभाषा ऐसे अर्थ जो पुरुष को उसके अपने स्वरूप के अनुरूप बनाते हैं कि पुरुष के लिए अपने स्वरूप से यह अनुरूपता साध्य क्यों हैं, स्वत:सिद्ध क्यों नहीं है? तर्क में, और साधारण बातचीत में भी 'अ अ है' को स्वत:सिद्ध प्रमाण अनपेक्षी माना जाता है और वहां यह ऐसे ही होता भी है। 'अ' 'न-अ' से भिन्न ज्ञात तभी हो सकता है यदि वह अपने से अभिन्न हो। 'इतर-व्यावृत्ति' और 'अपने से अभिन्नता' एक ही बात के दो पक्ष कहे जा सकते हैं। परिणामत: अ को अ होने के लिए कोई प्रयत्न नहीं करना पड़ता, वह तो वह होता ही है। तब पुरुष स्व रूपेण और सर्वतोभावेन अपने अनुरूप क्यों नहीं होता?

यहां ध्यातव्य है कि 'अ अ है' यह कथन वास्तव में वस्तुओं के बाह्य आकार का ही उल्लेखी होता है उनके तत्त्व या सत् का उल्लेखी नहीं होता। अपने तत्त्व या सत्य में सभी वस्तुएं अपने से न्यून, अपने से ईषत् व्यवहित, अपने से पृथक्कृत होती हैं। पुरुष से इस बात में उनका भेद केवल यह होता है कि उनके तत्त्व या सत्य की गहराई और विस्तार पुरुष की तुलना में नगण्य होता है। पुरुष की अपने से न्यूनता, अपने से व्यवहितत्व पुरुष की कृतियों में भी लक्षित होता है। उदाहरणत: एक गायन को लें जो एक भाव की एक स्वर रचना में अभिव्यक्ति होता है। अब, वह गायन उस भाव की पूर्णत: निर्दोष अभिव्यक्ति है, ऐसा नहीं कहा जा सकता, उसमें सुधार की अपेक्षा सदैव बनी रहती है। पुन:, वह अभिव्यक्ति असंख्य संभव अभिव्यक्ति रूपों में से केवल एक संभावना का क्रियान्वयन होती है। अभिव्यक्तियों का यह स्वरूप वैचारिक अभिव्यक्तियों में अधिक सहज रूप से देखा जा सकता है। विचार को स्वरूपत: द्वंद्वात्मक कहा जाता है, जिसका अर्थ है कि प्रत्येक विधि वाक्य का एक निषेध वाक्य रहता है। किंतु वास्तव में वह निषेध वाक्य असंख्य वाक्यों का समवाय होता है। उदाहरणात: 'यह घट है' का निषेध वाक्य 'यह अघट है' घट से भिन्न संसार की सभी वस्तुओं और संसार बाह्य सभी कुछ का भी समावेश करता है। यही बात एक वैचारिक प्रतिपादन के लिए भी लागू होती है। वसुबंधु ने विज्ञानवाद का प्रतिपादन किया। उस विज्ञानवाद से भिन्न बर्कले का विज्ञानवाद है और वे सब मत हैं जो विज्ञानवाद से भिन्न हैं। इस प्रकार एक विचार न केवल विचारक के अवगमन में ही अपूर्णत: गृहीत होता है, बल्कि द्वंद्वात्मकता के कारण अपनी उद्भावना में भी अपूर्णग्राही होता है, किंतु विचार सत्य को लक्षित करता है जो द्वंद्व को स्वीकार नहीं करता। ऐसी ही है पुरुष की साध्यता, उसका स्वरूप जो सब संभव निषेधों का परिहार करता है। उपनिषद् में 'तत्मसि श्वेतकेतो!' में पुरुष के इसी स्वरूप की बात की गयी है। भारतीय दर्शनों में सत् का लक्षण पूर्ण अबाधितत्व कहा गया है। यद्यपि वहां इस

लक्षण को इस रूप में नहीं देखा गया जैसा मैं यहां प्रतिपादित कर रहा हूं, किंतु इसे इस रूप में देखा जा सकता है। अब, विमर्श मात्र का यह स्वभाव है कि वह वाक् और अर्थ से रहित चेतना में वागर्थ के रूप में आविर्भूत होता है। और यह आविर्भाव ऐसे होता है जैसे मानो पूर्ण को अभिशाप दे कर अपनी पूर्णता की ईषत् स्मृति के साथ आत्म-बहिष्कृत कर दिया गया हो, जिस पूर्णता को पाने के लिए वह इस विमर्श को ही साधन बनाने को बाध्य हो। 'तत्त्वमसि' उसी को कहा जा सकता है जो अपने उस स्वरूप को भूला हुआ है जो उसका वास्तव में है। किंतु विमर्श एक-दूसरे प्रकार का व्यापार है : चेतना के वागात्मक उन्मेष द्वारा अपना सत्य साधने का व्यापार। (इस पर विस्तृत विचार के लिए द्रष्टव्य मूल्यतत्त्व मीमांसा में 'सृजन और सत्य : मूल्य की तत्त्वमीमांसा' अध्याय तथा 'सृजन और परिवेश' लेख, कला प्रयोजन, जून-सितम्बर, 1997 में तथा डॉ. सत्यप्रकाश मिश्र (सं.) सृजन और परिवेश (प्रकाशक, इलाहाबाद संग्रहालय) में तथा यशदेव शल्य साहित्य चिंतन और युग चिंतन (प्रकाशक—राका प्रकाशन, इलाहाबाद) में भी प्रकाशित) इस उन्मेष के पूर्व न कोई वाक् है, न अर्थ और न सत्य। ये तीनों चेतना में युपद् रूप से अपनी अनंत संभावनाओं के साथ उन्मीलित होते हैं और उन संभावनाओं को चरितार्थ करने के लिए प्रयत्नवान् होते हैं। चरितार्थन की यही प्रक्रिया काव्य, शास्त्र और नैतिक तथा आध्यात्मिक जीवन में प्रतिफलित होती है। इस प्रकार विमर्श अपने आप में पुरुषार्थ है। अब यह भी कह सकते हैं कि केवल यही एक पुरुषार्थ है, क्योंकि इसी में पुरुष का आविर्भाव होता है। इसी में उसकी साधना क्रियान्वित होती है और इसी के माध्यम से उसका साध्य लक्षित होता है। अपने को साधना में नियुक्त करना, अपने को साधने का संकल्प, यह एक अलग वृत्ति है, जिसे अधिष्ठातृत्व कहना चाहिए। किंतु इस पर यहां विचार प्रासंगिक नहीं होगा।

इस विमर्श के तीन प्रकार या वर्ग कहे जा सकते हैं—विषय वृत्तिक, विषयि वृत्तिक और क्रिया वृत्तिक। विषय वृत्तिक विमर्श ज्ञान में, विषयि-वृत्तिक कला में और क्रिया वृत्तिक कर्म में प्रतिफलित होता है। विषय वृत्तिकता में चेतना अपने अर्थों को विषय रूप में प्रत्युपस्थित कर और स्वयं द्रष्ट् की भूमिका में अवस्थित हो कर उनके सत्यों का अवगाहन करती है। जैसे 'यह वृक्ष है', 'वह राम है', 'मैं प्रसन्न हूं', 'सब जीव मरण धर्मा है' आदि विषयपरक अध्यवसाय हैं और हम वृक्ष को वृक्ष रूपेण देखते हुए, अपने को प्रसन्न भाव में 'देखते' हुए और जीव धर्मता तथा मरण धर्मता में अविनाभाव संबंध 'देखते' हुए हम विषय-वृत्तिकता में होते हैं। इसके विपरीत विषय वृत्तिकता में चेतना अपने अर्थों में भोक्तृ रूप में अंतर्निविष्ट हो कर उनके सत्यों का साक्षात्कार करती है। इसे अन्यत्र (द्रष्टव्य पा.टि. 2 में उल्लिखित कला विषयक लेख।) हमने 'विषयिता का विषयिता प्रत्यय रूप में अवगमन या भावन' कहा है। 'मैं दुःखी हूं' वाक्य दुःख भाव का विषयता में ग्रहण और निरूपण है। इस कथन पर

आगे पूछा जा सकता है 'क्यों दुःखी हैं?' और यह भी कहा जा सकता है कि 'किंतु इसका कोई उचित कारण नहीं है।' यहां हम दुःखी होते हुए भी उससे तटस्थ होकर उसका विषय रूपेण 'अवलोकन' करते हैं और उतना ही उसका 'अवलोकन' वह अन्य व्यक्ति भी करता है जो उसके होने के कारण को उचित कारण नहीं मानता। यह दुःख भाव के दुःख प्रत्यय रूप में रूपांतरण को पूर्वापेक्षित करता है। प्रत्यय रूप में यह अत्यंत विपुल अर्थ राशि गर्भ हो जाता है। इस पर अनेक लेख लिखे जा सकते हैं, एक पूरी विचार व्यवस्था खड़ी की जा सकती है। बुद्ध ने संबोधि में 'सर्वं दुःखम्' इस आर्य सत्य का साक्षात्कार किया और इस साक्षात्कार से यह प्रत्यय अपूर्व कल्पित अर्थों से गर्भित हो गया। यही बात दुःख की विषयिता के, भाव पक्ष के, भोग पक्ष के प्रत्ययात्मक रूपांतरण में होती है जिसका साक्षात्कार चेतना भोक्तृ रूप में अवस्थित हो कर करती है। तब जिन अर्थों का उन्मेष होता है उसमें 'क्यों' और 'कैसे' जैसे प्रश्न नहीं उठ सकते, उसमें 'दुःख' शब्द का प्रयोग भी हो, यह भी आवश्यक नहीं होता :

स्नेह-निर्झर बह गया है
रेत ज्यों तन रह गया है
आम की यह डाल जो सूखी दिखी,
कह रही है—'अब यहां पिक या शिखी
नहीं आते, पंक्ति मैं हूं वह लिखी
नहीं जिसका अर्थ—'
जीवन दह गया है। (निराला, अपराजिता में)

* * *

छा रहा है दरो-दीवार पे सब्ज़ा ग़ालिब,
हम बयाबान में हैं और घर में बहार आयी है।

संगीत में स्वर-योजना ही उन साक्षात्कृत अर्थों को व्याकृत करती है। काव्य में असंख्य कविताएं, कहानियां और उपन्यास यह करते हैं। मीरा का संपूर्ण काव्य और भवभूति का 'उत्तररामचरितम्' विरह दुःख के ही विवेचन हैं। इस प्रकार द्रष्ट्र रूप में विषयकृत अर्थों का साक्षात्कार और विमर्श तथा भोक्तृ रूप में विषयिगत अर्थों का भोगित्व के पक्ष से साक्षात्कार और विमर्श, वह संगीत, चित्र, काव्य जिस भी प्रकार से हो, वागर्थ की ही प्रतिपत्ति ही है। अब, कालिदास जिस वागर्थ की प्रतिपत्ति के लिए प्रार्थना कर रहे हैं वे भोक्तृ रूप में साक्षात्कार्य और विमृश्य अर्थ हैं। यह विमर्श कैसा होता है, इसे पात्रों के चरित्र-चित्रण और अभिनय में सबसे अधिक स्पष्ट रूप से देखा जा सकता है। कहानी या उपन्यास के पात्र स्वयं लेखक से भिन्न होते हैं—पूर्णतः स्वतंत्र व्यक्ति। 'गोदान' की धनिया, गोबर और प्रोफेसर मेहता को या रामचरितमानस की मंथरा और कैकेयी को देखें। इन दोनों काव्यों के लेखकों ने इन पात्रों

का निरूपण इनकी विषयिताओं में अंत:प्रविष्ट हो कर और उनसे तादात्म्य स्थापित करके किया है, किंतु ये कवि की अपनी विषयिताएं नहीं हैं। वह स्वयं क्रुद्ध या कलुष भावापन्न नहीं होता, न राम के विरह वर्णन में वह विरही राम से अभिन्न होता है, किंतु तब भी वह उनके भोग का, उनकी भावनाओं का, उनके भोगित्व और भावकता में अंत:साक्षात्कारी होता है। यही बात अभिनय में होती है : दिलीप कुमार 'देवदास' और 'गंगा-यमुना' चलचित्रों में क्रमश: विरह-दु:ख-संतप्त देवदास की और गांव के छैले की भूमिकाओं में विषयिताओं को अपनी संपूर्ण देह में धारण करता और अत्यंत 'विदग्ध' देह-भंगिमाओं के द्वारा व्यक्त करता है। यही बात संगीत, चित्र, मूर्ति आदि में होती है। हम गायक के संबंध में कई बार कहते हैं, 'पंडित जसराज ने आज जैसा गाया वैसा उन्हें पहले कभी गाते नहीं सुना।' गायन का यह उत्कर्ष उन भावनागत अर्थों के अवगाहन और विवेचन में और अवगाहित तथा विवेचित अर्थों की उस व्यंजना में होता है जिनके ये स्वर ग्राम प्रतीक होते हैं। चित्रकार प्रकृति चित्र बनाते समय प्रस्तुत दृश्य के उस लय, छंद, प्राण और व्यक्त होने की उद्विग्नता को रेखाओं वर्णों के माध्यम से अभिव्यक्ति देने का प्रयत्न करता है, जिसका वह उस दृश्य की आत्मा में अंत:प्रविष्ट हो कर साक्षात्कार करता है। यहां अवान्तरत: 'वन देवता', 'वृक्ष देवता', 'सूर्य देवता' आदि अवधारणाओं में निहित दृष्टि का ध्यान करना उपयोगी होगा। यह दृष्टि वन को 'वृक्षादि संकुल भूभाग' के रूप में नहीं देखती बल्कि एक विशिष्ट देवात्मा के बाह्य विग्रह के रूप में देखती है। चित्रकार इसी 'देवात्मा' के अंतर में प्रवेश कर उससे तादात्म्य साधने का प्रयत्न करता है और दृश्य को उस देवात्मा के व्यंजक प्रतीक के रूप में चित्रित करता है। चित्र, स्वर और शब्द इस विषयिता के साक्षात्कार द्वारा उसी प्रकार उसके अंतरंग और उसके तारतम्य में होते हैं जिस प्रकार चित्त आत्मा का और देह चित्त का अंतरंग और उसके तारत्तम्य में होता है। विषयिता का भोक्तृ-चेतना में अर्थात्मक उन्मेष और उन अर्थों का उनकी अधिकाधिक विपुलता में साक्षात्कार और इस विपुल साक्षात्कार की उतनी ही विदग्ध (विपुल और सम्यक्) अभिव्यक्ति कला का यह निरपेक्ष निजी पुरुषार्थ या मूल्य कहा जा सकता है।

यहां यह ध्यातव्य है कि अर्थ विपुलता अर्थ की तत्त्वानुरूपता या सत्य को भी आपादित करती है। ऊपर हमने जो उदाहरण दिये हैं उनमें यह बात अंतर्निहित है, किंतु अर्थों के इस सत्य का क्या अर्थ है जो उनकी विपुलता को आपादित करता और उससे आपादित होता है? साधारणत: 'सत्य' का अर्थ समझा जाता है कि कोई कथन या धारणा जिस वस्तुस्थिति को लक्षित करते हैं वह उसी प्रकार से घटित हुई है। उदाहरण के लिए, 'राम ने रावण को परास्त किया था' कथन सत्य है यदि राम ने रावण को परास्त किया था (सत्य की इस अवधारणा के विस्तृत विवेचन के लिए द्रष्टव्य हमारी पुस्तकें दार्शनिक विश्लेषण, अ. 6 तथा ज्ञान और सत् अ. 1), किंतु कला में, विशेषत: कथात्मक साहित्य में इसका निषेध पूर्वगृहीत रहता है। 'यह कहानी है' में यह अर्थ

निहित है कि यह वास्तविक घटना का वर्णन नहीं है। चित्रकला और मूर्तिकला में चित्रित या मूर्तित की अनुरूपता कभी एक सीमा तक लक्षित हो सकती है, किंतु अधिकांशतः वह नहीं होती। निश्चय ही किसी व्यक्ति विशेष के चित्र या मूर्ति में यह अनिवार्य पूर्वापेक्षा रहती है कि उसमें ऐसी अनुरूपता हो कि वह पहचानी जा सके कि वह किस व्यक्ति की मूर्ति या चित्र है, किंतु इतने से अधिक अनुरूपता वहां अपेक्षित नहीं होती। यदि पूर्ण अनुरूपता ही अपेक्षित होती तो छाया चित्र चित्रकला का आदर्श होता और कैमरे के निर्माण के बाद चित्रकला का अंत हो जाता। इसके अतिरिक्त, चित्र केवल वास्तविक व्यक्तियों या दृश्यों को ले कर ही नहीं बनाये जाते, वे प्रत्ययों और भावों को लक्षित कर भी बनाये जाते हैं। उदाहरण के लिए पौराणिक पात्रों या घटनाओं के चित्र, 'एक कृषक', 'गृह', 'जल भरती हुई स्त्री' भी चित्र के विषय होते हैं और इसमें किसी व्यक्ति विशेष या गृह विशेष की अनुकृति प्रस्तुत करना अपेक्षित नहीं होता, बल्कि प्रत्ययों या भावों को ही चित्रात्मक अभिव्यक्ति देना अपेक्षित होता है। इनमें आकृतियां किसी प्रत्यय या भाव की व्यंजना के लिए उसी प्रकार कल्पित होती हैं जिस प्रकार कविता में शब्द योजना कल्पित होती है।

किंतु ध्यातव्य है कि इन चित्रों, मूर्तियों और कथाओं के लिए भी 'सत्य होना' अपेक्षित होता है। यह भी कहा जा सकता है कि इन कृतियों के मूल्यांकन का मानदंड केवल सत्य ही होता है। 'एक कृषक' चित्र उतना ही सत्य कहा जा सकता है जितना वह 'कृषक होने के तत्त्व' का, उसके याथातथ्य का, उसके प्रत्यक्ष के साक्षात्कार का सम्यक्ता से निरूपण कर सकता है। वान गॉग के प्रसिद्ध चित्र 'माली' की उत्कृष्टता इसी मानदंड से हो सकती है। यह सत्य उस सत्य से आधारभूत रूप से भिन्न प्रकार का है जो 'राम और रावण का युद्ध हुआ था' वाक्य में अपेक्षित है। ऐसे सत्य उपेक्षणीय और निरर्थक होते हैं। ये प्रतिपल घटित होते हैं और घटित होने के साथ ही मिट जाते हैं और इनके घटित होने या नहीं होने से कोई अंतर नहीं पड़ता। इस पर आपत्ति की जा सकती है कि, बहुत से कथनों के सत्य होने या नहीं होने से बहुत अंतर पड़ता भी है। जैसे 'यूरोप का द्वितीय महायुद्ध हुआ था' वाक्य के सत्य नहीं होने पर मनुष्य जगत् का रूप आज बहुत भिन्न होता है। यह सही है, किंतु यह अंतर इससे कारित कार्य श्रृंखला के रूप में जितना पड़ा उससे कहीं अधिक बड़ा अंतर इससे अप्रत्याशित और अनाकलनीय मनोलोक में घटित परिवर्तन श्रृंखलाओं के रूप में पड़ा। किंतु इसी से संबद्ध पर इससे कहीं महत् और गहन अंतर तब पड़ता है जब ऐसे समर का हुए होना या नहीं हुए होना अवांतर हो जाता है। तब यह ऐसे तत्त्व से अंतर्गर्भ हो जाता है जिसका अर्थ अनवगाह्य और अशेष्य हो जाता है। 'वाल्मीकीय रामायण' ने 'राम-रावण-युद्ध' को ऐसे ही अर्थ से मंडित कर दिया था जिससे उसके घटित हुए होने की वास्तविकता अवांतर हो गयी और वह विभिन्न समाजों की सांस्कृतिक चेतनाओं में शाश्वत सत्य के रूप में रूपांतरित हो गयी। पहले प्रकार के अर्थों और इन दूसरे प्रकार

के अर्थों में यह अंतर है कि पहले प्रकार के अर्थ किसी याथातथ्य से रहित होते हैं। ये आत्मपर्यंत घटना मात्र होते हैं, भौतिक घटनाओं से उपमेय। यहां ध्यातव्य है कि भौतिक घटनाएं भी याथातथ्य से गर्भित हो सकती हैं, जब वे कवि मनीषी द्वारा ऋत की व्यवस्था में याथातथ्यत: व्यवस्थित कर दी जाती हैं (द्रष्टव्य, हमारा लेख ऋत, प्राकृतिक नियम और मानवीय अनियम, उन्मीलन, वर्ष 10, अंक 2, जुलाई, 1996), अन्यथा मनुष्य समाज के जीवन में भी असंख्य घटनाएं किसी याथातथ्य, किसी सत्य के बिना घटित होती रहती हैं। किंतु ये घटनाएं भी तब वह सत्य पा लेती हैं जब कोई कवि-मनीषी इन्हें ऋत में व्यवस्थित कर याथातथ्य दे देता है। यह कार्य एक महान् इतिहासकार भी कर सकता है, करता है। किंतु उसका व्यवस्थापक सत्य इनसे बाहर, इतिहासकार की दृष्टि में रहता है। इसके विपरीत कवि इनके होने मात्र में, इनके अपने हृदय में यह सत्य प्रतिष्ठित कर देता है। तब इनका बाहर विषय जगत् में घटित हुए होना या नहीं हुए होना अवांतर हो जाता है। कालिदास पार्वती-परमेश्वर से जिस वागर्थ की प्रतिपत्ति की याचना कर रहे थे वह यही था। वास्तव में कोई भी कलाकार उसी सीमा तक कलाकार हो पाता है जिस सीमा तक वह यह प्रतिपन्नता सिद्ध कर पाता है।

इसका अर्थ यह नहीं है कि यदि राम-रावण युद्ध हुआ तो उसके घटित होने में अपने आप में कोई अर्थ और सत्य नहीं हो सकता था। इसके एक अर्थ को हमने ऊपर देखा था, किंतु इसका एक दूसरा अर्थ स्वयं उन पात्रों की जीवनी में हो सकता है जो इन घटनाओं में भाग ले रहे होते हैं। केवल इन पात्रों की चेतना का स्तर वह होना अपेक्षित होता है। उदाहरण के लिए भारतीय स्वतंत्रता-संग्राम का अपने घटित होने में एक अर्थ और सत्य था। इसका सत्य तिलक, गांधी, सुभाष, पटेल, नेहरू, भगतसिंह आदि की चेतना और चरित में था। राम और रावण, गांधी और सुभाष स्वयं भी महाकाव्योचित व्यक्तित्व से संपन्न थे। यहां मैथिलीशरण गुप्त की निम्न पंक्तियों का स्मरण उद्बोधक होगा :

राम तुम्हारा चरित, स्वयं ही काव्य है।
कोई कवि बन जाये, सहज सम्भाव्य है॥

वास्तव में प्रत्येक व्यक्ति का चरित उसकी अंतश्चेतना में आविर्भूत अपनी आदर्श प्रतिमा की न्यूनाधिक सम्यक् अभिव्यक्ति, आत्म-याथार्थ्य अथवा याथार्थ्य भ्रम की सिद्धि का प्रयत्न, अथवा कहें अपने याथार्थ अथवा याथार्थ्य-भ्रम की अपर्याप्त सिद्धि होता है। (विस्तृत विवेचन के लिए द्रष्टव्य ज्ञान और सत् में मानवि प्रतिमा' तथा सत्ताविषयक अन्वीक्षा में 'मानव तत्त्व' अध्याय।) मनुष्य में व्यक्ति भेद, व्यक्तित्व में क्षुद्रता या महत्ता, उसकी दिव्यता दानवता अथवा साधारणता आदि को इसी आधार पर समझा जा सकता है। इस प्रकार एक प्रकार से व्यक्ति स्वयं भी एक कृति ही होता है—अधिकांश में अधकचरी और असफल कृति, अनमने भाव से बनाई

गयी कृति, किंतु कभी-कभी निरंतर प्रयत्नरत रह कर बनायी गयी कृति—जैसे महात्मा गांधी। गांधी जी की आत्मकथा का नाम 'सत्य के प्रयोग' इसका प्रमाण है। यह कृति भी विषयितया आत्मभावित प्रतिमा के अनुकरण में ही बनाई जाती है, इसलिए कलाकृति ही होती है—सफल या असफल, उत्कृष्ट या उत्कर्ष पाने में असमर्थ, किंतु राम और गांधी, रावण और हिटलर के जैसी सशक्त कृतियां बहुत कम होती हैं।

सो, विषयितागत अर्थों का उन्मेष और विमर्श और उस माध्यम से तत्त्वों का साक्षात्कार यही कला का कृतित्व है और यह अपने आप में मूल्य या पुरुषार्थ है, किंतु कलाकार की यह विषयिता, वह भावना जो अर्थरूपेण उद्भावित और विमर्शित होती है, उस व्यक्ति की होती है जो कामासक्त या अर्थार्थी, अथवा धर्म परायण या मोक्ष साधक होता है। यों वास्तव में प्रथम दो, अर्थ और काम परक आसक्तियां और तीसरा धर्म परक बोध, सभी मनुष्यों में रहते हैं, केवल उनमें इनकी प्रधानता गौणता का भेद रहता है। कुछेक में लोक से अनासक्ति, तज्जन्य औदात्य और इस प्रकार मोक्ष परायणता भी रहती है। चरित्र के ये गुण कलाकार की कलाकृतियों में भी लक्षित होने स्वाभाविक हैं, क्योंकि ये उसकी विषयिता को घटित करते हैं। इनमें काम और अर्थमूलक आसक्तियां जीव धर्म हैं, पुरुषार्थ ये पुरुष के योग्य अर्थ बन कर ही बनते हैं। उदाहरणतः काम प्रेम रूप में उत्कर्षित हो कर पुरुष के योग्य अर्थ बनता है, वह भक्ति रूप में दिव्य रूपांतरण भी ले सकता है। अर्थ सुरुचिपूर्ण और संपन्न लोक-सुख, उदार और सम्प्रभुता और शौर्य आदि के रूप में पुरुष के योग्य अर्थ बनता है। राम का जीवन इसका उत्कृष्टतम उदाहरण है। अशोक, चंद्रगुप्त विक्रमादित्य, हर्षवर्द्धन, अकबर, पं. जवाहरलाल नेहरू, सरदार पटेल आदि भी इसके उदाहरण देखे जा सकते हैं। इसी प्रकार कलाकार का चरित्र भी होता है जो उसकी कृतियों में न्यूनाधिक लक्षित होता है। यहां यह उल्लेखनीय है कि कलाकार के चरित में प्रकटतः काम या अर्थासक्ति की प्रधानता होने पर भी यह संभव है कि उसकी कलाकृतियों में धर्म और मोक्ष भाव की प्रधानता हो। इसका कारण यह नहीं होता कि वह अपनी कलाकृति में सच्चा नहीं होता बल्किवह उसका छद्म रूप होता है। ऐसा होने पर उसकी कलाकृति निर्जीव होगी। इसका कारण यह होता है कि वह चित्त के जैव स्तर पर अपने से अवश होता है, किंतु वह उसके सार्थक, अपने योग्य, अपने लिए अन्वेष्य नहीं देखता। कला में वहीं पुरुषार्थ रूप में अभिव्यक्ति पाता है जिसे वह जीवन में पुरुषार्थ रूप में देखता है। जिस कलाकार के लिए कला आत्मसाधना के लिए एक चर्या मात्र है, जैसे कबीर, मीरा, तुलसी या सूरदास के लिए, वहां उसका भोक्तृत्व उसकी निजी विषयिता का ही अनुध्यायी होता है। यद्यपि ऐसे कलाकार में भी उसकी विषयिता अपनी वास्तव संश्लिष्टता में व्यक्त नहीं होती, उसके केवल वरणीय, केवल आदर्श पक्ष ही व्यक्त होते हैं। उदाहरणतः, यह कल्पनीय है कि तुलसीदास में काम, क्रोधादि जैव प्रवृत्तियां पूर्णतः विजित नहीं हों, सूरदास जब कहते हैं, 'मो सम कौन कुटिल,

खल, कामी', तब वे वास्तव में अपनी वास्तव दुर्बलताओं को ही ग्रहण कर रहे हों, किंतु तुलसीदास या सूरदास के काव्य में उनकी विषयिता का वह पक्ष प्रतिबिंबित नहीं होता। अज्ञेय के संबंध में तो सहज ही यह कहा जा सकता है कि उनके उत्तरवर्ती काव्य में उनकी चित्तवृत्तियां अर्थोन्मेष पा कर अभिव्यक्त नहीं हुई हैं, बल्कि उनके लिए साध्य बनी आत्म प्रतिमा ही विमर्शित हुई है। इसके विपरीत कालिदास के काव्य में काम और अर्थपरक वृत्तियों का अर्थ वैभव अपनी अपार विपुलता के साथ व्यक्त हुआ है, किंतु कालिदास के काव्य की भी महत्ता काम और अर्थपरक वृत्तियों के अर्थ-विमर्श की विपुलता के कारण नहीं है, बल्कि भारतीय संस्कृति द्वारा लक्षित जीवन की समग्रता के अर्थ को अनुपम विपुलता और गहराई देने में है।

किंतु कालिदास मूलत: ऐहिक जीवन के अंत:साक्षात्कारी कवि हैं। तुलसीदास, कबीर और मीरा के समान या वाल्मीकि और वेदव्यास के समान भी, लोकोत्तर अनुभूति के कवि नहीं हैं। यह बात उन्हें कलाकार के रूप में अतिरिक्त गौरव से मंडित करती है कि ऐहिक जीवन या अनुभव के कलाकार होते हुए भी वे वागर्थ के वैभव को इतना विपुलित कर सके, जीवन के सत्य का इतनी गहराई और इतनी व्यापकता में साक्षात्कार कर सके कि वे कवि-कुलगुरु के पद पर प्रतिष्ठित हुए, किंतु जीवन या कहें अनुभव का ऐहिक स्तर उन गहराइयों और ऊंचाइयों की समकक्षता नहीं प्राप्त कर सकता जो पारलौकिक स्तर से संबंधित हैं। यदि ऐहिक स्तर के लिए अनुभव के वे लोकगम्य होते तो मनुष्य इस स्तर से आगे देखता ही नहीं। कहना चाहिए कि दूसरा कोई स्तर होता ही नहीं, क्योंकि अनुभव के ऐहिक स्तर का मूल जैव चेतना में है और वह मूल उसे सहज लभ्य है। कला इस स्तर के अनुभव के उस पारावार का पट खोल देती है जिसमें कितना भी गहरा उतरा जा सकता है और कितना ही दूर तक जाया जा सकता है, किंतु मनुष्य की चेतना इस स्तर का अतिक्रमण भी सहज रूप से करती है और पारलौकिक अर्थों और सत्यों का साक्षात्कार करती है। धर्म और मोक्ष पुरुषार्थ इसी से हैं और इन ही में पुरुष के अर्थ की परमता देखी गयी है। अधिकांश में अर्थों के इस लोक में चेतना कला कर्म में प्रवृत्त नहीं होती, किंतु जब होती है तब वेद्र मंत्रों, औपनिषद संवादों, अर्जुन कृष्ण संवाद आदि के या भक्ति काव्य के, साम गान के या तत्समान गायन के रूप में अपने तत्त्व का साक्षात्कार और विवेचन करती है। ऐहिक अर्थावगाही चेतना इस लोक के अर्थों का आभास तो पा सकती है और वास्तव में इसके अपने स्तर के अर्थों का सत्य पाने के लिए भी इसके लिए लोकोत्तर लोक के अर्थों का आभास पाना अनिवार्य होता है, किंतु यह उसकी दिव्यता का प्रत्यक्ष नहीं कर सकती। लोकोत्तर अर्थों का यह आभास ऐहिक स्तर के अनुभव को क्या देता है यह देखने के लिए 'अभिज्ञानशाकुन्तलम्' में दुष्यन्त-शकुन्तला के आरंभिक मिलन के वर्णन और दुष्यन्त के अभिज्ञानोत्तर विरह-वर्णन को देखा जा सकता है या हिंदी के रीतिकालीन काव्य और वारे शाह की 'हरि' को या जायसी के 'पद्मावत' को देखा जा सकता है।

प्रयाग शुक्ल

हर कलाकृति एक नयी संभावना है

कला रचना बराबर मूल्य रचना भी करती है। इसी मूल्य रचना का यह फलितार्थ है कि हम कलाओं को, कलाकृतियों को मूल्यवान मानते हैं। विभिन्न समाजों को उन्हें संरक्षित और प्रोत्साहित करने की बात सोची जाती है। उनके निकट हम सम्मान और विनम्रता के साथ जाते हैं, उनसे कुछ पाने के लिए। हम नाटक, संगीत, नृत्य, शांति भरे या आत्मीय माहौल में सुनना-देखना चाहते हैं, कुछ इस तरह कि हमारी एकाग्रता भंग न होने पाये। हम उनके लिए एक विशिष्ट, माहौल की रचना करते हैं, आख़िरकार विभिन्न समाजों, सभ्यताओं और संस्कृतियों में जो विभिन्न प्रकार के प्रेक्षागृह परिकल्पित किये गये, वे इसी कारण ही तो। बैले, ऑपेरा, कन्सर्ट, नाटक आदि के लिए पश्चिम के, पश्चिमी देशों के प्रेक्षागृह हों या हमारे अपने खुले आकाश के नीचे के आयोजन, संगीत की छोटी महफ़िलें, मेले और सभागार-पंडाल आदि, इसी प्रकार के 'माहौल' की कथा कहते हैं। चित्रों और मूर्तियों के लिए भी कला दीर्घाओं और संग्रहालयों की बात क्या इसीलिए नहीं सोची गयी कि कलाकृतियों का अपना एक विशिष्ट मूल्य और अर्थ है और उस अर्थ को पाने के लिए भी हमें एक एकाग्रता की दरकार होगी जो कलाकृतियों के ख़ास तरह से प्रदर्शित और रक्षित होने के कारण भी संभव होगी।

अब कलाओं से, कलाकृतियों से यह जो 'पाना' है, वह क्या है? ज़ाहिर है कि यह 'पाना' किन्हीं मूल्यों और विचारों को पाना है, और उनके द्वारा एक 'अर्थ' को भी पाना है। कोई कला रचना कितनी उत्कृष्ट और सार्थक है, यह इसी पर निर्भर है कि उसके मूल्य क्या हैं? वे कितने मानवीय हैं और समाज का हित साधन उनसे किस हद तक होता है? वे किस तरह का आनंद या परितृप्ति हमें देते हैं? हमारे सौंदर्यबोध को, हमारी कल्पना शक्ति को, हमारी जिजीविषा को और हमारी चेतना को किस प्रकार विकसित और परिष्कृत करते हैं?

और हम इन्हें हम किस विधि या विधियों से ग्रहण कर पाते हैं? बेशक उन्हें जांच और परख कर। यानी मूल्यों को परखने के औज़ार भी लगातार विकसित हुए हैं और हो रहे हैं। आलोचना, समीक्षा, विमर्श, चर्चा, संवाद आदि-आदि का इसीलिए

कलाओं की दुनिया में भी विशेष महत्त्व है। कलाओं की दुनिया में कुछ 'नये' के घटित होते ही औज़ार भी नये विकसित करने पड़ते हैं। इसीलिए आलोचना और विमर्श की पद्धतियां भी समय के साथ 'नये' के साथ बदलती रहती हैं या बदल सकती हैं।

इस तरह हम यह भी पाते हैं कि कला के भले ही कुछ शाश्वत मूल्य हों, पर रचना के स्तर पर उसके मूल्य बदलते भी हैं या कहें उसके मूल्यों में कुछ नया भी जुड़ता रहता है। यह नया जुड़ना, हर माध्यम की कुछ ऐसी कलाकृतियों के कारण होता है जो कथ्य और विचार के स्तर पर कुछ ऐसा सिरजती हैं जो पहले उसी रूप में उपस्थित नहीं था। इसे कला माध्यमों की शक्ति भी मान सकते हैं कि उनमें अपने नवीकरण की संभावनाएं बराबर मौजूद रहती हैं।

जब हम कहते हैं कि कलाकृतियां विचार के स्तर पर कुछ 'नया' सिरजती हैं या सिरजने की क्षमता रखती हैं तो उसमें अंतर्वस्तु और शिल्प प्रविधियों, दोनों को शामिल मानते हैं। यानी स्वयं कला के औज़ार, उपकरण, शैलियां, विधियां, तरकीबें आदि भी एक 'नये' विचार का दर्जा अख़्तियार कर ले सकते हैं, नयी अंतर्वस्तु तो किसी कलाकृति, काव्यकृति और कथाकृति में नये विचार भरती ही है। कवि रघुवीर सहाय के यहां इन दोनों का अद्भुत मेल मिलता है। फिर, स्वयं कला के प्रति एक नया दृष्टिकोण भी एक नये विचार को जन्म दे सकता है। नये मूल्य को जब मार्सेल दुशां ने कहा कि, 'मेरा देखना ही मेरा कला है', अभिप्राय यही था और उन्होंने अपनी नहीं किसी और की बनायी हुई या कहें मैन्यूफैक्चर की हुई चीज़ को, एक 'मूत्री' को एक कलाकृति की तरह प्रदर्शित कर दिया तो एक नयी सूझ और दृष्टि का जन्म हुआ। कला इतिहास से ऐसे ही कई उदाहरण और दिये जा सकते हैं और आगे चल कर पश्चिम में 'कंसेप्चुअल' या अवधारणात्मक कला रचना का जो ज़माना आया, उसमें तो मानो खुली घोषणा यही थी कि हम एक 'नये' विचार के साथ आये हैं और उसी के अनुरूप अपनी कलाकृतियों को रूप और आकार दे रहे हैं। यह 'ज़माना' उत्तर आधुनिक दौर में भी समाप्त नहीं हुआ है।

बहरहाल, विचार चाहे कला रचना के पहले आये या उसी में से निःसृत हो, यह तय है कि विचार रहित कला की रचना असंभव है। इसे इस तरह भी कह सकते हैं कि हम किसी कलाकृति में बराबर 'विचार' की खोज करते ही हैं, फिर वह कलाकृति चाहे नयी हो या पुरानी और उसमें कोई विचार, कोई अर्थ, कोई मूल्य पाते या देखते हैं, तभी हम किसी कलाकृति को कलाकृति मानते हैं वरना नहीं। इसका एक कारण यह भी है कि विचार के आधार पर ही हम मूल्यों की परख कर पाते हैं। विचार ही कलाकृति में मूल्य प्रतिष्ठा करता है, पर यहीं यह जोड़ना भी ज़रूरी है कि किसी कृति की कलात्मकता या रचनात्मकता को हम उसके विचार में सबसे पहले शामिल करते हैं, और उसके मूल्य-निर्धारण में इस तथ्य को भी तरजीह देते हैं। एक फिल्म कृति में 'पाथेर पांचाली' कलात्मक और रचनात्मक है, तभी हम उसकी ओर

आकर्षित होते हैं। यानी किसी कलाकृति की रचना में कितनी ईमानदारी कितनी एकाग्रता, कितनी कुशलता, कितनी और कैसी सौंदर्य दृष्टि, भाव प्रवणता, मानवीय सहृदयता आदि-आदि बरती गयी हैं, ये सब भी हम उसके मूल्यों में शामिल करते हैं और ये सब रचनाशीलता के ही अवयव हैं। दरअसल किसी कलाकृति में निहित या व्यक्त विचार, तब तक हमें 'मूल्यवान' नहीं लगते या एक कलाकृति के रूप में उनका प्रकटन हमें तब तक मूल्यवान नहीं लगता जब तक कि उसके 'रचनात्मक' होने का भरोसा भी हमें न हो जाये। इस तरह कलाकृति की रचना प्रक्रिया, उसकी प्रविधियां और तरकीबें, उसकी अंतर्वस्तु, उसमें निहित विचार दृष्टि सब महत्त्वपूर्ण हो उठते हैं और सब मिल कर कलाकृति के 'मूल्यों' में बढ़ोत्तरी करते हैं। ये सारे तत्त्व, जिस अनुपात और मात्रा में किसी कलाकृति में मौजूद होंगे, उतनी ही 'मूल्यवान' वह होगी और उतनी ही अधिक वह अपनी मूल्य दृष्टि के लिए सराही जायेगी। 'पाथेर पांचाली' इन सभी कारणों से एक विशिष्ट कृति है, इसीलिए उदाहरण के तौर पर हमने उसकी याद यहां पर की है। हम उस फिल्म कृति में बराबर कुछ नया खोजते और पाते हैं। यह स्थिति यह भी बताती है कि कला और कलाकृति का एक प्रमुख मूल्य तो यही है कि वह एक अक्षय भंडार का काम करे। यह अकारण नहीं है कि मनुष्य समाज उन्हीं कलाकृतियों की ओर बार-बार लौटता रहा है जो हर दौर में हमें कुछ नये अर्थ और मूल्य देती है, उन्हें 'डिकोड' करने में हर बार कुछ नया हाथ लगता है।

हमारे अपने संदर्भों में, विश्व कला के संदर्भों में नहीं, अमृता शेरगिल का काम भी इसी तरह का काम है। आज कोई छह दशकों से भी अधिक के समय में कलाकार, कला समीक्षक, कला-मर्मी और कला प्रेमी उनकी ओर बार-बार पलटते रहे हैं और हर बार कुछ नया पाने का अनुभव ले कर लौटते रहे हैं। रवीन्द्रनाथ ठाकुर, गगनेन्द्रनाथ ठाकुर, विनोद बिहारी मुखर्जी का काम भी अपनी ओर बार-बार खींचता रहा है और आज भी आकर्षित करता है तो इसीलिए कि उनमें निहित रचना विचार और रचना मूल्य एक ऐसे भंडार की तरह है जो जल्दी से ख़ाली होता नहीं लगता, अगर यह माना जाता रहा है कि हर कला 'मृत्यु का प्रतिरोध करती है' ऑल आर्ट इज़ अगेंस्ट डैथ तो इसका कारण यही है कि वह अपनी रचना में अमरत्व के कुछ तत्त्व बसा लेती है, कुछ ऐसा जो पीढ़ियों तक धड़कता रहता है और निःशेष नहीं होता। वह निःशेष नहीं होता तो इसीलिए कि उसमें बसा हुआ जीवन, सौंदर्य और रचना कर्म ज़ारी रहता है, पर उसके निःशेष न होने का दूसरा कारण यह है कि 'नये विचार' और नये रचना कर्म उसे नयी दृष्टि से देखने के लिए प्रेरित करते हैं।

दुनिया की तमाम उत्कृष्ट वास्तु शिल्पीय कृतियों को आधुनिक काल में, आधुनिक वास्तुशिल्पियों ने एक नये प्रकार से 'खोजा' और जाना है। ताजमहल, फतेहपुर सीकरी, जयपुर और जैसलमेर आदि के उत्कृष्ट वास्तुशिल्प आज आम दर्शकों-पर्यटकों में ही एक 'विस्मय' पैदा नहीं करते, यह विस्मय वे उनमें भी पैदा

करते हैं जो बड़ी बारीकी से इनके 'अध्ययन' में रत रहे हैं और इनके वास्तुशिल्पीय सिद्धांतों का अनूठा विश्लेषण करते रहे हैं। वास्तुशिल्प की कुछ चर्चा हमने यहां जान-बूझ कर की है। आमतौर पर कलाओं की बात करते हुए हमारे ध्यान में संगीत, नाटक, नृत्य, चित्र और मूर्ति ही होते हैं, पर वास्तुशिल्प की 'मूल्य दृष्टि' के बहाने भी बहुत-कुछ परखा जा सकता है। यह वह कला है जिसे हम केवल देख या सुन कर ही अनुभव नहीं करते, बल्कि उसमें 'प्रवेश' भी करते हैं, और उसमें 'रहकर' भी उसका अनुभव करते हैं। अचरज नहीं कि संस्कृतियों और समाजों की मूल्यदृष्टि (या दृष्टियों) के अध्ययन में वास्तुशिल्प के अध्ययन को भी अकसर शामिल किया जाता है।

वास्तुशिल्प के क्षेत्र को ही नहीं, प्रायः सभी क्षेत्रों में हम यह पायेंगे कि नये ने पुराने को पलट कर देखने के कई अवसर जुटाये हैं। कहीं तुलना में, कहीं सौंदर्यबोधी दृष्टि में, कहीं रचना सामग्री के बरते जाने के मामले में और कहीं नयी स्थितियों और नये रूपाकारों के मामले में। इस तरह नये का विशेष महत्त्व है, क्योंकि वह पुराने को भी 'नया' करता है। आधुनिक काल में, इसीलिए 'प्रयोगशीलता' और 'नये प्रकारों की सरणियां' स्वयं में एक मूल्य रचना का कारण बनीं। समकालीन संदर्भों में 'नया' एक मूल्य की तरह स्थापित हुआ।

एक और महत्त्वपूर्ण चीज़ हुई, कलाओं की दुनिया में लोकतांत्रिक मूल्यों की प्रतिष्ठा। इसे हम कलाओं की रचना से ले कर कलाओं के प्रदर्शन तक में देख सकते हैं। बहुतेरे एकाधिकार समाप्त हुए। रचना सामग्री 'लोकतांत्रिक' ढंग से सुलभ हुई और उसे बरतने के मामले में भी एक तरह का लोकतंत्र आया। जहां तक कलाकृतियों के प्रदर्शन का सवाल है, उसमें भी यही दिखायी पड़ा। राजों-रजवाड़ों के यहां, कला संग्राहकों के यहां जो कलाकृतियां कहीं बंद पड़ी थीं, वे संग्रहालयों और प्रदर्शनियों के माध्यम से बाहर आयीं। नयी कलाकृतियां तो सार्वजनिक रूप से प्रदर्शित हुईं ही हैं। फिर, कलाकृतियों की प्रतिकृतियां भी (हूबहू मुद्रित) सुलभ हुईं, जिनके पास मूल कलाकृतियों को ख़रीदने के साधन नहीं थे, वे कम-से-कम मामूली मूल्य चुका कर इन प्रतिकृतियों को पास में रखने लगे। कला पुस्तकों, पत्रिकाओं में भी कलाकृतियां आने लगीं, उन पर चर्चा, समीक्षा, विमर्श आदि भी आने लगे। एक लोकतांत्रिक माहौल में कला की परख आलोचना आदि भी एक नयी तरह से संभव हुई, कह सकते हैं कि कलाओं की मूल्य दृष्टि को 'परखने' की भी एक नयी भूमिका बनी।

विधियों-प्रविधियों को बरतने के मामले में भी नयी स्थितियां बनीं और ये विधियां स्वयं एक मूल्य की तरह प्रतिष्ठित हुईं, उनके प्रसंग से भी कला/कलाओं की मूल्य दृष्टि प्रकट होने लगी। मूर्तिशिल्प के क्षेत्र को ही लें, काष्ठ, धातु, प्रस्तर जैसी पारंपरिक रचना सामग्रियों की दुनिया इतनी बड़ी और व्यापक हुई कि उसमें रेत, सीमेंट, धागे, तार आदि न जाने कितनी चीज़ें शामिल हो गयीं। हमारे यहां ये चीज़ें केवल पश्चिमी कला के असर में नहीं आयीं, यह ग़ौर करने वाली बात है। हमारे

कुछ कलाकारों ने इन्हें मौलिक कल्पनाशीलता और देशज संदर्भों के साथ बरता है। 1995 में दिल्ली में जब 'स्कल्पचर 95' नाम से चालीस के आस पास वाली पीढ़ी की एक बड़ी प्रदर्शनी हुई तो उसमें राधिक वैद्यनाथन जैसी मूर्तिशिल्पी के काम ने बहुतों का ध्यान अपनी ओर खींचा, सिरेमिक के स्तंभनुमा आकारों के इर्द-गिर्द उन्होंने रेत बिछायी, और ख़ास तरह के आलोक संपात से ऐसा प्रभाव पैदा किया जो स्पेस और उसमें स्थित आकारों को ले कर एक नयी ही संवेदना की रचना करता था। विचार और मूल्यों के स्तर पर भी इनमें बहुत कुछ दिखायी पड़ा। मानवीय पर्यावरण को विनष्ट करने वाली चीज़ों को ले कर एक प्रतिरोध यहां था, रचना के स्तर पर। एक सौंदर्यबोधी 'सृष्टि' तो थी ही। इस प्रदर्शनी को सुपरिचित मूर्तिशिल्पी मदनलाल ने क्यूरेट किया था। वे स्वयं प्रकृति के बहुतेरे उपकरणों—बीजों, कलियों, फूल पौधों को ले कर अपने मूर्तिशिल्प रचते रहे हैं और 'प्रस्फुटन' के कई रूपों को कुछ इस प्रकार रखते रहे हैं कि हम गहरे में संवेदित हों। इन्होंने अपनी एक पिछली एकल प्रदर्शनी में मार्बल में जलकुंडों, जलाशयों आदि की रचना की और बाक़ायदा जल भर कर उन्हें प्रदर्शित किया 'जलनिधि' के सामान्य शीर्षक से। ये तो दो ही उदाहरण हुए, समकालीन कला से ऐसे बहुतेरे उदाहरण और साक्ष्य दिये जा सकते हैं, जिनमें रचना सामग्री की भी एक विशेष भूमिका रहती है और वह भी कुछ मूल्यों की रचना करती है या उनका स्मरण कराती है।

बीसवीं सदी अब अवसान हो चुका है। हम जानते हैं कि इस सदी में, कलाओं में, ख़ासतौर पर चाक्षुष या रूपंकर कलाओं में भारी फेर बदल हुआ है। विचारों और मूल्यों के स्तर पर अनगिनत चीज़ें हुई हैं, पर जो चीज़ सबसे अधिक ध्यान में रखने वाली है, वह यही है कि हर कलाकृति को एक नयी संभावना की तरह, एक नये मूल्य की तरह देखने का प्रसंग इसी शताब्दी में बना है। बात केवल 'वैयक्तिक' संदर्भों को मान्यता देने की ही नहीं रही है, क्योंकि अंततः तो हर चीज़ की परख समाजों, संस्कृतियों और मानवीय मूल्यों के तहत भी होती है, और समाज शास्त्रीय कसौटियां भी अपना काम करना बंद नहीं करती हैं। बात यह है कि हर कलाकृति को जब हम एक नये विचार और मूल्य के रूप में देखना स्वीकार करते हैं, यानी हर कलाकृति को उसके अपने निजी, विशिष्ट संदर्भों में देखना और 'डिकोड' करना स्वीकार करते हैं तो मानवीय अनुभवों के विविध इलाक़ों की व्यापकता को भी स्वीकार करते हैं। उत्तर आधुनिक दौर में हर कलाकृति एक नयी संभावना बनी हुई है, उसके एक या कुछ 'पाठों' की जगह बहुतेरे और अनेक स्तरों वाले पाठों की चर्चा है। ज़ाहिर है कि इससे किसी कलाकृति की मूल्य दृष्टि को, कई तरह की 'चुनौतियों' का सामना करना पड़ सकता है। पर इसमें संदेह नहीं कि 'अध्ययन' और 'विखंडन' की चाहे जो भी पद्धतियां अपनायी जायें, कला और कलाकृति की मूल्य दृष्टि की अवहेलना करके मनुष्य समाज अपना काम कभी नहीं चला पायेगा।

रमेश उपाध्याय

कहानी कला की मूल्य-दृष्टि

हिंदी में कहानी की कलात्मकता का निर्णय उसकी यथार्थपरकता और नवीनता के आधार पर किया जाता है। ये कसौटियां बुरी नहीं हैं। जिस कहानी में यथार्थपरकता और नवीनता नहीं, वह किसी अन्य दृष्टि से कलात्मक हो भी तो किस काम की? लेकिन हिंदी में इन कसौटियों का काफ़ी विकृत रूप में इस्तेमाल किया जाता है। कहानी चाहे जितनी यथार्थपरक हो, कल्पना के बिना नहीं लिखी जा सकती, लेकिन हमारे यहां यथार्थ और कल्पना में वैर माना जाता है। कहानीकार चाहे जितना यथार्थवादी हो, आदर्शवादी हुए बिना साहित्यकार नहीं हो सकता, लेकिन हमारे यहां यथार्थवाद और आदर्शवाद में वैर माना जाता है। कोई साहित्य अपनी परंपरा से कट कर विकसित नहीं हो सकता, क्योंकि नये का जन्म पुराने की कोख से ही होता है। लेकिन हमारे यहां नये और पुराने में भी वैर माना जाता है। इसीलिए हिंदी कहानी और कहानी समीक्षा का विकास अपेक्षित रूप में नहीं हो पाता है।

यथार्थपरक होने का अर्थ कल्पनाशून्य होना नहीं है। जीवन और जगत् के तथ्य अपने आप में अर्थवान नहीं होते। कहानीकार मानव जीवन की कोई समस्या सुलझाने के लिए उन तथ्यों को अपनी बुद्धि और कल्पना से ऐसी कार्य-कारण शृंखलाओं के रूप में जोड़ता है कि वे सार्थक हो कर जीवन का सत्य प्रकट करने लगते हैं। उस सत्य को सभी के लिए बोधगम्य रूप में दूसरों तक पहुंचाना ही कहानी की कला है। इस कला के विकास की एक सुदीर्घ परंपरा है जो मानव सभ्यता जितनी ही पुरानी है। आज के कहानीकार भी उसी परंपरा को आगे बढ़ाते हैं, लेकिन उस परंपरा को आगे बढ़ाने का मतलब कहीं पीछे लौट कर 'पुरानी' कहानी लिखना नहीं है। कहानी अपने देशकाल की नयी समस्याओं से जूझते हुए मनुष्य की कहानी होने के कारण हमेशा नयी ही होती है। कहानीकार उस नयेपन को कैसे पकड़ता है और कितने कलात्मक रूप में प्रस्तुत कर पाता है यह उसके यथार्थबोध, ज्ञान, अनुभव, कल्पना, जीवन दृष्टि, सर्जनात्मकता, ऊर्जा तथा लेखन क्षमता पर निर्भर है। एक शब्द में कहें तो यही उसकी सृजनशीलता है जो कहानी की रचना में कथ्य के चयन से ले कर उसे रूपाकार देने तक में उसकी सहायता करती है। जिस कहानीकार में यह सृजनशीलता

जितनी अधिक होगी, उसकी कहानी में उतनी ही अधिक यथार्थपरकता, नवीनता अथवा कलात्मकता होगी।

लेकिन हिंदी में कहानी समीक्षा का विकास कुछ अजीब ढंग से हुआ है। उसके अनुसार कहानी में जीवन और जगत के तथ्यों को यथावत् प्रस्तुत करना ही यथार्थवाद माना जाता है। इसीलिए कहा जाता है कि कहानी में काल्पनिकता नहीं ठोस यथार्थ होना चाहिए। कहानी स्वयं जीवन या 'जीवन की एक फांक स्लाइस ऑफ़ लाइफ़' जैसी होनी चाहिए। उसमें यथार्थ जितना नग्न, कटु या कठोर हो, उतना ही अच्छा। कोई समस्या उठाने, उसका समाधान करने या कोई आदर्श प्रस्तुत करके पाठक को शिक्षा, उपदेश या संदेश देने का काम कहानी को कभी नहीं करना चाहिए, ऐसा करने से कहानी की कलात्मकता की क्षति होती है। कला का कोई प्रयोजन नहीं होता, इसलिए कहानी का कोई प्रयोजन अथवा उद्देश्य नहीं होना चाहिए। यहां तक कि कहानी लिखते समय कहानीकार को पाठक की या संप्रेषण की चिंता भी नहीं करनी चाहिए, लेकिन साथ ही उसे कहानी पर अपनी दृष्टि, अपनी विचारधारा, अपनी पक्षधरता और अपनी प्रतिबद्धता भी आरोपित नहीं करनी चाहिए। उसे यथार्थ को यथावत् सामने आने देना चाहिए।

यह सिद्धांत बड़ा विचित्र है! इसको मानने वाले शायद यह मानते हैं कि कहानियां जीवन में बनी बनायी मिलती हैं और कहानीकार का काम उन्हें वहां से उठा कर अपने शब्दों में लिख देना मात्र है, सो भी ऐसे निर्वैयक्तिक रूप में कि मानो कहानीकार मनुष्य न हो कर कोई मशीन हो। किसी भी प्रकार की मिलावट से रहित शुद्ध यथार्थ को सामने लाने वाली मशीन। प्रत्येक कहानीकार अपने अनुभव से जानता है कि इस सिद्धांत के अनुसार कोई कहानी नहीं लिखी जा सकती, क्योंकि कहानीकार कोई मशीन नहीं, जीता जागता संवेदनशील मनुष्य होता है और कहानी लिखने के पीछे उसका कोई न कोई उद्देश्य अवश्य होता है, चाहे वह प्रयोजनरहित कहानी लिखना ही क्यों न हो। फिर भी यह सिद्धांत हमारी कहानी समीक्षा में अपनाया जाता है और इसके आधार पर कहानियों का मूल्यांकन किया जाता है।

आश्चर्य की बात है कि यह सिद्धांत उस देश में अपनाया जाता है जहां हज़ारों साल से कहानी कला की दृष्टि से उत्कृष्ट कहानियां लिखी जा रही हैं। वे कहानियां लंबे कालांतरों को पार करके हम तक आयी हैं और सारी सरहदों को पार करके दुनिया भर में पहुंची हैं। लेकिन हम हैं कि उनसे कुछ सीख कर अपनी कहानी कला का विकास करने के बजाये उस सिद्धांत को कहानी की कसौटी मानते हैं जो अव्वल तो कोई सिद्धांत ही नहीं है, क्योंकि व्यवहार में सत्य सिद्ध नहीं होता और यदि है भी तो कहानी का नाश करने वाला सिद्धांत है। कारण शायद यह है कि हम कहानी को पश्चिम की देन मानते हैं और उसकी रचना तथा आलोचना के तौर-तरीक़े भी वहीं से उधार लेते हैं। वहां यथार्थवाद होता है तो यहां भी यथार्थवाद होता है, वहां कलावाद

होता है तो यहां भी कलावाद होता है, वहां आधुनिकतावाद होता है तो यहां भी आधुनिकतावाद होता है और वहां उत्तर-आधुनिकतावाद होता है तो यहां भी उत्तर-आधुनिकतावाद होता है। वहां कहानी के फ़ैशन जल्दी-जल्दी बदलते हैं और नये फ़ैशन की कहानी ही नयी मानी जाती है, इसलिए हम भी सोचते हैं कि हमारी कहानी जल्दी-जल्दी बदल कर नयी होती रहनी चाहिए। हद से हद एक दशक में। पांच साल या साल दो साल में ही नयी हो जाये तो और अच्छा। उसके लिए नयापन वहां से उधार लेना पड़े या नक़ल मार कर पैदा करना पड़े तो भी कोई हर्ज नहीं।

साहित्य, कला, विज्ञान और चिंतन के क्षेत्र में देशों की सीमाएं आड़े नहीं आतीं, यह सच है और यह भी सच है कि अपने विकास के लिए ज़रूरी चीज़ों को बाहर से लेने में हमें कोई संकोच नहीं होना चाहिए। मगर यह भी सच है कि इस क्षेत्र में हर देश की अपनी परंपराएं होती हैं और बाहर से ली गयी चीज़ें अपनी परंपरा के अनुकूल तथा उसे आगे बढ़ाने वाली होने पर ही उपयोगी होती हैं। अन्यथा वे विकास के बजाय विनाश का कारण बनती हैं। हिंदी कहानी में प्रेमचन्द इसी कारण सबसे महत्त्वपूर्ण हैं कि उन्होंने बाहर से जो कुछ लिया, वह भारतीय कथा परंपरा के अनुकूल था और उससे वह परंपरा आगे बढ़ी। यदि उसमें कुछ अनुकूल नहीं था तो उन्होंने उसे अनुकूल बनाया और अपने ढंग से उसका उपयोग और विकास किया। उन्होंने मुख्य रूप से दो चीज़ें लीं—जनवाद और यथार्थवाद। लेकिन जनवाद को पूंजीवादी जनवाद के रूप में नहीं, बल्कि जनता के जनवाद के रूप में लिया और यथार्थवाद को 'नग्न' यथार्थवाद के रूप में नहीं, बल्कि 'आदर्शोन्मुख' यथार्थवाद के रूप में लिया। इसीलिए हिंदी में जनवाद और यथार्थवाद की परंपरा को प्रेमचन्द की परंपरा कहा जाता है।

लेकिन जनवाद और यथार्थवाद को पश्चिम की नज़र से ही देख कर अपनाने वाले लोग चाहे प्रगतिशील हों या प्रतिक्रियावादी, आधुनिकतावादी हों या कलावादी, प्रेमचन्द की परंपरा को स्वीकारने के बजाय, नकारने और आगे बढ़ाने के बजाय नष्ट करने का प्रयास करते हैं। हिंदी की जनवादी कहानी इस परंपरा से अपना नाता जोड़ती है, इसीलिए वे जनवादी कहानी को भी नकारने की कोशिश करते हैं। कभी-कभी यह काम जनवादी कहानी को स्वीकृति देते हुए भी किया जाता है।

उदाहरण के लिए मधुरेश ने अपनी एक सद्यः प्रकाशित पुस्तक में जनवादी कहानी पर एक स्वतंत्र अध्याय लिखते हुए भी कहा है कि यह वस्तुतः प्रगतिशील कहानी का ही विस्तार है। उन्होंने लिखा है, 'हिंदी साहित्य में जनवाद की अवधारणा नयी नहीं है।' प्रकाशचन्द गुप्त ने सन् 1953 में प्रकाशित अपनी पुस्तक 'हिंदी साहित्य की जनवादी परंपरा' में कबीर से शुरू करके सारे मध्यकालीन कवियों सहित प्रेमचन्द तक के साहित्य में इस जनवाद की खोज और रेखांकन का कार्य किया था, जिस तरह सन् 1936 में प्रगतिशील लेखक संघ की स्थापना के पूर्व भी हिंदी साहित्य

में प्रगतिवाद मौजूद था। प्रेमचन्द, निराला और राहुल सांकृत्यायन के साहित्य में उसकी तेजस्वी उपस्थिति को देखा जा सकता है, उसी तरह सन् 1982 में जनवादी लेखक संघ की स्थापना के पूर्व भी हिंदी में जनवाद मौजूद था (मधुरेश : हिंदी कहानी का विकास, 1996, पृ. 161)।

मोटे तौर पर उनकी बात सही है। कोई भी साहित्यिक प्रवृत्ति नितांत नयी नहीं होती, पूर्ववर्ती साहित्य में से ही विकसित होती है, लेकिन उनकी बात में एक अंतर्विरोध है। एक ओर तो वे जनवाद की अवधारणा को इतना फैला देते हैं कि वह सारे मध्यकालीन कवियों तक चली जाती है और दूसरी ओर वे उसे इतना संकुचित बना देते हैं कि वह केवल जनवादी लेखक संघ से जुड़ जाती है। ऊपर उद्धृत पंक्तियों के तुरंत बाद 'लेकिन' लगा कर उन्होंने जनवाद की जो व्याख्या की है वह जनवादी लेखक संघ के निर्माण के कारणों की व्याख्या है जिसमें सन् 1964 में भारतीय कम्युनिस्ट पार्टी के विभाजन से ले कर प्रगतिशील लेखक संघ की निष्क्रियता तक अनेक कारणों का उल्लेख किया गया है।

यह सब पढ़ कर लगता है कि मधुरेश उन लोगों में से हैं जो जनवादी कहानी को भारतीय कम्युनिस्ट पार्टी और प्रगतिशील लेखक संघ के दृष्टिकोण से देखते हैं। वे पार्टी के विभाजन और संघ की निष्क्रियता के अथवा जनवादी लेखक संघ के निर्माण और जनवादी कहानी के अस्तित्व में आने के तथ्यों को स्वीकार तो करते हैं, लेकिन शायद यह मान कर चलते हैं कि पार्टी का विभाजन न हुआ होता, प्रगतिशील लेखक संघ निष्क्रिय न हुआ होता, जनवादी लेखक संघ न बना होता और जनवादी कहानी अलग से अस्तित्व में न आयी होती तो अच्छा होता। अपनी इस सदाशयता के कारण उन्हें यथार्थ को देखने और स्वीकार करने में कठिनाई होती है। यथार्थ को वे झुठला भी नहीं सकते और स्वीकार भी नहीं करना चाहते, इसलिए जनवादी कहानी को हिंदी कहानी के विकास क्रम की एक महत्त्वपूर्ण कड़ी मानते हुए भी वे उसके महत्त्व को कम करने या उसके स्वतंत्र अस्तित्व को अस्वीकार करने की कोशिश करते हैं। इस कोशिश का ही नतीजा है कि एक ओर वे 'जनवाद' को 'सारे मध्यकालीन कवियों' तक फैला देते हैं और दूसरी ओर जनवादी कहानी को प्रगतिशील कहानी का ही विस्तार बताते हैं। मज़े की बात है कि उन्होंने अपनी पुस्तक में प्रगतिशील कहानी पर कोई स्वतंत्र अध्याय नहीं लिखा, जनवादी कहानी पर लिखा है। लेकिन इस स्थापना के साथ कि जनवादी कहानी वस्तुतः प्रगतिशील कहानी का विस्तार है। लिखते हैं:

'इसीलिए यह उचित लगता है कि जनवादी लेखक संघ की स्थापना के पूर्व प्रगतिशील कहानी के बीच ही उसके सूत्रों की तलाश की जाये। नयी कहानी आंदोलन में, जैसा कि अपने बचाव में नामवर सिंह कहते हैं, कहानी की ये दो धाराएं बहुत अस्पष्ट नहीं थीं लेकिन नयी कहानी की आत्मपरकता और अनुभववाद के विरुद्ध

भीष्म साहनी, अमरकांत, मार्कण्डेय और शेखर जोशी जैसे लेखक सक्रिय थे। इनकी और नयी कहानी के अन्य लेखकों की, जिनकी चर्चा 'नयी कहानी' शीर्षक अध्याय में की जा चुकी है, कहानियों में एक सुस्पष्ट अंतर दिखायी देता है। यह अंतर अनुभववाद और विचारधारा का अंतर है। उपरोक्त चारों लेखक प्रगतिशील कहानी की बन चुकी रूढ़ियों से बाहर निकलने का प्रयास तो करते ही हैं, यशपाल और राहुल सांकृत्यायन की तरह 'आइडिया' के आधार पर कहानी गढ़ने की प्रवृत्ति का स्पष्ट और मुखर विरोध भी करते हैं। अपेक्षाकृत बाद के लेखकों में अमृतराय और भैरव प्रसाद गुप्त के मुक़ाबले रांगेय राघव उन्हें अधिक स्वीकार्य लगते हैं, क्योंकि धारणाओं का आग्रह उनके यहां इतना मुखर नहीं है। नयी कहानी के दौर में ये चारों लेखक, अपने परिवेशगत और युगीन प्रभावों के बीच, प्रगतिशील कहानी की धारा को विस्तार देने में सक्रिय दिखायी देते हैं। सर्वहारा वर्ग की चिंता से बाहर निकल कर यशपाल और राहुल ने भी ढेरों कहानियां इतिहास और मध्यवर्ग की पृष्ठभूमि पर लिखीं। लेकिन नयी कहानी के दौर के ये लेखक बनी बनायी अवधारणाओं की अपेक्षा अपने आसपास के परिचित जीवन को अधिक खुली दृष्टि से देखने की बात करते हैं। किंतु उनका वर्गीय आधार कहीं भी स्पष्ट नहीं है। इनके बाद के लेखकों में ज्ञानरंजन, सतीश जमाली, काशीनाथ सिंह, रमेश उपाध्याय, मधुकर सिंह और विजयकांत आदि अनेक लेखक वस्तुतः इसी प्रगतिशील कहानीधारा के लेखक हैं, जिनकी चर्चा इस अध्याय में 'जनवादी कहानी' के अंतर्गत की गयी है' (वही, पृ. 163)।

इस प्रकार मधुरेश जनवाद को प्रगतिशील से अभिन्न मानते प्रतीत होते हैं, जबकि प्रगतिशील और जनवादी मूल्य दृष्टियों में पर्याप्त भिन्नता है। प्रगतिशीलता सामंती या प्राक्पूंजीवादी मूल्यों को छोड़ कर आधुनिक मूल्यों को अपनाने की दिशा में आगे बढ़ने की प्रवृत्ति है, जबकि जनवाद पूंजीवादी जनवाद (बुर्जुआ डेमोक्रेसी) की आलोचना करते हुए जनता के जनवाद (पीपुल्स डेमोक्रेसी) तथा समाजवादी जनवाद (सोश्लिस्ट डेमोक्रेसी) के मूल्यों की प्रतिष्ठा करने की प्रवृत्ति। प्रगतिशीलता और जनवाद में कोई विरोध नहीं है, बल्कि दोनों एक-दूसरे के लिए आवश्यक हैं लेकिन दोनों एक ही नहीं हैं। दोनों की मूल्य दृष्टियों का अंतर कहानी की रचना और आलोचना में बहुत अंतर ला देता है। इसका सबसे बड़ा प्रमाण जैसा कि हम आगे देखेंगे, प्रेमचन्द साहित्य के मूल्यांकन में दिखायी देता है। यहां संक्षेप में इतना संकेत कर देना ही पर्याप्त है कि प्रगतिशील लोगों ने प्रेमचन्द साहित्य के बहुत थोड़े अंश को, उनके अंतिम समय की ही कुछ रचनाओं को मूल्यवान माना, जबकि जनवादी लोगों ने प्रेमचन्द की परंपरा से अपना नाता जोड़ते समय उनकी पहले की भी बहुत-सी रचनाओं को मूल्यवान पाया।

प्रगतिशील लेखक और आलोचक प्रेमचन्द की 'आहुति' कहानी की चर्चा बहुत कम करते हैं, जिसमें प्रेमचन्द ने पूंजीवादी-जनवादी की आलोचना करते हुए

जनता के जनवाद की आवश्यकता पर ज़ोर दिया था। इतना ही नहीं, सामाजिक वैषम्य को मिटा कर एक समतामूलक समाज की जनआकांक्षा को व्यक्त करते हुए उन्होंने इस कहानी में समाजवादी जनवाद की परिकल्पना को भी उसकी ज़रूरत और संभावना के रूप में प्रस्तुत किया था। इस कहानी में आनन्द और रूपमणि के बीच होने वाली बहस में सभ्यता के जिन तीन सिद्धांतों की बात आती है, वे जनवाद के तीन सिद्धांत है—स्वतंत्रता, समता और बंधुत्व। प्रेमचन्द ऐसे 'स्वराज्य' की कल्पना करते हैं, जिसमें ये तीनों चीज़ें हों। ये तीन चीज़ें नहीं होंगी तो सच्चा 'स्वराज्य' भी नहीं होगा। समाज के वैषम्य को वे शिक्षा और संपत्ति की असमानता के रूप में दिखाते हैं। समाज में केवल थोड़े से लोग शिक्षित और संपत्तिशाली हैं, शेष जनता अशिक्षित और निर्धन है। जब तक यह असमानता दूर नहीं होती तब तक 'स्वराज्य' का कोई अर्थ नहीं है। रूपमणि आवेशपूर्वक कहती है, 'अगर स्वराज्य आने पर भी संपत्ति का यही प्रभुत्व रहे और पढ़ा-लिखा समाज यों ही स्वार्थान्ध बना रहे तो मैं कहूंगी, ऐसे स्वराज्य का न आना ही अच्छा। अंग्रेज़ी महाजनों की धन-लोलुपता और शिक्षितों का स्वहित ही आज हमें पीसे डाल रहा है। जिन बुराइयों को दूर करने के लिए आज हम प्राणों को हथेली पर लिये हैं उन्हीं बुराइयों को क्या प्रजा इसलिए सिर चढ़ायेगी कि वे विदेशी नहीं, स्वदेशी हैं? कम-से-कम मेरे लिए तो स्वराज्य का यह अर्थ नहीं है कि जॉन की जगह गोविन्द बैठ जाये। मैं समाज की ऐसी व्यवस्था देखना चाहती हूं, जहां कम-से-कम विषमता को आश्रय न मिल सके।'

पूंजीवादी जनवाद में विषमता अनिवार्य है। अतः स्पष्ट है कि रूपमणि जो समाज व्यवस्था चाहती है, वह समाजवादी जनवाद है। स्वाधीनता आंदोलन में भारत की जनता इसी के लिए प्राणों को हथेली पर ले कर संघर्ष कर रही थी। और यही वह मूल्य था जिसकी प्रतिष्ठा प्रेमचन्द को अभीष्ट थी।

जनवाद के इस अर्थ को छोड़ कर मधुरेश प्रकाशचन्द्र गुप्त के हवाले से उसका जो अर्थ बताते हैं, वह सही नहीं है। उनके अनुसार जनवादी परंपरा 'कबीर से शुरू करके सारे मध्यकालीन कवियों सहित प्रेमचन्द तक के साहित्य में पायी जाती है।' लेकिन प्रकाशचन्द्र गुप्त एक तो जनवाद को, प्रेमचन्द की तरह एक समाज व्यवस्था के रूप में नहीं देखते, हिंदी साहित्य की परंपरा को मूलतः जनवादी परंपरा कहने से उनका आशय यह है कि 'हिंदी के साहित्यकारों ने पूर्वकाल से ही भारतीय जनता की भावनाओं को अपने साहित्य में व्यक्त किया है। उसके दुःख-सुख के गीत गाये हैं और लोक कल्याण के आदर्श को सदैव ही अपने सामने रखा है।' दूसरे वे मध्यकाल के सारे (अर्थात् रीतिकालीन सहित) कवियों के बारे में तो क्या, कबीर जैसे संत कवियों के बारे में भी, जिन्हें बहुत से प्रगतिशील संपूर्णता में प्रगतिशील या क्रांतिकारी मानते हैं, ऐसा सामान्यीकरण नहीं करते। प्रकाशचन्द्र गुप्त ने संत साहित्य की कमियां भी बतायी हैं। लिखा है, 'संत कवि भारतीय जनता के प्रतिनिधि थे। उनकी सामाजिक

चेतना बहुत तीव्र थी। जनता की पीड़ा से यह काव्य ओत-प्रोत है, किंतु संत साहित्य का एक आध्यात्मिक पक्ष भी है। संत साहित्य में परलोकमुखी तत्त्व बहुत प्रबल है। इस साहित्य में हमें यह भावना मिलती है कि संसार असार है, आस्था के महलों में मनुष्य की आत्मा को मुक्त करना है। एक प्रकार का दुःखवाद और पराजय भी इस काव्य में हमें मिलता है।' इन तत्त्वों के विरुद्ध प्रगतिशील विचारकों को निर्भय संघर्ष करना है, क्योंकि भारतीय जनता की चेतना के लिए इन तत्त्वों ने चिरकाल से अफीम की पुड़िया का काम किया है। अत्याचार और शोषण के दुर्गों को कवियों की आत्मा अजेय समझ कर अध्यात्मवाद को मुक्ति का एकमात्र मार्ग मान लेती है (प्रकाशचन्द्र गुप्त : हिंदी साहित्य की जनवादी परंपरा, 1953, पृ. 52)।

जनवादी कहानी भारतीय साहित्य की पुरानी परंपरा से इस अर्थ में तो जुड़ती है कि वह भारतीय जनता की भावनाओं को व्यक्त करती है। उसके दुःख-सुख के गीत गाती है और लोक कल्याण के आदर्श को सदैव अपने सामने रखती है, लेकिन वह अत्याचार और शोषण के दुर्गों को अजेय नहीं मानती। उसका तो प्रस्थान बिंदु ही यह है कि इन दुर्गों को जनता ढहा सकती है और किसी अन्य लोक में नहीं, बल्कि इसी वास्तविक भौतिक जगत में अपनी मुक्ति प्राप्त कर सकती है।

जहां तक जनवादी कहानी को प्रगतिशील कहानी का ही विस्तार मानने की बात है, मधुरेश प्रगतिशील कहानी को शायद प्रगतिशील लेखक संघ से जुड़े लेखकों द्वारा लिखी जाने वाली कहानी समझते हैं और जनवादी कहानी को जनवादी लेखक संघ से जुड़े लेखकों द्वारा लिखी जाने वाली कहानी। लेकिन शायद उन्हें लेखकों का यह विभाजन (और भारतीय कम्युनिस्ट पार्टी का विभाजन भी) पसंद नहीं, अतः इसे नक़ली मान कर नकारने के लिए वे असली चीज़ प्रगतिशील कहानी को मानते हैं और जनवादी को उसी का विस्तार। किंतु जब वे कहते हैं कि सन् 1936 में प्रगतिशील लेखक संघ बनने से पहले भी प्रगतिशील मौजूद था और सन् 1982 में जनवादी लेखक संघ बनने से पहले भी जनवाद मौजूद था तो अनजाने ही यह स्वीकार कर लेते हैं कि सन् 1936 से सन् 1982 तक प्रगतिवाद के साथ-साथ जनवाद भी मौजूद था। इसका अर्थ यह हुआ कि प्रगतिशील कहानी के साथ-साथ उस समय जनवादी कहानी भी लिखी जा रही थी। लेकिन इसका अर्थ यह भी हुआ कि प्रगतिशील और जनवादी कहानी में कुछ अंतर अवश्य था जिसके आधार पर ये दो भिन्न नामकरण हुए। वह अंतर क्या था? मधुरेश के पास इस प्रश्न का कोई उत्तर नहीं, क्योंकि यह प्रश्न ही उन्होंने अपने सामने नहीं रखा। लेकिन सन् 1936 से अब तक हिंदी कहानी कला में जो विकास या ह्रास हुआ है उसको समझने के लिए इस प्रश्न को सामने रखना ज़रूरी है।

प्रश्न को इस तरह भी उठाया जा सकता है, प्रेमचन्द जनवादी थे या प्रगतिशील? 'हिंदी साहित्य की जनवादी परंपरा' के अनुसार वे जनवादी थे, क्योंकि जनता की

भावनाओं को अपने साहित्य में व्यक्त करते थे, उसके दुःख-सुख की कहानी कहते थे और लोक कल्याण का आदर्श सदैव अपने सामने रखते थे और इस दृष्टि से भी वे जनवादी थे कि एक समतामूलक समाज व्यवस्था का आदर्श सामने रख कर यथार्थवादी और जनपक्षीय साहित्य रचते थे। वे प्रगतिशील हुए सन् 1935-36 में, अपनी मृत्यु से कुछ ही समय पहले। उन्हें प्रगतिशील बनाया सज्जाद ज़हीर, मुल्कराज आनन्द आदि उन युवा लेखकों ने जो लंदन में पढ़ते थे और जिन्होंने प्रगतिशील लेखक संघ बनाया। पहले लंदन में, फिर हिंदुस्तान में। लंदन में उन्होंने अपना घोषणापत्र जिन लेखकों को भेजा था उनमें प्रेमचन्द भी थे। प्रेमचन्द ने उनके संगठन का स्वागत किया था और उनके घोषणापत्र को अपने 'हंस' में 'आशय रूप में' प्रकाशित करते हुए लिखा था कि अगर यह सभा अपने मार्ग पर जमी रही तो साहित्य में नवयुग का उदय होगा। सन् 1936 में भारतीय प्रगतिशील लेखक संघ बना तो उन युवा प्रगतिशील लेखकों ने प्रेमचन्द को प्रथम अधिवेशन का अध्यक्ष बनाया। उसी साल प्रेमचन्द की कहानी 'कफ़न' छपी और उन्हीं युवा लेखकों में से एक सज्जाद ज़हीर ने उसे प्रेमचन्द की कहानी कला की पराकाष्ठा बताया।

सज्जाद ज़हीर ने अपनी पुस्तक 'रोशनाई' में लिखा है कि 'कफ़न' छपी तो वे इस कहानी को पढ़ कर स्तब्ध रह गये, इसलिए कि यह (अफ़साना) अपने दर्दनाक हुस्न, सही समाजी शऊर, गहरी इंसानी दोस्ती और दिल में चुभ जाने वाली धूप की तरह उजली और हरारत भरी हक़ीक़तनिगारी के लिहाज़ से प्रेमचन्द के फ़न के उरूज (कला की पराकाष्ठा) और कमाल को ज़ाहिर करता था और तमाम नौजवानों के लिए उसकी एक मिसाली हैसियत थी। मैंने उसको पढ़ कर प्रेमचन्द को फ़ौरन बनारस ख़त लिखा, जिसमें यह तवक़्क़ो और उम्मीद ज़ाहिर की कि अब वह हमें इसी क़िस्म के अफ़साने और नोवेल्स देते रहेंगे' (हंसराज रहबर द्वारा उद्धृत, प्रगतिवाद : पुनर्मूल्यांकन, 1987, पृ. 50)।

प्रेमचन्द उस तवक़्क़ो और उम्मीद को पूरा करने के लिए ज़िंदा नहीं रहे। रहते तो पता नहीं क्या करते, लेकिन उनकी मृत्यु ने मानो इस मूल्यांकन पर मुहर लगा दी कि 'कफ़न' उनकी सर्वश्रेष्ठ कहानी है। प्रेमचन्द ने लगभग तीन सौ कहानियां लिखी थीं। क्या यह मूल्यांकन उनकी सब कहानियों को गंभीरता से पढ़ कर और तुलनात्मक अध्ययन के आधार पर किया गया था? इसका कोई लेखा-जोखा नहीं मिलता। लेकिन मूल्यांकन करने वालों के बारे में कुछ जानकारियां मिलती हैं। हंसराज रहबर लिखते हैं :

'ये नौजवान देश की परिस्थितियों से अवगत नहीं थे, इसके विपरीत वे यूरोप के सांस्कृतिक और राजनीतिक आंदोलनों से अधिक प्रभावित थे। यूरोपियन लेखक अपने साहित्य में पश्चिम की समस्याओं का जो हल प्रस्तुत करते थे, वे उसी को भारत की समस्याओं का हल समझते थे। साम्राज्यवाद ने एशियाई साहित्य और संस्कृति को

कभी कोई महत्त्व नहीं दिया और उसे हमेशा हीन और निकृष्ट बताया। इस प्रकार के प्रभाव में इस घोषणापत्र (प्रगतिशील लेखक संघ के घोषणापत्र) में भी हिंदुस्तान के दो शताब्दियों के समूचे साहित्य को भावनापूर्ण, रूढ़िग्रस्त और हीन बताया गया है और इसे हमारे इतिहास का लज्जास्पद काल कहा है। इन नौजवानों ने देश के इतिहास और साहित्य के अध्ययन की ज़रूरत ही महसूस नहीं की थी। उन्होंने पाश्चात्य साहित्य और पाश्चात्य वातावरण के प्रभाव से देश के साहित्य और संस्कृति के बारे में जो धारणाएं बना ली थीं, उन्हीं को वे युग सत्य समझ बैठे' (वही, पृ. 17)।

पुनः 'नये लेखकों को समाज के गतिशास्त्र का ज्ञान नहीं था और जीवन का अनुभव भी नहीं था, उनमें सिर्फ़ आधुनिकता और प्रगतिशीलता का जोश था। इसी जोश में उन्होंने परंपराओं को तोड़ने और समाज का विरोध करने का बीड़ा उठाया। उद्दंडता विवेकहीनता का अनिवार्य अंग है, जिसे उदार हृदय अनुभवी बुज़ुर्ग प्रायः हंस कर टाल देते हैं, लेकिन कभी-कभी चेता भी देते हैं' रहबर का इशारा सेक्स वग़ैरह की चौंकाने भड़काने वाली कहानियां लिख कर की जाने वाली उद्दंडता की तरफ़ है। नये लेखक शायद प्रेमचन्द से भी ऐसी कहानियां चाहते होंगे। रहबर ने सज्जाद ज़हीर की पुस्तक 'रोशनाई' से इस संबंध में एक प्रसंग उद्धृत किया है, 'लखनऊ सम्मेलन के बाद जब सज्जाद ज़हीर के मकान पर आपस की अनौपचारिक बातचीत हो रही थी तो प्रेमचन्द ने इस ओर संकेत करते हुए कहा था, 'भई, यह तुम लोगों का जल्दी से इंकलाब करने के लिए तेज़ तेज़ चलना तो मुझे बहुत पसंद आता है, लेकिन मैं डरता हूं कि अगर कहीं तुम बेतहाशा दौड़ने लगे तो ठोकर खा कर मुंह के बल पर गिर पड़ोगे और मैं ठहरा बूढ़ा आदमी, तुम्हारे साथ अगर मैं भी दौड़ा और गिरा तो मुझे बहुत चोट आ जायेगी...' यह कह कर उन्होंने बहुत जोर का कहकहा लगाया और हम सब भी उनके साथ हंसने लगे' (वही, पृ. 119)।

'कफ़न' को प्रेमचन्द की कहानी कला की पराकाष्ठा बताने वाले प्रगतिशील लेखकों के बारे में दूसरे लोगों ने भी लिखा है। मसलन रेखा अवस्थी लिखती हैं :

'बात सन् 1936 के नवंबर महीने की है। घटना इलाहाबाद विश्वविद्यालय की हिंदी भाषा से संबंधित है। प्रेमचन्द के निधन पर शोकसभा हुई थी। उस सभा में शरीक प्रगतिशीलों को देख कर निराला के मन में यह धारणा बनी कि प्रगतिशील लेखकों में ज्यादातर वे ही हैं जो बड़े घरानों के हैं, ऊंची डिग्रियां और समाजवादी विचारधारा का एक बौद्धिक आवरण यूरोप से ले कर आये हैं तथा मुक्त घूमती हुई नवशिक्षित आधुनिकाएं हैं। उनकी यह धारणा सज्जाद ज़हीर, फ़िराक़, जोश, हाजरा बेगम, उमा नेहरू, श्याम कुमारी नेहरू और चंद्रावती त्रिपाठी को देख कर बनी थी। इससे निराला क्षुब्ध हुए' (रेखा अवस्थी : प्रगतिवाद और समानांतर साहित्य, 1978, पृ. 22)।

रामविलास शर्मा ने लिखा है :

'प्रगतिशील लेखकों से निराला का यह प्रथम परिचय था। प्रेमचन्द इन सब का साथ दे चुके थे, पर बहुत थोड़े दिन तक। निराला के मन में प्रेमचन्द की तस्वीर एक हिंदी लेखक की तस्वीर थी, निराला की अपनी तस्वीर से मिलती-जुलती, अभावों की दुनिया में जूझते हुए ऐसे लेखक की तस्वीर जिसका ज़्यादा समय साहित्य चर्चा और साहित्य लिखने में बीता था। पर ये प्रोग्रेसिव राइटर्स समृद्ध घरानों के लोग थे, लेखकों से ज़्यादा नेता थे, विशेष रूप से हिंदी साहित्य से अपरिचित, लेकिन दूसरों को रास्ता बताने को उत्सुक थे' (रामविलास शर्मा : निराला की साहित्य साधना, प्रथम खंड, 1969, पृ. 327)।

ये बातें 'कफ़न' के उस मूल्यांकन को संदिग्ध बनाती हैं जो प्रगतिशील लेखकों ने किया था और दुर्भाग्य से आज भी सही माना जाता है।

हालांकि हंसराज रहबर के इस मूल्यांकन से सहमत नहीं हुआ जा सकता कि प्रेमचन्द की सर्वश्रेष्ठ कहानी 'कफ़न' नहीं, बल्कि 'मुबारक़ बीमारी' है, फिर भी 'कफ़न' के बारे में उनका यह कथन महत्त्वपूर्ण और विचारणीय है, 'अजीब बात है कि प्रगतिशील और प्रतिक्रियावादी दोनों तब से आज तक इसे प्रेमचन्द की सर्वश्रेष्ठ और क्रांतिकारी कहानी मानते आ रहे हैं' (प्रगतिवाद : पुनर्मूल्यांकन, पृ. 50)।

जब यह कहा जाता है कि 'कफ़न' प्रेमचन्द की कहानी कला की पराकाष्ठा है तो स्वभावतः यह प्रश्न उठता है कि प्रेमचन्द की कहानी कला क्या है ? जिन लोगों ने यह मूल्यांकन किया, वे स्वयं 'नग्न यथार्थवादी' थे, जबकि प्रेमचन्द 'नग्न यथार्थवाद' को अच्छा नहीं समझते थे और स्वयं को 'आदर्शोन्मुखी यथार्थवादी' कहते थे। नग्न यथार्थवाद का मतलब था प्रकृतवाद और फ्रॉयडवाद, जो कहानी में अक्सर 'भूख' के रूप में सामने आता था, चाहे वह भूख पेट की हो या सेक्स की। भूख को कहानी का विषय बनाने वाले प्रगतिशील कहानीकार, गरीबी, गंदगी, बेबसी, लाचारी, पशुता, पराजय, पलायन, सेक्स, हिंसा आदि का चित्रण करते थे। वे समाज को शत्रु या ज़माने को ज़ालिम मानते थे और व्यक्ति की स्वतंत्रता के लिए नीति, नियम, क़ानून आदि के उल्लंघन को उचित मानते थे। ऐसी कहानी लिखने पर यदि उन्हें अश्लील या उच्छृंखल कहा जाता तो वे परवाह नहीं करते थे, उलटे ख़ुश होते थे और स्वयं को क्रांतिकारी समझते थे। प्रेमचन्द ऐसे नग्न यथार्थवादी कभी नहीं रहे। जिसे वे आदर्शोन्मुख यथार्थवाद कहते थे, बाद के अध्ययनों से पता चला कि वह आलोचनात्मक यथार्थवाद और कहीं-कहीं समाजवादी यथार्थवाद था। कुछ लोगों ने उसे जनवादी यथार्थवाद या क्रांतिकारी जनवादी यथार्थवाद भी कहा है। इसी प्रकार बाद के अध्ययनों से यह भी पता चलता है कि प्रेमचन्द के 'आदर्शवाद' का अर्थ वह नहीं था जो प्रगतिशीलों ने लगाया। मार्क्सवाद की ग़लत समझ और अंग्रेज़ी शिक्षा के प्रभाव से ये प्रगतिशील शायद यह समझते थे कि आदर्शवाद का अर्थ वही है, जो भाववाद, भौतिकवाद संबंधी दार्शनिक बहस में भाववाद (आइडियलिज़्म) का।

अपनी इस ग़लत समझ को उन्होंने व्यवहार में इस प्रकार लागू किया कि हम आदर्शवादी नहीं हैं, भौतिकवादी हैं और भौतिकवाद ही यथार्थ है, इसलिए आदर्शवादी साहित्य यथार्थवादी नहीं है। उन्होंने यह नहीं समझा कि दार्शनिक स्तर पर भाववादी होना और जीवन में कोई आदर्श सामने रख कर चलना दो अलग बातें हैं। देशभक्ति, जनता की मुक्ति या सत्य, न्याय, मानवता आदि के आदर्शों को सामने रख कर चलने का अर्थ भाववादी हो जाना या भौतिकवाद से हट जाना नहीं है। यदि आदर्शवाद का वही अर्थ लिया जाये जो प्रगतिशीलों ने लिया, तब तो कार्ल मार्क्स सबसे बड़े आदर्शवादी सिद्ध होंगे। इस प्रकार जो लोग 'कफ़न' को प्रेमचन्द की कहानी-कला की अथवा यथार्थवादी कहानी-कला की पराकाष्ठा मानते हैं और उसके आधार पर प्रेमचन्द के शेष साहित्य को आदर्शवादी कहकर नकारते हैं, उनके बारे में यही कहा जा सकता है कि वे न तो मार्क्सवाद को समझते हैं न यथार्थवाद को, न तो कला को समझते हैं न जीवन को।

यथार्थवाद प्रेमचन्द की कहानी कला की केंद्रीय मूल्य दृष्टि है और वह कमोबेश उनकी सभी रचनाओं में पायी जाती है। यह मान्यता नितांत ग़लत और भ्रामक है कि प्रेमचन्द अपनी कुछ अंतिम रचनाओं में ही यथार्थवादी हुए थे। 'कफ़न' को उनकी कहानी कला की पराकाष्ठा मानने वालों का यथार्थवाद कुछ और है। वह जनवादी यथार्थवाद नहीं, पूंजीवादी यथार्थवाद है—नग्न पूंजीवादी यथार्थवाद। अतः यह कोई अजीब बात नहीं कि प्रगतिशील और प्रतिक्रियावादी दोनों तब से आज तक इसे प्रेमचन्द की सर्वश्रेष्ठ और क्रांतिकारी कहानी मानते आ रहे हैं।

यही कारण है कि जब नवें दशक में हिंदी के जनवादी कहानीकारों ने प्रेमचन्द की यथार्थवादी परंपरा से अपना नाता जोड़ा तो प्रगतिशील और प्रतिक्रियावादी दोनों एक साथ भड़क उठे। उन्होंने प्रेमचन्द की परंपरा को अपने ढंग से परिभाषित करने के लिए पुनः 'कफ़न' को याद किया और जनवादी कहानी पर आक्रमण करने के लिए उसे हथियार की तरह इस्तेमाल किया।

आधुनिकतावादी और कलावादी अशोक वाजपेयी के संपादन में निकलने वाली पत्रिका 'पूर्वग्रह' का एक विशेषांक 'इधर की कथा' के नाम से सन् 1984 में निकला। उस समय जनवादी कहानीकार जनसंघर्षों की कहानियां लिख रहे थे। अशोक वाजपेयी ने इसका विरोध करते हुए अपने संपादकीय में लिखा कि 'जीवन में साफ़-साफ़ नज़र आने वाला संघर्ष ही सब कुछ नहीं है', क्योंकि 'निरा सामाजिक या व्यक्तिगत यथार्थ मनुष्य का समूचा यथार्थ नहीं है।' उन्होंने कहा कि 'सत्य सदैव संदिग्ध और अनिश्चित होता है, उसे कभी परिभाषित नहीं किया जा सकता और ऐसा सत्य ही कहानी में कला का सच बनता है' (पूर्वग्रह, मार्च-जून, 1984)।

'पूर्वग्रह' के इस विशेषांक में 'कफ़न' को कला की दृष्टि से अत्युत्कृष्ट (मार्वलस) कहानी के रूप में प्रस्तुत किया गया। उसे प्रेमचन्द की सर्वश्रेष्ठ रचना

सिद्ध करने के बहाने उनके शेष कृतित्व के साथ-साथ उनकी यथार्थवादी परंपरा को भी ख़ारिज करने का प्रयास किया गया। उदाहरण के लिए इस विशेषांक में प्रकाशित 'प्रेमचन्द की उपस्थिति' शीर्षक लेख में निर्मल वर्मा ने 'कफ़न' को व्यक्ति-स्वातंत्र्य की कहानी बताते हुए लिखा कि 'जिस क्षण बाप-बेटे ने घर की औरत के कफ़न के पैसों से शराब का कुल्हड़ मुंह से लगाया था, उस समय पहली बार हिंदी साहित्य में व्यक्ति ने अपनी स्वतंत्रता का स्वाद भी चखा था। यह क्षण वह था जब प्रेमचन्द के समाज में 'व्यक्ति' का जन्म हुआ था। यह जन्म मृत्यु और श्मशान की छाया में हुआ था। दो पियक्कड़ हिंदुस्तानियों का मुक्ति समारोह। अपनी अंतिम कहानी में प्रेमचन्द पूरा एक दायरा पूरा कर गये थे।'

इस प्रकार निर्मल वर्मा ने यह सिद्ध करने का प्रयास किया कि प्रेमचन्द अपने अंतिम समय में व्यक्तिवादी हो गये थे। प्रेमचन्द की परंपरा से स्वयं को जोड़ने वाले जनवादी कहानीकारों का मज़ाक़ उड़ाते हुए उन्होंने लिखा, 'आज जब कुछ समीक्षक और लेखक प्रेमचन्द की परंपरा की बात डंके की चोट के साथ दुहराते हैं—उसे कसौटी मान कर आधुनिक लेखन को प्रगतिशील या प्रतिक्रियावादी घोषित करते हैं तो मुझे काफ़ी हैरानी होती है। मुझसे से ज़्यादा हैरानी और क्षोभ शायद प्रेमचन्द को होता, यदि वह जीवित होते। वह शायद हंसी में उनसे कहते, 'भई, आप तो मेरी परंपरा में आते हैं, लेकिन मैं? मैं कौन-सी परंपरा में आता हूं 'सेवासदन' की परंपरा में या 'कफ़न' की परंपरा में?' और तब हमें अचानक पता चलेगा कि स्वयं प्रेमचन्द को 'प्रेमचन्द की परंपरा' से मुक्त करना ज़रूरी है।'

निर्मल वर्मा प्रेमचन्द को प्रेमचन्द की किस परंपरा से मुक्त करना चाहते थे? वे हिंदी कहानी की जनवादी और यथार्थवादी परंपरा को ख़ारिज करके प्रेमचन्द को व्यक्तिवादी साहित्य की परंपरा में रखना चाहते थे। स्पष्ट है कि यह प्रयास नया नहीं था। यह वही प्रयास था जो सन् 1936 के प्रगतिशीलों ने किया था। व्यक्तिवाद पूंजीवादी जनवाद का मूल्य है। व्यक्तिवादी मूल्य दृष्टि, जो समस्त आधुनिकतावादी और कलावादी साहित्य की केंद्रीय मूल्य दृष्टि है, जनता के जनवाद और समाजवादी जनवाद की विरोधी मूल्य दृष्टि है। यह दृष्टि व्यक्ति को समाज के ऊपर रखती है और समाज को व्यक्ति की स्वतंत्रता में बाधक, और अतएव, शत्रु मानती है। इसी के चलते व्यक्तिवादी लोग पूंजीवादी समाज-व्यवस्था की किंचित् आलोचना इस रूप में किया करते हैं कि वह अमानुषीकरण, आत्मनिर्वासन या आत्मपरायेपन को जन्म दे कर व्यक्ति को पीड़ित, प्रताड़ित करती है और इसी के चलते वे समाज के प्रति शत्रुता, विरोध, विद्रोह या उच्छृंखलता का रुख अपनाते हैं, लेकिन वे उस व्यवस्था को बदलने की बात से बिदकते हैं। पूंजीवादी जनवाद को जनता के जनवाद या समाजवादी जनवाद में रूपांतरित करने का प्रश्न उठाते ही वे व्यक्ति स्वातंत्र्य का नारा लगा कर पूंजीवादी जनवाद की रक्षा के लिए उठ खड़े होते हैं। प्रगतिशीलों की मूल्य दृष्टि भी

कमोबेश यही रही है। इसीलिए वे जनवादी साहित्य का विरोध करने में आधुनिकतावादी और कलावादी लोगों के साथ हो जाते हैं।

इसके उदाहरण भी 'पूर्वग्रह' के उपर्युक्त विशेषांक में मौजूद थे। इस विशेषांक में कतिपय कलावादियों के साथ प्रगतिशील आलोचक नामवर सिंह के साथ हुई एक बातचीत भी प्रकाशित हुई थी। उस बातचीत में कलावादियों ने कहा कि 'कफ़न' प्रेमचन्द की 'मार्वलस' कहानी है, क्योंकि यह कहानी उन्होंने अपने विचाराधारात्मक ढांचे को तोड़ कर लिखी थी। इस पर नामवर सिंह ने यह तो कहा कि 'कफ़न' कहानी 'सिनिसिज़्म या निहलिज़्म का प्रचार नहीं है, न यह उसका कथ्य ही है, बल्कि ऐसी स्थिति में घीसू और माधव इस अमानुषिक नियति को प्राप्त हों, उस व्यवस्था या समाज के प्रति एक विद्रोह का भाव पैदा होता है', लेकिन उन्होंने कलावादियों की इस बात का खंडन नहीं किया कि 'कफ़न' प्रेमचन्द की अत्युत्कृष्ट कहानी है अथवा इसको लिखते समय उन्होंने अपने पहले के विचाराधारात्मक ढांचे को तोड़ दिया था।

क्या सचमुच प्रेमचन्द ने 'कफ़न' को लिखते समय अपने पहले वाले विचाराधारात्मक ढांचे को तोड़-छोड़ कर कोई नया ढांचा (व्यक्तिवाद) अपना लिया था? क्या सचमुच 'कफ़न' प्रेमचन्द की अत्युत्कृष्ट या सर्वश्रेष्ठ कहानी है? क्या प्रेमचन्द की परंपरा उनके संपूर्ण साहित्य की परंपरा न हो कर केवल 'कफ़न' की परंपरा है? इन प्रश्नों पर विचार करते हुए प्रस्तुत पंक्तियों के लेखक ने विस्तार से 'कफ़न' का विश्लेषण किया और दिखाया कि इसे लिखते समय प्रेमचन्द की विचारधारा या मूल्य दृष्टि नहीं बदली थी, केवल उनसे एक चूक हो गयी थी जिससे कहानी तो कमज़ोर हुई ही, जनवाद और यथार्थवाद के विरोधियों को इसकी मनचाही व्याख्या करके इसे अपने पक्ष में तथा स्वयं प्रेमचन्द के विरुद्ध इस्तेमाल करने का मौक़ा मिल गया। आदिकाल से ही अच्छी कहानी की एक विशेषता (एकमात्र विशेषता नहीं) यह रही है कि उसमें जो समस्या उठायी जाती है, उसका समाधान भी किया जाता है। आवश्यक नहीं कि वह समाधान शब्दों में, शिक्षा, संदेश या उपदेश के रूप में किया जाये, वह कहानी में या उसके अर्थ में इंगित भी हो सकता है, लेकिन वह होना अवश्य चाहिए। प्रेमचन्द की तमाम कहानियों में यह विशेषता पायी जाती है। 'कफ़न' में ऐसा नहीं है। इसलिए 'उनका 'आदर्शोन्मुख यथार्थवाद' यहां 'नग्न यथार्थवाद' की तरफ़ झुका हुआ दिखायी देने लगता है। हालांकि यह उतना और वैसा 'नग्न यथार्थवाद' फिर भी नहीं है, जितना और जैसा आधुनिकतावादियों और कलावादियों को पसंद है, लेकिन इनमें कोई शक नहीं कि प्रेमचन्द इस कहानी में चूके हैं और उनकी यह चूक ही वह आधार है जिस पर आधुनिकतावादियों को ख़ुश होने का, कहानी को मनचाहे ढंग से व्याख्यायित करने का और प्रेमचन्द को अपने पक्ष में इस्तेमाल करने का मौक़ा मिलता है' (रमेश उपाध्याय : क्या प्रेमचन्द की परंपरा केवल 'कफ़न' से बनती है? सारिका, फरवरी, 1987)।

इस बहस में प्रगतिशील आलोचक नामवर सिंह का पक्ष क्या था? उपर्युक्त लेख के 'सारिका' में छपने के बाद उनके द्वारा संपादित 'आलोचना' का जो अंक (जनवरी-मार्च, 1987) आया, उसमें रवीन्द्र वर्मा का एक लेख 'कफ़न : एक कसौटी' छपा। इस अंक के संपादकीय में नामवर सिंह ने लिखा कि इधर 'कफ़न' की कुछ अजीबोग़रीब व्याख्याएं हुई हैं, इसलिए उस पर एक 'सुचिंतित' लेख प्रकाशित किया जा रहा है। रवीन्द्र वर्मा ने सन् 1936 से ही चले आ रहे तर्कों के आधार पर 'कफ़न' को प्रेमचन्द की 'सफलतम' कहानी बताया और लिखा, 'एक जनवादी लेखक की यह आपत्ति कि इस कहानी में जो समस्या उठायी गयी है, उसका समाधान कहानी में नहीं है, इसलिए यह कमज़ोर कहानी है—दुर्भाग्यपूर्ण है। पहली बात तो यह कि इस तर्क में यह सिद्धांत निहित है कि कलाकृति में वर्ग पहेली की तरह समाधान भी होना चाहिए। दूसरे, हमें याद रखना चाहिए कि ऐसे सतही और भौंथरे तर्क जिस मंच से आयेंगे, उस मंच की साहित्यिक प्रतिष्ठा को हानि ही होगी।'

'मंच' से मतलब था जनवादी लेखक संघ, लेकिन 'सारिका' वाले लेख का लेखक जनवादी लेखक संघ का सदस्य होते हुए भी उसकी ओर से नहीं बोल रहा था, क्योंकि जनवादी लेखक संघ को इस बहस से कोई दिलचस्पी नहीं थी। उससे जुड़े किसी अन्य लेखक या आलोचक ने इस बहस में हिस्सा नहीं लिया। शायद वे भी यह मानते थे कि आदर्शवादी प्रेमचन्द जीवन के अंतिम दिनों में अपनी कहानी कला का विकास करके यथार्थवादी बने। शायद वे भी 'कफ़न' के उसी मूल्यांकन को सही मानते थे जो किसी ज़माने में सज्जाद ज़हीर ने किया था या अब निर्मल वर्मा और रवीन्द्र वर्मा द्वारा किया जा रहा था। 'कफ़न' प्रगतिशीलों के बीच ही नहीं, जनवादियों के बीच भी प्रेमचन्द की सर्वश्रेष्ठ कहानी के रूप में मान्य थी, इसका पता इस तथ्य से चलता है कि सन् 1982 में प्रकाशित कहानी संकलन 'श्रेष्ठ प्रगतिशील कहानियां' (सं. विद्याधर शुक्ल) में ही नहीं, सन् 1987 में प्रकाशित 'श्रेष्ठ जनवादी कहानियां' (सं. सुदर्शन नारंग) में भी 'कफ़न' पहली कहानी के रूप में संकलित हुई थी।

लेकिन 'एक जनवादी लेखक' की मान्यता भिन्न थी। उसने 'कफ़न' का विश्लेषण करके यह सिद्ध किया था कि प्रेमचन्द ने न तो यह कहानी अपने विचारधारात्मक ढांचे को तोड़ कर लिखी थी और न ही वे इसे लिखते समय अपने आप को बदल कर व्यक्तिवादी हो गये थे। भारतीय किसानों की मुक्ति प्रेमचन्द की प्रमुख चिंता थी जो इस कहानी में भी व्यक्त हुई थी, लेकिन उनकी मुक्ति की समस्या के किसी समाधान का संकेत प्रेमचन्द अपनी इस कहानी में नहीं कर पाये थे, जैसा कि उनकी अन्य रचनाओं में हुआ करता था। 'कफ़न' का मुख्य कथ्य अमानुषीकरण नहीं है और व्यक्ति स्वातंत्र्य तो बिलकुल नहीं। प्रकटत: वह घीसू-माधव की कहानी होते हुए भी परोक्षत: भारतीय किसानों की कहानी है।

प्रेमचन्द घीसू और माधव का परिचय देते हुए लिखते हैं कि ये पिता-पुत्र दोनों

कामचोर हैं, लेकिन 'जिस समाज में रात-दिन मेहनत करने वालों की हालत उनकी हालत से कुछ बहुत अच्छी न थी और किसानों के मुक़ाबले में वे लोग, जो किसानों की दुर्बलताओं से लाभ उठाना जानते थे, कहीं ज़्यादा संपन्न थे, वहां इस तरह की मनोवृत्ति का पैदा हो जाना कोई अचरज की बात न थी।' घीसू और माधव संपन्न नहीं, विपन्न हैं, लेकिन वे भी किसानों की दुर्बलताओं से लाभ उठाना जानते हैं। वे यही सोच कर बुधिया के कफ़न के पैसों से शराब पी जाते हैं कि कफ़न का इंतजाम किसान लोग कर देंगे। घीसू दरिद्र है, पर किसान नहीं है। अपनी मनोवृत्ति के अनुसार वह भूस्वामी वर्ग (बैठकबाजों) की कुत्सित मंडली का सदस्य है।' प्रेमचन्द व्यंग्यपूर्वक लिखते हैं :

'हम तो कहेंगे, घीसू किसानों से कहीं ज़्यादा विचारवान था और किसानों के विचारशून्य समूह में शामिल होने के बदले बैठकबाजों की कुत्सित मंडली में जा मिला था। हां, उसमें यह शक्ति न थी कि बैठकबाजों के नियम और नीति का पालन करता। इसलिए जहां उसकी मंडली के और लोग गांव के सरगना और मुखिया बने हुए थे, उस पर सारा गांव उंगली उठाता था। फिर भी उसे यह तसकीन तो थी ही कि अगर वह फटेहाल है तो कम-से-कम उसे किसानों की-सी जी-तोड़ मेहनत तो नहीं करनी पड़ती और उसकी सरलता और निरीहता से दूसरे लोग बेजा फ़ायदा तो नहीं उठाते।'

दरिद्र घीसू के सामने दो रास्ते थे : या तो वह किसानों की तरह दिन-रात मेहनत करके भी दरिद्र ही बना रहे या किसानों की कमज़ोरियों से लाभ उठाने वाले भूस्वामी वर्ग के लोगों की तरह निकम्मा बन जाये। किसानों की कमज़ोरी यह है कि वे दया और धर्म के नाम पर निकम्मों की कुत्सित मंडली को पालते-पोसते रहते हैं, जबकि निकम्मों का यह वर्ग उनकी सरलता और निरीहता से बेजा फ़ायदा उठाता रहता है। घीसू निकम्मा बन कर दरिद्र होने के बावजूद उस वर्ग का सदस्य बन गया। अर्थात् उसी वर्ग के लोगों की तरह शोषक, अकर्मण्य, परजीवी, अनैतिक, अमानुषिक, धूर्त और लंपट बन गया। उसका बेटा माधव भी वैसा ही है। बुधिया उसकी पत्नी थी, उसके बच्चे की मां बनने वाली थी और (ज़ाहिर है कि मेहनत-मजूरी करके) 'इन दोनों बेग़ैरतों का दोजख़ भरती थी', लेकिन वह भीतर मरती रही और वह बाहर बाप के साथ बैठा भुने हुए आलू खाता रहा। बुधिया के मरने के बाद वे दोनों उसके कफ़न के लिए गांव वालों से मिले हुए पैसों की शराब पी गये।

प्रेमचन्द यह समझते थे कि भारत की जनता, जिसे वे किसानों के रूप में देखते थे, बहुत सरल और निरीह है। इसीलिए शोषित और पराधीन है। यदि वह सचेत और संगठित हो जाये तो आर्थिक और राजनीतिक दासता से मुक्ति प्राप्त कर सकती है। यह विचार उनकी कई रचनाओं में व्यक्त हुआ है। उदाहरण के लिए 'समरयात्रा' में वे एक पात्र द्वारा किसानों से कहलवाते हैं कि 'आपका यही सीधापन आपके हक़ में घातक हो रहा है।' इसी तरह 'दो बैलों की कथा' में उन्होंने किसानों को बैल की तरह

सीधा कहा है। हीरा जब कहता है कि 'हमारी जान को कोई जान ही नहीं समझता' तो मोती उत्तर देता है—'इसलिए कि हम इतने सीधे होते हैं।' यही बात 'कफ़न' में इस प्रकार कही गयी है कि निकम्मों की कुत्सत मंडली के लोग किसानों की सरलता और निरीहता से बेजा फायदा उठाते हैं। अत: यह कहना कि यह कहानी घीसू–माधव के अमानुषीकरण की कहानी है, या उनके माध्यम से व्यक्ति की स्वतंत्रता की कहानी है, या इसको लिखते समय प्रेमचन्द की विचारधारा बदल गयी थी, गलत है। इस थीम पर लिखी गयी प्रेमचन्द की दूसरी कहानियों में और इस कहानी में फ़र्क़ यह है कि उनमें प्रेमचन्द सरल और निरीह किसानों को सचेत और संगठित बनाने के उद्देश्य से उनके सामने एक आदर्श रखते हैं, जैसे 'समर–यात्रा' में सत्तर साल की बुढ़िया नोहरी के रूप में या 'दो बैलों की कथा' में मरने–मारने को तैयार मोती के रूप में। मानो वे इन चरित्रों के माध्यम से किसानों से कहना चाहते हों कि देखो, तुमसे तो यह सत्तर साल की बुढ़िया ही अच्छी है, या तुमसे तो यह बैल ही बेहतर हैं। 'कफ़न' में भी प्रेमचन्द मानो यही कहना चाहते हैं कि देखो, तुमसे तो ये घीसू–माधव ही अच्छे हैं। लेकिन 'कफ़न' पहली दोनों कहानियों से इस मायने में भिन्न है कि उनमें किसानों की तुलना सकारात्मक चरित्रों से की गयी है, जबकि 'कफ़न' में नकारात्मक चरित्रों से। और यहां प्रेमचन्द कहानीकला के हिसाब से चूक गये हैं, क्योंकि घीसू और माधव भारत की जनता के आदर्श नहीं हे सकते। कोई आदर्श प्रस्तुत करके कहानी को शिक्षाप्रद बनाने की वह तकनीक, जो 'समर–यात्रा' और 'दो बैलों की कथा' जैसी कई कहानियों में सफल रही थी, 'कफ़न' में असफल रही।

लेकिन क्या विडंबना है, कहानी–कला की दृष्टि से जो कहानी असफल है, वही प्रेमचन्द की सफलतम कहानी मानी जा रही है।

कारण यह है कि प्रगतिशील हों या प्रतिक्रियावादी, इस कहानी की प्रशंसा पश्चिम की आधुनिकतावादी मूल्य–दृष्टि से करते हैं, जिसके अनुसार यथार्थवादी कहानी को यथार्थ को ज्यों-का-त्यों दिखाती है। लेखक उसमें समस्याएं तो उठा सकता है, पर उसके समाधान प्रस्तुत करना उसका काम नहीं। कहानी में कोई आदर्श प्रस्तुत करके शिक्षा का संदेश देना तो आदर्शवाद है, यथार्थवाद नहीं। समस्या का समाधान करने अथवा कहानी से कोई शिक्षा या संदेश देने के प्रयास में कहानी नैतिक या राजनीतिक आग्रहों की शिकार हो जाती है और लेखक उस पर अपनी विचारधारा आरोपित कर देता है। इस प्रकार कहानी की कलात्मकता नष्ट हो जाती है।

प्रेमचन्द यथार्थवादी है, किंतु इस मूल्य-दृष्टि को स्वीकार नहीं करते। वे आधुनिक हैं, किंतु आधुनिकतावादी नहीं हैं। उनकी कहानी–कला भारतीय, एशियाई या पूरबी दुनिया की कहानी–कला है, जिसमें समस्या का समाधान करना अथवा कोई आदर्श प्रस्तुत करके शिक्षा या संदेश देना अनुचित नहीं माना जाता, बल्कि आवश्यक माना जाता है। पश्चिम के महान कथा साहित्य में भी यह चीज़ मिलती है और

मार्क्सवादी साहित्य चिंतकों ने इस चीज़ पर ध्यान दिया है। उदाहरण के लिए जार्ज लूकाच ने लिखा है, 'समस्त महान साहित्य में यह चीज़ अनिवार्यत: मिलती है कि उसके चरित्र अपने सामाजिक अस्तित्व के साथ और उस अस्तित्व की महान समस्याओं के साथ एक-दूसरे की सर्वतोमुखी पारस्परिक निर्भरता में चित्रित किये जाते हैं। जितनी गहराई से इन संबंधों को समझा जायेगा, जितनी विविधता में इन अंत:संबंधों को विकसित किया जायेगा, रचना उतनी ही महान होगी' (जॉर्ज लूकाच : राइटर एंड क्रिटिक, 1970, पृ. 150)।

प्रेमचन्द अपने साहित्य में ऐसा करते हैं, इसलिए महान रचनाकार हैं। 'कफ़न' में भी उनकी यह महानता दिखायी देती है, लेकिन इस कहानी की कमज़ोरी यह है कि इसमें जो समस्या उठायी गयी है, उसके समाधान का कोई संकेत नहीं है। घीसू और माधव जैसे नकारात्मक चरित्रों के ज़रिये वह समाधान सुझाया नहीं जा सकता और उसके लिए उपयुक्त कोई सकारात्मक चरित्र कहानी में है नहीं। अत: इसमें उठायी गयी समस्या अनसुलझी रह जाती है। किसानों की मुक्ति कैसे होगी? क्या घीसू-माधव बन कर? नहीं? तो फिर? इस प्रश्न का उत्तर कहानी नहीं देती और तमाम तरह के अर्थों-अनर्थों की गुंजाइश छोड़ देती है। कहानी कला की दृष्टि से यह एक कमज़ोरी है और इस दृष्टि से 'कफ़न' प्रेमचन्द की एक कमज़ोर कहानी है।

बहरहाल, 'एक जनवादी लेखक' ने रवीन्द्र वर्मा के लेख का जवाब 'कफ़न के बारे में कुछ और' शीर्षक से लिख कर 'आलोचना' को भेजा। प्रगतिशील संपादक नामवर सिंह ने उसे नहीं छापा और वह इलाहाबाद से निकलने वाली एक पत्रिका में छपा। उसमें कहा गया था, 'प्रत्येक कहानी कोई-न-कोई समस्या उठाती है और यदि वह अच्छी कहानी है तो उस समस्या के समाधान का प्रत्यक्ष या परोक्ष संकेत भी अवश्य करती है। इसका अर्थ यह नहीं है कि उसमें समस्या और उसके समाधान को वर्ग-पहेली की तरह रख दिया जाता है। ये दोनों चीज़ें कहानी में अथवा कई बार उससे प्राप्त होने वाले अर्थ में अंतर्निहित रहती हैं। उन्हें समझना और पहचानना पाठक या समीक्षक की सूझबूझ पर निर्भर है। किंतु कहानी यदि वर्ग पहेली नहीं तो कोई अमूर्त चित्र भी नहीं है कि आपसे जो लग जाये, वही अर्थ आप लगा लें। समस्या और समाधान का संकेत सूक्ष्म हो सकता है, लेकिन वह कहानी के चरित्रों और परिस्थितियों में मूर्त होता है और उसका यह मूर्तन कहानी की कलात्मक संरचना को नहीं, उसकी गुणवत्ता और मूल्यवत्ता को भी प्रभावित करता है' (रमेश उपाध्याय : कफ़न के बारे में कुछ और, 'कथ्य-रूप', जनवरी-मार्च, 1991)।

इस लेख को छपे कई साल हो गये। तब से दुनिया, साहित्य की दुनिया भी बहुत बदल गयी है। आधुनिकतावादी अब उत्तर-आधुनिकतावादी हो गये हैं। अब उसके लिए आदर्शवाद का ही नहीं, यथार्थवाद का भी कोई अर्थ नहीं रहा। जिसके लिए हमने सब परंपराएं पुरानी मान कर त्याग दी गयी थी, वह 'आधुनिकतावादी'

साहित्य स्वयं ही अब हंसी-मज़ाक़ पैरोडी है, पेष्टीश है। लेखक अब एक बिकाऊ माल है जिसे बेचने के लिए लेखक बाज़ार में बैठा है। बाज़ार भी अब विश्व-बाज़ार है जिसमें लेखक को अपना माल बेचना है। वही लिखना है जो उस बाज़ार में बिक सके। देश, दुनिया, मानवता आदि के लिए लिख कर महान लेखक बनने की सोचना अब मूर्खता है। अब तो वही लेखक बड़ा है, जो ज़्यादा-से-ज़्यादा बिके और ज़्यादा-से-ज़्यादा कमाये। मतानुसार आलोचना और मूल्यांकन की जगह भी विज्ञापन और बिकाऊपन ने ले ली है।

कहानी के नग्न, कटु, कठोर या विशुद्ध यथार्थवाद की मांग का असर यह हुआ कि हिंदी में ढेरों कहानियां या तो हत्या, आत्महत्या, व्यभिचार और बलात्कार की 'सत्यकथाओं' के रूप में लिखी जाती हैं या घोटालों, दंगों, नरमेघों आदि की अख़बारी 'आवरणकथाओं' के रूप में। उनमें घीसू-माधव या बैठकबाज़ों की कुत्सित मंडली की औलादों के नित नये कारनामे, जो मीडिया द्वारा ख़ूब सनसनीख़ेज बना कर प्रचारित किये जाते हैं, आज के सामाजिक यथार्थ के रूप में प्रस्तुत किये जाते हैं। ये आज के भ्रष्ट, अनैतिक, उच्छृंखल या अपराधी क़िस्म के लोगों की कहानियां होती हैं। इसमें सच्चे, अच्छे, विवेकवान आदर्शवादी ओर संघर्षशील मनुष्यों के चरित्र या तो देखने को ही नहीं मिलते, या फिर उन्हें पुराने जमाने के, विवश, कुंठित, लाचार, दयनीय, मूर्ख, अव्यवहारिक तथा हास्यास्पद व्यक्तियों के रूप में दिखाया जाता है जो नाहक़ ही नैतिक बने रहते हैं और अंततः या तो स्वयं ही अट जाते हैं या व्यवस्था के हाथों मारे जाते हैं। ये कहानियां अशिक्षा, कुशिक्षा और मीडिया द्वारा विकृत बना दी गयी रुचि के लोगों को एक क्षणिक उत्तेजना या घटिया क़िस्म का मनोरंजन भले ही देती हो, जीवन का कोई सत्य अथवा कलात्मक अनुभव नहीं देती।

विडंबना यह है कि ऐसी कहानियां लिखने वाले कई लेखक स्वयं को प्रगतिशील, जनवादी और यथार्थवादी मानते हैं और आदर्शवाद का मज़ाक़ उड़ाते हैं। लेकिन उन्हें यह नहीं सूझता कि प्रेमचन्द ने तो आदर्शवादी होते हुए भी स्वतंत्रता के बाद जॉन की जगह गोविंद के बैठ जाने की कल्पना कर ली थी जो सत्य सिद्ध हुई, जबकि ये यथार्थवादी होते हुए भी यह नहीं देख पाते कि जॉन की जगह जो गोविंद बैठ गये थे वे आज सैम के इशारों पर नाचते हुए भारत की स्वाधीनता को पराधीनता में और जनवाद को फासीवाद में बदल रहे हैं।

दूसरी तरह कहानी से नवीनता की मांग का असर यह हुआ कि परंपरा को रूढ़ि माना जाता है और उसे आगे बढ़ाने के बजाय तोड़ना उचित समझा जाता है। प्रत्येक पीढ़ी से आगे की ओर नवीनतर कहानी लिखने का दावा करती है। कहानीकार दूसरे की तुलना में स्वयं को नवीनतम सिद्ध करने के लिए पश्चिमी लेखकों की नक़ल करते हुए वहां से आने वाले नये-नये फ़ैशन अपनाते हैं। कहानी के नाम पर ऐसी निरर्थक और ऊल-जलूल चीज़ें लिखी जाती हैं, जो आलोचकों के द्वारा तो नया प्रयोग कह कर

सराही जाती है, लेकिन पाठकों के पल्ले नहीं पड़तीं। कुछ साल पहले तक यह माना जाता था कि कहानीकार कहानी में कोई समस्या ही उठा दे तो काफ़ी है, समाधान देना उसका काम नहीं। मगर अब समस्याएं भी नहीं उठायी जातीं। जनवाद तो पहले ही अस्वीकार्य था, अब यथार्थवाद को भी रूढ़ि माना जाने लगा है। नयेपन के नाम पर कहानी को कहानी न रहने देने के प्रयास किये जा रहे हैं। कुछ लोगों ने ऐसी नवीनता को उचित सिद्ध करने के लिए कुछ अजीब से सिद्धांत भी गढ़ लिये हैं, जैसे 'ऊब की कहानी का साध्य है और ऊब ही कहानी का साधन या कहानी पाठकों को ध्यान में रख कर नहीं लिखी जानी चाहिए और संप्रेषण की परवाह नहीं करनी चाहिए।'

संतोष की बात है तो केवल यह कि हिंदी कहानी के इस 'विकास' के बावजूद हिंदी में अभी ऐसे बहुत से कहानीकार, पुराने ही नहीं नये पैदा हो रहे जो कहानी कला को समझते हैं। वे जानते हैं कि जनवाद को साहित्यिक फ़ैशन नहीं जो कल तक नया था और आज पुराना पड़ गया है। वे जनवाद को भारतीय जीवन-विधि और समाज व्यवस्था के रूप में देखते हैं संहर्ष जो न कहीं से भेंट-उपहार में मिली है और न किसी बाज़ार से ख़रीदी गयी है। उसे भारत की जनता ने सदियों के संघर्ष और असंख्य प्राणों के बलिदान से प्राप्त किया है। जनता जानती है कि यह जनवाद अभी वैसा नहीं है जैसा उसे होना चाहिए, लेकिन इसी कारण वे वह उसे नष्ट नहीं हो जाने देगी। वह इसकी जगह किसी क़िस्म की तानाशाही को नहीं आने देगी, बल्कि इसे वैसा बनायेगी और इसे होना चाहिए। वह इसे सच्ची स्वतंत्रता, सच्ची समता और सच्चे बंधुत्व के आधारों पर मज़बूती से टिका हुआ जनवाद बनायेगी। अपने इस विश्व के कारण ही जनवादी कहानीकार भारत की जगह की भावनाओं को व्यक्त करते हैं उसके दु:ख-सुख की कहानी लिखते हैं और लोक कल्याण तथा सच्चे जनवाद का आदर्श सामने रख कर चलते हैं। वे अपने देशकाल की समस्याओं से जुड़ते हैं और उनके समाधान के लिए प्रयत्नशील रहते हैं। वे कहानी के नाम पर कुछ भी नहीं बल्कि कहानी ही लिखते हैं। वे हज़ारों सालों से मनुष्य की सृजनशीलता को सामने लाने वाली तथा बढ़ाने वाली इस साहित्यिक विधा को नष्ट होने, विकृत होने या बेकार होने से बचाना तथा इसे बेहतर बनाना अपनी ज़िम्मेदारी समझते हैं।

रिज़वान ज़हीर उस्मान

कला और आदमी के रिश्ते की व्यावसायिक शर्त

[1]

मनुष्य पैदायशी महत्त्वाकांक्षी है। आदतन लालची भी है। लालच और महत्त्वाकांक्षा कुछ लोगों को योद्धा बना देते हैं। कुछ को राजा और रंक भी। इसी लालच या इसी महत्त्वाकांक्षा के गर्भ में कलाएं वास करती हैं। समानधर्मी हो या समानविधर्मी, मानव यदि (है) केंद्र में है तो आनंद, धन, ऐश्वर्य, काम, भोग, उपभोग की छटपटाहट (जिजीविषा) भी है।

कुछ खो कर (मूल्य चुका कर) ख़रीदने, प्राप्त करने के लिए यह प्यास, यह तड़प उकसाती है। प्राप्त करने के लिए संसाधन ज़रूरी हैं। संसाधन जुटाने के लिए बुद्धि कौशल के अलावा भाग्य की ज़रूरत है। आप क्रेता, विक्रेता दोनों हैं। दरअसल, रचयिता भी हैं। कहां से रचेंगे? क्या दिमाग़ से? यह कल्पना में निश्चित रूप से संभव है। आप कई संसारों का निर्माण कर सकते हैं, स्वयंभू ईश्वर भी हो सकते हैं। कल्पना में भी आदमी दरिद्रनारायण की भूमिका पसंद नहीं करता। कल्पना ही करनी है तो जगमग कल्पना क्यों नहीं?

आप देख रहे हैं अपनी भूमिका। आप एक व्यापारी अथवा उद्योगपति अथवा उपभोक्ता की भूमिका के लिए प्रशिक्षित किये जा चुके हैं। आप अब चौबीस घंटों के चंद क्षणों में भी (नींद के अतिरिक्त यदि आप वाक़ई सो रहे हैं) पति, पिता नहीं रह सकते। पत्नी, मां, बहिन भी नहीं। अब आप यक़ीनी तौर पर उपभोक्ता हैं। व्यापारी है फिर भी उपभोक्ता हैं। बहुत कम हैं (विश्व के पूंजीपतियों के वर्ग की गणना में आपका नाम नहीं है। आप हज़ारवें पूंजीपति भी नहीं हैं) जिन्हें उपभोक्ता होने के बजाय निर्माता होना ही भला लगता है। ये उत्पादक हैं। ये संसाधनों का उत्पादन भी करते हैं। यही वे लोग हैं जिनके पास रुलाने के कारगर उपाय हैं, क्योंकि यही लोग मुस्कराने की 'गैस' की क्रीम के निर्माता भी हैं।

सुनो! तुम्हें तो याद ही नहीं रहा। उस अवसर पर वहां भुला दिया गया साफ़ा

आधुनिक लगेगा। लिख लो, वह पगड़ी जो विलुप्त हो चुकी है, आज के समारोह में विशेष मेहमान बनेगी।

रहा होगा एक अज्ञात कारण (या एक ज्ञात कारण) वह जिस रूप में भी ढका, छिपा, पीछे, सामने रहा होगा। कहा यही जायेगा, तब मूल्यहीन हो गया था समाज। कलाएं न होतीं उस समय तो विनष्ट भी हो जाता समाज और सभ्यता भी। दोनों बच गये। कलाओं की वजह से बचे। कलाओं ने समाजों को जीवन दिया। सभ्यताओं को वैभव और इतिहास को गौरव और भविष्य ही नहीं वर्तमान को एक भरपूर बाज़ार दिया। आपको उपभोक्ता का पद मिला। जहां बाज़ारों का विकास संस्कारों में नहीं था। हाट-मेले आदि भी नहीं थे। ज़रूर वहां पर क्रय और विक्रय की समझ भ्रूण अवस्था में रही हो सकती है।

वरना पुरानों ने कहा है कि कलाओं का आर्थिक वैभव, मानव विकास का बेमिसाल, स्मरणीय, स्वर्णजड़ित अभिलेख है। उन्होंने यह भी कहा कि नगर, जो भूकंपों के ऊपर बने थे (जैसे कव्वे का घोंसला) कुछ वहां रहते थे जहां युद्ध अनिवार्य था जीवन के लिए। थोड़े वहां रहे जहां प्राकृतिक झंझावातों का बारहमासी कोहराम मचा रहता था।

उन्हें आगे बने रहने के लिए अपने भूगोल से पलायन करना ही था। अपने साथ उन्होंने विस्थापित होने की अवस्था में जो अल्लम-गल्लम खच्चरों, बैलगाड़ियों, घोड़ों पर लादा, उनमें उनकी कलाएं भी थीं। चलते-फिरते नगरों की इन कलाओं ने नगरों को रूपायित किया। इन्हें समृद्ध किया। इतिहास बताते हैं कि खेतीबाड़ी से भोजन तो घर-घर में होता था, पर कलाओं को मंडी (बाज़ार) के बिना रखना, बड़ी घाटे वाली सांसत का काम समझा जाता था।

कलाएं शालीन होती हैं। सभ्य होती हैं। मीठी होती हैं। धनवान होती हैं। कलाओं को मैंने कभी भूखा, नंगा, विलाप करता हुआ नहीं पाया। कलाकारों को दरिद्र, भूखा, असभ्य, अपराधी पाया। कलाओं को अर्थवान, ऊर्जावान पाया। कलाकारों ने ख़ुद को बेचा। कलाओं ने कभी अपने बारे में यह नहीं कहा कि मैं बिकाऊ हूं। कलाएं ख़ुद ब ख़ुद बिकने के लिए कभी आगे नहीं आतीं। हां, हुआ यह (होना ही था) कि कलाओं को बेचने की कला के विशेषज्ञों ने कला को बाज़ार तक पहुंचाया। यहीं से बाज़ार दर बाज़ार मानव निर्मित, मानव संगृहीत, मानव मन में जीवित कलाओं तथा मानव की यात्रा आरंभ हुई। कला की व्यावसायिक दौड़ हज़ारों वर्षों से चल रही है। इस मशाल को उठाये कला के धावक (शोषक, पोषक, क्रेता, विक्रेता) सदियों से पागलों की तरह नगर के मुख्य व्यावसायिक बाज़ारों में दौड़ रहे हैं।

कलाविदों ने कला की जो परिभाषा विधागत बना रखी है उसका बाज़ार की परिभाषा से दूर का भी रिश्ता नहीं है। जो भी कला बाज़ार में उपभोक्ता के वास्ते उपलब्ध करायी गयी है, उसकी विधागत लगभग एक जैसी (फिर भी बेहद जटिल)

परिभाषा है। बाज़ार में व्यापाक रूप से कलाओं को परिभाषित करना, उन्हें बांट कर बेचना, कला चिंतकों के लिए चिंता का विषय होगा। यह अच्छी दादागिरी है आपकी, आप मानव श्रम के कला पक्ष का ही मूल्यांकन करना चाहते हैं? मानव के (आप भी मानव ही हैं) एक पेट होता है, जनाब! और सुनिये, अब आप मात्र एक उपभोक्ता भी हैं, सिर्फ़ कला समीक्षक ही नहीं हैं। आपको तो अब ख़रीदते ही रहना है, बस...।

कहना आसान है। आप कहते हैं, कलाएं मूल्यवान हैं। आप फतवा देते हैं, कलाएं कुछ भी नहीं हैं। कलाएं मानव की झक (सनक) हैं। कला अकारण, बैठे बिठाये कुछ का कुछ है बस। यह इसलिए कहा आपने, क्योंकि यह मानव निर्मित है। मानव संचालित है। यह काल्पनिक है, ईश्वर की तरह। यह सशरीर है, मूर्त है, रहस्यमय है।

लेकिन जब आपने देखा कलाएं आजीविका का साधन भी हैं तो आप चुप रहने लगे। कलाओं से धन बटोरती भीड़ को देख कर आप बड़बड़ाये, ''ओह! हमारे ज़माने में तो कुम्हार फूटी हांडी में खाता था।''

पूंजीवादी उपभोक्तावान संस्कृति के विश्वव्यापी हो जाने से निम्न और मध्यम आय वर्ग के (70 प्रतिशत भारतीय ग़रीबी की रेखा के नीचे हैं) परिवारों के प्रत्येक व्यक्ति को कमाओ, ख़रीदो और खाओ की बीमारी लग गयी।

विज्ञापनों ने बिंदासों को भी शौकिया बनाया है। फ़ैशनपरस्त कला प्रशंसक वर्ग पैदा किया है। वे धनी तस्कर जिन्हें स्मैक, कोकीन, अफ़ीम, गांजे के अलावा कोई व्यवसाय सूझता ही नहीं था, आज कला दीर्घाओं के मालिक हैं। नृत्य, संगीत, नाटक से लेकर पॉप, रॉक, रैप के प्रायोजक हैं।

विश्व का क्रिकेट सिर्फ़ शराब के विज्ञापन करने का या सिगरेट का विज्ञापन करने का सामाजिक काम कर रहा है। भले नागरिक परंपरागत प्रतिद्वंद्वी टीमों की हार-जीत में दंगा कर रहे हैं। क्रिकेट की कला और कलाकार हज़ारों हाथों से करोड़ों डॉलरों को समेटने का धंधा कर रहे हैं। कितना रोचक क्रिकेट है। कितना घिनौना है इसका दूसरा पक्ष।

तो नये-नये चस्के और नये चस्केबाज़ बाज़ार में फ़ैशन के मारों की भूमिका में आ रहे हैं। यह कुछ भी नहीं समझने के बावजूद इतने समझदार हैं कि कुछ भी ख़रीदने के लिए तैयार रहते हैं (बटुआ ख़ाली होने तथा अगली तनख़्वाह आने से पहले तक यह विलक्षण कला पारखी उपभोक्ता होते हैं)।

इन निर्धनों (उपभोक्ताओं) की प्यास बुझती नहीं है। यह उधार ले कर भी ख़रीद लेते हैं। इसी से व्यापार का ढांचा विकसित होता है। इसी से समाज का ढांचा टूटता है। यही फ़ैशन, यही ख़रीदने के बीमारी बाज़ार का जीवन है। सारी की सारी कलाएं दलाल, वितरक, आयोजक, प्रायोजक अपने-अपने व्यवसाय के कौशल के साथ चढ़ते-उतरते कला मूल्यों (जीवन मूल्यों) के साज पर थिरकते रहते हैं।

फिर भी यह कलाएं बाज़ार में आती कहां से हैं? किसी बहुत बड़े स्लम में किसी ग़रीब की खोली में, भविष्य की विश्व सुंदरी जन्म लेती है। उस झुग्गी में कटे-फटे लिबास, टूटे-फूटे विश्वास वाली एक मां होती है। एक निकम्मा, पशुवत शराबी पिता है। अक्सर इन्हीं ठिकानों में कलाओं का जन्म होता है।

इसके अलावा भी बहुत सारे जन्मस्थान हैं।

अंधेरी वीथिकाएं हैं, चक्करदार, पतली, उलझी हुई, अबाबील के घोंसले जैसी इन गलियों के झुरमुट में, झुग्गियों के बौने कमरों में, पालनों में, चिथड़ों में, मांओं की गोदियों में, पिता के शानों पर, भाई की उंगली थामे, इसी तरह के कई जन्मस्थानों के चित्र।

आप यक़ीन के साथ नहीं कह सकते। आज विश्वास करते हैं, पर आपको संशय है। आप ठीक ताल ठोक कर कभी नहीं कह सकते, गो आप क़बूल करते हैं, क्योंकि आप देख रहे हैं, वहां पर कला के बीज के लिए, कलाकार (आदमी) के लिए ठीक-ठीक दाना पानी है (नहीं भी है)। वहां संकरी झुग्गी में कुशादा प्यार भी है (नफ़रत भी है), ग़रीबी है (दुर्भाग्य) यही खाद है।

कला के सृजन की एक अवस्था होती है। अलग से किसी तयशुदा वक़्त पर इसके स्वागत की व्यवस्था मुश्किल है। कलाकार है एक आदमी। लगता नहीं है कलाकार। छैनी-हथौड़े के बारे में नहीं जानता घूरता रहता है एक चट्टान। नहीं सोचता कोई आकृति रंगों को छू-छू कर बेचैन हो जाता है। सोचता हुआ भी नहीं लगता। लिखता भी नहीं है कुछ। बनाता भी नहीं है। बिगाड़ता भी नहीं है। जागता भी नहीं है। सोता भी नहीं है। कुछ भी नहीं करता और लगता ही नहीं कि आयंदा कुछ करने का इरादा है। पानी की लहरें लौट-लौट जाती हैं। ज्वार-भाटा पछाड़ें खा रहा है, समुंदर की लहरों में और किनारों पर। रेत पर रोज़ नयी-नयी पगडंडियां बनती हैं। पानी में डूब जाती हैं। सदियां गुजर गयीं। यह यों ही बैठा है। फिर यूं हुआ, पता नहीं क्या हुआ। वह आदमी अचानक सिहर कर हरक़त करने लगा। इस या उस या आने वाली किसी सदी में ही सही, उसे सबने कुछ अजीब काम करते पाया। देखने वालों ने देखा। समझने वालों ने समझा। जानने वालों ने जाना। परखने वालों ने परखा। ख़रीदने वालों ने ख़रीदा। थूकने वालों ने थूका।

एक शाहकार, एक महान कृति हर सदी में नबियों (पैगम्बरों) की तरह आदमी के दिमाग़ से निकली। वह नृत्य था, गीत था, संगीत था, कविता थी, कुछ भी था। वह लाफानी (कभी नष्ट नहीं होने वाला) था। अमर था। वह जिसे इस सृष्टि के जीवों ने चाहे जिस नाम से पुकारा, वह था। वह है।

आदमी के जन्म से ही उसके दिमाग़ में उसका तत्त्व था। जीवन जीने में, कलाओं को जिलाने में मनुष्य के भीतर अपने आप एक तत्त्व था। जिन्हें मालूम हुआ, उन्होंने यह तत्त्व ज्ञान आगे बढ़ाया। आदमी चाहे नहीं जानता था, फिर भी वह उसे

करता था। गाता था (जनता ही नहीं था कि क्यों गा रहा है)। नाचता था (उस वक़्त नृत्यशास्त्र का कोई लिखित व्याकरण तो था नहीं, सिर्फ़ मन नाचता था। इसलिए शरीर भी नाचता था। बेशक वह व्याकरण नहीं नाचता था। आज सब व्याकरण नाचते हैं, क्योंकि उनका मन नहीं नाचता)। इन्हीं कला गुणों की वजह से मानव सैकड़ों वर्षों तक शब्द के बिना जिया। कला की वजह से आदमी जिया ही नहीं, कलाओं ने उसे शब्दों की तलाश के लिए प्रेरित भी किया।

जिज्ञासाओं भरे जीवन में जिसने जिसको कुछ करते पाया उसी में रमता हुआ वह आदमी उस कला को परिष्कृत करता गया। यह प्रभाव किसी तरह के सांस्कृतिक आदान-प्रदान के समारोह नहीं थे। इनमें 'संस्कृति' से कहीं ज़्यादा 'संस्कारों' का प्रभाव था। संस्कृति जैसी किसी परंपरा के बारे में कोई प्रभाव कला के माध्यम से मनुष्य पर आया हो (प्रत्यक्ष) या नहीं आया हो (परोक्ष) पर इतना ज़रूर रहा होगा कि जो कलाएं प्रभावशील (जिन्हें समूह समाज, किसी विशेष अवसर पर प्रदर्शित किया गया हो) रही होंगी, मनुष्य के मन में स्थापित होती गयीं। संस्कारित होती गयीं। परिष्कृत होती गयीं। वे कलाएं ही आगे चल कर सांस्कृतिक परंपरा बनीं। बाद में परोक्ष अथवा प्रत्यक्ष रूप से प्रदर्शनात्मक होने के कारण व्यावसायिक सूरत में ढलती गयीं।

कलाओं को ज्यों ही व्यावसायिकता का ग्रहण लगा, उनमें (कला तथा कलाकारों में) विधागत जातियां, प्रजातियां, घराने बनने लगे। आगे चल कर इन घरानों, इन जातियों, इनकी लोक कलाओं का सामूहिक अवसान हो गया। इस अवसान की वहज ठोस थी। वे सभी कलाकार मूलत: पैदायशी कृषक (किसान) थे। नाचते, गाते, बनाते, बिगाड़ते रहते, पर इन सब का उनके पास घरेलू इस्तेमाल ही था। समाज के बीच में वे और उनकी कलाएं प्रचलित नहीं थीं। वैसे सामंतों के लिए अलग क़िस्म का आनंददायक आखेट था। सामंतों की कहानी बस इतनी-सी है कि वे दमदार थे और पतन के युग में रह रहे थे। उनके वारिस मौज-शौक़ में टप्पा-ठुमरी, शराब तक महदूद (सीमित) थे। उनकी शक्तियां विलासिता में बर्बाद हो रही थीं। उनकी भुजाओं में शौर्य के रक्त के स्थान पर मदिरा के प्यालों का ख़ुमार ठाठें मारता रहता था।

[2]

व्यक्ति केंद्रित कला का सुख नितांत एकाकी था। उसमें समाज की भूमिका नगण्य थी। कलाकार को भी अपनी कला के उत्थान (अथवा लालन-पालन) के लिए समाज की ज़रूरत नहीं थी।

इसका नतीजा एक ही था। कला, कलाकार तथा समाज आपस में कटे रहे। उनका कोई व्यावसायिक रिश्ता भी नहीं था।

जब कला की लागत पेट पर भारी पड़ने लगी, लागत दुगनी आने लगी। यहीं

तक गनीमत नहीं या कला घर के भीतर पड़ी-पड़ी अंडे नहीं दे रही थी। सब तरफ़ घाटे का सौदा था।

ऐसे में पता नहीं किसने (शायद ग़रीब ब्राह्मण की समझदार पत्नी ने) कलाकार को मशविरा दिया कि वह अपनी कृति (कला) राजा के सामने प्रस्तुत करे। राजा गुण ग्राहक ही निकलते हैं। राजा से धन पा कर कलाकार जीवित रहने लगा। इस जीवन ने उसे (कलाकार को) अपनी कला के प्रति निष्ठावान बनाया। कला उसका परिवार चला रही थी। कला की पूजा होने लगी। कला कलाकार की सरपरस्त बन कर सामने आयी। इसी प्रक्रिया में कलाकार कुछ अन्य धनपतियों के संपर्क में भी आया। ये धनपति समंदर पार व्यापार करते थे। कलाकार की कला समंदर पार जा कर धन अर्जित कर सकती है, यह प्रयोग करके आंका गया तो पता चला कि इस धंधे में अंधी कमाई है। वांछित (अनुमान से अधिक) लाभ ने कला के लिए विदेशों में भी बाज़ार का निर्माण किया।

गरीबों के दड़बों से निकलने वाली तमाम कलाएं वितरकों, दलालों, मध्यस्थों, धन्ना सेठों के व्यावसायिक केंद्रों, हवेलियों, जगमगाते शयन कक्षों, नृत्यशालाओं की शोभा बनने लगीं।

धन आया साथ में विकृतियां लाया। मिलावट घाल घुसेड़ चलने लगी। बनावटी कलाओं का निर्माण होने लगा। ठोस कलाओं में श्रम साधना दोनों की ज़रूरत पड़ती है, लेकिन मिलावट में सिर्फ़ तिकड़म, धूर्तता, वाचालता, वाक्-चातुर्य का ज़्यादा महत्त्व होता है। इस तरह चार आने की लागत में सवा रुपया मुनाफ़ा (एक रुपया ख़ालिस मुनाफ़ा) देने वाला युग आ गया।

पश्चिम अपनी कलाओं के लिए हर समय नयी-नयी तकनीकें ईजाद करता गया। इसका सारा चिंतन कला को तकनीक के जरिये पूरा करना, संवारना होता गया। आज भी यह क्रम जारी है।

इधर पूरब में कला के पीछे श्रम और चिंतन दोनों थे। कम संसाधनों से महान रचनाओं को को रचने तथा अहंकार न करने का विनम्र भाव था। बाज़ारू सोच का दूर-दूर तक नामोनिशान नहीं था। बाज़ार में ला कर बोलियां लगाने के वास्ते कभी इधर के कलाकारों ने कलाओं का श्रृंगार नहीं किया।

चित्रकला को ही देखिए, यहां की चित्रकलाओं की पुरानी हो या नयी शैली, सब में जो भाव समान रूप से विराजमान है, वह पूरी तरह से भारतीय (पूरबी) संस्कृति के अत्यंत निकट है। यहां हम संस्कृति का संभ्रांत रूप देखते हैं। पाखंड नहीं, आडंबर नहीं, उच्च स्तरीय सादगी के दर्शन होते हैं।

पश्चिम में विश्व की पीड़ा, नहीं के बराबर है। होनी भी नहीं चाहिए। उनके ध्यान में पश्चिम के सिवा कहीं कोई जीवन है भी नहीं (जो है उनका ख़्याल यह है कि यह बाज़ार है)। उनके चिंतन में एशिया कभी इतना ज़रूरी नहीं रहा, न तीसरी

दुनिया की पीड़ाएं ज़रूरी रहीं। उनकी नज़र की सीमाएं बहुत मामूली रहीं। कैनवास पर समूचा विश्व उकेरने, चित्रित करने का उन्हें भान ही नहीं था। इस कथन के विपरीत वह यह सब करते ज़रूर थे। पर इनका दृष्टिकोण मानवीय ने हो कर व्यावसायिक था, राजनीतिक था, उपनिवेशवादी था।

हम उन्हें ऊंचाई पर देखते थे। हमारी नज़रों के ऐन नीचे, कुओं में बैठ कर वे रंगों को मथ रहे थे। न तो वे विष बना रहे थे, न अमृत। उनके 'एजेंडे का खुलापन' यही था कि उनके पास इस तरह का कोई एजेंडा ही नहीं था, जिसमें विश्व की दारुण अवस्था, करुणा अथवा भुखमरी को स्थान मिलता।

उनके संसार में पाश्चात्य योरोप, पश्चिमी पतनग्रस्त जीवन, झूठ के पीछे (और पर्त-दर-पर्त) का झूठ ही विश्व समुदाय था। इसका औचित्य भी है। वे निर्विवाद रूप से अपनी उपस्थिति के प्रति चेतन थे। सचेत थे। कुंओं में थे, पर डूब नहीं गये थे (इस आभास के बिंब ज़रूर गढ़ते थे)। इस हद तक सक्रिय थे मानो कोई समय सीमा में किसी निर्धारित (सशर्त) निर्माण कार्य को पूरा करने के लक्ष्य में जुटे हुए हों। उनका आभिजात्य समय उनके आभिजात्य चरित्र के साथ नत्थी था। वे कर्ण के कवच-कुंडल की तरह अविभाज्य थे।

बाज़ार आश्रित होने के बाद, सभी कलाओं को रोज़ नये-नये ग्राहक, नये-नये बाज़ारों की प्यास लगने लगी। अपनी प्यास के मुताबिक़ वह बाज़ार बनाती चली। कलाओं को इस बाज़ार में लाने वालों के गिरोह गली मोहल्लों से चल कर अंतर्राष्ट्रीय स्तर पर अपनी पहुंच और संपर्क बनाते हैं। यह संपर्क किसी महंगी या सस्ती कला के दाम तय करने में, उसे इधर से उधर करके आसामी तक पहुंचाने के दरम्यान अंतराल में षड्यंत्र रचने, हत्याएं करने, करवाने, अपहरण, फिरौती, दोहरी धोखाधड़ी करने आदि में सक्रिय रूप से धन के अंशधारी भागीदार बन कर बाज़ार को प्रभावित करते हैं।

उन कलाओं के लिए, जो नक़ली हैं, नक़ल हैं, सहज दाम पर तुरंत उपलब्ध हैं, इनके लिए स्थायी बाज़ार होता है। यहां मनोरंजन के अनैतिक अड्डे भी सक्रिय रहते हैं। इन गोरखधंधों के संचालक बदमाश होते हैं। ये नये शोषक (नव-सामंत) हैं। कलाओं की आड़ में मादक पदार्थ का आवागमन बनाये रखना और अंतर्राष्ट्रीय सीमाओं पर अपनी थड़ियां (ढाणियां) बनाना इनका मुख्य काम है। आतंकवाद से ले कर भेड़ियाधसानवाद (अमरीकी-दादागिरी) ही नहीं, विश्व का सारा अपराध जगत विध्वंसकारी कार्यों में लिप्त रहने के लिए कलाओं के संरक्षकों का मुखौटा धारण किये रहता है। इनके लिए सारी ही कलाएं उपयोगी हैं।

तर्क है, क्यों? और बड़ा ही वाजिब तर्क है। इनकी ज़रूरत इसलिए अपरिहार्य है, क्योंकि कला (या कलाकार) को जीवित रहने की ज़रूरत है या नहीं है? यदि इनका जीवन ज़रूरी है तो धन भी ज़रूरी है। धन के बिना न कला संभव है न जीवन।

कला के बाज़ारीकरण से कला और जीवन को बचाने का महत्त्वपूर्ण काम हो रहा है, इसमें क्या बुराई है ? धन आता है छुटपुट बुराइयों के साथ, पर आता तो है। धन आपके जीवन को रंगों से भर देता है। किसी भी महान कला को देख कर आप बहुत देर तक मुग्ध नहीं रह सकते, पर धन को देख कर आप अपना आपा खो सकते हैं।

कलाएं कई देशों को विदेशी मुद्रा दिलवा रही हैं। कलाएं इस तरह आर्थिक स्थिति के बारे में विश्व बैंक सरीखी मकड़ी से रेशम बुनवा लेती हैं।

यह समय आधुनिकतम निर्दयी समय है। इस निर्लज्ज संवेदनाशून्य आधुनिकता को बनाये रखने के लिए प्राचीनतम कलाओं को इस समय के इर्द-गिर्द बनाये रखना धंधे की ज़रूरत बन गया है।

यह ज़रूरत रत्ती भर महंगी नहीं है। क्योंकि आपके पास ज़र्च (निवेश) करने के लिए माल है। बेचने के लिए माल है। अपने चैंबर (कॉमर्शियल कॉम्प्लेक्स) सजाने के लिए माल है। ख़ूबसूरत उदार निजी सेक्रेटरी रखने के लिए माल है। अपनी साख में एक लज़्ज़त भरा अहसास, एक नज़दीकी सिरहन, एक उतरने वाली छुअन का आभास पाने के लिए माल है। माल है आपके पास फिर सब कुछ तैयार है।

उन समूहों में (जलसों में) कहीं भी रौनक, तरलता के नख़लिस्तानों में, कहीं भी, जहां आंखों को भला लगे, वहां यह दृश्य सजीव उपस्थित है। माकूल भुगतान पर यह उचित (नैतिक) है। कला को मानदेय मिले तो कला को सजावटी बनने में ऐतराज नहीं है। क़द्रदानों को साक्षर किया जा चुका है। कला अपने साक्षर प्रशंसकों की जेबों में उतरने के लिए डुबकी लगाना सीख चुकी है। दोनों प्रेमी एक-दूसरे के स्वार्थ का ख़ाली स्थान भरने के लिए बेताब हैं।

नयी बात नहीं है। बहुत पुरानी बात भी नहीं है कि हमेशा नया-नया लिखने के लिए नया-नया पढ़ना पड़ता है। नये मुहावरे, नये शब्द, नये प्रतीक, नये बिंब तलाश करके ही हम नये मुहावरे, नये शब्द, नये प्रतीक, नये बिंब लिख सकते हैं। नया अनुभव पा कर, नया अनुभव दे सकते हैं। नित नूतन ताज़गी के लिए यही वह कसरत है जो मौलिक रचना बन कर आगंतुक पाठक (ग्राहक), आगंतुक क़द्रदान (ग्राहक), आगंतुक समालोचक (प्रकाशक का मुनीम) तक पहुंचती है।

लगातार मौलिक कलाएं (रचनाएं) देने के लिए लगातार उनका अध्ययन ज़रूरी है, जो मौलिक है (क़तई मौलिक नहीं है)।

इसका अंजाम भी साफ़ है। इसका अंजाम यह है जनाब कि इस तरीक़े से लगभग सारी ही मौलिकताओं (कलाओं) में विकृतियों ने अपना व्यावसायिक विस्तार किया है। यह विकृतियां ही ज़रा मौलिक हैं।

इस तरह वह तमाम कलाएं, जिनमें विकृतियों ने स्थान बनाया, अपना विस्तार किया वे ही अधिक प्रचलित हुईं। एक तो इनमें लागत कम आयी। दूसरे, नक़ल में

सावधानी बरती गयी, इसलिए विश्वसनीय भी हैं। इसके बारे में आप कह सकते हैं वह नहीं है, लेकिन हू-ब-हू वैसी ही है या असली गुलाब नहीं है, नक़ली फूल है, यह नक़ली गुलाब का फूल भी नहीं है। कम-से-कम यह फूल तो बेशक है। चलो, काम चल गया।

[3]

कलाओं के व्यावसायीकरण से सबसे भारी लाभ (घाटा) महिलाओं को हुआ। महिला (नारी) के बिना कला की कल्पना (व्यावसायिक कल्पना) संभव ही नहीं है। हर स्थान, क्षेत्र में, खुले-छिपे रूप में नारी का कलाओं से जुड़ाव रहा है। नारी, इस रिश्ते का लाभ उठाने के स्वार्थ में, हर बार देह-शोषण, चारित्रिक अपमान का शिकार होती रही है। विशेषकर नाटक, फिल्म, नृत्य, नौटंकी और दूसरी कई प्रदर्शनात्मक कलाएं जो दलों के रूप में भ्रमणशील रहती हैं, उनमें नारी का शोषण आम बात है।

साथ-साथ यात्रा की मजबूरियां (पुरुषों के साथ) साथ-साथ खाने, पीने, सोने, ठहरने की मजबूरियां (जैसे सर्कस में) कई-कई नामों उपनामों वाली मजबूरियां, जो स्त्री-पुरुष की निकटता का कारण बनती हैं। उनके चलते शारीरिक, मानसिक, संबंध बन जाना मामूली घटना है। ये रिश्ते कई बार आत्महत्या, हत्या के कारण बन जाते हैं।

भारत में ही अनगिनत कला समूहों में नारी का पल-पल सांस-सांस शरीर का कण-कण अपमानित, शोषित, प्रताड़ित होता रहता है।

कई साहित्यिक गोष्ठियों, सेमीनारों, कलावार्ताओं, कार्यशालाओं में बड़ी हैसियत वाली नारी को भी पुरुषों की छींटाकशी का मजा चखना पड़ता है।

नारी कला व्यवसाय से जुड़ते ही मर जाती है, लगभग। कला व्यवसाय के राजमार्ग पर नारियों की लाशों के अम्बार मिलेंगे। यह लुभावना, मनभाता, गोश्त, जीवित अवस्था में वासना के गिद्धों का मनभाता व्यंजन है।

[4]

कला व्यवसाय के क्षेत्र में बड़ी ख्यातियां दर्ज करने वाले कई नामी चरित्रों का जीवन, नर्क में पड़े पानी या नाली में पड़े कीड़े की तरह अपने अंत को पहुंचा है। उनके परिवार टूटे हैं। उनकी फज़ीहत हुई है। वे गुमनामी की मौत मरे हैं। उनकी लाशों को स्नान करवाने वाला, नहला धुल कर शव यात्रा निकालने वाला भी नसीब नहीं हुआ है।

व्यावसायिक जंग में काम आये इन योद्धाओं का अंत बहुत पीड़ादायक रहा है। इस परंपरा की बेगार में अभी भी बहुत सारे जाने-माने दिग्गज लगे हुए हैं। इन्हें आप

कला-व्यवसाय के 'बंधक मज़दूर' भी कह सकते हैं।

इन बंधकों को रंग, तूतिका, कैनवास, हथौड़ा, टांकी, पत्थर, तबला, घुंघरू, सारंगी, ढोलक (और बहुत-कुछ) रंगमंच आदि कच्चा माल जुटा दिया जाता है। बनाओ, बनो, नाचो, थिरको, दिहाड़ी मज़दूरो! कच्चा माल पक्का करने वाले मालिक और मध्यस्थ नोट बनाते हैं। यह भाई लोग (महाराष्ट्र में बदमाशों-तस्करों को भाई कहा जाता है) सेक्रेटेरियेट से ले कर 'कल्चर' तक अपनी गोटी फिट कर लेते हैं। इन भद्र 'वल्चरों' की आर्ट गैलेरियों, कला केंद्रों, संगीतशालाओं में किसी-न-किसी रूप में मौजूदगी परंपरा की तरह है। ये वे पिशाच हैं जिनके पास इतनी ढेर सारी चालें हैं कि कभी न पिटने वाली कि बड़े-बड़े शातिरों के पसीने उतरने लगते हैं। व्यावसायिकता के जोख़िम अज्ञात नहीं हैं।

आपको बिकाऊ और ऊंचाई छूने वाला लोकप्रिय साहित्य रचने का दंड भी भुगतना पड़ सकता है। अपने पेशे को चमकाने के लिए आप किसी वर्ग की भावनाओं, आस्थाओं को आहत भी कर सकते हैं। उनका कोपभाजन भी बन सकते हैं। लाखों करोड़ों रुपयों से घर भरने के चक्कर में आप यह भूल सकते हैं कि आहत आस्थाओं को मरहम की ज़रूरत हो सकती है।

आप उन्हें घाव देंगे, बदले में वे आपको फ़तवों से घेर लेंगे। आपको यह भुगतना ही है। यह जो सफ़ेद-स्याह आपने धन के लिए लिखा है अब यही धन, आपकी जान बचाने में काम आयेगा।

धंधेबाज़ लोग अभिव्यक्ति की पीठ पर बंदूक रख कर विष लिखवायेंगे, चरित्र हनन लिखवायेंगे, मिथ्या, अतीतगामी लिखवायेंगे, यह बैस्ट सैलर पुरस्कार के योग्य लेखक आपको ख्याति के साथ अच्छे (बुरे) नतीजों के लिए भी पूंजी मांगेगा। विश्व में, शायद दुनिया के सभी देशों में धंधेबाज़ कला, साहित्य के इन माफ़ियाओं ने स्वयं घोषित क़ानून बना रखे हैं। इस क़ानून में इन्हें अपने आप किसी विशाल धार्मिक समूह (जत्थे-वर्ग-समाज) की धार्मिक भावनाओं को कुचलने, रौंदने का अधिकार प्राप्त हो जाता है। व्यावसायिक मीडिया इन हल्कटों के साथ है। नाम निहाद मानवतावादी इनके साथ हैं। वह तमाम उच्च स्तरीय भ्रष्ट व्यवस्था इनके साथ है, जिसे पूंजी के अतिरिक्त इस संसार में कुछ भी प्रिय नहीं है। इनके काम करने के तरीक़े यथार्थवादियों की तरह (असंगत) होते हैं। इन्होंने जितना भी इस हांडी में रंग है, सब का उपयोगी यथार्थतः एक-दूसरे के समर्थन में, लगभग किसी ठोस विकल्प की तरह कर लिया है।

कला व्यापारियों ने एक बहुत बड़ी देग (ग़रीबनवाज की देगों से भी बड़ी) बना ली है। इस देग में इन्होंने मानवता, कविता, मुस्कराहट, मासूमियत, प्रेम, भाईचारा, सहभागिता, पर्यावरण जैसी तमाम प्राकृतिक बातों को भून देने का संकल्प लिया हुआ है।

कला व्यवसाय के हथौड़े ने समाज के चेहरे की ऐसी ठुकाई की है कि अब उसमें सुधार नामुमक़िन है। पहाड़ों, गांवों, ढाणियों, मंदिरों में रखी (सुरक्षित) हुई प्राचीनतम उत्कृष्ट कलाओं को इस हथौड़े ने तोड़ डाला है।

इस मारामारी का रचनाकार, यहां अज्ञानी प्रशंसकों के बीच में, कला मर्मज्ञ के नाम से विख्यात होता है। सारा सरकारी लवाजमा (संबंधित) इन महाशयों के तलुवे चाटने को आतुर रहता है। चाटता भी है।

[5]

कहना आसान (कठिन) है। अनुचित नहीं है। थोड़ा कड़वा ज़रूर है। गनीमत है कि अभी कहने पर कोई प्रतिबंध नहीं है। शायद इसीलिए कहना ज़रूरी भी है। क्योंकि एक तो यह कला का मामला है, दूसरा यह कलाकार यानी इंसान का मामला है। यह दोनों उसी तरह सनातन सिक्के के दो पहलू हैं।

आदमी वाला पहलू जीवित अवस्था है। रोटी, सांस, पानी, दुःख, सुख महसूस करने वाली जीवित अवस्था। इस अवस्था में परिवार है, संस्कार है, परंपरा है, धर्म, रूढ़ि, आस्था, विवाह, तलाक़, क़र्ज़, शराब, नून, तेल, लकड़ी, सब इस अवस्था के हिस्से हैं। यह साथ रहेंगे, इनसे तालमेल करके, (या ना करें चाहें तो) इनके साथ कुछ अनचाही शर्तों पर ही सही निबाह करके ही आदमी कला साहित्य में रह सकता है। अकेले भी रह सकता है तो जीवित अवस्था को जीवित बनाये रखने की मजबूरी यह है कि धंधे में उतरो। यह ज़रूरी है, गो मजबूरी ही सही। किसी एक कवि (आदमी) ने कविता लिखी मानव संघर्ष की। लड़ कर अधिकार प्राप्त करने की। ज़िहाद की कविता लिखी। कविता लिखेगा मानव पीड़ाओं के लंबे इतिहास की। पर करेगा क्या काम? मज़दूरी करेगा? जेबें काटेगा, दो नंबर के धंधे करेगा? कुछ नहीं करेगा ग़लत, बस, कविता लिखेगा क्या?

इस आदमी ने कविता को व्यवसाय से नहीं जोड़ा। रोटी से कविता को नहीं जोड़ा। यह आदमी कुछ भी करके रोटी कमा कर खा लेता है, फिर कविता लिखता है। रोटी खाये बिना इसे कविता सूझती ही नहीं। कविता इस आदमी के लिए भोजन के बाद गुड़ की डली चूसने के समान है। इस आदमी को इस बात से भी ग़रज़ नहीं है कि कविता समाज को और ख़ुद को कभी भी बदल सकती है।

कविता के बारे में आदमी जब तक 'ऐमेच्योर' रहेगा, शौक़िया रहेगा (चाहे किसी भी विधा में ही सही) तो इसकी यह कविता अलख नहीं जगा सकेगी। सिर्फ़ हवाई सम्मान पा लेगी। यह कविता महाकाव्य और आदमी महाकवि कभी नहीं बदल सकते। ग़ैर पेशेवराना व्यवहार से कविता (कला) में सामुदायिक रस की कल्पना संभव नहीं है। शौक़िया स्तर की कलाएं धूल चाटती हैं।

इनमें कुछ पुराने खुर्राट अपना दाना-पानी निकालने की जुगत में बने रहते हैं। इनकी जुगतें बड़ी सोची समझी होती हैं। आधी-आधी रातों को इन चिकने घड़ों की परनिंदा विचार गोष्ठियां मदिरा के साथ चलती हैं। घृणा उगलते, घृणा पीते, घृणा परोसते, घृणा जीमते यह कला और साहित्य के बूढ़े मसीहा अपने इर्द-गिर्द बैठे नवांकुर शौक़ियाओं को 'ज्ञान' बांटते हैं। नवांकुर अवाक् नेत्र फाड़े इन गुरुजनों को चीख़ते, भुसते, रोते, उल्टियां करते और दिल हिला देने वाले खर्राटे भरते देखते रहते हैं।

इन बच्चों को यह भी नहीं सूझता की आख़िर इन पाखंडियों को शुभ-रात्रि कहें तो कब कहें?

दिक़्क़त यह है कि इन्हें 'शुभरात्रि' कहें तो भी ख़तरा बरक़रार है—ये सुबह फिर उठ जायेंगे!

इसके बरख़िलाफ़ कला सिर्फ़ कला है। जीवन नहीं है यह ख़ूब ज़िंदों की मानिंद 'सेल्यूलाइड' पर नाचते-कूदते गाते हुए भी जीवन नहीं है। कला को कोई मानसिक तनाव नहीं है। यह शास्त्रीय है, जीवन से निकल कर बाहर आयी है, जीवन है लगभग फिर भी जीवन नहीं है। कलादीर्घाओं में, पुस्तकों में, इतिहासों में, संस्कारों में, जीवन में, हर क़दम पर साथ-साथ जीवन जीते हुए भी इसको जीवित नहीं कहा जा सकता।

कला को जीवित मान कर वे स्वप्नवादी जीवित रहते हैं जिनके लिए कला अर्थोपार्जन का साधन नहीं है। कला इनके लिए साधना है, आराधना है, उपासना है। कला को केवल मूर्ख अथवा मरा हुआ आदमी ही जीवित मान सकता है।

कलाएं मानव की पीठ पर सवार एक ऐसा फ़ालिजजदा (विकलांग) बूढ़ा है जिसने सिंदबाद की पीठ को ही अपना घर बना लिया है। यह बूढ़ा (कला) जीवन का प्रतिनिधित्व नहीं करता। यह मृत्युगामी है। हां, इस बात से यह ख़ुलासा ज़रूर हो जाता है कि ये हादसे हमें सिखाते हैं कि कला सभ्यता को बचाने में मानव की कितनी जीवट भरी भूमिका रही है।

अनादि काल से रक्त पिपासु, बर्बर, असभ्य, बटमार, विक्षिप्त रहे, मानव ने कलाओं को सहेजा, संवारा, पाला। यही नहीं, अनवरत युद्धों के क्षणों में भी इसे ओढ़ा, बिछाया।

कलाएं मानव की नियति हैं। यह वह विडंबना है जिसके अभाव में मानव पागल हो सकता है (था)। कलाएं किसी नदी के गहरे पानी में रहने वाले बिना दांतों के उस घड़ियाल की तरह हैं जो घाट पर स्नान करने के लिए आने वालों से सौ-सौ आंसू रो कर कहता फिरता है, हे भद्रजनों, मेरा भोजन बनो। कलाएं हज़ार जीवन खा कर भी भूखी और मृत रहती हैं, इस सच्चाई के बावजूद कि कलाएं कभी मरती नहीं।

कलाएं ख़ुद जीवित नहीं होतीं, पर जीवनदायिनी हैं। कलाओं के बिना

आदमीपन अधूरा है। रस, आनंद, उत्तेजना, चेतना, रोमांच, उत्साह, प्रेरणा देने वाली कलाएं हैं। कलाओं की निकटता पा कर आदमी ठगा-सा खड़ा रह जाता है। भौंचक्का रह जाता है। आदमी कला से विच्छेद की कल्पना मात्र से सिहर उठता है। कला, आदमी का पेट भर देती है। मन भर देती है। ख़ून पीने वाले वृक्ष की तरह उसका सब कुछ चूस चास कर उसे छोड़ देती है।

कला का जादू रोटी बनाने में उस्ताद है। कई दफ़े कलाएं आदमी के हाथों में सूरज की तरह चमक उठती हैं तो कहीं आदमी के हाथों से कला राख का ढेर बन जाती है। आदमी ही है जादूगर उस्ताद, जिसने गूंगी कलाओं को बोलना सिखाया। मरी हुई कलाओं को ऐसा रूप दिया कि ज़िंदा भी धोखा खा जाये।

हुनरमंदों की दुनिया में कभी भी कमी नहीं रही। मरी हुई कलाओं को बोलना सिखा दिया। अदब सिखा दिया। तमीज़, रख-रखाव, सलीक़ा सिखा दिया। अपनी अस्मिता को बचाने की चेतना भी कला ने पायी। पूरे ब्रह्मांड में कलाएं मानव की मित्र और शत्रु दोनों हो सकती हैं। आदमी से बड़ा कला शत्रु (मित्र) कलाओं को और कौन-सी सृष्टि में मिलेगा—ख़ुदा जाने!

[6]

कला व्यवसाय अब माफ़िया संचालित व्यवसाय है। भूमाफ़िया की तरह इसमें भी अब हत्या, अपहरण का गुज़र-बसर आम है। इस माफ़िया का रूप धवल है। खादी जैसा है। विश्वसनीय है। भाई लोग कला सेमिनार, कला कार्यशाला, कला संवाद, कला झांकियां आदि का आयोजन कर अपनी इस विश्वसनीयता को बनाये रखते हैं।

कलाकर्मियों का सम्मान, नागरिक सम्मान, अभिनन्दन आदि भी इसकी कार्य प्रणाली के अंग हैं।

इनकी ज़ाहिर चिंता 'फोक' और 'लोक' तथा 'आदिवासी' कला तत्त्वों को बचाने में दिखायी देती है।

कलाओं को बचाने की यह व्यावसायिक चिंता है। इस चिंता की क़लई प्रदर्शनात्मक कलाओं के खिलाड़ियों के साथ इनके व्यवहार से खुल जाती है। इन कलाकारों के साथ ये किसी कुत्ते की तरह व्यवहार रखते हैं। यह खुल्लम-खुल्ला थूक उड़ाते हुए कहते हैं, क्या है इनकी कला? इनकी औकात क्या है? इन्हें मौक़ा न मिले तो कौन जानता (पूछता) है इन्हें?

और भी बुरी तरह से दुत्कारे जाते हैं। इन कला साधकों का जीवन देख कर कुत्तों का जीवन श्रेष्ठ लगने लगता है। कोई कलाकार टोरंटो में मरता है। कोई यहां जालंधर में था वहां जहां आप चाहें या चाहें तो पैराडाइज सिटी में ही क्यों न मार दें, आपने देखा, उसकी कला के वारिस उसके रक्त से नहीं हैं। उसकी कला का हक़दार

यही माफ़िया है।

इस हक़ीक़त को बस इसी तरह बयान किया जा सकता है कि शेर की दहाड़ के बाद जो सन्नाटा छाया उसी ने संकेत दिया कि चीरफाड़ हो चुकी है। इस विडंबना का गीला कंबल ओढ़ कर स्वप्नजीवी कलावादी पड़े रहते हैं। उन्हें व्यवसाय के यथार्थ की भोर का आभास नहीं होता। सोने-जागने और जीने की जो कला है, इससे बेनियाज (लापरवाह) कलावादी इस भरोसे रहते हैं कि सफ़ेदी की चमकार का युग है। हर माल महान है, क्योंकि बिकाऊ है।

कहते हैं जो माल बिकाऊ नहीं, वह कला नहीं। यानी जो कला (माल) बाज़ारू नहीं, वह कलात्मक नहीं (बिकाऊ नहीं)। यही कलाकार की कहानी है। कला, आदमी और बाज़ार के रिश्तों की परिभाषा बदल दी गयी है।

वह यों है 'पूंजीवादी उपभोक्ता संस्कृति की डायन का भूखा हांडा आहूतियां नहीं मांगता, वह भग लेता है।' यह परिभाषा कितनी उचित है, यथार्थवादी है, पता नहीं पर इसके प्रभाव के असरात कहीं भी देखे जा सकते हैं।

आने वाले दशक में आप पायेंगे कि उदारीकरण के भूकंपीय नतीजे कितने ख़तरनाक होंगे। मुद्रास्फीति कहां तक उतरेगी। ज़मीन का पानी, बोतलों में बंद जिन्न की तरह कसमसाया-सा याचक बन जायेगा। महंगी शिक्षा और बढ़ती हुई आबादी के ज्वालामुखी जब उल्टी करेंगे तो उपभोक्ताओं के चेहरे मिट्टी में मिल जायेंगे।

आप यदि ख़रीददार चूहे हैं, या चोर चूहे हैं, आप अपने बिलों में भी सुरक्षित नहीं हैं। इस उपनिवेशी व्यावसायिक संस्कृति के आक़ाओं को बिलों में पहुंचना भी आता है।

इस तरह के सशर्त ख़रीददार बनाये जाने वाले मज़लूमों के घरों में (देशों में) कहां बचेंगी कलाएं? कलाओं के अपहरण को रोकना स्वाभाविक नहीं रहेगा। इनको बचाने की चिंता करने की शक्ति भी आपके पास नहीं बचेगी। कलाएं तो दूर का डूंगर, आपके पास अपने-आपको बचाने की क़ुव्वत भी नहीं बचेगी।

इसी संदर्भ में अमेरिका का रुख कहता है, शायद इसी वजह से अमरीकापरस्तों की भीड़ भी यही मान कर चलती है कि भारत में लोकतंत्र की जड़ें बहुत गहरी हैं। अमरीका यह भी कहता है कि भारत में अज्ञानता की जड़ें भी बहुत गहरी हैं (और मज़बूत भी हैं)। इस देश की अज्ञानता के मामले में अमरीकी तंत्र पूरी तरह आश्वस्त है। यहां के अमरीकी प्रशंसकों में जो अज्ञानी मौजूद हैं, वे इसे ही ज्ञान मान कर चल रहे हैं। उन्हें इस बात का अहसास ही नहीं है कि वे अमरीकी समझ से क़तई अनभिज्ञ इस दुष्प्रचार के हिमायती बने बैठे हैं।

आपकी हल्दी, नमक, चावल, सरीखी रोज़मर्रा की ख़ुराक (वह भी ग़रीबों की) यह देश अपने नाम कर लेता है। हमारा ज्ञान हमारी ठस्स राजनीति की वजह से इसके ख़िलाफ़ आपको झुकाये रखता है। यह है लोकतांत्रिक शक्ति (निर्धनता)।

जब हरी-पीली सब्ज़ियों की यह दशा है तो आपकी रंगारंग लोक संस्कृति, लोक कलाएं, परंपरागत कलाएं आदि किस खेत की मूली हैं?

भारत सहित रशिया, अफ्रीका के कई-कई देश इस शिकारी की मार के भीतर हैं। विश्व बैंक की चरागाह चारे के रूप में है। यह है हमारी चरनोट, यहां से खाओ या वहां से खाओ या चकित खड़ी रहो भेड़ो, उन गधों की तरह जो हरियाली देख कर हक्के-बक्के चरना तक भूल जाते हैं।

हमने पचास वर्षों में नहीं पूरे ग़ुलामी के दौर से ही अपनी अस्मिता के बारे में कोताहियां करनी शुरू कर दी थीं। वह जानने वाला जान भी रहा था और ढील दे दे कर खींच रहा था। वह जानते थे एक कंपनी इतना बड़ा कांड कर सकती है तो बहुत सारी कंपनियां मिल कर तो यह जहाज़ डुबो ही देंगी।

मछली सांस लेने ऊपर आती है और शिकारी की बंदूक की गोली उसे पा लेती है। मछली सांस (बूंद) लेने सतह पर आती ही है। अब क्या गोली के बारे में जानने के बाद मछली सांस लेने सतह पर आ जायेगी?

इन बातों को सतही या किसी एक व्यक्ति का विचार मान कर बचाव कार्य आरंभ करना मुश्किल है, टेढ़ी खीर भी है। हमारे यहां एक ही ज़रूरत के बहुत से बंदे मिल कर अपना समान लक्ष्य प्राप्त करने के अभियान में भी मत-भिन्नता के कारण एकजुट नहीं रह पाते।

यहां स्वयं का वर्चस्व, स्वयं का वैचारिक वर्चस्व कैसे बना रहे या कैसे बनाया जाये की प्रथा आम है। यह खुजली बारहों मास हमारी पीठ पर रेंगती रहती है। इस अलगाव की हांड़ी को फूटने के लिए एक चौराहा चाहिए। यह काठ की नहीं, कांच की हांड़ी है। कलाएं इसी तरह व्यावसायिकता के दलदल, चिंतन, विचार में उतरती जायेंगी। आपका उपभोक्ता (दूसरी ग़ुलामी) चरित्र इसे नहीं बचा पायेगा, इसे आपसे ही तो ख़तरा है।

कलाओं की चमक तो बढ़ेगी, लेकिन उनमें मानवीय संवेदनाओं का रूप-रंग भाप बन कर उड़ जायेगा।

हुलिया बिगड़े या बने, यह ज़रूरत पूरी करेगा रोटी की। खाने, पहनने की सुविधाओं के मलबे लग जायेंगे। कह सकते हैं कि खाना तो कुत्ते भी खा लेते हैं, लेकिन कुत्तों को कलाओं की फ़िक्र नहीं रहती। कुत्ता कलाओं के साथ अपनी जात सरीखा सुलूक भी नहीं कर सकता। यह पाशविकता मनुष्य की धरोहर है।

कला के नीलाम होने से देश की विदेशी मुद्रा की प्यास मिटेगी (बढ़ेगी)।

यह नहीं कर सकते? मान-मर्यादा की बात करते हो तो किवाड़ बंद करके कलाएं रचो, नाचो, गाओ, देश कल कलाएं थोड़ा-बहुत अपमानित हो कर देश को विदेशी मुद्रा दिलवाती हैं तो क्या बुरा है? ज़माना वैज्ञानिक है, तकनीकी है, प्रगतिशील नहीं है तो क्या? आधुनिक तो है।

कलाओं को पेशेवर बना कर कलाकर्मी अपनी रचनात्मकता खो देगा। वह कला का कम्प्यूटरीकरण करता चला जायेगा? ठीक है, यह भी चौंकाने वाली बात कहां रही। 'क्लोन' बनाने के युग में भी तो सांस लेनी है। पर अगर रचनाकार व्यवसायी हो कर रह गया तो रोज़ कुंआ खोदेगा, रोज़ पानी पियेगा। यानी कलाओं का उत्पादन करेगा, उन्हें बेचेगा। वह तेल लगे मलखंब पर ब्रह्मराक्षस की तरह चढ़ने उतरने का निरर्थक काम करता रहेगा। भीतर से उपजने वाली मौलिकता नष्ट होने लगेगी। आत्महत्या जैसा काम होने लगेगा। मरे भी और मज़ा भी नहीं आया।

कला का आदमी से रिश्ता रचनात्मक तो है ही, रागात्मक भी है और भावनात्मक भी। इन संवेदनशील रिश्तों को निबाहना आज तलवार की धार पर चलने जैसा दूभर काम है। इस पारदर्शी रिश्ते की वजह से, इसकी पवित्रता की वजह से, रचनाकार हमेशा एक 'साधक' की तरह रहता है। उसकी आत्मा के भीतर जो चक्रवात है, जो मंथन है, वह कला की संवेदना है। उसको कलाकार महसूस कर सकता है।

आदमी का जिस किसी भी कला से जैसा भी रिश्ता है, उसमें पारदर्शिता है, मोलभाव, ख़रीद-फ़रोख्त वाली बात यहां व्यावहारिक नहीं है। अगर यह इसी तरह नहीं है जैसा ऊपर लिखा है तो इस रिश्ते को बचा पाना असंभव है। रिश्ते के नहीं टूटने पर आदमी (कलाकार) टूट सकता है।

मैं किसी की खाल उधेड़ कर उसमें भूसा भरने की कला की बात नहीं कर रहा हूं (यही पहला झूठ है)। इस बात का पक्का यक़ीन है मुझे कि कला के नक़दऊ रिश्ते ने आदमी को घनचक्कर बना दिया है। अब उसकी कला की वजह से (स्वयं उसकी वजह से भी) जो परिवेश बनता था, अब नहीं बनेगा।

अब कला के क्षेत्र (बाज़ार) में बने रहने की कला (उधेड़बुन) में आने की वजह से कलाकौशल दिखाने की बातें सोचने वाला दिमाग़ और हाथ विश्वसनीय नहीं रह जायेंगे। इनका रहन-सहन, सोचने, चलने का अंदाज़, सब कुछ अपने अस्तित्व (धंधे) की रक्षा के लिए, लगातार धन अर्जित करने के लिए ऐसा रूप धारेगा मानो कोई नया श्रमिक वर्ग अस्तित्व में आया हो। इनकी आंखें, इनके चेहरे, इनकी सोच, कुटीर उद्योग के दर्पण लगने लगेंगे। इन्हें देख कर बरबस कोई कह उठेगा 'लगता है सारा कुनबा बॉल पेन बनाने लगा है।'

[7]

अभिव्यक्ति की स्वतंत्रता की जनतांत्रिक बात पूंजीवादी व्यवस्था की दासी बन कर रह गयी है। पर आमदनी बढ़ गयी। यही नहीं इसमें आदमी के मन में हताशा पैदा हुई। क्रोध आया। अधीरता बढ़ी। वायु के रोग बदहजमी, अल्सर जैसी बीमारियों ने दिनचर्या में हस्तक्षेप किया।

कलावादी अर्थशास्त्रियों की तरह नहीं होता। वह अपनी हर संपन्नता में भी निर्धन ही रहेगा। ऊंचाइयों पर जा पहुंचने के बावजूद उसका पतन जारी रहता है।

कला आदमी का रिश्ता परिवार की तरह रहे तो गनीमत, वरना अगर कला, परिवार के वास्ते रोटी जुटाने वाली वीरांगना बनी नहीं कि रिश्तों का विभाजन निकटता बढ़ाने लगता है। बाज़ार, मानव की कल की फ़िक्र पर सवार हो कर मानसिक तनाव बढ़ाता हुआ समाज को पलायनवादी बना देता है। डरपोक कहा जाना या अपने बारे में यह सुनना कि आप नपुंसक हैं, अब कोई सनसनी पैदा नहीं करता। यह तथ्य जानने के लिए आपको वर्तमान फ़िल्म कला के संसार 'बॉलीवुड' की तरफ़ भी झांक लेना चाहिए। पर्दे पर एक मुक्के में दस-बीस दादाओं को धराशायी करने वाले बिचारे नायक तस्करों से भागते-छिपते फिर रहे हैं। पूरी मुंबई में आतंक का कोहरा छाया हुआ है। हाथ को हाथ नहीं सूझता।

आप अपना फ़र्ज़ समझ कर लिखें या दुराग्रह के साथ लिखें। किसी भी लिखे का अपनी समझ से अर्थ निकाल लें। कुछ भी बन पड़े वह करें। कोई बात महान तब मानी जाती है जब उसे महान मानने वाले हों।

उपरोक्त विचार लिखने के बाद मैं सोचता हूं, इन्हें पढ़ कर कौन अपना भला (बुरा) करेगा? यह भी तो विस्मृत हो जाने वाली असाधारण, महत्त्वपूर्ण बातों की तरह अपने तयशुदा अंजाम के लिए मौजूद है।

मैं जो कहना चाह रहा था (या लिखना चाह रहा था) या यह कि समय-समय पर ज़रूरत के मुताबिक़ जिस तरह हम अपनी भूली-बिसरी कला पूंजी (अनुभवजनित शक्ति) पर नज़र डालते हैं, उसी तरह उससे नज़रें चुराते भी हैं।

अव्वल तो आपको आश्वस्त होना ज़रूरी है। अपने ही ख़िलाफ़ (समर्थन) सबूत जुटाने हैं। उस कलाकृति के बारे में भी जो दिमाग़ में भी ध्वस्त है। उसका एक विशिष्ट हुलिया भी आपके सोच को विचलित करता है, क्योंकि वह अस्तित्व में आने के बाद आपकी पकड़ से दूर हो जायेगा। उसे (अनुभवों को) एक सभ्य, सुसंस्कृत, शिक्षित समाज की चारदीवारी से बाहर आना है। अपने भीतर से बाहर आना है। हमें कठिनाई तो होगी यह क़बूल करने में। इसमें हमारा दोष इतना है कि हम ईमानदार दिखायी देना चाहते हैं। हमारी दुविधा का अर्थ यही है। हम कैसे मान लें कि हम वस्तुओं के अलावा अनुभवों, विचारों के भी उपभोक्ता हो गये हैं।

कला और आदमी के इस व्यावसायिक रिश्ते ने आधुनिक उत्तर मानवतावादी सभ्यता के कपड़े फाड़ डाले हैं। इस सभ्यता के कोई गुणग्राहक (दयावादी) नहीं हैं। सभी हवस (वासना) के घोड़ों पर सवार हैं। इस नादान, कमसिन, चंचल छोकरी (सभ्यता) को कोई बताओ, इसको चारों तरफ़ से हवसपरस्तों के लश्कर ने घेर लिया है।

वैद्यनाथ सरस्वती

ईश्वर की कला व कला का ईश्वर

क्या मनुष्य कलाकार है?

'हां' और 'नहीं'।

कृपया मेरे प्रश्न का उत्तर 'हां' या 'नहीं' में दें।

मैं आपके प्रश्न का उत्तर उस तरह से नहीं दे सकता। अनेक आदिम जातियों में कला और कलाकार के लिए कोई शब्द नहीं है। जबकि चित्रकला, गायन, नृत्य आदि के लिए शब्द हैं। सभी पुरुष और स्त्री नृत्य और गायन में सक्षम हैं। उनमें से अधिकांश चित्रकला और नक्काशी भी कर सकते हैं। पुजारी या अपनी जाति के कुछ लोगों को मांगलिक अवसरों पर चित्रकला प्रस्तुत करने का अधिकार है। परंतु इसका यह अर्थ नहीं कि ये अन्य लोगों से अच्छे चित्रकार और गायक हैं।

इसका तात्पर्य यह है कि आदिम जातियों में सभी लोग कलाकार हैं। मैं सही हूं या ग़लत?

आपकी बात आंशिक रूप से सत्य है। वस्तुतः मनुष्य सीमित अर्थ में ही कलाकार है। वह ईश्वर की कला की नक़ल करता है। ऐसी धारणा भारत के समस्त आदिमजातीय मिथक के बहुत निकट है, अतः संभावित 'ऐतिहासिक सत्य' है। अरुणांचल प्रदेश की वांचो जनजाति में प्रचलित एक कथा के अनुसार मनुष्य ने पक्षियों का अनुकरण कर पत्तियों और तिनकों से घर की छत बनाना सीखा। इसी प्रदेश के सिंगफो जनजाति में यह कथा प्रसिद्ध है कि आदि पुरुष ने हाथी के पांवों को देख कर घर के खंभे बनाना, सांपों के शरीर से लग्गा बनाना, भैंस के अस्थि-पंजरों से छत और मछली की शक्ल से छज्जा बनाना सीखा। मध्यप्रदेश की भतरा जनजाति में ऐसी कथा है कि सृष्टि के प्रारंभ में जब सभी मनुष्य नग्न रहते थे तो परमेश्वर ने उनको स्वप्न में कपड़ा बुनना सिखाया। कई अन्य जनजातियों में भी ईश्वर द्वारा रुई उगाने का तथा कपड़ा बुनने की कला सिखाने का उल्लेख है।

इन उदाहरणों से विचारों के विकास की बात तो स्पष्ट होती है, परंतु प्रासंगिक प्रश्न यह है कि कला की उत्पत्ति हुई कैसे?

यह सत्य है कि विचारों के विकास को कला के विकास से पृथक् नहीं किया

जा सकता। परंतु प्रथम कला व प्रथम कलाकार की उत्पत्ति के संबंध में निश्चित रूप से कई मिथक हैं। जैसे आस्ट्रेलियाई, सृष्टि का प्रारंभ अपने पूर्वजों के गीतों से मानते हैं। उनका मानना है कि प्रारंभिक अवस्था में पृथ्वी विशाल और अंधकारमय मैदान थी। इसके क्रोड़ के नीचे जीवन के समस्त रूप सो रहे थे। प्रथम दिवस के प्रातः जैसे ही सूर्य अपनी सुनहरी किरणों के साथ धरती पर उतरा तो आदिपुरुष कीचड़ में लिपटे हुए बाहर निकले। उनकी पलकें खुलीं तो उन्होंने अपने बच्चों को धूप में खेलते देखा। तब बच्चों की-सी चिल्लाहट की आवाज़ में उन्होंने मुंह फाड़ कर चिल्लाना आरंभ किया—मैं, हूं, मैं हूं, सांप, तोता, मधुमक्खी आदि। और सर्वप्रथम 'मैं हूं' से ही नाम रखने की परंपरा प्रारंभ हुई और तभी से आदिमानव के गीत अत्यंत रहस्यमय व पवित्र बन गये। पूर्वजों के गीत से समस्त विश्व में गीत मार्ग बन गये। उन्होंने नदियों, पर्वत श्रृंखलाओं, रेत के ढेरों को गाया। उन्होंने शिकार किया, खाया, स्नेह किया, नृत्य किया, मारा। जहां कहीं भी वे गये, उन्होंने अपने पीछे एक संगीत मार्ग छोड़ा। उन्होंने समस्त विश्व को गीत के जाल में बुन दिया। अंत में जब पृथ्वी को गाया गया तो वे थक गये और फिर वे सभी वापस चले गये। इस प्रकार विश्व को गायन द्वारा अस्तित्व में लाने के कारण ये पूर्वज 'पोयसिस' अर्थात् सृजन के वास्तविक अर्थ में कवि थे।

इस मिथक को कला के सिद्धांत से किस प्रकार संगति मिलती है?

आस्ट्रेलियाई आदिमजाति आज भी अपने पूर्वजों के गीत मार्ग के पदचिह्नों पर चल कर तीर्थयात्रा करते हैं। वे पूर्वजों के द्वारा गाये गीत को बिना किसी परिवर्तन के गाते रहते हैं। ऐसी मान्यता है कि देश की यात्रा करते हुए प्रत्येक टोटेमवादी पूर्वज अपने पदचिह्नों के साथ शब्दों और सांगतिक रचनाओं को बिखेरते हुए चले और इस प्रकार ये गीत दूर-दराज के आदिवासियों के बीच संप्रेषण के साधन के रूप में सारी धरती पर फैल गये। यहां गीत एक प्रकार का पारपत्र (पासपोर्ट) है। सिद्धांततः समस्त आस्ट्रेलिया को एक सांगतिक रचना के रूप में पढ़ा जा सकता है। जब किसी समूह का श्रेष्ठ व्यक्ति यह निर्णय लेता है कि उसे अपने गायन को प्रारंभ से अंत तक गाने का समय आ गया है तो गीत मार्ग के ऊपर से नीचे तक के गायकों को एक बड़े स्थान पर एकत्रित होने के लिए संदेश भेजा जाता है। फिर एक-एक कर प्रत्येक गायक पूर्वजों के पदचिह्नों के सांगतिक फैलाव को सदैव उचित क्रम से गाते हैं। गीत को अनुचित क्रम में गाना अपराध समझा जाता है और इसके लिए सामान्यतः मृत्युदंड दिया जाता है। इस ग़लती को सृष्टि का अपमान समझा जाता है।

यह बहुत अजीब लगता है, मेरे मित्र! गीत से सृष्टि का प्रारंभ होने की इस कथा से बहुत सारे लोग सहमत नहीं होंगे। क्या वास्तव में आप विश्वास करते हैं कि ऐसा हुआ होगा?

हां, मैं कलात्मक सृष्टि के ब्रह्मांडीय (कॉसमिक) आयाम में विश्वास करता हूं। आधुनिक भौतिकशास्त्रों और प्राचीन दार्शनिकों ने सृष्टि सिद्धांत की विभिन्न

व्याख्या की है। उनके ब्रह्मांड व ब्रह्मांडीय सृष्टि में गीत शब्द या 'प्रारंभिक श्वसन' (प्राइमेल ब्रेथ) के विचार तात्त्विक रूप से आस्ट्रेलियाई आदिमजातियों के विचार से भिन्न नहीं हैं। इस विचार में यह मान्यता निहित है कि संपूर्ण सृष्टि अपने आप में प्राथमिक कला है, अतः कलात्मकता सृजनात्मकता का प्रारंभ है। 'गीत से विश्व का अस्तित्व' आदिमजातीय विश्वास है। आधुनिक व सभी परंपरागत विज्ञान इस मान्यता पर आधारित हैं कि भौतिक संसार क्रमबद्ध है। इस क्रम की पहली कड़ी आदिमजातीय विश्लेषण में 'गीत मार्ग' अथवा 'संगतिक लहर' है जो शून्य से उत्पन्न संचार के साधन और अभिव्यक्ति के क्रम के रूप में सारी पृथ्वी पर फैली हुई है। प्रारंभ में मनुष्येतर पूर्वजों ने ये गीत गाये थे। वही प्रारंभिक गीत या शब्द-कंपन, संचार माध्यम के रूप में आज भी शांतिपूर्वक कार्य करते हैं। आस्ट्रेलियाई आदिमजातियों के इस उदाहरण में एक भारतीय परंपरा की झलक है जिसमें यह कहा गया है कि ब्रह्मांड की उत्पत्ति शब्द या शब्द तत्त्व से हुई है और इसका संबंध देशी, मार्ग, ग्रामराग, ग्रामगेय गान, आरण्यकगान आदि से है।

तब क्या आप भारतीय आदिमजाति के इस विश्वास को अस्वीकार करते हैं कि ईश्वर ने मानव को बुनने की कला सिखायी?

मैं इसे अस्वीकार नहीं करता। ईश्वर को प्रथम कलाकार के रूप में देखने व कला को सृष्टि की प्रथम वस्तु मानने में कोई अंतर्विरोध नहीं है। कला को कलाकार से अलग नहीं किया जा सकता।

बंधु! हम ऐसा मान लेते हैं कि कला की उत्पत्ति सृष्टि के प्रारंभ में हुई या ईश्वर प्रथम कलाकार थे। लेकिन तब इसे अपरिवर्तनीय व स्थिर मानना होगा। क्या ऐसा है?

नहीं, ऐसा नहीं है। अस्तित्व दो प्रकार का होता है—दृश्य और अदृश्य। अदृश्य स्थिर है, जबकि दृश्य सतत् परिवर्तनीय है। ईश्वर अविनाशी, अक्षर और अदृश्य है। परंतु उसकी कला, मानवीय चक्षु द्वारा दृश्य है। अदृश्य को देखने के लिए एक विशेष प्रकार की इंद्रिय की आवश्यकता पड़ती है। आस्ट्रेलियाई आदिवासी वहां चालीस हजार वर्षों से भी अधिक समय से रह रहे हैं। प्रागैतिहासिककालीन प्रस्तर कला व गुफा चित्र पूरे महादेश में पाये जाते हैं। उन गुफाओं में आदिकालीन पूर्वजों के विभिन्न रूपों के चित्र हैं। कहीं ये पुरुष कहीं स्त्री, कहीं मानव कहीं अमानव के रूप में चित्रित हैं। वहां के आदिवासी निश्चित रूप से इसे किसी मानव चित्रकार की मूल कृति नहीं मानते, फिर भी वे कहते हैं कि मनुष्य का यह कर्त्तव्य होता है कि उन चित्रों पर यथासमय रंग चढ़ाता रहे। ऐसा विश्वास है कि उन गुफाओं में दौड़ते-कूदते, लड़ते, नृत्य करते, परियों जैसी दिखने वाली प्राणी का स्वचित्र है जो वहां रहती है और केवल रात में ही निकलती है। वह इतनी कोमल है कि शांत मौसम में ही बाहर निकल सकती है अन्यथा उनकी हड्डियां हवा के झकोरे से टूट सकती हैं। उनकी दृष्टि और श्रवण शक्ति इतनी तीव्र है कि कोई भी उन्हें असावधान नहीं पा सकता। वह उड़ कर उन्हीं

पत्थरों में चली जाती है और गुफा की दीवारों में इस प्रकार ग़ायब हो जाती है जैसे कि दीवारों को दरवाज़ों की तरह खोल कर बंद कर दिया गया हो। कोई भी मनुष्य उन्हें कभी नहीं देख सकता। फिर भी रात में पत्थरों के चारों ओर उनकी भागदौड़ सुनी जा सकती है।

दूसरा प्रश्न यह है कि क्या मानव कलाकार का कार्य भी ईश्वर का मूल कार्य है ?

पारंपरिक समाज व प्राचीन संस्कृतियों में प्रचलित विश्वास की दृष्टि से मैं समझता हूं कि ऐसा हो सकता है। इसे एक भारतीय उदाहरण द्वारा समझा जा सकता है। गुज़रात के राठवा और उड़ीसा के सावरा जनजातियों में ईश्वर को पहला चित्रकार माना गया है। चित्रकला ही स्वयं ईश्वर है। चित्रलेखन के कार्य को 'ईश्वर को पढ़ना' कहते हैं। जब मानव द्वारा चित्र बनाया जाता है और आदिमकालीन क्रिया संपन्न होती है तो उस समय उत्सव जैसा माहौल होता है। राठवा अथवा सावरा अपने स्वप्न से प्रेरणा पा कर चित्र बनाता है। प्राथमिक रचना स्वप्न या आत्मविस्मृति की अवस्था में ही अपने आप 'प्रकट' होती है। उस चित्र का सांगतिक विश्लेषण व दृश्य प्रतिनिधित्व एक साथ कलात्मक अभिव्यक्ति द्वारा प्रस्तुत किया जाता है। प्रथम चित्रकार के रूप में स्वयं ईश्वर ने ब्रह्मांड का चित्रमय इतिहास लिखा था। अत: राठवा चित्रकला की विषय वस्तु सीमित है। सावरा चित्रकला की विषयवस्तु भी चित्रकार पुजारी के स्वप्न या समाधि द्वारा निर्धारित होती है। मणिपुर की मैतेई पुजारिनें समाधिस्थ हो कर आनुष्ठानिक नृत्यों द्वारा ब्रह्मांड का पुनर्सृजन करती हैं।

अब मैं कुछ कुछ समझने लगा हूं। आप मुझे यह कहना चाहते हैं कि कला का प्रयोजन है, ईश्वर व मानव के बीच सांस्कृतिक संबंध स्थापित करना।

हां, आप ऐसा कह सकते हैं। वस्तुत: कला के सृजन में मनुष्य, ईश्वर का सहभागी बन जाता है।

कैसे ?

बात स्पष्ट है। सभी कलात्मक गतिविधियां सीधे आदिपूर्वजों या ईश्वर से जुड़ी हैं। मानवीय कार्य एक निर्देशनात्मक क्रिया है। अपने पूर्वजों की गीत रेख पर संपूर्ण जीवन चलते हुए और गाते हुए एक आस्ट्रेलियन आदिवासी स्वयं 'मार्ग', 'पूर्वज' व 'संगीत' बन जाता है। ईश्वर द्वारा चित्रित ब्रह्मांड को लिख कर या पढ़ कर या समाधि नृत्य द्वारा ब्रह्मांड का पुनर्सर्जन कर एक भारतीय कलाकार ईश्वर के समकक्ष हो जाता है। इस प्रकार आदिकालीन क्रिया व ब्रह्मांडीय आदिस्वरूप को अधिक बल देने से आदिमजातियों की ब्रह्मांडीय रचना (कॉसमोग्राफी) एक विशेष क्षण की कला (कैरोलॉजिकल आर्ट) बन जाती है जिस पर कालांतर की सभी कलाओं का अस्तित्व निर्भर है।

धन्यवाद। आपने मेरे प्रश्न का उत्तर दे दिया है। कितना सही है, यह मैं नहीं

जानता। परंतु सैद्धांतिक रूप से यह स्पष्ट होता है कि कला के प्रयोजन और अर्थ को जो प्रामाणिक और पवित्र बनाता है वह आदिकालीन दृष्टि की दिव्य शक्ति है।

भारतीय शास्त्र का भी यही सिद्धांत है। सभी कलाएं या तो स्वयं प्रकट हुई हैं अथवा 'स्वर्ग' से पृथ्वी पर लायी गयी हैं। सौंदर्यशास्त्रीय मानदंड का प्रमाण अधिकारी व्यक्ति व परंपरा द्वारा निश्चित नियमों में ही अभिव्यक्त होता है और शास्त्रमान कला ही वास्तव में मनोहर होती है।

अच्छी बात है। किंतु मुझे अब आप यह बताने की कृपा करें कि आधुनिक लोग, कला को उस प्रकार से परिभाषित क्यों नहीं करते, जैसा आप करते हैं?

आधुनिक कलाकार अथवा कला समीक्षक स्थूल कल्पना से जुड़े हुए हैं। वे अपने को प्रकृति से परे व श्रेष्ठ होने का दावा करते हैं और अपनी स्थूल कल्पना में ही कला की पूर्णता खोजते हैं। वे इसे ऐसा ही देखना चाहते हैं। उनका कहना है कि कला सिर्फ़ मनुष्य के लिए ही है। आधुनिक लोगों की 'काल्पनिक कला' को जो निश्चित करता है, उसे 'मानवीसिद्धांत' (एंथ्रोपिक प्रिंसपिल) कहते हैं जो यह मानता है कि इस अनंत ब्रह्मांड में कला की उत्पत्ति और विकास का आवश्यक गुण सिर्फ़ मनुष्य में ही पाया जाता है। सत्यनिष्ठ कला का केंद्र बिंदु ब्रह्मांड है, जिसे हम 'ब्रह्मांडीय संरचना' (कॉसमोडाइस) कहते हैं। 'मानवीयसंरचना' (एंथ्रोपोडाइस) जिसमें काल्पनिक कला की विशेषता है, इस क्रम में सर्वथा भिन्न है।

अब तक ईश्वर की कला के विषय में बहुत कुछ कहा गया। क्या अब आप कला के ईश्वर पर विचार करेंगे?

निश्चित रूप से। ईश्वर को प्रथम कलाकार मानने वाले लोग यह भी मानते हैं कि ईश्वर कला का पारखी और प्रोत्साहक है। शास्त्रीय परंपरा के अनुसार जिस ब्रह्मा ने सृष्टि की रचना की वही शब्द (वेद) के कलाकार (रचनाकार) हैं। इसमें आगे कहा गया है कि संगीत के दोनों पक्षों में नाद, श्रुति और स्वर की प्रकृति तथा ताल सामवेद से लिया गया है। कला के अन्य देवताओं में हैं संगीत व नृत्य के अधिष्ठाता शिवनटराज, विद्या व संगीत की देवी हैं सरस्वती, शिल्प के देवता विश्वकर्मा और सोलह कलाओं के देवता हैं श्रीकृष्ण। और इस प्रकार अनेक गौण देवता हैं जो कला की शक्ति का संरक्षण व प्रोत्साहन करते हैं। अतः मानव कलाकार इन देवताओं की पूजा करते हैं।

हां, ये बहुत अच्छे उदाहरण हैं और मैंने उनके बारे में सुना है। परंतु अब क्या आप यह कहेंगे कि जो कला देवता में निवास करती है वही प्रकृति में भी बसी है?

यह ऐसा ही है, क्योंकि शास्त्रों में वास्तुपुरुष और संगीतपुरुष की चर्चा की गयी है। ऋग्वेद में ऐसा कहा गया है कि संसार की सृष्टि पुरुष (ब्रह्मांडीय आदिपुरुष) के शरीर से हुई। इसी प्रक्रिया से दैवी शक्ति भी उत्पन्न हुई। आदिपुरुष ने अपनी 'बलि' दी ताकि सृष्टि की जा सके। इस आत्मबलिदान से ही जड़ (निर्जीव) व चेतन

(सजीव) अस्तित्व में आये। इसी से ही विभिन्न प्रकार के पशु, चारों वर्ण, ब्रह्मांडीय शक्ति, ऋचाएं व संगीत, विभिन्न छंद व यज्ञीय विधान, सूर्य, चंद्र, अग्नि आदि अस्तित्व में आये। पुरुषसूक्त की संपूर्ण ऋचाओं में मनुष्य के दैवी उत्कर्ष का चिंतन निहित है। वास्तुपुरुष (हिंदी वास्तुकला, विशेषकर मंदिरों का वास्तुशिल्प) और संगीत पुरुष (संगीत और नृत्य के संदर्भ में) की धारणा में आदिपुरुष अथवा ब्रह्मांडीय पुरुष (कॉसमिक परसन) के यथार्थ अवशेष रूप में विद्यमान है। इसी से समग्रकला की ब्रह्मांडीय एकता (कॉसमिक यूनिटी) है।

अब आप मेरे पहले प्रश्न का उत्तर संक्षेप में दे सकते हैं।

ठीक है। मनुष्य दैवी कृपा से ही कला के प्राकृतिक रूप को अपना पाता है। सभी लोग कलाकार नहीं होते। अर्थात् कला, मनुष्य की एक विशेष दैवी उपलब्धि है।

(अनुवादक : मनोज कुमार मिश्र)

कृष्ण बलदेव वैद

साहित्य की नैतिकता

एक शाम की बात है कि साहित्य बाबा दिनभर काम में धुत्त रहने के बाद रात की सैर के लिए निकले तो घूमते-झूमते, आसपास की आलाइशों पर निस्संग नज़र डालते, भीतर के बीहड़ में झांकते-झांकते, बाहर और भीतर के द्वैत को समाप्त कर देने के बारे में सोचते-सोचते और अपने दिनभर के काम को अपने असंतोष से बचाने की कोशिश करते-करते अपने नगर की एक बदनाम बस्ती में जा पहुंचे।

आप में से कुछ लोगों को शायद यह संदेह हो रहा हो कि बाबा उस शाम अपने डेरे से निकले ही इस संकल्प के सहारे होंगे कि वह उस सैर का अंत उस बदनाम बस्ती की पुरपेच, प्रदूषित और कामुक कैफ़ियतों में ही करेंगे। इस संदेह के बारे में यहां कुछ नहीं कहा जायेगा। वैसे मेरा अनुमान है कि ख़ुद बाबा को भी उस शाम शायद यही संदेह सालता रहा हो।

बाबा जब उस बस्ती में पहुंचे तो वह एक बनी-ठनी बुढ़िया की तरह पसरी बैठी एक ईमानलेवा ठुमरी गुनगुना रही थी। बाबा को उस गर्म गुनगुनाहट में जीवन का सोज़ और दर्द का साज़ सुनायी दे गया, उनकी दाढ़ी में उनकी मुस्कराहट की धूप खिल गयी, और उनके होंठों से भी वैसी ही पुरसोज़ तान फूट निकली जिसमें एक निर्मल किंतु करुण अनासक्ति व्याप्त थी।

अब ऐसा नहीं कि बाबा उस शाम से पहले कभी उस बदनाम बस्ती में गये ही न हों, न ही ऐसा है कि उन्हें बदनाम बस्तियों में ही विचरने की वर्जित लत हो। सच तो यह है कि शायद ही कोई बस्ती बदनाम या नेकनाम या वीराना या विरक्ति या उपवन या मस्ती या मुसीबत या विषय या विकार या गुफा या व्यक्ति या ग्रंथि या घुटन या उड़ान या अनुभव—इस सूची को हर सूची की तरह और लंबा खींचा जा सकता है, लेकिन कहने का तात्पर्य इतना ही कि शायद ही कोई स्थिति या स्थल ऐसा हो जिसमें बाबा कभी-न-कभी किसी-न-किसी आलम में न जा रमे हों या जिसमें ही जा रमने की उन्हें वर्जित लत हो। सच तो शायद यही है कि बाबा का प्रयास रहता है कि वह अपने पैरों या अपनी कल्पना के परों पर सवार हो हर स्थिति और हर स्थल को आत्मसात् कर उसे अपने काम में रूपायित करने की कोशिश करते रहें।

आप में से कुछ लोगों को शायद आपत्ति हो रही हो कि उम्र की इस इंतहा पर इस प्रकार के उन्मुक्त विहार की लत या छूट बाबा को नहीं होनी चाहिए या उनका इस प्रकार का उन्मुक्त विहार उनके और उनके समाज के लिए अशोभनीय और हानिकारक हो सकता है। इस आपत्ति से उलझने का यहां अवकाश नहीं। हां, इतना याद दिला दूं कि साहित्य बाबा सदियों से हानि-लाभ शोभादि की परवाह किये बग़ैर औचित्य की सीमाओं और परिभाषाओं और संभावनाओं को विस्तार देने और यदा-कदा उन्हें तोड़ डालने के कठिन प्रयास में जुटे हुए हैं।

तो बाबा उस बदनाम बस्ती की रौंदी हुई रौनक़ों में से गुज़रते हुए अपनी धुन में डूबे चले जा रहे थे कि उन्हें सामने से एक सुसज्जित भद्र महिला पाइंचे उठाये उनकी तरफ़ आती दिखायी दी। साहित्य बाबा की जगह कोई साधारण बाबा वहां होते तो उस अभद्र माहौल में उस भद्र महिला को देख शायद चौंक पड़ते, लेकिन साहित्य बाबा की अनेक विलक्षणताओं में से एक यह भी है कि वह किसी भी घटना पर, वह चाहे कितनी भी अघट क्यों न हो, चौंकते नहीं। मानो सदा हर अनहोनी के लिए प्रस्तुत रहते हों या उसे तथाकथित अनहोनी समझ उस पर धीरे से मुस्कराभर देते हों गोया उसे स्वीकार कर रहे हों, भले ही उस स्वीकार की किसी सिलवट में सूक्ष्म अस्वीकार की छटा भी छिपी रहती हो।

ख़ैर! इधर बाबा उस महिला को देख धीरे से मुस्करा रहे थे, उधर वह जैसे-जैसे बाबा के क़रीब आती जा रही थी वैसे-वैसे उसके चेहरे की तमतमाहट और उसकी दृष्टि का धिक्कार और उजागर होते जा रहे थे और जब वह कुछ और क़रीब आ गयी तो बाबा न जाने क्या सोचकर रुक गये।

जिस मुक़ाम पर बाबा रुके थे उसके चारों तरफ़ बस्ती की बुराइयों के अनेक अंगार सुलग रहे थे, चौबारों की खिड़कियों से चालू ग़ज़लों और फ़िल्मी गानों की फीकी किरणें फूट रही थीं, गये बीते छैल-छबीले लिपी-पुती गणिकाओं से मोल-तोल कर रहे थे, दबंग दलाल झेंपू शौक़ीनों को पटा रहे थे, भिखमंगे तरह-तरह की सूरतों और अदाओं से सैलानियों का दया भाव जगा रहे थे और कुछ पहुंचे हुए कुत्ते सारी चहक-महक से विरक्त अपने ही स्वप्नलोक में खोये हुए थे। उस मुकाम के आसपास की तस्वीर इतनी ही।

जब वह महिला रुके हुए बाबा के पास पहुंच रुकी तो वह भरे आक्रोश से लाल-पीली हुई जा रही थी। बाबा ने एक मार्मिक मुस्कराहट से महिला का स्वागत किया। बाबा की मुस्कराहट में विडंबना और करुणा का, भोलेपने और अनुभव का, माया और मर्म का, सादगी और पुरकारी का, आसक्ति और अनासक्ति का, आशा और हताशा का, आस्था और अनास्था का, संशय और विश्वास का, वेदना और संवेदना का ऐसा विस्मयकारी संतुलन दिखायी देता है कि देखने वाले बेचारे चकरा जाते हैं। वह भद्र महिला भी चकरा गयी। फिर अपनी चकराहट को छिपाने के लिए ही मानो

वह कड़क कर बोली :

'बाबा, आप बाबा हैं या बाबा के भेस में कोई बदमाश भेड़िये! अगर आपको यहां आ झख मारनी ही थी मुंह काला करना ही था तो आने से पहले दाढ़ी तो मुंडवा ली होती, यह अजीब बाबाई बाना तो उतार दिया होता! हमारे समाज और हमारे मूल्यों का सत्यानाश आप जैसे पाखंडियों ने ही कर रखा है। बग़ल में वेश्या, मुंह में राम रहीम! अब देख क्या रहे हैं बिटर बिटर! और मुस्करा क्यों रहे हैं! आंखें नीची कीजिए और जवाब दीजिए कि आज आप रंगे हाथों पकड़े गये!'

बाबा ने मुस्कराना तो बंद नहीं किया, लेकिन सिर झुका लिया। फिर अपने हाथों को यूं घूरा जैसे उनका रंग उतार रहे हों और आखिर बोले, 'मेरे हाथ तो बेरंग हैं, बीबी! लेकिन मैं पकड़ ज़रूर लिया गया हूं'।'

'मैं मजाक़ के मूड में नहीं! मुझे तो हंसी मजाक़ से नफ़रत है और मैं बीबी नहीं, देवी हूं!'

'आप, आप बीबी नहीं तो हम भी बाबा नहीं, मतलब वैसे बाबा नहीं जैसे शायद आपने हमें समझा!'

'क्या मतलब?'

'यही कि हम कोई साधु महात्मा नहीं!'

'तो आप हैं कौन?'

'साहित्य बाबा!'

'साहित्य बाबा! मैं नहीं मानती!'

'देखिए, यहां की सब देवियां हमें जानती हैं, किसी से पूछ लीजिए।'

'वेश्याओं को देवियां कह कर आप मेरा अपमान कर रहे हैं।'

'वेश्याएं ही सही, किसी से...'

'तो मैं अब इन चौबारों पर चढ़ूंगी?'

'चौबारों पर चढ़ने की ज़रूरत भी नहीं, उस पान वाले से पूछ लीजिए या फिर उस पियक्कड़ से जो उस नाली में...'

'छी-छी-छी! मैं किसी से कुछ नहीं पूछूंगी! मैं तो आप से ही पूछना चाहती हूं कि अगर आप साहित्य बाबा हैं तो आपको शर्म नहीं आती, इस गंदगी से घृणा नहीं होती, इस भयानक बस्ती से भय नहीं आता?'

'जी नहीं? हमें शर्म नहीं आती, इंसान की किसी भी हरकत से; हमें घृणा नहीं होती, इंसान की किसी भी गिरावट से; हमें परहेज नहीं, इंसान के किसी भी ऐब से; हमें भय नहीं आता, इंसान की किसी भी बस्ती से!'

'बस बस बस! शेख़ी मत बघारिए! साहित्य बाबा! मैं नहीं मानती साहित्य बाबा!'

'हंसी मजाक़ आपको पसंद नहीं, मार्मिकता आपको मंजूर नहीं। आपको ख़ुश

करना मुश्किल है! लेकिन...'

'लेकिन-वेकिन मैं नहीं सुनूंगी! कैसे मान लूं कि आप साहित्य बाबा हैं? आपकी वेशभूषा ही कमाल की है! एक तरफ़ से देखो तो बाबाओं जैसी, दूसरी तरफ़ से देखो तो बदमाशों जैसी! एक पहलू से आप नर नज़र आते हैं, दूसरे से नारी! सच कहूं तो आप मुझे अर्धनग्न अर्धनारीश्वर से नज़र आ रहे हैं!

'बीबी...'

'मैं बीबी नहीं, देवी हूं।'

'देवी, हम सच कहें तो हम हैं ही अर्धनग्न अर्धनारीश्वर से। और अगर आप ग़ौर से देखेंगी तो पायेंगी कि हम अर्धनग्न नहीं, नग्न हैं, क्योंकि हम वागांबर हैं, शायद वागार्थाम्बर भी, और अगर आप में दृष्टि है तो आपको हमारा यह आकार पारदर्शी नज़र आयेगा। हम असल में उस क़ैस के वंशज अगर नहीं तो अनुयायी ज़रूर हैं जिसके बारे में कवि कह गया है—क़ैस तसवीर के पर्दे में भी उर्यां निकला। आपने भी सुना तो होगा उसके बारे में?'

'पता नहीं आप क्या अंट-शंट बोले जा रहे हैं, मैंने किसी क़ैस-शैस को देखा सुना नहीं। ऐसे बेकार लोगों के लिए मेरे पास वक़्त ही कहां है! लेकिन आप क्या जानें मैं हूं कौन?'

'तो आप बता क्यों नहीं देतीं? वैसे आप कोई भी क्यों न हों, आप जैसी देवी को इस वक़्त इस बदनाम और ख़तरनाक बस्ती में नहीं होना चाहिए था।

'ख़ूब! तो कहां होना चाहिए था?'

'अपने संवरे संभले घर में या हमारी किसी उलझी हुई रचना में।'

'आपकी रचना से तो मुझे भगवान बचाये! लेकिन लगता है आपको वहम हो गया है कि मैं किसी की पत्नी या मां या प्रेमिकादि हूं।'

'वहम नहीं, विश्वास!'

'तो आप साहित्य बाबा हो ही नहीं सकते। होते तो आपने मुझे पहचान लिया होता।'

'अब और मत तड़पाइए, देवी जी, बता दीजिए, आप कौन हैं?

'मैं आपकी नैतिकता हूं!'

'नैतिकता? हमारी? हम नहीं मानते। आप नैतिकता भले ही हों, हमारी नहीं।'

'मैं कब कह रही हूं मैं केवल आपकी ही हूं। मैं समाज की भी हूं, धर्म की भी हूं, राजनीति की भी हूं, दूसरी कलाओं की भी हूं, आपकी भी हूं, अगर आप सचमुच साहित्य बाबा हैं तो।'

'आप और जिस किसी की भी हों, हमारी नहीं, हो ही नहीं सकतीं।'

'क्यों जी, क्यों नहीं हो सकती? आपकी नैतिकता को कौन से सुर्ख़ाब के पंख लगे रहते हैं? वह क्या आकाश से उतर कर आयी है?'

'हम मजाक़ के मूड में नहीं। हमारी नैतिकता का मुख्य लक्षण यह है कि वह हमसे अभिन्न है, कि वह हम में ही निहित है। जिस तरह किसी ख़ुशबू को उसके फूल से और किसी चुभन को उसके कांटे से अलग कर के सूंघना और महसूस करना असंभव है, उसी तरह हमारी नैतिकता को हम से अलग करके। इसीलिए वह आपकी तरह प्रत्यक्ष और प्रखर हो ही नहीं सकती। हमारी नैतिकता क़दम-क़दम पर हमें रोकती-टोकती नहीं, उन्हें हमारी बुनियादी ईमानदारी पर भरोसा है, इसलिए वह हमारी नुक़्ताचीनी में अपना और हमारा वक़्त बरबाद नहीं करती। उसे मालूम है हम आत्मसजग हैं, हम ख़ुद अपने आलोचक हैं, कड़े आलोचक हैं कि हम भटक तो सकते हैं लेकिन इतने नहीं कि अपने रास्तों को सरासर भूल जायें। हमारी नैतिकता दोष और दंड देने की उतावली नहीं होती। वह उदार है, दो टूक नहीं। उसे उपदेश प्रिय नहीं। उसे यह निर्णय लेने में बुराई क्या है और भलाई क्या है अक्सर काफ़ी देर लगती है, काफ़ी कष्ट होता है और निर्णय ले लेने के बाद भी वह यह नहीं भूल पाती कि उसका निर्णय शायद ग़लत हो। हमारी नैतिकता, क्योंकि हमसे अभिन्न है, इसलिए वह भी हमारी तरह हमारी भाषा, शैली, लय, ध्वनि, संरचना और कल्पना में रची बसी रहती है, कभी-कभी इतनी कि कुछ लोगों को वह नज़र नहीं आती और कुछ को उन उपरोक्त तत्त्वों का अविच्छिन्न अंग। हमारी नैतिकता कई बार हमारी ही तरह, हमारे शाना-ब-शाना, समाज और उसकी नैतिकता के सामने तन कर खड़ी हो जाती है। इसलिए हम कहते हैं कि आप हमारी नैतिकता नहीं। आपने तो हमें पहचाना तक नहीं। और हां, एक बात और, हमारी नैतिकता हमारी ही तरह अर्धनग्न अर्धनारीश्वर-सी ही है, भले ही हमने सुविधा के लिए उसे यहां स्त्रीलिंग दे दिया हो।'

'तो बाबा, आप यह क्यों नहीं मान लेते कि आपकी नैतिकता वास्तव में अनैतिकता है?'

'वास्तव में तो नहीं, लेकिन कई स्थितियों में कुछ लोगों को लगता यही है कि वह दूसरी नैतिकताओं को चिढ़ाने के लिए या उनकी क्रूरताओं से तंग आ कर या अपने किसी जटिल दृष्टिकोण को रेखांकित करने के लिए अपने आपको अनैतिकता घोषित कर रही है। ऐसे अवसरों पर वह हमें और प्रिय, और अभिन्न जान पड़ती है।'

'बाबा, आप यह क्यों नहीं कह देते कि आप और आपकी नैतिकता समाज विरोधी है, व्यक्तिवादी है।'

'हम कहें न कहें आप तो ऐसा आरोप हम पर थोपेंगी ही। वैसे सब जानते हैं कि कई स्थितियों और स्थलों में हमें यानी हम दोनों को समाज और सत्ता विरोधी भी होना पड़ता है, व्यक्तिवादी भी। आजकल यानी पिछली कई सदियों से हम ऐसी ही स्थितियों और स्थलों में से गुज़र रहे हैं। सच तो यह है कि स्वभाव और संस्कार से ही तथाकथित अच्छे लोगों में हमारी रुचि कम है और आप शायद नहीं मानेंगी कि आजकल यानी पिछली कई सदियों से समाज और सत्ता में इन्हीं लोगों का बोलबाला है।'

'आप यह क्यों नहीं मान लेते, बाबा कि आप विकृत हैं, इसीलिए बुराइयों और बुरों के पक्षधर हैं, उन्हीं का प्रचार और प्रसार करना चाहते हैं, इसीलिए यहां विचर रहे हैं।'

'बीबी, नहीं देवी, यहां तो आप भी विचर रही हैं, बेशक आप यही कहेंगी कि आपका मक़सद और है, हमारा और। ख़ैर हम इस वक़्त आपके मक़सद की पोल नहीं खोलेंगे, क्योंकि हमारे कहानीकार का आदेश है कि हम आप पर कोई प्रहार न करें, आपके प्रहारों से ही अपने आपको बचायें। तो हम यह कहना चाहते हैं कि हम प्रचार और प्रसार नहीं करते या इतना कम करते हैं कि वह कह सकते हैं कि वह हमारा असली धर्म नहीं, हमारी नैतिकता का असली मर्म नहीं। प्रचार और प्रसार का काम कुछ दूसरे बाबा हम से बेहतर कर सकते हैं, कर रहे हैं। इतना ज़रूर है कि स्वभाव से हम उपेक्षितों और वंचितों के ही हितैषी हैं और आपकी दृष्टि में वही शायद बुरे हैं, बुराइयों के पुतले हैं। इसीलिए हमें इतना बदनाम बस्ती में विचरना बुरा नहीं लगता। यहां हमारी कई सखियां रहती हैं जैसे मृणाल, पारो, नाना लीज़ा, उमराओ जान, विलायत बेगम, वग़ैरह वग़ैरह और हमारे कुछ सखा भी जैसे...'

'बस बस बस! मुझे उनके नाम मत बताइएगा। मैं तो आपसे यह पूछना चाहती हूं कि आपकी नैतिकता कोई निश्चित पक्ष क्यों नहीं अपनाती, कोई निश्चित निर्देश क्यों नहीं देती, कोई निश्चित...'

'देवी, हम पहले ही कह चुके हैं कि हमारी नैतिकता आपकी तरह अचूक और दो टूक नहीं कि उसे स्याह और सफ़ेद का टकराव अधिक रोचक नज़र नहीं आता कि वह दो परस्पर विरोधी स्वर भी साध सकती है कि उसके हाथ में हंटर नहीं, एक लचीली-सी लता ही है जिससे वह तथाकथित दोषियों को भी पीटती कूटती नहीं, बस छूभर देती है और आशा करती है कि उस छुअन के जादू से कोई सूक्ष्म, किंतु स्थायी परिवर्तन उनकी संवेदना में देर-सवेर हो जायेगा। हमारी नैतिकता को तो आप में भी न जाने कितनी गुप्त गहराइयां नज़र आ जायें।'

'मेरे गुप्त गहराइयों को उसकी नज़र की ज़रूरत नहीं। मैं तो यही कहना चाहूंगी कि आपकी सारी प्रशंसा और प्रशस्ति के बावजूद मुझे आपकी नैतिकता का सिर-पैर या नख-शिख दिखायी नहीं दिये। फिर भी एक दो सवाल और उठाना चाहती हूं।'

'उठाइए!'

'आपकी नैतिकता इतनी पिलपिली और दब्बू क्यों है?'

'इस सवाल से यही साबित होता है कि आपकी समझ में हमारी कोई बात आयी ही नहीं। हो सकता है कि हम जो भाषा बोल रहे हैं वह आपको आती ही नहीं।'

'नहीं आती तो न सही, लेकिन इतना तो बता दीजिए कि क्या आपके और आपकी नैतिकता के बीच कभी भी कोई तनाव पैदा नहीं होता?'

'होता है, लेकिन वैसा ही जैसा दो अभिन्नों के बीच, और आप उसकी

बारीकियों को शायद ही समझ पायेंगी।'

'बाबा, इतना अहंकार आपको नहीं होना चाहिए। मैं आपकी बारीकियों को बेकार मानती हूं। आप अपनी भाषा भी अपने पास ही रखिए! वह भाषा मेरे किस काम की जो एकदम दो टूक और सपाट न हो? जैसी उलझी हुई आपकी नैतिकता, वैसी ही आपकी भाषा। दोनों आपको मुबारक़! अंत में फिर आप से पूछना चाहती हूं कि आप आज यहां आये क्यों?'

'देवी, आप मानेंगी तो नहीं, लेकिन हम आये नहीं, लाये गये।'

'कौन ले आयी? आपकी नैतिकता?'

'नहीं, हमारी एक प्रेरणा। शायद उसे मालूम था कि आप हमें यहां मिल जायेंगी।'

'समझी। और वह ख़ुद कहां चली गयी?'

'वह कौन?'

'वही! आपकी प्रेरणा!'

'ओह! हो सकता है वह किसी चौबारे में जा बैठी हो!'

'जैसे आप और आपकी नैतिकता, वैसी आपकी प्रेरणा!'

'देवी, आप सचमुच बहुत बेसमझ हैं।'

'बाबा, आप बार-बार मेरा अपमान कर रहे हैं! मैं नैतिकता हूं। आपकी न सही, हूं तो नैतिकता ही। अपने शब्द वापस लीजिए नहीं तो मैं शोर मचाना शुरू कर दूंगी कि आपने मेरी इज़्ज़त लूटने की कोशिश...।'

अब आप में से कुछ लोग ज़रूर सोच रहे होंगे कि इस उपदेशवादी कहानी का अंत किस बिंदु पर होगा। सच तो यह है कि मैं भी यही सोच रहा हूं। तो चलिए यहीं कहीं बैठ मिल कर सोचते हैं।

जीवन सिंह

कला की मूल्य प्रक्रिया

यह प्रश्न पहली बार नहीं उठाया जा रहा है कि व्यक्ति और समाज को कला की ज़रूरत क्यों है? कला के बिना क्या जीवन में कोई कमी रह जाती है? क्या करती है कला कि व्यक्ति उसकी चाहना करता है? ब्रेख़्त की एक छोटी-सी कविता मैंने पढ़ी जिसमें 'एक चीनी शेर की नक़्क़ाशी को देख कर' उन्होंने कहा :

तुम्हारे पंजे देख कर
डरते हैं बुरे आदमी
तुम्हारा सौष्ठव देख कर
ख़ुश होते हैं अच्छे आदमी
यही मैं चाहूंगा सुनना
अपनी कविता के बारे में।

यहां एक साथ दो कला रूपों और कला माध्यमों की जटिल अभिव्यक्ति है। कवि यहां जितना कला सत्य को व्यक्त कर रहा है उतना ही जीवन सत्य को भी। दोनों सत्य एक-दूसरे से भिन्न नहीं हैं। कला का सत्य भी वही है जो जीवन का है। शेर के पंजे देख कर बुरे आदमी का डरना और सौष्ठव देख कर अच्छे आदमी का ख़ुश होना— यही कला की मूल्य दृष्टि है जो अनकहे शिल्प में यहां व्यंजित हो रही है। ज़िंदगी में इसे इससे अधिक विस्तृत अभिधा कथन में कहा जा सकता है। कला में फ़र्क़ यह है कि यहां व्यंजना में कहा गया मित कथन है। देखने की बात यह है कि यहां 'बुरे आदमी का डरना' और 'अच्छे आदमी का ख़ुश होना' एक तरह का ज़रूरी मूल्य सृजन एवं मूल्य द्वंद्व है। कला अपने माध्यमों में यह करती रही है। मूर्ति, चित्र और साहित्य में उसकी मुखरता और मूर्तता अधिक है। संगीत में वह नाद और भावनाट्य पर निर्भर करती है। स्थापत्य में उसके ऊपर काल का ऐतिहासिक दबाव रहा है। फिर भी कलाओं से 'बुरे आदमी का डरना' और 'अच्छों का ख़ुश होना' इतना कलाबद्ध एवं

कालातीत रहा है कि समय के प्रवाह की जटिलताओं में मनुष्य जीवन के ये भावपक्ष, उसकी मूल्य स्थिति के मानदंड बने हैं। यहां जीवन के साथ मूर्ति एवं काव्यकला का अंतरावलंबन एक-दूसरे से बढ़ कर है। 'बुरे' और 'अच्छे' आदमी कला से नहीं, जीवन से प्रमाणित होते हैं। उनका डरना और ख़ुश होना भी जीवन को निर्मित एवं प्रभावित करता है। इस तरह यहां मूर्ति और काव्यकला का मूल्य प्रभाव कलाकार की कला का ध्येय बन कर व्यक्त हुआ है। इसी में काल की ज़रूरत भी व्यंजित है। यहां 'डरने' और 'ख़ुश होने' संबंधी द्वंद्वात्मक क्रियाओं में कला अपने अर्थ और ज़रूरत को एक साथ दिखलाती है। जिस कला में ऐसा नहीं हो पाता वह कला न हो कर कौशल मात्र है, बाज़ीगरी है या फिर कलाभास है। एक 'कौशल' का सौंदर्य भी कला का विभ्रम पैदा करता है, किंतु मूल्यस्तर से रहित सौंदर्य, उसे कला से निचले सोपान पर रखता है। ऐसा कौशल मनोरंजनधर्मी, चमत्कारिक, अल्पजीवी और इतना व्यक्तिबद्ध होता है कि सामाजिक सार्थकता की कसौटी पर दम तोड़ देता है। कलाओं की दुनिया के भीतर कौशल प्रदर्शन पहले से भी ख़ूब होता रहा है, आज भी हो रहा है। लेकिन उसकी सार्थकता और ज़रूरत को कभी लोकप्रतिष्ठा नहीं मिली। लोकमान्यता के लिए उसे अपने समय की मूल्य प्रक्रिया में ज़रूरी तौर पर सम्मिलित होना पड़ता है। यह ज़रूरी नहीं है कि इस प्रक्रिया में वह अभिधा के स्तर पर अपनी कलात्मक भागीदारी करे। वह व्यंजना में अपने पक्ष और निष्ठा को रख सकता है। कवि कुलगुरु कालिदास ने कविता और नाट्यकला में अपने समय में ऐसा करके दिखलाया है। वाल्मीकि और व्यास तो यह काम बहुत खुले रूप में और अत्यंत स्पष्टता के साथ करते हैं। शब्द में रचे हुए त्याग, प्रेम, साहस, शौर्य जैसे सौंदर्य मूल्य उनकी कला के उत्कर्ष विधायक मूल्य हैं जिनकी वजह से वे कालातीत स्थिति को पा सके हैं। उनके शब्द की अर्थस्थिति इतनी विपुल एवं अर्थ व्यापक है कि युग परिवर्तनों के बाद भी उनकी दीप्ति मंद नहीं होती। मूर्ति, चित्र एवं संगीत कलाओं में भी ऐसी अर्थदीप्ति एवं अर्थसमृद्धि का एक इतिहास मिलता है।

कला अपने काल का अतिक्रमण करके भी देशकाल में बंध कर आकृतिवान होती है। यह कला की मूल्य प्रक्रिया ही है जो उसे काल की एक निश्चित परिधि से बाहर निकालती है। कविता को परिभाषित करते हुए जब आचार्य रामचंद्र शुक्ल ने यह कहा कि 'कविता मनुष्य भाव की रक्षा करती है' तो उनकी यह स्थापना कविता की मूल्य प्रक्रिया को व्यक्त करने वाली थी। लेकिन कलाएं मनुष्य भाव की रक्षा में किसी प्रवचनकर्ता, उपदेशक या राजनीतिज्ञ, दार्शनिक आदि की भांति संलग्न नहीं होतीं। उनका माध्यम भिन्न होता है। शब्द समस्त ज्ञान प्रक्रिया का माध्यम है, किंतु साहित्य में वही शब्द कला रूप ग्रहण करके अपना स्थान बनाता है। स्थापत्य और मूर्ति कलाओं में प्रस्तर जैसे कठोर माध्यम, जीवन का कोई भाव रूप ग्रहण कर, कला

का स्वरूप प्राप्त करते हैं। संगीत में नाद की रूपात्मक परिणति ही उसे कला में स्थान दिलाती है। इस रूप प्रक्रिया में कला की मूल्य प्रक्रिया का स्वरूप वैसा ही नहीं रहता जैसा कि शास्त्रीय ज्ञानानुशासनों का रहता है। यही कारण है कि कला चिंतकों में एक वर्ग कलारूपों की तुलना में, कला की मूल्य प्रक्रिया की अपेक्षा कर रूपवाद की प्रतिष्ठा करते हुए कला को कौशल में बदल देता है। जबकि कला का दर्जा कौशल से ऊंचा है। उसे इस उच्चता तक पहुंचाने में उस मूल्य-प्रक्रिया की केंद्रीय एवं प्रमुख भूमिका होती है, जो जीवनमूल्यों की संबद्धता में आकार ग्रहण करती है। जीवन में जो अच्छा है, कला में वही सुंदर है और जीवन में जो बुरा है, कला में वही कुरूप है। लेकिन जीवन में अच्छे-बुरे की पहचान के निकष सदैव एक जैसे नहीं होते। समय और वर्ग स्थितियों में इनकी पहचान भिन्न-भिन्न होती है। इस वजह से विकास की प्रक्रिया में कला की मूल्य स्थितियां परिवर्तित होती रहती हैं। उन्हें जानने के लिए हर समय के सच को नये सिरे से टटोलना होता है।

आज हम जिस तरह के समय के नागरिक हैं उसमें चीज़ें ही नहीं बल्कि मनुष्य भी एक पण्यवस्तु में बदल रहा है। पूंजीवादी समय की एक विलक्षणता है कि वह धीरे-धीरे सब-कुछ को पण्यवस्तु में बदलता जाता है और इस प्रक्रिया में मनुष्य स्वयं अपने मनुष्यत्व को भूल कर, ख़रीदी और बेची जाने वाली वस्तु बन कर रह जाता है। जीवन प्रक्रिया के जटिल सूत्रों को नहीं समझने वाले लोग कला, कविता, इतिहास, विचारधारा आदि के अंत की घोषणाएं कर एक खंडित एवं अधूरे सच को, पूर्णसत्य की तरह स्थापित कर, विभ्रम और निराशा फैलाते हैं। जबकि ऐसे समय में भी विज्ञान के नये-नये अनुसंधानों की तरह सच्चे कलाकार अपनी नयी खोज में संलग्न रहते हैं। यद्यपि कलाकारों का भी एक वर्ग, पूंजीवाद और उत्तरपूंजीवाद के माहौल से संत्रस्त हो कर, सारी मूल्य प्रक्रिया से नाता तोड़ कर हताशा, संकट और ऊब का एक ऐसा घटाटोप बनाता है कि जीवन एक निरर्थक बेचारगी में तब्दील हो जाता है, जिससे अंततः पूंजी का प्रभाव ही पुष्ट होता है। इस तरह की कला में बहुत अधूरापन और अस्पष्टता रहती है। जबकि पूंजीवाद से पूर्व के समाजों में कलाओं में यह बात नहीं है। यदि ऐसी बात होती तो सामंतवाद और पूर्वसामंतवादी समाजों में कलाओं को वैसी उच्चता प्राप्त नहीं होती जैसी कि कला इतिहासों में देखने को मिलती है। प्राक् पूंजीवादी समाजों में धन के प्रति उस तरह के संकेद्रण एवं संचयन की भावना नहीं थी जैसी कि आज के विकट पूंजीवादी समाजों में दिखायी देती है। सामंतवादी समाजों में आदमी, दूसरे आदमियों के लिए भी जीने की भावना रखता था। वह सामूहिक भाव को जीवित रखता था, लेकिन पूंजी द्वारा प्राप्त नये 'उन्मुक्त' वातावरण में मनुष्य पूंजी का दास मात्र हो कर सामूहिकता से मुक्ति प्राप्ति करने में ही अपने व्यक्तित्व की सार्थकता समझता है। मुक्तिबोध ने अपनी 'एक साहित्यिक की डायरी' के आलेखों

में इस बात को कई बार उठाया है कि कला की मूल्य साधना में एक कलाकार को जिस मूल्य प्रक्रिया से गुज़रना पड़ता है, उसमें यह देखना ज़रूरी है कि वह अपने और समाज के बीच में पार्थक्य एवं बढ़ती दूरी को ख़त्म कर पाता है या नहीं। एक कलाकार की जीवनाकांक्षाएं और उसका महत्त्वबोध, यदि वह अपने कलाकार के प्रति सजग एवं सावधान नहीं है तो उसके अपने जीवन स्वरूप एवं सामाजिक जीवन के बीच दरार डालता हुआ खाई खंदक बनाता जाता है। धीरे-धीरे यह होता है कि वह अपने समय और समाज से, देश और काल से, अपने भूगोल और इतिहास से, अपने दर्शन और संस्कृति से इतना कट जाता है कि कला के भीतर ख़ुदबुदाने वाली मूल्य प्रक्रिया सूखाग्रस्त अंकुरण की तरह मुरझा कर सूख जाती है। इसके लिए कलाकार को निरंतर 'सजल मूल' रहने की ज़रूरत होती है। 'सजल मूल जिन्ह सरितन्ह नाहीं। बरसि गये पुनि तबहि सुखाहीं।' यह तभी संभव हो पाता है जबकि मुक्तिबोध के शब्दों में कलाकार 'आत्मग्रस्त शोध' में सतत् संलग्न रहे। दरअसल अपने समय के सामाजिक जीवन से पृथकता कलाकार की 'आत्मग्रस्त शोध' यात्रा को बीच में ही रोक देती है। इसलिए कला सृजन के लिए अकेलापन और एकांत तो ज़रूरी है, पृथकता क़तई ज़रूरी नहीं। कला सृजन में पृथकता के खतरे हैं, अकेलेपन के नहीं। आदमी समाज में रहता हुआ दिख कर भी उससे पृथक् रह सकता है। इसके विपरीत वह एकांत एवं अकेलेपन की ज़िंदगी जीते हुए भी गहरे अर्थ में सामाजिक संपृक्ति अनुभव कर सकता है। तुलसी के कलाकार की 'स्वान्तःसुखाय रघुनाथगाथा' अपनी सृजन प्रक्रिया में जितनी व्यक्तिधर्मी एवं एकांतिक है, मूल्य प्रक्रिया में वह उतनी ही गहरी सामाजिक अर्थवत्ता से आविष्ट हैं।

कहने की आवश्यकता नहीं कि एक कलाकार के सृजन संसार में पृथकता और अलगाव का ख़तरा, सभ्यता के विकास के साथ-साथ बढ़ता गया है। आज यह ख़तरा अपने सर्वोच्च बिंदु पर है। यही रास्ता खोजने और सही रास्ता बताने की जटिल प्रक्रिया में पड़ने से ही यह ख़तरा कम हो सकता है। एक सच्चा कलाकार इसीलिए अपने समय के तनावों व बेचैनी से गुज़रता है। उसकी यह बहस और संवाद जहां दूसरों से चलती है, वहीं स्वयं से भी। इसमें 'बस, एक गुरु की, एक मार्गदर्शी मित्र की, प्यार भरे सलाहकार की, बड़ी ज़रूरत है, बहुत बड़ी उससे बहस की जा सके, ऐसा अवसर हो' (मुक्तिबोध)। इस ज़रूरत को महसूस करते हुए मुक्तिबोध, आज के 'बड़े' कलाकार बने आधुनिकतावादी कलाकारों को भी टटोलते हैं और यह सही निष्कर्ष निकालते हैं कि 'आधुनिकतावादियों को मैंने देख लिया है। उनमें दम नहीं है, वे पोचे हैं। वे समस्या को बड़ा करके बताते हैं, आदमी को छोटा करके नचाते हैं। वह भी एक स्वांग है।' कहने का तात्पर्य यह है कि सही रास्ते को जाने बिना कला में स्वांग करते रहने की बाज़ीगरी चलती रहती है। इस बाज़ीगरी में समय की भयावहता इतनी

बड़ी हो कर आती है कि आदमी का दम घुट जाता है। केवल भयावहता रह जाती है और अनिर्णय की एक कूट भाषा अपने पांव पसारने लगती है। इस बात को अंर्स्ट फिशर ने 'कला और पूंजीवाद' के संबंध का निरूपण करते हुए ब्रेख़्त और काफ़्का की तुलना से बतलाया है। उनको दोनों लेखकों की महानता में कोई शक नहीं है। दोनों में समानताएं भी हैं। इसके बावजूद दोनों के बीच गहरे फ़र्क़ हैं।

फिशर लिखते हैं, 'ब्रेख़्त की सामाजिक द्वंद्वों को नीतिकथाओं के सरलीकृत रूप में प्रस्तुत करने की पद्धति काफ़्का की पद्धति से बहुत मिलती-जुलती है। लेकिन इन दोनों महान लेखकों के रवैये बहुत भिन्न थे। काफ़्का का रवैया अनिर्णय का रवैया था। वह अपमानित और आहत लोगों का पक्षधर और सत्ताधारियों का विरोधी था, लेकिन वह जिन लोगों की वकालत करता था, उन्हें इस लायक़नहीं समझता था कि वे दुनिया को बदल सकते हैं। उसके मन में उठने वाली हर नयी उम्मीद के साथ एक नया डर भी पैदा होता रहता था, हर जवाब के साथ एक नया सवाल भी उठता रहता था। ब्रेख़्त में जवाब देने की हिम्मत थी। उसकी नीतिकथाएं उपदेशात्मक होती थीं। उसे अटल विश्वास था कि दुनिया को बदला जा सकता है कि यह दुनिया बेहतर और ज़्यादा तर्कसंगत बनायी जा सकती है।' फिशर इस बात का उद्‌घाटन भी करते हैं कि ब्रेख़्त भी इस तथ्य से सुपरिचित थे कि हर जवाब एक नये सवाल को जन्म देता है और इस संसार में कुछ भी ऐसा नहीं है जो अंतिम हो। इस सीमा में ब्रेख़्त और काफ़्का समान हैं, लेकिन दोनों का बड़ा और महत्त्वपूर्ण फ़र्क़ यह है कि जहां काफ़्का इस अटल सत्य की जानकारी से उत्पीड़ित और संत्रस्त अनुभव करता था, वहीं ब्रेख़्त इससे उत्साहित होता था। फिशर के ही शब्दों में, 'काफ़्का, जो हताशाजनक रूप से एकाकी था, आधारभूत रूप से प्रगति में विश्वास नहीं करता था बल्कि यह मानता था कि एक ही तरह की चीज़ें बार-बार और हमेशा होती रहती हैं। ब्रेख़्त मानता था कि चाहे कितनी ही बाधाएं हों, नयी चीज़ों का होना अनिवार्य है।' दरअसल रास्ते की इस पीड़ाजनक 'आत्मग्रस्त शोध' से जहां एक ओर कला में हताशा, कुंठा, अवसाद, निराशा, ऊब, निरर्थकता, विखंडन, टूटन, अलगाव, अजनबीपन का एक बियाबान परसने लगता है वहीं दूसरी ओर नयी खोजों के प्रति उत्साह, धैर्य, शौर्य और रूपांतरण करने की साहसिक सक्रियता जैसे मूल्य कला को मानवीय ऊर्जा से भरते हैं।

जीवनानुभवों की व्याप्ति के आधार पर एक कलाकार के कलात्मक अनुभव भी श्रेणीबद्ध होते रहते हैं। कोई भी जीवनानुभव तभी कलात्मक अनुभव का रूप ग्रहण करता है जबकि वह अपनी व्यक्तिबद्ध सीमाओं का अतिक्रमण कर स्वयं से ऊपर उठ जाता है और वह किसी एक का नहीं, वरन् एक सामाजिक मानवीय अनुभव बन जाता है। अपने से ऊपर उठ कर जब एक कलाकार गहन मानवीय प्रक्रिया से हो कर गुज़रता है तभी उसकी कला मूल्यवत्ता प्राप्त करती है। यह मानवीय प्रक्रिया ही उसकी मूल्य

प्रक्रिया है। इसी से किसी कलाकृति की ऊंचाई और श्रेष्ठता का निर्धारण होता है। मुक्तिबोध के शब्दों में कहूं तो, 'अपने से परे जाना, अपने से ऊपर उठ कर जीवन जगत में भीगना, उसमें रमना और इस प्रकार उदात्त प्रेरणाएं ग्रहण करना, वस्तुतः एक गहन मानवीय प्रक्रिया है। यदि एक प्रक्रिया अपूर्ण है, अधूरी है, अत्यंत सीमित है तो वैसी स्थिति में उस लेखक की कला भी छिछली और सतही रहेगी।' किसी कलाकृति में जब कलाकार के करुणबोध से उद्वेलन की स्थिति बनती है तो उसके भीतर उसके द्वारा अनुभूत यही गहन मानवीय मूल्य प्रक्रिया होती है। जब किसी कृति का कोई बड़ा चरित्र अपने से ऊपर नहीं उठ पाता और वह इस मानवीय सत्य की पहचान नहीं कर पाता तो ऐसे अवसरों पर कोई छोटा पात्र इस सत्य की पहचान कराने के लिए सृजित किया जाता है। इस तरह कलाकार अपने कलानुभव को नाट्यरूप प्रदान कर अभिव्यक्त करता है। 'महाभारत' में द्रौपदी को जुए में दांव पर लगाया जाता है। इस समय भीष्म और द्रोण जैसे ज्ञानी वीर चुप रहते हैं। लेकिन दुर्योधन का ही एक भाई विकर्ण चुप नहीं रहता। विकर्ण महाभारत का कोई बड़ा विख्यात पात्र नहीं है किंतु जीवन सत्य की व्यंजना में वह अन्य बड़ों से बहुत बड़ा है। वह निडर हो कर कहता है कि स्त्री संपत्ति नहीं है जो उसे दांव पर लगाया जाये। वह पूरे जुए को ही ग़लत बतलाता है। उसे उत्तर भी दिया जाता है कि पहले कभी ऐसा था, किंतु आज पहले जैसी बात नहीं है। आज की व्यवस्था में स्त्री भी पुरुष की संपत्ति है। विकर्ण इस व्यवस्था को सनातन व्यवस्था नहीं मानते हुए इसका भी विरोध करता है। इसी तरह 'रामचरितमानस' में जब रावण के दरबार में सीता प्रसंग पर विमर्श होता है तो सभी दरबारी रावण के पक्ष को पुष्ट करते हैं। तब विभीषण सत्य को पहचान कर अपनी बात कहता है, आपकी सीता पर प्रीति निसिचर कुल की कालरात्रि है। 'कालराति निसिचर कुल केरी। जेहि सीता पर प्रीति घनेरी।' सत्य कहने के लिए विभीषण को दंड मिलता है। इस तरह एक बड़ा कलाकार सत्य को अधूरा नहीं छोड़ता। वह सत्य के उन सभी सीमांतों और छोरों तक पहुंचता है जो जीवन सौंदर्य का चित्र पूरा करते हैं। जो ऐसा नहीं कर पाते उनकी कला भी उसकी श्रेणी और कोटि की हो कर रह जाती है।

'महाभारत' का युधिष्ठिर अपने सत्याचरण के लिए लोकविख्यात चरित्र है। उसका यह सत्याचरण एक कलाकार के कलात्मक अनुभव की कोटि का है जबकि वह स्वयं से ऊपर उठ कर आचरण करता है। वह अपने आचरण में उस मूल्यवत्ता को साध कर रखता है जो उसे सामान्य पात्रों से भिन्न बनाती है। दूसरे पात्र अपने शौर्य में भिन्न हो सकते हैं, किंतु युधिष्ठिर उन स्थानों पर भिन्न होता है जहां मनुष्यता अपने सर्वोच्च रूप में अवस्थित रहती है। सर्वोच्च रूप की अवस्थिति ही कला की सर्वोच्चता का आधार है। यक्ष पांचों पांडवों से प्रश्न करता है। युधिष्ठिर को छोड़ कर उसके अन्य चार भाई यक्ष का उत्तर नहीं दे पाते, अतः अभिशप्त जल पी कर निष्प्राण हो जाते हैं।

जब युधिष्ठिर अपने उत्तर से यक्ष को संतुष्ट कर देता है तो यक्ष उनसे किसी एक भाई को प्राणदान देने की बात कहता है कि वे अपने चारों निष्प्राण भाइयों में से किसी एक को जीवन प्रदान करा लें। तब युधिष्ठिर कहते हैं कि मेरी विमाता माद्री के छोटे लड़के सहदेव को जीवित कर दें। जब यक्ष उनसे सहोदर भ्राताओं में से किसी एक को जिलाने की बात पर बार-बार ज़ोर देता है तो वह यही कहते हैं कि इससे मेरे भीतर का मनुष्यत्व मर जायेगा, 'आनृशंस्यं परो धर्मः।' इस स्थिति में युधिष्ठिर अपने से ऊपर उठ कर महाभारतकार की कला को उस उच्चासन पर प्रतिष्ठित करता है, जो जीवनमूल्य और कलामूल्य दोनों एक साथ हैं।

कला में मूल्य अवस्थिति प्रत्यक्ष न हो कर परोक्ष होती है। उसमें बाहरी संसार की क्रियाओं का आभ्यंतरीकृत रूप होने से ही कला पैदा होती है। तथ्य का सत्य में रूपांतरण होने पर कोई भाव, विचार या अन्य माध्यम कलारूप ग्रहण करता है। अपार काव्य संसार में कवि या कलाकार इसी अर्थ में प्रजापति है कि वह अपनी कल्पना से इस संसार के भीतर अपने एक नये संसार को रचने का सामर्थ्य रखता है। गुरुदेव रवीन्द्रनाथ ने अपनी एक कविता में नारी को केवल विधाता की बनायी हुई सृष्टि न मान कर कहा है कि 'मनुष्य ने अपने अंतर के सौंदर्य संचरण से नारी को गढ़ा है।' इस तरह एक कलाकार अपने भीतर सौंदर्य का संचय करके भावों और संबंध स्थितियों का एक सुंदर संसार सृजित करता है। कालिदास की शकुंतला वल्कलवेष्टिता हो कर भी और मनोहारिणी बन गयी है जबकि राजा दुष्यंत अपने राजसी वस्त्राभरणों में भी उतना सुंदर नहीं है। यह कवि कालिदास की सौंदर्य दृष्टि का महत्त्वपूर्ण पक्ष है जो सौंदर्य की सहजता को मूल्य स्थिति तक पहुंचा रहा है। कालिदास ने अपने साहित्य में वैभव विलास और अपने समय के राजसी आभिजात्य के सौंदर्य का विस्तृत चित्रण किया है, लेकिन देखने की बात यह है कि ऐसी स्थितियों में उनका चित्रण किया है और लेकिन देखने की बात यह है कि ऐसी स्थितियों में उनका मन विरक्ति भाव लिए रहता है, वह इनमें रमता नहीं। वह अभिसारिका नायिकाओं के सौंदर्य की अपेक्षा भारत की कृषक ललनाओं और मालिनियों के सौंदर्य में ज़्यादा रमता है। यह उनकी कला की मूल्य व्यंजना है।

कला में मूल्य प्रतिष्ठा जितनी व्यंग्य रूप में होगी उतनी ही कला उच्च कोटि की होगी। कालिदास अपनी कला में सर्वोच्च शिखर पर इसीलिए हैं कि वहां जीवन मूल्य और कला दोनों का अद्‌भुत संतुलन है। कला की मूल्य प्रक्रिया वहां इतनी अंतरावेष्टिता है कि ऊपरी सतह पर पकड़ में नहीं आती। मूर्तिकला में देखें तो सारनाथ के स्तंभशीर्ष पर बने हुए उन सिंहों को देखिए जो अपनी प्रकृति के विरुद्ध कितनी शांत मुद्रा में बैठे हुए हैं। सिंह की प्रकृति शांति की नहीं है, लेकिन इन सिंहों की है। यह महान अशोक की उस महान राजनीति की मूल्य व्यंजना ही तो है जो सामंती काल

में लोकतांत्रिक मूल्य को व्यंजित कर रही थी। कहना न होगा कि इन सिंहों की शांत मुद्रा में अशोक के शासन मूल्य व्यंजित हुए हैं। यहां कला की अपनी सापेक्ष स्वायत्तता इस रूप में व्यक्त है कि मूर्तिकार की कला ने शौर्य सत्ता के संग शील और शांति जैसे जीवन मूल्यों को इस तरह पिरो दिया है कि वे कला के अपने अनुशासन के साथ जीवन तत्त्व से कटे हुए नहीं है। जीवन की गहरी एवं कलात्मक अभिव्यंजना इस कला में है। बुद्ध की ध्यानमग्न प्रतिमाओं में कला के साथ जीवन साधना और अपने से ऊपर उठ कर जीने की उच्चतम साधना का प्रतिबिंबन उसे कालजयी बनाता है।

ताजमहल का स्थापत्य वास्तुकला का श्रेष्ठ निदर्शन है, लेकिन उसकी कला में मनुष्यता के उस भाव मूल्य की गहरी संस्थिति है जो उसकी कला को शालीन, आकर्षक, मनोरम एवं प्राणवत् बनाती है। यद्यपि कविवर सुमित्रानंदन पंत ने इसे 'मृत्यु का अमर अपार्थिव पूजन' कहा और साहिर लुधियानवी ने 'ग़रीबों की मुहब्बत का मजाक़'। तथापि एक बादशाह स्वप्न को अनेक कलाकारों—श्रमिकों द्वारा कलारूप प्रदान कर प्रेम जैसे जीवनमूल्य की जो स्थापत्य रचना की, वह सामंती मूल्यों से भिन्न, आधुनिक लोकतांत्रिक मूल्यों के युग में भी दर्शक को कलातुष्ट करती है। संगमरमर का यह मक़बरा संसार की सुंदरतम कलाकृति है। यह भारतीय वास्तुकला के विकास का एक उच्चतम सोपान है। लेकिन यदि यह केवल श्रेष्ठ वास्तुकला के निदर्शन हेतु ही बनायी गयी होती तो शायद ही इसका इतना बेजोड़ रूप प्रकट होता। मृत्यु के अमर अपार्थिव पूजन के लिए बने हुए कलात्मक मक़बरे तो और भी हैं। दिल्ली में हुमायूं की मक़बरा है जिसे अक़बर महान् ने बनवाया था। आगरा के पास सिकंदरा में अक़बर का मक़बरा है, जिसे जहांगीर ने बनवाया। लेकिन एक पुरुषप्रधान समाज में और वह भी मध्यकाल में, ताजमहल के रूप में जो प्रतिष्ठा और इज़्ज़त, एक औरत और अबला को बख़्शी गयी है, वह अन्य मक़बरों में नहीं है। अन्य मक़बरों में राजसत्ता और उसके ऐश्वर्य की भंगिमाएं हैं जबकि ताजमहल के संगमरमर में इस ऐश्वर्य-विलास के साथ नर-नारी के बीच चला आता वह सनातन आकर्षण भी है जिसकी डोर में समस्त प्राणी जगत बंधा हुआ है। इसी सनातन दांपत्यभाव ने इसको मध्यकालीन सामंती कला के चरम तक पहुंचाया कि रतिभाव की अभिव्यंजना में कुछ भी कसर न रहे। स्थापतियों ने मानो अपनी कला का सब कुछ उडेल कर रख दिया है। ऐसा तभी संभव है जब एक बादशाह के मन में ही नहीं वरन् कलाकारों के मन में भी प्रेम का ज्वार उमग पड़ा हो। इस बात में क्या संदेह है कि ताजमहल का निर्माण करते हुए कलाकारों की मन:स्थिति प्रेममय रही होगी। दरअसल जैसे भाव के बिना कविता संभव नहीं है वैसे ही श्रेष्ठ स्थापत्य, मूर्ति, संगीत और चित्रसृजन भी गहरी भावानुभूति के अभाव में संभव नहीं है। इसकी प्रेरणा के लिए कला उस जीवन पर निर्भर करती है जो उसके भीतर न हो कर उससे बाहर है। प्रेम की स्थिति ताजमहल में नहीं है, वरन् उस जीवन

में है जो उसकी कला में बाहर से प्राप्त किया हुआ है। जीवन सौंदर्य की इस भावात्मक सत्ता ने ही ताजमहल के सौंदर्य को इतना विशिष्ट रूप प्रदान किया है। शाहजहां ने तो सौंदर्य की प्रतीक मोती मस्जिद और जामा मस्जिद भी बनवायी थी, किंतु ताज के रूप में—बकौल भगवतशरण उपाध्याय—जो 'संसार का अनजाना' और 'इतिहास का अनजाना' बना वह अन्यत्र कहां है? और इस सबकी पृष्ठभूमि मे नर-नारी का वह आनंदभाव है, वह रससलिला है जिसे प्रेम का नाम दिया गया है। वह रतिभाव की स्थापत्यात्मक अभिव्यक्ति है।

श्रेष्ठ कला हमेशा उन मूल्यों की प्रसव पीड़ा से हो कर गुज़रती है जो उसे दीर्घजीवी बनाते हैं। जो समय मूल्यों की दृष्टि से अनुकूल नहीं दिखायी देता, उस कठिन समय में भी एक कलाकार का संघर्ष उन मूल्यों के लिए चलता रहता है। वह अपने समय के लिए कह सकता है कि 'यह तो समय है जब/कट चुकी है खेत से फसल/और नया बोने का दिन नहीं है।' (अरुण कमल की एक कविता 'यह तो समय')।

कलाकार की नज़र में आज का हमारा समय भीतर तक हिल जाने का समय है। आज मनुष्य का सब कुछ डगमगाने को है। उसका विश्वास हिल रहा है, उसकी आस्था डगमगा रही है। हमारा आज का समय अत्यंत भयावह और आशंकाओं, संदेहों और विभ्रमों भटकावों से भरा हुआ है, इसलिए आज का कलाकार इस पीड़ा, त्रास और संघर्ष को इस रूप में व्यक्त कर रहा है जो मूल्य प्रतिष्ठा के लिए ही है :

भग्न है ब्रह्मांड का आर्केस्ट्रा
हर दीवार में पड़ी है दरार
यह इतना पुराना पेड़ अन्तिम दांत-सा
बस लगा भर है पृथ्वी के मसूढ़े से
हिल रहा है सब कुछ हिल रहा है।
जो अन्तिम आधार थी धरती वह भी।

'ऐसे में'—अरुण कमल की कविता

लेकिन यह अभिव्यक्ति उस मध्यवर्गीय कलाकार मन की है जो अपने जीवन के बहुत छोटे अनुभवों का भोक्ता बना हुआ है। इससे भिन्न वह जीवन तत्त्व आज भी बचा हुआ है जो बहुत दिनों तक घर के चूल्हे के रोने और चक्की की उदासी को भोगता है, लेकिन जब घर के अंदर दाने आ जाते हैं तो घर भर की आंखें चमक उठती हैं। अकाल की विभीषिका से वह दब कर ही नहीं रह जाता। वह अकाल की पीड़ा को दूर करने के लिए संघर्ष करता है, क्रियाशील होता है, तभी घर के अंदर दाने आ

पाते हैं और आंगन से ऊपर धुंआ उठ पाता है। स्व. कवि नागार्जुन की कला इसी अर्थ में महान कला के छोर को छूने वाली कला है कि वह जीवन के सभी कोनों तक झांक कर देख लेती है। नागार्जुन का समय भी कोई बहुत पुराना समय नहीं। आज का ही अभावों और पीड़ाओं से घिरा हुआ समय है। इसके बावजूद वहां घर के अंदर दाने आते हैं और वहां कौवा अपनी पांखें खुजलाता है :

कौए ने खुजलायी पाँखें कई दिनों के बाद।
चमक उठी घर भर की आँखें कई दिनों के बाद।

देखने की बात सिर्फ इतनी है कि एक कलाकार जीवन साधना का विस्तार, अपनी कला साधना के साथ-साथ कितना कर पाता है। उसकी जीवन साधना ही उसकी कला को मूल्य संपन्न करती है।

परमानन्द श्रीवास्तव

कलाओं की मूल्य दृष्टि और हमारा समय

[1]

कलाएं हमारे जाने-पहचाने संसार के समानांतर एक दूसरा संसार निर्मित करती हैं, जाने-पहचाने समय के बरक्स एक दूसरा समय संभव करती हैं। इसके साथ ही या इसके बावजूद, वे हमारे अपने समय में हस्तक्षेप भी करती हैं। इसी द्वंद्व या तनाव के परिप्रेक्ष्य में कलाओं की मूल्य दृष्टि पर विचार करना ज़रूरी जान पड़ता है। साहित्य, संगीत, चित्र, नृत्य, मूर्तिशिल्प, स्थापत्य और बहुत कुछ जो सुंदर है, सृजनात्मकता का साक्ष्य है, जीवन शैली में ही प्रत्यक्ष सौंदर्य है, सब का सब कलाओं में गिन लिया जा सकता है। ललित और उपयोगी का विभाजन भी कई बार महज़ सरलीकरण या हमारा पूर्वाग्रह जान पड़ता है। कलाएं सुंदर हैं, क्योंकि वे मनुष्य की निर्मित हैं। मनुष्य का श्रम, मनुष्य की कल्पनाशीलता, संवेदना और सृजनात्मक साहस उनमें प्रकट हैं। याद करें प्रेमचन्द की कहानी 'ईदगाह' में हामिद का वह 'चिमटा' जो बदरंग, साधारण हो कर भी 'सुंदर' की नयी पहचान बनाता है। हामिद ने ख़रीदा ज़रूर था वह चिमटा कि दादी के हाथ रोटी सेंकते हुए न जलें, पर बच्चों के तमाम खिलौनों के बीच, वह हामिद की समझ और संवेदना के स्पर्श से सुंदर हो उठता है। सब उसे आश्चर्य से देखना और छूना चाहते हैं जैसे वह कोई रहस्य हो। सौंदर्य की एक दूसरी धारणा बनाने वाला यह एक महत्त्वपूर्ण सांस्कृतिक विचार है जिसे महज़ उपयोगिता में, सस्ते-महंगे जैसी व्यवहार भाषा में घटा कर देखना मनुष्य की कला सृष्टि के प्रति अन्याय है। जिन्हें 'मूल्य' कहते हैं वे कलाओं की मूल्य प्रवृत्ति में ही रचे-बसे हैं। वे वहां हैं। हम सिर्फ़ उन्हें या उनके होने के अर्थ और मर्म को अपने आस्वाद और ग्रहण की प्रक्रिया में पहचान पाते हैं। कभी यह पहचान एक तरह के नये रहस्योद्घाटन की तरह होती है। कलाओं का अपना सच है, अपना रहस्य है। अनुभव से संप्रेषण तक वे अपनी मूल्य दृष्टि का प्रमाण देती हैं। कई बार ये मूल्य ऐसे भी हैं कि उन्हें परिभाषित नहीं किया जा सकता। एक निर्गुण क़िस्म की गुणवत्ता भी कला का सौंदर्य है। कला का निःसर्ग, कला का अंतःस्वभाव। आचार्य हजारी प्रसाद द्विवेदी जब

कविता को सब कलाओं का मूल अथवा एक आदिम तात्पर्य बताते हैं तो इसी नि:सर्ग, इसी अंत:स्वभाव पर बल देते हैं। चमत्कार विलास या उक्तिवैचित्र्य से कहीं महत्त्वपूर्ण है वह सादगी जिसकी अपनी तहें हैं, अपनी गूंज है। कवि कुंवरनारायण से शब्द ले कर कहें कि वह 'असह्य पीड़ा' से होती 'ख़ुशी' का जन्म है जिसकी व्याख्या कठिन है। हम कलाओं के सामने कई बार चुप हो जाते हैं। यह समग्र ग्रहण या आस्वाद की वह मनोदशा है जिसे ठीक-ठीक बताना संभव नहीं। कबीर के शब्द हैं :

सब रग तंत रबाब तन, बिरह बजावै नित्त।
और न कोई सुनि सकै, कै साई कै चित्त।

सब नसें तांत सरीखी हैं—शरीर है—जैसे, कोई तार वाद्य! और विरह ही वादक है। अब जो गूंज पैदा हो रही है उसे या तो प्रिय सुनता है या कि हमारा यह मन। कलाएं हमसे यह एकाग्रता चाहती हैं—एक तरह का एकांत—जिस पर आज की आक्रामक उपभोक्ता संस्कृति का अचानक हमला है। मनोरंजन आज एक फूहड़ प्रायोजित उपक्रम है—हमारे घरों में, हमारे पास-पड़ोस, हमारे समाज में पसरा हुआ और कला के अनुभव और आस्वाद के क्षण विरल या असंभव हैं। यह है हमारे समय का संकट जिससे असंपृक्त रह कर कलाओं की मूल्य दृष्टि पर विचार आत्मछल है।

[2]

कलाएं हैं कि वे हमारे अकेलेपन में भी समाज या सामाजिकता के रचे-बसे होने को प्रमाणित करती हैं। कला के जो माध्यम हैं—शब्द, रंग, ध्वनियां; वे माध्यम सदियों से बरते जा रहे हैं। उनमें एक पूरा लोक व्याप्त है। स्मृतियां। संवेदनाएं। संप्रेषण के अनुभव। रूप। व्यक्ति की अद्वितीयता से कला सृजन का आरंभ है या सामूहिक स्वप्न भी उससे बहिष्कृत नहीं हैं। शब्द संभव जो कलारूप हैं—कविता, कहानी, नाटक अर्थात् साहित्य उनसे तो आप तुरंत अर्थ और प्रयोजन पूछ सकते हैं या उनसे मूल्य या विचार ही सीधे ग्रहण कर सकते हैं, पर हम जानते हैं कि वह हड़बड़ी कई बार कलाकृति को हमसे दूर ही रखती है। हम सब ज्ञात औज़ारों, मानदंडों के साथ कलाकृति का सार या मर्म जान लेना चाहते हैं, पर अक्सर हम उन गहरे निहितार्थों से वंचित रहते हैं जिन्हें कलाकृति की गहरी संरचना ने छिपा रखा है। इसीलिए कविता या दूसरी कलाओं के संदर्भ में कई बार कहने की इच्छा होती है कि अच्छा है, सब कुछ बचा रहने के साथ कला का अपना आश्चर्य भी थोड़ा बचा रहे। संतुलन या परिष्कार कला में पूर्णता या श्रेष्ठता की कोई शर्त नहीं है। कलाओं के मूल में कुछ ऐसी अराजकता भी है जो इस आश्चर्य की प्रेरक है। कलाओं की उत्पत्ति या कलाओं

के इतिहास पर विचार करने वाले जानते हैं कि उनमें इतना वैविध्य है कि कोई सुनियोजित मुकम्मल कलाशास्त्र या सौंदर्यशास्त्र उन पर अंतिम टिप्पणी नहीं है। विकल्प संशय असहमति कलाओं की दुनिया से बहिष्कृत शब्द नहीं है। कुमार गंधर्व का गायन संगीत के व्याकरण को कई अर्थों में चुनौती है। यह गायन की एक दूसरी परंपरा है। इसमें लोक का प्राणवान स्पर्श ही एक आदिम तात्पर्य रचना है। एक गूंज है जो अपना स्पेस, अपना आकाश अर्जित करती है। गांव-कस्बे के कितने ही गायक अनगढ़ता में अपना अनोखा ठाठ रचते हैं। अनुकरण और मौलिकता का एक अजब द्वंद्वात्मक रिश्ता कला व्यापार में सार्थकता प्राप्त करता है। 'कला व्यापार' कहना शायद अब अटपटा लगे, क्योंकि अब कलाओं का भी अपना बाजार है और बाजार मौलिक सृजनशीलता के विरुद्ध है। इसलिए कह सकते हैं—कला व्यवहार। प्रयोग यहां मौलिकता भी एक तरह का मूल्य है, कलाकार अपनी अद्वितीयता में जिसे पाना चाहता है। वह मौलिक होना चाहता है, क्योंकि उसके पूर्वज भी अपनी श्रेष्ठता गुणवत्ता उत्कृष्टता में मौलिक होना चाहते थे। अनुकरण और मौलिकता का यह अनिवार्य द्वंद्व कलात्मक सृजन को एक अद्‌भुत ऊंचाई देता है। सर्वानुमति की जगह असहमति की गरिमा निराला को बड़ा कवि बनाती है।

[3]

कलाएं हमारी संवेदनशीलता का विस्तार करती हैं। करुणा, पर दुःख कातरता जैसे मूल्य यहां सृजन और सृजन और संप्रेषण का अनिवार्य हिस्सा हैं, अनिवार्य पाठ हैं। यह करुणा कोई लिजलिजी चीज़ नहीं है। क्रोध और करुणा, विद्रोह और प्रेम एक साथ संभव है। असुंदर और सुंदर। अनगढ़ और कलात्मक। इस द्वंद्व में एक नया ठाट बनता है। एक नयी छवि बनती है। रंगों का विद्रोह या रंगों का हमला शायद रघुवीर सहाय की कविता का विषय है। क्या यह सच नहीं है कि दूसरी कलाओं की तुलना में साहित्य में तोड़फोड़ ज़्यादा हुई है? मूल्यों की टकराहट भी वहीं सबसे अधिक है, क्योंकि समय में हस्तक्षेप सबसे अधिक उसी का है।

यह हमारा पूर्वाग्रह है कि कलाओं पर विशिष्ट कला रसिकों या रसज्ञों का ही सर्वाधिकार है। बहुत सारे शिल्प असंख्य हाथों से हर क्षण निर्मित हो रहे हैं और सिर्फ़ आदिवासियों या सीमांत क्षेत्रों या हाशिए पर रह रहे कलाकारों के प्रयत्न को देखें तो उनकी स्मृति को पुनर्जीवित और समृद्ध करने वाली रचनात्मक कल्पना का कोई अंत नहीं है। स्वामीनाथन् अपनी अद्वितीयता में इस विलक्षण लोक कला को पहचान सके जो मिथकों में हस्तक्षेप करके नया आख्यान रचती है। संगीत में हर क्षण संभव गुमनाम निर्मितियां हैं जिनके लिए शास्त्र में उपयुक्त सटीक नाम नहीं है। यह ज़रूर है कि बहुत विलक्षण बहुत मौलिक भी जब-तब लुप्त होने

को है। वे भरथरी गायक अब नहीं आते जिनकी सारंगी की बेधक धुन सुन कर गांवों की स्त्रियां दीवारों से लग कर स्तब्ध रह जाती थीं जैसे वे वहीं हमेशा के लिए जड़ दी गयी हों। और इस लोप या क्षति का अहसास शेष नहीं रह गया है। हमारी संस्कृति में क्या संचित रह गया है, क्या छूट गया है, क्या है जो विरूपण या दुरुपयोग के लिए अभिशप्त है—कलाएं इसकी ख़बर देती आयी हैं। मंगलेश डबराल की कविता 'हारमोनियम' महज़ नोस्टैल्जिया नहीं है। कलाओं के लोप के बहाने समय के संकट पर एक टिप्पणी है :

पानी बहने और तारे चमकने की तरह
एक कठिन संगीतहीन संसार में
वह भी बजा कुछ देर
वह कमरे के बीचोंबीच रखा था
उजाले में
उसके कारण जानी गयी यह जगह
लोग आते और उसके चारों ओर बैठते

अब वह पड़ा है बाक़ी सामान के बीच
पीतल लोहे और लकड़ी के साथ
उसे बजाने पर वह राग दुर्गा या पहाड़ी के स्वर नहीं आते
सिर्फ़ एक उसांस सुनायी देती है
कभी-कभी वह छिप जाता है एक पुश्तैनी बक्से में
मिज़ाजपुर्सी के लिए आये लोगों से
बचने की कोशिश करता हुआ।

अंर्स्ट फिशर ने कहा था कि प्राचीन और बहुत पहले भुलाई जा चुकी चीजें भी हमारे अंदर सुरक्षित रहती हैं, हम पर असर डालती रहती हैं—जिसका हमें अक्सर अहसास भी नहीं होता। कलाएं शायद अपने विलोप और क्षय के विरुद्ध भी अपना संघर्ष जारी रखती हैं। जब समय बदल जाता है और बहुत कुछ निरर्थक लगने लगता है, कलाएं उनमें से कुछ मूल्यवान क्षणों और अनुभवों को खोज निकालने के लिए प्रयत्न करती हैं। कई बार नया कलाकार इसी खोज से शुरू करता है, बगैर अनुकरण किये हुए अपने नये सृजनात्मक साहस के साथ। खोज की आकांक्षा, साहस, पूर्णतर होने की निरंतर चाह और विकलता—ये अपने आप में कला की प्रकृति में निहित मूल्य हैं। किसी भी कलाकृति के संदर्भ में ये पहले से प्रदत्त मूल्य नहीं हैं, ये धीरे-धीरे ही कृति में आविष्कृत और प्रकट होते हैं। कला का छंद भी क्रमशः निर्मित होता है। पूर्णता तक आते-आते ही हम जान पाते हैं कि यह है कविता का, चित्र का, नृत्य का,

राग संरचना का अपना छंद। व्याकरण कलाकार के अभ्यास तक साथ दे सकता है। इसके आगे कलाकार सृजन के क्षण में पूर्व अर्जित सिद्धि के सहारे अपना ठाट नहीं खड़ा करता है। फिर तो वह क्षण ही नियामक है। सिर्फ़ साहस ही नहीं, विनम्रता और धैर्य भी कलाकार के काम आते हैं। इसलिए उपर्युक्त मूल्य खोज की आकांक्षा और पूर्णता उस अर्थ में परिभाषित नहीं होते कि हम उन्हें 'कैटेगरी' मान कर संतुष्ट हो सकें।

[4]

कला और विचारधारा का द्वंद्व जाना-पहचाना है। विचारधारा के रूप में बहुत कुछ ज्ञात अवधारणा या विमर्श की तरह है। वह कलाकार को निष्क्रिय निर्द्वंद्व नहीं छोड़ती। जिन्होंने विचारधारा के नाम पर अपना व्यक्तिकेंद्रित द्वीप भाव चुन लिया है और समाजधारा से अपने को असंपृक्त मान लिया है। उनके भी सर्जनात्मक जीवन में ऐसे क्षण आ सकते हैं कि अपने भीतर के अज्ञात समाज के प्रति जवाबदेही महसूस करें। विचारधारा जिनके लिए सामाजिक संघर्ष से जुड़ने प्रतिबद्ध होने जैसी दृढ़ अविचल आस्था की तरह है, वे भी कलात्मक सृजन के क्षणों में असहाय अनुभव कर सकते हैं। कलाएं इसी अर्थ में एक अविराम खोज हैं। इस खोज में समाज की जटिल संरचना, उन पर लगातार समय के पड़ रहे दबाव, खरोंच, धूल-धक्कड़, गर्द-ग़ुबार, धुआं—इन सबसे बचाव नहीं है। कलाकार की एक ऐसी प्रतिबद्धता भी है जिसे कोई घोषणापत्र नहीं बता सकता। समाज में रहते हुए ऐसे लक्षण आ सकते हैं, ऐसी चुनौतियां उपस्थित हो सकती हैं कि कलाकार को वक्तव्य देना पड़े, सड़क पर चल रहे जुलूस में शामिल होना पड़े ऐसे क्षण बराबर आते रहे हैं। पर यह भागीदारी प्रतिरोध, दायित्वबोध, जवाबदेही किसी कलाकृति या कला कर्म का कोई तात्कालिक एजेंडा नहीं है। कलाकृति हर बार एक नयी शुरुआत ही है। हमारे संघर्ष हमारे अनुभव इस अपने ढंग की अकेली यात्रा में काम आते होंगे, पर एक अर्थ में अनजाने! पर यह न कहें कि अबोधता कला का चरम मूल्य है। किंतु एक तरह की अबोधता (innocense) कलात्मक सृजन के क्षणों में ज़रूरी होती है। वह आश्चर्य के उस अनुभव तक ले जाती है जहां कला का छंद पूर्णता पा रहा होता है। कला के पास सवाल ही सवाल हैं। जवाब या समाधान की शक्ल में शायद कुछ भी नहीं है। जिनके पास जवाब ही जवाब हैं उनकी आत्मतुष्टता या आत्ममुग्धता उनकी कला का अंत है। जिसे कलाकार की 'समाधि' जैसी अवस्था कहते हैं, वहां भी प्रश्नों की आहट मिल सकती है। 'तादात्म्य' की जगह 'तनाव' आज की कलाभाषा में यदि एक नया मूल्य है तो तनावमूलक आनंद की व्याख्या भी और तरह से होनी चाहिए। कुछ यों ही नहीं कि ग़ालिब जैसे कवि के पास सवाल ही सवाल हैं :

पूछते हैं वह कि ग़ालिब कौन है
कोई बतलाओ कि हम बतलायें क्या

[5]

कलाओं को कलाकारों और कला रसिकों तक सीमित करके नहीं देखना चाहिए। यह सही है कि कलाएं तात्कालिक एजेंडा की तरह सामाजिक बदलाव नहीं ला सकतीं। वे दृश्य पर बहुत दिखायी भी नहीं देतीं। औसत सामान्य जीवन या दिनचर्या में बहुतों से उनका कोई सामना नहीं होता। पर प्रकृति में ही यह निहित है कि वे दुनिया के बेहतर होने, मनुष्यता के समृद्ध होने के स्वप्न देखती हैं। या स्वप्न या विजन या यूटोपिया। यह कला के पूरे कारोबार में एक अंतहीन लय की तरह मौजूद है। एक बेचैनी या तड़प की तरह। भीमसेन जोशी के गायन से तुरंत दुनिया बदल नहीं जाती या स्वप्न से उदासीन या बेख़बर नहीं हो सकते। समय कितना भी कठिन हो, क्रूरताएं-बर्बरताएं आज की तरह एकदम सतह पर हों, कलाएं क्योंकि अपना काम करती हैं, इसलिए चुपके-चुपके अपना प्रतिरोध भी किसी अदृश्य रजिस्टर में दर्ज़ कराती हैं और इस तरह हस्तक्षेप करती हैं। वे तमाम बुरी खबरों के विरुद्ध एक कोई और खबर भी बनाती हैं कि 'सब कुछ होना बचा रहेगा' यह अप्रतिहत जिजीविषा कलाओं का अपना ज़रूरी स्वभाव है। एक अर्थ में मूल्य है। पुराने आचार्य अगर 'मांगलिकता' में ही सब मूल्यों का मूल मानते थे तो क्या आश्चर्य!

कला स्वायत्त है तो इस अर्थ में कि जहां से वह शुरू होती है, वहां जहां कला का उद्‌गम है, कलाकार निपट अकेला है, वहां एक अर्थ में कोई नहीं है, (यद्यपि जिस माध्यम में वह रच रहा है उसकी अपनी सामाजिकता है, स्मृतियां हैं, अपना एक संपूर्ण लोक है) पर आगे बढ़ते ही जहां कलाकृति संपूर्ण रूप ले कर ग्रहीता के सामने है, पाठक या दर्शक के सामने है, वहां संप्रेषण में सब का साझा है, सब का साथ है। वहां भी कलाकृति का सब पर एक-सा प्रभाव नहीं है। सबके लिए वही कलाकृतियां अलग-अलग पाठ हैं। अब कलाकृतियां इसलिए भी स्वायत्त नहीं हैं कि समय, तंत्र, सूचना, तकनीक, बाज़ार बहुत-सी व्यवस्थाएं आस्वाद ग्रहण पर ही तरह-तरह के दबाव डाल रही हैं। इन अवांछित दबावों से बचा नहीं जा सकता। कलाएं सुंदर हैं और दुनिया को सुंदर बनाना चाहती हैं। पर उस दौर का क्या करें जब हिंसा भी सुंदर है? फासीवाद यही करता है। वह हिंसा को भी सुंदर बना कर पेश करता है। वह सौंदर्य, रहस्य, अद्वितीयता, प्रतिभा की हमारी धारणाओं को गड्डमड्ड करता है। जहां मूल्य दृष्टि कला की सहज प्रकृति है वहां कुछ और तरह के मूल्य मॉडल को अनिवार्य ठहरने लगता है। मूल्यों की तानाशाही से फासीवाद का गहरा रिश्ता है। वह झूठ को, छद्म को, ख़तरनाक को महिमा-मंडित करके आदर्श की कोटि में ला खड़ा करता है। हमारे समय में जो यांत्रिक तकनीकीकरण है सूचना प्रसार तंत्र है, मीडिया

और प्रौद्योगिकी है, उपभोक्तावाद के अनेक रूप प्रकार हैं उनमें यह तानाशाही पनपती है। वह पाठ्यक्रम में, आचार संहिता में कहीं भी जगह बना सकती है और किसी चित्रकार, गायक, कवि, कलाकार से जवाब तलब कर सकती है। सच्ची कला अपने मूल्य खोजती है, अर्जित करती है। वह एक मूल्य मॉडल का आक्रामक वर्चस्वी आरोपण नहीं है, इसीलिए वह एक समय में हो कर भी समयातीत में संचरण करती है, एक समाज में हो कर भी अपना समानांतर समाज बनाती है। इस अर्थ में भी वह हमारे समय और समाज में हस्तक्षेप है। एक परंपरा में होकर भी कलाएं दूसरी परंपरा या परंपराएं खोजती हैं। यही उनकी अद्वितीयता है। अद्वितीयता और गहरी सामाजिकता का द्वंद्वात्मक संबंध समझे बग़ैर हम नहीं जान पायेंगे कि कला के अपने मूल्य क्या है और क्यों हैं ? अद्वितीयता और सामाजिकता के द्वंद्वात्मक संबंध की फलश्रुति दृश्य कलाओं में कहीं सार्थक संभावना के रूप में देखी जा सकती है। एक उदाहरण है छत्तीसगढ़ का रंगमंच। जब शेक्सपियर और ब्रेख़्त बुंदेलखंडी-छत्तीसगढ़ी में प्रस्तुत किये जाते हैं तो विलक्षण संभावनाएं पैदा होती हैं। न भूलें कि जिस समय एक तरह का राष्ट्रवाद कलाओं की अद्वितीयता के लिए संकट की-सी ख़बर है, स्थानीयताएं अद्वितीयता और सामाजिकता का वह रिश्ता प्रमाणित कर रही हैं जिसका 'विश्व दृष्टि' से विरोध नहीं।

अंत में, जब हम कविता, संगीत, चित्र, नृत्य जैसी कलाओं में निहित मूल्य दृष्टि या नैतिक विजन पर विचार करते हैं तो सबसे पहले कला प्रक्रिया की जटिलता पर ध्यान जाता है। अगर कहा जाता है कि कलाकृति का कोई पहला और अंतिम अर्थ नहीं होता है, उसका वास्तविक अर्थ बहुत से बीच के अर्थों में कहीं हो सकता है तो कला प्रक्रिया की जटिलता को समझ कर ही। शायद समूची कला प्रक्रिया पर जेव्यू हर्बर्ट की यह कविता एक मार्मिक टिप्पणी है और संकेत है कि नैतिकबोध या मूल्य दृष्टि कहीं बाहर नहीं कला की संरचना के रहस्य की तरह कला के भीतर है। उसे नाम दे कर बताना जरूरी नहीं, न संभव ही है :

एक अनाड़ी मधुमक्खी की तरह
वह फूल पर उतरता है
मुलायम डण्ठल झुक जाता है
वह पंखुरियों के बीच से राह बनाता है
जो शब्दकोश के पन्नों की तरह होती हैं
और अन्दर पहुँचना चाहता है
जहाँ गन्ध और मिठास है

और हालाँकि वह शान्त होता है निस्पृह
स्वादरहित

पर लगा रहता है धीरज के साथ
जब तक उसका सिर
पीली गर्भकेशर से टकराने नहीं लगता

लेकिन यहीं सब कुछ ख़त्म होता है
कोई पहुँच नहीं सकता
फल के मुखाग्र के सहारे
जड़ों तक

इसलिए मधुमक्खी को बाहर आना है
गर्व से परिपूर्ण
ज़ोर से बताते हुए कि वह अन्दर था
और जो उस पर यक़ीन नहीं करते
वह दिखाता है अपनी नाक
गर्म केशर से भीगी
और पीली।

विजेन्द्र

कविता और मूल्यदृष्टि

अंततः कविता मानवीय मूल्यों का कलात्मक सृजन ही है। अतः कविता में मूल्यों की चर्चा का मेरे लिए एक अर्थ यह भी है कि उसे जीवन के बड़े लक्ष्य, उसके महत प्रयोजन से जोड़ कर देखूं। अगर इसे कोई नैतिकता के सवाल को बेवक़्त उठाने वाली शरारत कहे तो मुझे कोई परेशानी नहीं होगी। क्योंकि उत्तराधुनिकता के इस दौर में कोई भी ऐसी बात जो सीधे जीवन मूल्य या उच्च मानवीय नैतिकता से जुड़ी हो उसे बौद्धिक उत्कर्ष की दृष्टि से हेय माना जाता है। यह समय ही ऐसा है जहां हर अच्छी चीज़ का अंत बताया जा रहा है चाहे वह कविता हो, जीवन के आदर्श हों, विचारधारा हो, इतिहास हो या सांस्कृतिक उन्नयन। यह कहीं हमारे लिए हतप्रभ करने का सोचा-समझा प्रयास तो नहीं है? इसी से जुड़ा सच यह है कि हम आज कविता और जीवन दोनों को दिक्काल निरपेक्ष मानने को उत्सुक हुए हैं। ऐसा क्यों है? वजह अनेक हो सकती हैं, पर उनमें से एक वजह है कि हम ऐसे विचारों को चाहे यूरोप के हों या भारत के—बेचैन रहते हैं जो हमें रचना और समाज को एक-दूसरे से सर्वस्वायत्त देखने-परखने को प्रेरित करें। जो एक हद तक अमूर्त हों। जो हमें किसी बड़े वैचारिक जोख़िम में न डालें। दरअसल मैं अपने समाज और समय के तनावों तथा अंतर्क्रियाओं को बिना समझे कविता और जीवन मूल्यों को उनकी सार्थकता तार्किक परिणति तक नहीं समझ सकता।

भारत में शुरू से ही कविता को बड़े मानवीय लक्ष्य से जोड़ कर देखा गया है। कविता और नाटक के प्रतिमानों के प्रथम विचारक भारत का बहुश्रुत कथन है कि नाटक तो दुःख से दुःखी, कठिन श्रम से थके-हारे और त्रासद शोक से क्लांत लोगों को जीवन में भरोसा दिलाने के लिए है :

दुःखार्तानां, श्रमार्तानां शोकार्तानां तथा
लोकोपदेश जननं नाट्यमेतद् भविष्यति।

यह वही मूल्य दृष्टि है जिसे मैं आज भी दरकिनार कर कोई नयी बात कहने की स्थिति में नहीं हूं। हो सकता है अपने समय के दबावों के कारण मैं इस कथन

की पुनर्व्याख्या कर सकूं। इसे आज विकसित होती विश्व चेतना के उजाले में देखना पसंद करूं। पर कविता और जीवन मूल्यों के बारे में मुझे साफ़ समझ मिल रही है, बल्कि और आगे चल कर तो कविता को हथियार की तरह काम में लाने का संकेत है। यानी कविता 'शिवेतर' का विनाश भी करे। यहां हम यूरोप की उस मूल्य दृष्टि से किंचित् भिन्न और अलग हो रहे हैं, जहां कहा गया है कि कविता हमें आनंद देती है, हमें सिखाती है या फिर हमारे मन का प्रक्षालन करती है।

कविता में 'शिवेतर' के विनाश की बात अपने आप में कविता और कविकर्म दोनों को बड़ी चुनौती है। वाल्मीकि, तुलसी और निराला की कविता 'शिवेतर' के विरुद्ध खड़ी होती है। निराला ने 'राम की शक्ति पूजा' में एक जगह कहा है, 'अन्याय जिधर, है उधर शक्ति।' यह समय की सच्चाई है। 'शिवेतर' शक्तियां हर समय हर समाज में ज़्यादा ताकतवर होती हैं। यह इतिहास का सच है। उसकी विडंबना भी। उन्हें समाप्त करने को हमें मांगलिक शक्तियां संगठित, अर्जित करनी पड़ती हैं। ज़रूरी नहीं 'शिवेतर' को हम आसानी से परास्त कर पायें। उनसे द्वंद्व अनिवार्य है। वह होगा। होता रहा है। कविता जीवन और समाज के व्यापक संदर्भों में उसे बड़े कलात्मक ढंग से व्यक्त करती है, बल्कि उसे चरितार्थ करती है। उसे चरितव्य भी बनाती है। यह एक प्रकार से मूल्यों का ही द्वंद्व है। मनुष्य की उन्नत चेतना के परिवर्तनकामी स्वभाव का मुखर और मूर्त रूप भी। बड़ी और सार्थक कविता में मूल्यों की सृजन प्रक्रिया के पीछे यही ऐतिहासिक द्वंद्व झलकता है। यथास्थिति को भंग करने की अनुगूंजें सुनायी देती हैं। निराला ने आज़ादी से पहले 'वीणावादिनी वर दे' गीत लिखा तब वे इसी ऐतिहासिक द्वंद्व का अनुभव कर रहे थे। यह गीत भड़कीले समारोहों में गाने के लिए ही नहीं है। दरअसल यह निराला की उस परिवर्तनकामी और विद्रोही चेतना का गान है जो उनकी कविता, बल्कि कहें उनके समूचे साहित्य का मूल स्वर है। यानी बेहतर समाज के निर्माण के लिए मनुष्य को हर प्रकार के उत्पीड़क बंधन से मुक्त कराने का गान। उसे सजग और क्रियाशील बनाने की चेष्टा। पहले से चली आयी क्रूर व्यवस्था को तोड़ कर समाज में बुनियादी परिवर्तन की आकांक्षा। निराला मांग रहे हैं 'स्वतंत्र रव' यानी मुक्तिदायी शब्द। उसे समूचे भारत में चरितार्थ देखने को नये मंत्र। कहना न होगा जब सृजित मूल्यों को जन समर्थन मिलता है तो वे भौतिक शक्ति का रूप लेते हैं। लगता है निराला उसी मांगलिक शक्ति के लिए बेचैन हैं।

इसीलिए वे 'अंध उर' के बंधनों को काटने की बात करते हैं। तम को समाप्त कर पूरे भारत को जगमगा देने वाले उजाले की बात करते हैं। जैसे हर चीज़ नये सिरे से होने को है :

नव गति, नव लय, ताल-छंद नव
नवल कंठ, नवजलद मंद्र रव

नव नभ के नव विहग-वृंद को
नव पर नव स्वर दे।

ऐसी ही बेचैनी रवि बाबू ने अपनी एक कविता में व्यक्त की है :

चित्त जेथा भयशून्य उच्च जेथा शिर

अर्थात् जहां हृदय भयशून्य हो, सिर ऊंचा रहे। उन्होंने 1930 में यानी आज़ादी के पहले कहा था 'हमारे देश को जिन ज़ंजीरों में जकड़ रखा गया है, उन पर बार-बार प्रहार कर हमें उन्हें तोड़ना होगा।' उनकी बहुत प्रसिद्ध कविता—'निर्झरेर स्वप्न भंग' में ऐसा ही भाव व्यक्त हुआ है—'भाँग भाँग भाँग कारा/आघाते आघात कर।'

निराला ने 1936-46 के बीच 'तोड़ती पत्थर' कविता लिखी। इसे लोग अक्सर पत्थर तोड़ने भर की क्रिया मान लेते हैं। पर निराला ने पं. जानकी वल्लभ शास्त्री को लिखे पत्र में कहा है कि यह सीधा वर्णन होने पर भी, हथौड़े की चोट पत्थर पर पड़ने पर भी, देखिए किस तरह अट्टालिका पर पड़ती है। कवि के अनुसार तोड़ती पत्थर का अभिप्रायमूलक अर्थ है 'मैं तोड़ती पत्थर-हृदय' जो क्रूर व्यवस्था ने उसे ऐसा बना दिया है। यहां रवि बाबू और निराला दोनों हमारे जातीय कवि 'शिवेतर' पर प्रहार कर जनशक्ति को जगा रहे हैं। यहां नये जीवन मूल्यों का सृजन भी हो रहा है। कविता बदल रही है। निराला ने तो भावी भारत का चित्र भी दिया है :

आज ज़मींदारों की हवेली
किसानों की होगी पाठशाला
धोबी, पासी, चमार, तेली
खोलेंगे अंधेरे का ताला
सारी संपत्ति देश की होगी
जनता जातीय वेश की होगी
वाद से विवाद यह ठने
काँटा काँटे से कढ़ाओ।

यहां निराला अंधेरे का ताला उन्हीं लोगों से खुलवा रहे हैं जिन्हें आचार्य भरत ने श्रम से थका-हारा, पीड़ित और दुःखी बताया है। इससे यह भी संकेत मिलता है कि विश्व दृष्टि संपन्न कवि उन मूल्यगत बातों को पहले से ही कह देता है जो आगे घटित होनी है।

यहां कुछ बातें उभरती हैं। एक जो कुलीन (ऍलीट) वर्ग का बना बनाया सौंदर्यबोध टूट रहा है, उनके मूल्यबोध को भी गहरा आघात पहुंच रहा है।

दूसरे, कविता में मूल्यसृजन ऐतिहासिक शक्तियों के द्वंद्व को व्यक्त करता है।

ज़रूरी नहीं यह प्रक्रिया इतनी सीधी और सपाट हो। इसे हम मूल्यों के स्वभाव और सौंदर्यबोध की ध्वनि से ही जान सकते हैं। तीसरा बड़ा और समर्थ कवि अपने समय का भेदन कर उसकी अपनी तरह व्याख्या करता है, इसीलिए कविता में प्रयोजन और अभिप्रायों के बलाघात बदलते रहते हैं। उनका रूप बदलता रहता है। ऐसा हर कला में होता होगा, पर कविता में यह सबसे ज़्यादा मूर्त और मुखर होता है। क्योंकि शब्द वस्तुओं के नाम होते हैं। उनके प्रतीक होते हैं। उनसे ही हम जीवनानुभवों को आकृति देते हैं। जैसे शब्द कविता में बाहरी वस्तुओं को बताते हैं वैसे संगीत में नाद या स्वर बाहरी वस्तुओं को नहीं बताते। वे अपने आप में ही संवेदना की वस्तु हैं। यही वजह है कि संगीत अपने समय और समाज को सबसे कम व्यक्त कर पाता है। चित्रकला कविता के बहुत नज़दीक है। वस्तुजन्य भाव साहचर्य के लिए नहीं, बल्कि रूप, रंग और रेखाओं के लिए। होरेस ने तो चित्र को मूक कविता कहा ही है।

मैं कविता को अपने वर्ग संस्कारों से रच कर उसे उससे अतिक्रमित भी कराता हूं, तभी कविता में मूल्य दृष्टि व्यापक और स्थायी होती है। मैं अपने ही वर्ग में क़ैद नहीं रह सकता। अगर मैं अपने ही वर्ग संस्कारों से निजात न पाऊंगा तो मेरा अनुभव संसार बहुत सीमित और इकहरा होगा। मेरी मूल्य दृष्टि भी संकुचित और वेगहीन होगी। मुक्तिबोध जीवन के बड़े संकल्पों से उद्वेलित हो कर अंत तक अपने मध्यवर्गीय संस्कारों को तोड़ने का कष्टसाध्य संघर्ष करते रहे। उन्होंने अपने वर्ग के लोगों की स्थिति को 'दो पाटों के बीच पिसना' बता कर उसे 'नीच ट्रेजडी' कहा है। इससे संदेह नहीं कि अपने वर्ग संस्कारों को छोड़ना, उनसे ऊपर उठना बहुत कठिन है। इसके लिए हमें बहुत कुछ छोड़ना पड़ सकता है। बड़े संकट उठाने पड़ सकते हैं। पर हम जितने बड़े संसार से जुड़ेंगे, जितने बड़े हमारे संकल्प होंगे, उतना ही अपने वर्ग के वृत्त को हम तोड़ सकेंगे। निराला अंत तक वेदांती हो कर भी अपने उस संस्कार को तोड़ते रहे। आज़ादी के बाद के कवियों में नागार्जुन ने लोकतंत्र में जन की उभरती और स्थापित होती ताक़त का एहसास तक कराया है। उनकी एक बहुत प्रसिद्ध कविता है 'शासन की बंदूक' उसमें कहा है :

खड़ी हो गयी चाँप कर कंकालों की हूक
बढ़ी बधिरता दस गुनी...
सत्य स्वयं घायल हुआ, नयी अहिंसा चूक
जहाँ तहाँ दगने लगी शासन की बंदूक
जले ठूँठ पर बैठ कर गयी कोकिला कूक
बाल न बाँका कर सकी शासन की बंदूक।

यहां लोकतंत्र की विसंगतियों की ओर संकेत होते हुए भी जनता की ताक़त का

एहसास कराया गया है। ऐसा बहुत जगह कवि त्रिलोचन और केदारनाथ अग्रवाल ने भी किया है। किंतु अज्ञेय में लोकतंत्र के वे मूल्य हैं जिन्हें हमारा अभिजन वर्ग पसंद करता है, इसीलिए अज्ञेय का कविता संसार अपेक्षाकृत छोटा है। वहां मंगल की कामना तो है, पर 'शिवेतर' के विनाश करने वाली शक्ति का उभार नहीं है। इसलिए उनकी मूल्य दृष्टि और सौंदर्यबोध अभिजात मन को रचते हैं। हमारे समय के कवियों में कुमारेन्द्र ने उस जन की शक्ति का उभार दिखाया है जो 'शिवेतर' से लड़ रही है और जो लोकतंत्र की तार्किक परिणति भी है।

मूल्य दृष्टि का गहरा संबंध इस बात से भी है कि मैंने चेतना और पदार्थ के बारीक और नाजुक रिश्तों को कैसे समझा और सुलझाया है। ज़्यादातर पदार्थ को हम चिंतन की वस्तु मानते रहे हैं, पर क्या वह हमें क्रियाशील होने को प्रेरित नहीं करता? कोई भी पदार्थ मुझे स्पंदित करता है, पर मैं भी उसे अपनी तरह रूपांतरित कर उसका पुनर्सृजन करता हूं। यानी मेरी संवेदनात्मक क्रियाशीलता मेरा ख़ास स्वभाव है। वस्तुगत घटनाओं की अनवरत शृंखलाओं के बीच में एक कड़ी भर नहीं हूं। कुछ ऐसा भी है जो मुझे प्रकृति के बारे में स्वतंत्र रूप से निर्णय लेने को प्रेरित करता है। मेरे पास कल्पना और इच्छाशक्ति दो ऐसे नैसर्गिक वरदान हैं जो मुझे यथास्थिति से उबरने को प्रेरित करते हैं। इसी लिए पदार्थ और चेतना के रिश्ते द्वंद्वात्मक हैं। मूल्य दृष्टियों के सृजन में भी यही रचनाशील द्वंद्वात्मकता बनी रहती है।

वर्ग समाज में, जैसा मैंने कहा, मूल्य दृष्टियां वर्गाश्रित होती हैं। फिर भी मैं कोई भी मूल्य दृष्टि, कोई भी विश्व दृष्टि अपनाने को आज़ाद हूं। पर क्या यह उचित होगा कि हम जिस मूल्य दृष्टि को कविता में अपनाएं उसे व्यवहार में छोड़ दें? या व्यवहार में जो मूल्य दृष्टि अपनाएं उसे कविता में त्याग दें? यह तो कवि व्यक्तित्व का क्षरण और उसके कर्म का पतन होगा। बड़े संकल्प वाले कवि ऐसे अपघाती व्यतिक्रम से बचते हैं। गोर्की ने एक बार लेखकों को संबोधित करते हुए कहा था कि 'तय करो अपना पक्ष कि किधर हो?' इसी बात को मुक्तिबोध ने अपनी सुपरिचित कविता नक्षत्र खंड में कहा है, 'बशर्ते तय करो किस ओर हो तुम।' यह तय करना हर उस लेखक को ज़रूरी है जो कविता को बड़े सामाजिक सरोकारों से जोड़ता है। यह चाहे उतना प्रत्यक्ष या साफ़-साफ़ न भी हो, पर मूल्य दृष्टि का बलाघात यह बात बता देता है। निराला ने ये सवाल उठाये ही हैं। मुक्तिबोध बार-बार कहते हैं कि 'क्या उत्पीड़कों के वर्ग से होगी न मेरी मुक्ति?' यह 'शिवेतर' को पराजय की तरफ़ धकेलने वाली मूल्य दृष्टि है जो वे कहते हैं, 'बिना संहार के सृजन असंभव है/समन्वय झूठ हैं।' अपनी बात को थोड़ा स्पष्ट करने के लिए मैं चीनी कवि बाइ जूई की कुछ कविता-पंक्तियां यहां देना चाहूंगा। उन्होंने अपनी 'अधिकार' कविता में मूल्य दृष्टि और तीखे अंतर्विरोध जिस तरह व्यक्त किये हैं वह देखते ही बनता है :

तपती हुई मिट्टी की आँच
मज़दूरों के तलवों के छालों को छीलती
और धूप आग की लपटों की तरह
उनकी पीठ पर खेलती थी
तभी मैंने देखा

एक गरीब औरत को आते
बच्चों को अपनी पीठ पर लादे
उसके दाहिने हाथ में थीं गेहूँ की कुछ बालियाँ
जो उसने चुनी थीं
...ध्यान से सुनता रहा मैं उसकी बातें
हमारी सारी फसल तो चली जाती है
लगान में
खेत-खलिहान में
चुन बीछ कर ही हो पाता है गुजारा...
मैं अपने आप को देखता हूँ
और सोचता हूँ
कौन बड़े गुन हैं मुझ में
क्या अधिकार है
कि साल में दिये जायें मुझ को
तीन सौ मन धान
खाने के लिए काफ़ी
और बचाने के लिए बहुत

उनकी एक और कविता है—'तुलिंग का बूढ़ा किसान'

तुलिंग का एक किसान था
सौ कित्ते की जोत थी उसकी

लेकिन वसंत में पड़ गया सूखा
मर गयी गेहूँ की पौध सूख कर
और आयी जब उस बरस क्वार
तो पड़ने लगा समय से पहले ही पाला
खेतों में बालियाँ रह गयीं
हरी की हरी

इलाक़े के अफ़सरों को मालूम था यह सब
मगर उन्हें चिन्ता थी
तो बस यही
कि जल्द से जल्द वसूल लिया जाये लगान
किसान को लगान की अदायगी की ख़ातिर
बेचना पड़ा शहतूत का पेड़...
लगान भरने के लिए, समझिए
उतर गये तन के कपड़े
छिन गया मुँह का निवाला
लोगों का मांस नोचते हुए अफ़सरान
वहशी भेड़िये हैं
हालाँकि नहीं हुए पैदा दाँत और चुंगुल समेत
लेकिन दिल भेड़ियों जैसा है।

(बाइ जूई, बांस की 'टहनियां', अनुवादक—प्रियदर्शी ठाकुर)

यहां सामंती समाज की क्रूरता और अभिजात वर्ग की विलासिता का मार्मिक चित्र है। कहना न होगा बाइ जूई चीनी सम्राट के दरबार में उच्च प्रशासक थे। अपनी इस तीखी जनोन्मुख दृष्टि के लिए उन्हें राज द्वारा दंडित भी किया गया। लगभग बारह सौ वर्ष बाद भी इस महाकवि की मूल्य दृष्टि भारतीय समाज के संदर्भ में कितनी अर्थवान है यह कहने की ज़रूरत नहीं। यहां तक कि इस कविता को पढ़ कर हमें आज के हमारे कवि नागार्जुन, केदारनाथ अग्रवाल और त्रिलोचन याद आते हैं। ऐसे ही कवि अपनी जाति की आवाज़ बनते हैं।

पर ऐसे भी कवि हैं जो इस संसार की कुरूपता, ऊबड़खाबड़पन और धधकती आंच का सामना करने से कतराते हैं। बहाने चाहे वे कितने ही बनायें, तर्क चाहे कितने ही दें पर वे अपनी वर्ग की सीमा को तोड़ने का जोख़िम नहीं उठा पाते। तर्क चाहे कितने ही दें, मैं यहां जर्मन कवि रिल्के की एक कविता से उनकी काव्य दृष्टि बताना चाहूंगा। उनका कहना है :

मैं अत्यंत गोपनीय लोगों की तरह
एकान्त में जीना चाहता हूँ
कविताओं में अपनी लालसाओं के सिवा
कुछ भी न देखूँ।

कहीं भी उनकी कविता में जीवन और संसार के बड़े संघर्ष और अंतर्विरोध नहीं दिखेंगे। जबकि उनके पूर्ववर्ती महाकवि गेटे के अनुसार 'अविश्रांत क्रियाशील जीवन

ही पुरुषार्थ का लक्षण है।' दोनों की मूल्य दृष्टि साफ़ है।

रिल्के जैसे कवि संसार में अपनी छवि देख कर ही मुग्ध होते हैं। दुःखी भी होते हैं। इस आत्ममुग्धता को अंग्रेज़ी में एक शब्द है 'नार्सिसिज़्म'। एक अमरीकी लेखक न क्रिस्टोफर लैश ने अपनी सुपरिचित पुस्तक 'द कल्चर ऑफ़ नार्सिसिज़्म' में समकालीन संस्कृति, राजनीति, कला और साहित्य का गहरा अध्ययन कर नतीज़ा निकाला है कि आत्ममुग्ध लेखक की मनोरचना ऐसी होती है कि वह इस संसार को आईना मानता है। इस आईने में उसे हर समय अपनी ही छवि दिखायी देती है। थोड़े-बहुत आत्ममुग्ध तो सभी कवि होते हैं। वे बने रहें, पर उसी को पूर्ण यथार्थ मान लेना ही उसकी दुःखद त्रासदी है।

दरअसल, मैं अपने काव्य मन को जितने बड़े और पेचीदा संसार से जोड़ कर समृद्ध और तप्त कर पाऊंगा उतना ही मैं अपनी सीमाओं को लांघ पाऊंगा। मेरा विश्व दृष्टिकोण कैसे बना है ? मैं अपने जनपद और जातीयता से कितना संबद्ध हूं ? मेरे पास अपनी संस्कृति का कितना रिक्थ है ? कविता में मूल्य दृष्टि को यह सब बातें प्रभावित करती हैं।

कविता में मूल्यों की चर्चा के साथ स्थाई मूल्यों का सवाल भी उठेगा। कविता अपने समय के तनावों को यांत्रिक रूप में व्यक्त नहीं करती, इसीलिए वह दिक्काल का लोक प्रचलित अर्थों में दर्पण नहीं है। मैंने वहां से खनिजदल लिया है। फिर अपनी निजता के आलोक में उसे पुनः रचा है। जैसा कि कहा है—यथास्मे रोचते विश्वं तथेदं परिवर्तते। कई बार वस्तु उत्कृष्ट होने पर प्रतिभा के अभाव तथा शिल्प के कमज़ोर होने के कारण मैं मूल्यवान कृति नहीं दे पाता। हर कवि की ज्ञानात्मक संवेदना, विश्व दृष्टि का वृत्त उसका सांस्कृतिक रिक्थ और कल्पना प्रवणता में गुणात्मक भेद होते हैं। यही भेद मेरी कविता को दूसरे की कविता से भिन्न करता है। मेरी कविता की उत्कृष्टता और अप्रतिमता को लक्षित भी करता है। कालिदास निश्चय ही सौंदर्य और प्रेम के महान कवि हैं, पर वाल्मीकि और व्यास की तुलना में उनका काव्य संसार अपेक्षाकृत सीमित है। ऐसा क्यों होता है ? शायद इसीलिए, क्योंकि जिस कवि का काव्यमन—उसका अनुभव संसार जितना विविध, जितना व्यापक, जितना दिक्काल सापेक्ष और तीखे अंतर्विरोधों से भरा होगा वह अपनी निजी प्रतिभा के बल पर उतनी ही बड़ी कृति रच पायेगा। ऐसे कवियों में मूल्य भी स्थाई होंगे। क्योंकि वे मनुष्य प्रकृति और संसार के स्वभाव को मूल्यपरक विचार से ही नहीं, बल्कि इंद्रियबोध सें व्यक्त करते हैं। राजनीतिक और सामाजिक स्थितियां बदल जाने के कारण कई बार विचार निष्प्रभ हो जाते हैं, पर कविता में रची प्रकृति की मर्म छवियां, ऐंद्रिकबिंब और सौंदर्यबोध दीर्घकाल तक जीवित रहते हैं। इसीलिए प्रकृति और मनुष्य हृदय की धड़कनों को कलात्मक और सहज ढंग से व्यक्त करने वाली कविता हमें आज भी स्पंदित करती है। सामाजिक विकास और ऐतिहासिक परिवर्तनों के साथ हमारे संस्कार

हमारी अभिरुचियां बदलती हैं, पर यह परिवर्तन बाह्यस्थितियों के बदलने का सीधा सपाट परिणाम नहीं है। वस्तुगत आधार बदलने से मेरा मन एकदम नहीं बदल जाता। उसे फिर नयी कृतियां ही बदलती हैं, इसलिए कविता वस्तुजगत का यांत्रिक प्रतिबिंब नहीं है। वह उसका पुनर्सृजन है। यानी मूल्य सृष्टि और सौंदर्यबोध के स्तर पर पहचानी जाने वाली रचना—जिसे मैंने अपनी निजता के रंग में रच कर आपको दिया है।

राममूर्ति त्रिपाठी

कलाओं की मूल्य दृष्टि

वर्तमान चिंतन में ऐसे अनेक शब्द प्रयोग में चलने लगे हैं जो अपनी परंपरा से क्रमागत 'मौलिक' दिखते हुए भी मौलिक हैं नहीं। वे पाश्चात्य परम्परा से अनूदित रूपांतर हैं। 'मूल्य' शब्द भी ऐसा ही है। वह Value का रूपांतर हो कर व्यवहृत हो गया है। वैसे 'मूल्य' संस्कृत है और तदनुसार उसका अपना अर्थ है और वह कहीं 'मूल' से अवश्य जुड़ा हुआ है। यों चाहे उसे मौलिक रूप में लें या अनुदित रूप में, उसकी रूढ़ि या अभिधा 'क्रीत' के लिए दी जाने वाली अर्थराशि ही है। पर लक्षणा शक्ति से अमूर्त उपादेयता के अर्थ में भी प्रचलित है जो कुछ भी जीवन और समाज के लिए उपादेय है, वह मूल्यवान है Valuable है। निश्चय ही Price और Value में दूसरे का अर्थ व्यापक है और प्रकांत 'मूल्य' इसी दूसरे का रूपांतर है। यदि भारतीय संदर्भ में 'मूल्य' को 'मूल' से जोड़ कर देखा जाये तो अर्थ की और भी परतें खुल सकती हैं। मनुष्य का मूल 'मानवता' है।[1] मनुष्य इस 'मूल' से जुड़ कर ही मनुष्य है। 'मानवता' मानव का मानवेतर से असाधारण व्यावर्तक धर्म है ठीक वैसे ही जैसे 'गंध' पृथ्वी का अन्य महाभूतों से व्यावर्तक धर्म है।

'मानवता' जो हमारी 'मूल' है, दृष्टि भेद से भिन्नार्थक हो सकती है। पर उन सभी भिन्नार्थों में मानव की मानवेतर से व्यावर्तकता बराबर बनी रहेगी। यदि हम पदार्थवादी दृष्टि से देखें यानी मार्क्सवादी दृष्टि से देखें तो एक बुद्धिजीवी 'मानवता' का अर्थ 'परदुःखकातरता' ही कहेगा। आचार्य रामचन्द्र शुक्ल ने अपने एक निबंध में भी यही कहा है। जयशंकर प्रसाद की दृष्टि से शुक्ल जी 'विवेकवादी' (वरुण की परंपरा में) हैं, अतः एक विवेकवादी या दुःखवादी 'मानवता' से यही समझेगा। दूसरा है इंद्र संप्रदाय का आनंदवादी चेतनावादी। यह उक्त व्यावर्तक धर्म को नकारेगा नहीं, परंतु और गहरे जायेगा। वह कहेगा कि 'परदुःखकारता' तभी संभव है जब मानव के हृदय का 'रागात्मक' प्रसाद होगा। अर्थात् हमारी रागात्मक सत्ता का जितना ही प्रसार होता जायेगा 'परदुःखकातरता' की सीमा उतनी ही बढ़ती जायेगी। बात यह है कि रागात्मकता आत्मविस्तार करती है, आत्मीयता के क्षितिज का प्रसार करती है। यह आत्मीयता जितनी व्यापक और प्रगाढ़ होगी 'परदुःखकातरता' उतनी ही व्यापक और

तीव्र होगी और जितनी व्यापक और तीव्र होगी—उतनी ही मानवता (रचनात्मक संभावना) चरितार्थ और सार्थक होगी। चेतनावादी इस 'राग' का उन्नयन करता-करता इसे सृष्टि की मूल सत्ता का पर्याय बना देता है और ऊर्ध्वबाहु उद्घोष करता है, 'प्रेमा पुमर्थो महान्'। प्रेम सबसे बड़ा पुरुषार्थ है। सर्वोपरि 'मूल्य' है, उससे बड़ा कोई मूल्य नहीं। चेतनावादी की सोच में इससे बड़ा कोई मूल्य नहीं है। 'मानवता' में निहित संभावना का यह सर्वसमावेशी रूप है। यही हमारी ऊर्जा है, शक्ति है, चिन्मयी शक्ति है, चिदाह्लादमयी शक्ति है जिससे सब कुछ होता है, रहता है और अंततः जिसमें सब कुछ विलीन हो जाता है। यही 'मूल' है। इससे जुड़ना मूल्यवान् होता है। मूल्यवत्ता इसी में निहित है। इस तारतम्य से मूल्य का तारतम्य होता है। चेतनावादी भारतीय दृष्टि से 'मूल्य' की यह व्याख्या भी हो सकती है। इसी क्रम में धर्म, अर्थ, काम और मोक्ष जैसे पुरुषार्थों के लिए 'मूल्य' शब्द का प्रयोग किया जाता है। इस प्रकार इस व्याख्या में 'मूल्य' शब्द का प्रयोग किया जाता है। इस प्रकार इस व्याख्या में 'मूल्य' ही नहीं, 'मूल्य दृष्टि' का भी व्याख्यान हो जाता है। 'मूल्य दृष्टि' अर्थात् 'मूल्यपरक-दृष्टि' अर्थात् मूल्यवत्ता की निर्धारक दृष्टि। प्रस्तुत निबंध इसी चेतनावादी दृष्टि से कलाओं की मूल्यवत्ता का आकलन है।

'कला' के स्वरूप निर्धारण के पीछे भी इसी दृष्टि का सहारा लिया गया है। इस 'दृष्टि' को थोड़ा और स्पष्ट करना होगा। 'चेतनावाद' से मेरा अभिप्राय 'चेतनाद्वैतवाद' है। यह चेतनाद्वैतवाद शंकर ब्रह्मवाद से थोड़ा भिन्न है। यह कश्मीरी ईश्वराद्वयवाद है। शांकर ब्रह्म में आरोपित 'शक्ति' (माया) है—कश्मीरी ईश्वराद्वयवाद में 'स्वाभाविक शक्ति' (शक्ति) है। इसीलिए पहला 'मायावाद' कहा जाता है और दूसरा 'शक्तिवाद'। पहले में 'पोटेंशियलिटी' नहीं है। दूसरे में है, इसीलिए 'ब्रह्म' स्रष्टा नहीं है, कश्मीरी 'ईश्वर' स्रष्टा है। पहले के अनुसार सृष्टि ब्रह्म में आरोपित अनिर्वचनीय और ज्ञाननिवर्त्य माया की (भ्रमात्मक) सृष्टि है। दूसरे के अनुसार स्वाभाविक शक्ति की उपज सृष्टि है। अतः सत्य है, उसका शिव स्रष्टा है, उसे सर्जन में आनंद आता है, आनंद उसका स्वभाव है। अतः सर्जन-विसर्जन या संकोच-प्रसार स्वभावतः होता रहता है। अभिनवगुप्त ने कहा है, 'जिस प्रकार बड़वा विसर्गकाल में अपने वराङ्ग का संकोच-प्रसार करती हुई आनंद लाभ करती है इसी प्रकार सर्ग-प्रलय करता हुआ शिव भी अपने संकोच-प्रसारात्मिका शक्ति की स्वभावजात क्रिया में आनंद लाभ करता है। यह आनंदोच्छल शक्ति ही स्वयं से स्वयं की रचना या आत्मप्रसार करती है। अंतःस्थ का बहिःप्रकाश ही सृष्टि है। शंकर दुःखवादी हैं, कश्मीरी शैव आनंदवादी हैं। इसीलिए पहला 'राम' को हेय समझ कर उसका दमन करता है और दूसरा उपादेय समझ कर उसका शोधन करता है और अंततः उसके निखरे हुए रूप में आत्मलाभ करता है। कला के मूल्यांकन में यही भारतीय सांस्कृतिक दृष्टि गृहीत हो सकती है। कला का मूल्य हम अपनी सांस्कृतिक दृष्टि से ही कर सकते

हैं। भारतीय संस्कृति यही परिनिष्ठित दृष्टि है। भारतीय सांस्कृतिक दृष्टि के निर्माण स्रोत 'निगम' और 'आगम' हैं। 'निगम' निगमन या निर्वहण या उपसंहार है और आगम आगमन या उपक्रम का आरंभ है। उपक्रमी को 'शक्ति' के उन्मीलन की, साचिव्य या साहाय्य की अपेक्षा है। निर्वोढ़ा 'शक्ति' का संहरण कर लेता है। वह अनुन्मीलित हो जाती है। स्वात्मायतन विश्रांत हो जाती है। यही कारण है कि निगम के मूर्द्धन्य शांकर दर्शन में शक्ति अनुन्मीलित रहती है और आगम के शिखर दर्शन प्रत्यभिज्ञा में उन्मीलित रहती है। अत: 'समन्वयी' भारतीय सांस्कृतिक 'दृष्टि' से 'शक्तिवादी' दर्शन समन्वित दर्शन है। इस आगमिक दृष्टि का स्वीकार रामसिंह जैसे जैनों के पाहुड़ दोहा में तो मिलता ही है, बौद्धों की 'युगनद्ध' तत्त्व की अवधारणा में भी सुस्पष्ट है। परासत्ता की स्वभावभूता शक्ति ही 'आनंद' है 'रस' है। आनंद की ओर ले जाने वाली अभिव्यक्ति 'सुंदर' है और 'सौंदर्य' को मूर्त करना 'कला' की चरितार्थता है, सार्थकता है, मुख्य लक्ष्य और उद्देश्य है। इस प्रकार कला की मूल्य दृष्टि यही दृष्टि है। इसी सांस्कृतिक चिंतन क्रम में कला का मूल्यांकन संभव है।'

उपर्युक्त 'शक्तिवादी' भारतीय सांस्कृतिक दृष्टि संपन्न आचार्य परासत्ता और उसके स्वभाव (शक्ति) को आनंदमय या रसमय तो कहते ही हैं—उसका कलाकार रूप में स्मरण भी करते हैं। इसी प्रस्थान की एक पुस्तक में कहा गया है :

विश्रान्तिर्यस्य संभोगे सा कला न कला मता।
लीयते परमानन्दे ययात्मा सा कला मता॥

कला वह नहीं है जिसकी विश्रांति पार्थिव संभोग में होती है। कला वह है जिससे यह आत्मा परमानंद में लीन हो जाती है। इसीलिए 'कं सुखं (परमानन्दं) लाति आदत्ते—इति कला'। यह व्युत्पत्ति भी संगत हो जाती है। इसी आनंद की ओर ले जाने वाला माध्यम 'सुंदर' और उसका माध्यम 'कला' है। 'सुंदर' का भी व्युत्पत्ति-लभ्य अर्थ (सुष्ठु उनत्ति आर्दीकरोति चित्तमिति सुंदरम्) यही है अर्थात् सुंदर वही है जो चित्त को आनंद में भिगो दे।

यही दृष्टि या प्रस्थान है जिसमें परासत्ता को रसात्मा कहा गया है और तमाम प्रकार की कलाओं में निष्णात उसका आदि रूप और स्रोत कहा गया। अभिनवगुप्त कहते हैं :

निरुपादानसम्भारसभित्तावेव तन्वते
जगच्चित्रं नमस्तस्मै कलाश्लाघ्याय शूलिने॥

बिना किसी उपादान, आधार और तूलिका के स्वतंत्रात्मा कलाश्लाघ्य शूली इस जगच्चित्र का निर्माण करता है, वह सर्वथा नमस्करणीय है। इसी भाव को पुनः इस श्लोक द्वारा भी व्यक्त किया गया है—

जगच्चित्रं समालिख्य स्वात्मन्यात्मतूलिकया।
स्वयमेव तदालोक्य प्रीणाति परमेश्वरः।

अपने आश्रय में स्वयं तूलिका बन कर जगच्चित्र का परमेश्वर निर्माण करता है और उसका अवलोकन कर उल्लसित भी होता है। वह चित्रकार ही नहीं है, जगत् नाट्य जननी शक्ति का आधार नटराज भी है। किसी अभूतपूर्व उल्लास में निमग्न शिव का ही यह समस्त जगत् लोकोत्तर नर्तन है। नाट्यशास्त्र में अभिनव ने कितना संगत कहा है :

संसार-नाट्य-निर्माणे यावकाशविधानतः।
पूर्वरंगायते व्योममूर्तिं तां शाङ्करीं तनुम्॥

संसार रूप नाट्य के निर्माण में जो व्योम मूर्ति शांकरी तनु आत्मनिषेधपूर्वक उस चिद्धन में अवकाश देती है, वह मानो पूर्वरंग का विधान करती है। शक्ति को इसीलिए निषेध व्यापाररूपा कहा जाता है। नाट्यशास्त्र में, उसकी अभिनवभारती में अभिनव उसे 'रसमात्र मूर्ति' कहते हैं। कहा गया है वहीं कि शिव संसार नाट्य-नायक पुरुषाकार हैं। वह वाचिक, आंगिक, सात्विक और आहार्य सर्वविध चित्राभिनय में परम-प्रवीण हैं :

वागङ्ग सत्वचेष्टाचित्राभिनयप्रयोगचणः
संसार-नाट्यनायकपुरुषाकारः शिवो जयति॥

(नाट्यशास्त्र)

अभिप्राय यह कि इस प्रस्थान में परासत्ता को कला की प्रत्येक विधा के आदि स्रोत रूप में बराबर स्मरण किया गया है।

सम्प्रति, संक्षेप में यह भी देख लेना चाहिए कि इस प्रतिनिधि प्रस्थान में 'कला' की क्या अवधारणा है? उपर्युक्त विवेचन से यह स्पष्ट है कि 'कला की मूल्यवत्ता रसमय स्वरूप में विलयकारिता के कारण है।' इसीलिए अपनी मान्यता है कि स्वतंत्र कला वह कला है जो असीम को सीमा में प्रस्तुत कर देती है। पर सीमा उसका संकेत करती है। यह सीमा प्रतीक है। प्रतीक अल्प में अनल्प का, सान्त मे अनंत का और सीमा में असीम का अनुभव कराता है। प्रतीकीकरण का सर्वोत्कृष्ट उदाहरण नटराज का विश्व नर्तन है जो नृत्य, चित्र और मूर्ति में व्यक्त है। अनवरत प्रवाहमय सृष्टि का सर्वोत्तम प्रतीक नर्तन ही है। वहां गति, स्थिति और विश्रांति तीनों हैं। उनकी मुद्रा में शिव के पांचों कृत्य सृष्टि, स्थिति, संहार, निग्रह और अनुग्रह व्यक्त हो रहे हैं।

सीमा परासत्ता को इंद्रिय ग्राह्य बना देती है। कला का कोई भी प्रकार अंततः आत्मानुभव तक पहुंचा देता है। भारतीय चिंतन के अनुसार केवल दो ही इंद्रियां श्रोत्र

एवं दृक्, हैं जो कलोचित सौंदर्यबोध कराती हुई आत्मानुभव तक पहुंचा देती हैं। यही कारण है कि भारतीय चिंतन में सौंदर्य का संबंध मुख्यतः 'काव्य' और 'संगीत' से रहा है। स्वतंत्र कला का सर्वश्रेष्ठ रूप काव्य है और काव्य का सर्वश्रेष्ठ रूप नाट्य। यही कारण है कि भारतीय चिंतन में सौंदर्य का विचार इसी संदर्भ में किया गया है।

इस दार्शनिक प्रस्थान में 'कला' माया का प्रथम उत्पादन है। यह 'माया' ही है जिसके द्वारा आवृत्त हो कर असीम या विश्वात्मा आणवमल से आच्छन्न हो कर सीमा में आ जाता है, अणु-भावापन्न हो जाता है, एक अनेक की भूमिका में उतर जाता है, तब उसकी कर्तृत्व शक्ति परिच्छिन्न हो जाती है। यही परिच्छिन्न कर्तृत्व शक्ति कला है या कर्तृत्व परिच्छेदकारी शक्ति कला है। कला स्वयं अंश है। वस्तुतः मायाच्छन्न आणव आत्मा की ज्ञान और क्रिया शक्तियां विलीन हो चुकी रहती हैं। 'कला' अणुभावापन्न व्यष्टि प्रमाता के संदर्भ में क्रिया शक्ति को अंशतः पुनः स्थापित करती है। इस प्रकार कला समग्र क्रिया शक्ति के एक अंश की वाचक है। 'कला' को एक स्वतंत्र तत्त्व इसलिए माना गया है कि वह परिमित आत्मा में परिमित क्रिया शक्ति को लौटा ले आने का कार्य करती है या इसके द्वारा होता है या किया जाता है। यह कार्य 'माया' के कार्य से विशिष्ट है, उसके कार्य से ठीक उलटा है। पुरुष से विविक्त रूप में यदि 'कला' का ज्ञान हो जाये तो 'कार्यमल' से (कर्म के बंधन से) मुक्ति मिल जाती है। तब वह 'सकल' से 'विज्ञानाकल' की अवस्था में उठ जाता है जहां वह 'माया' की पहुंच से परे चला जाता है। 'विज्ञानाकल' वह व्यक्ति है जो माया से तो ऊपर है किंतु शुद्ध विद्या से नीचे है। जिसमें 'ज्ञान' तो है, किंतु 'कर्तृत्व' नहीं है। यह 'कार्य' और 'मायीय' मल से तो मुक्त हो जाता है, किंतु अभी 'आणवमल' से मुक्त नहीं है।

इस कला तत्त्व को क्षेमराज के शब्दों में कहा जाये तो यह यों है ,'कलयति, स्वरूपम् आवेशयति, वस्तुनि वा तंत्र-मंत्र प्रमातरिकलनमेव कला' अर्थात् नव-नव स्वरूप प्रथोल्लेखशालिनी संवित् वस्तुओं में या प्रमाता में स्व को, आत्मा को, परिमित रूप में प्रकट करती है।

अनेक संदर्भों में प्रयुक्त यह 'कला' शब्द भी एक उलझन पैदा करता है। एक 'कला' 'चतुः मष्टि' कला के संदर्भ का शब्द है जो कौशलपरक है। एक कला 'आर्ट' का रूपांतर है। एक 'कला' शैवदर्शन में प्रयुक्त (संकुचित कर्तृत्व शक्ति) कला है। ऋग्वेद की एक ऋचा में भी 'कला' शब्द का प्रयोग मिलता है, 'यथा कला यथा शफमथ ऋणं' इत्यादि। डॉ. विश्वम्भरशरण पाठक 'शिल्प का शुभारंभ' शीर्षक व्याख्यान (वत्सलनिधि व्याख्यानमाला) में बताते हैं, 'शफं ऋणं' का अर्थ 'जो त्रुटित भाग—उसे दूर दें'—करते हुए यहां 'कला' का अर्थ 'जो त्रुटि भाग है—उसे दूर दें—करते हुए यहां 'कला' का प्रयोग 'कल्याणी' के अर्थ में किया है। इस प्रकार ईसा की प्रथम सदी के आसपास से 'कला' शब्द का प्रयोग 'सुंदर' अर्थों में मिलने लगता है।

निरुक्तकार कहता है, 'कल्याणी कमनीयं भवति।' वैसे निरुक्तकार और सायण भी 'कला' का अर्थ 'खंड' ही बताते हैं। शैव परंपरा में भी 'कला' का अर्थ 'अंश' या खंड ही है। मोनियर विलियम्स और आप्टे के कोश में 'कल्' का अर्थ है—निर्माण करना, रचना करना, संपन्न करना। उपनिषत्कार ने 'पृथिवी कलाऽन्तरिक्षं कला...' कह कर इन सबको तो 'कला' कहा ही है, 'प्राची दिक्कला, दक्षिणदिक् कला...' कह कर दिशाओं को भी 'कला' कह दिया गया है। इन सबका योग ब्रह्म में निहित है। यानी एक तरफ़ 'सृष्टि' के इन खंडों को 'कला' कहा गया और दूसरी ओर 'पश्य देवस्य काव्यं न ममार न जीर्यति' द्वारा रम्य 'काव्य' भी कहा गया। जो भी हो मूलत: 'कला' शब्द अंश या खंड के लिए ही प्रयुक्त हुआ है।

इन विभिन्न संदर्भों में प्रयुक्त 'कला' शब्द के विभिन्न अर्थ किये गये हैं—कहीं 'खंड', कहीं 'संकुचित कर्तृत्व शक्ति' और कहीं 'कौशल'। डॉ. के.सी. पाण्डे ने Indian Aesthatics पृष्ठ 1 पर एक 'स्वतंत्र कला' की बात कही और यह भी कहा है कि यह वह कला है जो परब्रह्म को इंद्रिग्राह्य रूप में प्रस्तुत करती है। प्रो. गणेश त्र्यम्बक देशपाण्डे ने भी अपने 'अभिनवगुप्त' में इसे उद्धृत किया है और आगे कहा है, 'कला की किसी रचना के साथ सौंदर्यपरक संबंध अंतत: ब्रह्म के अनुभव तक पहुंचा देती है (पृष्ठ 49)।' 'संकुचित कर्तृत्वशक्ति' के अर्थ वाली 'कला' 'स्वतंत्र कला' तो नहीं हो सकती, अत: यह 'शक्ति' वह स्वतंत्र शक्ति नहीं है जो असीम को सीमा में उतार कर सुंदर और अपेक्षाकृत स्थायी रूप दे देती है। शैवदर्शन में वह 'स्वतंत्र कला' या 'स्वतंत्र शक्ति' प्रतिभा ही है जिसे अभिनवगुप्त 'शिवा' कह कर वंदनीय कहते हैं :

वन्देतां प्रतिभां शिवाम्

मम्मट ने भी 'कविभारती' को इसी की परिणति होने के कारण 'अनन्य परतंत्र' और 'नियतिकृत नियमरहित' कहा है।

प्रस्तुत प्रसंग में यानी 'कला की मूल्य दृष्टि' में प्रयुक्त 'कला' शब्द शिल्प, कौशल या अंश के भारतीय चिंतनसम्मत अर्थ में तो नहीं प्रयुक्त है। विपरीत इसके ललित कलाकृति—साहित्य, संगीत, चित्र, मूर्ति और वास्तु के अर्थ में ही प्रयुक्त है। बाण की 'कादम्बरी' में चलते ढंग से 'कला' के अंतर्गत 'काव्य' की भी परिगणना अवश्य कर दी गयी है। वहां स्पष्ट ही 'कला' को 'कौशल' से व्यापक अर्थ दिया गया है। वाक्य इस प्रकार है :

'तस्मिन् संचक्राम सकल: कलाप:। तथापि...कथासु, नाटकेषु, आख्यायिकासु, काव्येषु...अन्येष्वपि कलाविशेषेषु परं कौशलम्वाप।' इस वाक्य में 'कला' में 'कौशल' की प्राप्ति कही गयी है। यह अवश्य है भारतीय परंपरा में औसत मत के रूप में यह निष्कर्ष मान्य नहीं है। नाट्यशास्त्र की 'अभिनवभारती' में अभिनव ने भी 'कला' का अर्थ 'गीतवाद्यादि' ही किया है, काव्य का समावेश नहीं किया है। वैसे अब डॉ.

के.सी. पाण्डेय और पं. हजारी प्रसाद द्विवेदी का भी झुकाव 'कला' के कलाकृतिपरक आशय ग्रहण कर 'काव्य' का भी उसमें समावेश हो, ऐसा अभीष्ट जान पड़ता है। ठाकुर जयदेव सिंह ने 'भारतीय संस्कृति में ललित कला का महत्त्व' शीर्षक नामक अपनी पुस्तक में ललित कला को पश्चिमी चिंतन से ही जोड़ कर भारतीय संस्कृति में उसका महत्त्व बताया है। 'कला' का तात्पर्य पश्चिमी चिंतकों के विचारों के क्रम में ही स्पष्ट किया है और उसे कलाकृतिपरक मानते हुए सुंदर से संबद्ध किया है। फिर सुंदर का भारतीय सांस्कृतिक परंपरा में ब्रह्म या परासत्ता से जोड़ कर उसका मूल्य या महत्त्व निरूपित किया है। भारतीय परंपरा में शब्द-ब्रह्म, नाद ब्रह्म और वास्तु-ब्रह्म कह कर तीन को तो स्पष्ट ही ब्रह्म से जोड़ दिया है, चित्र और मूर्ति में तो इस सीमा में लाया ही जाता है। ये सीमाएं प्रतीक बन कर असीम का संकेत देती हैं।

इस प्रकार इस विवेचन के आलोक में मान्यता यह बनती है कि अब 'कला' शब्द अपने अर्थ-विकास में अनेक स्तरों को पार करता हुआ 'कलाकृति' के अर्थ में प्रचलित हो गया है। प्रचलन में चिंतकों द्वारा स्वीकृत कर लिया गया है। जहां तक उसकी 'मूल्य दृष्टि' का संबंध है, हमारी चेतनाद्वैतवादी (शक्तिवादी) प्रतिनिधि भारतीय सांस्कृतिक धारा में उसकी मूल्यवत्ता हमें 'मूल' से जोड़ने की प्रक्रिया में निहित है, नि:सीम आनंद राशि में निमग्नकारिता में विद्यमान है। आजकल 'विलयन' की जगह 'विलगाव' का और निख़ालिस आनंद की जगह तलस्पर्शी निबिड़ वेदना और बेचैनी की आवाज़ भी सुनायी पड़ती है। जहां तक तलवर्ती वेदना का संबंध है, यह उसी ब्रह्म के अभाव बोध से संबद्ध है। हां, 'विलगाव' की मनोदशा की पक्षधरता के पीछे अभारतीय जीवन और चिंतनधारा है। यह 'बुद्धिवाद' की अनिवार्य परिणति है जो विज्ञान और प्रौद्योगिकी की उंगुली पकड़ कर हमें उस ओर ले जा रही है। 'बुद्धि' से ऊपर 'प्रतिभा' (हृदय) का महत्त्व स्वीकार करने वाली भारतीय सांस्कृतिक धारा 'विलयन' का ही पक्षधर है। 'विसर्जन' ही सर्जनात्मक कलाकृतियों की मूल्यवत्ता निर्धारित करता है—विघटक अहं का विसर्जन।

डॉ. बच्चूलाल अवस्थी 'ज्ञान'

कला में स्त्री-तत्त्व

स्त्री तत्त्व को हृदयंगम करने से पूर्व कलातत्त्व पर विचार आवश्यक है। 'कल्' धातु से निष्पन्न कला शब्द गति और संख्यान का अर्थ देता है। गति स्थिति का विपरीतार्थक शब्द है। वह द्रव्य या वस्तु को यथास्थिति (Inertia) में न रहने दे कर उसमें गति अथवा सक्रियता लाने का कार्य करती है। कला की सार्थकता को लिया जाये तो स्पष्ट होता है कि जगत् की सृष्टि कला के बिना असंभव है, क्योंकि गति या स्पंदन के बिना निस्पंद यथास्थिति में कोई सृष्टि नहीं हो सकती और तब जगत की विविधता के अभाव में संख्यान भी नहीं हो सकता जो यथार्थ ज्ञान का पर्याय है। इस प्रकार कला ही सृष्टि का मूल है और उसके साथ स्त्रीतत्त्व स्वतः उपस्थित रहता है। अपने मूल रूप में कोई द्रव्य स्त्री या पुरुष के रूप में विभक्त नहीं होता। अतएव उपनिषद् का वचन है :

स वै नैव रेमे। तस्मादेकाकी न रमते। स द्वितीयमैच्छत्।
स हैतावानास यथा स्त्रीपुमांसौ संपरिष्वक्तौ। स इममेवाऽऽत्मानं
द्वेधाऽपातयत्। ततः पतिश्च पत्नी चाभवताम्। *(बृहदारण्यक, 1.4.3)*

अर्थात् वह परमात्मा एकाकी रमण नहीं कर सकता था। उसका स्वरूप ऐसा था जिसमें स्त्री एवं पुरुष दोनों आलिंगनबद्ध हो कर एकीभूत थे। (यह अर्धनारीश्वर का चित्र है)। उस परम-पुरुष ने अपने को दो भागों में विभक्त कर डाला, जिससे पति एवं पत्नी का आविर्भाव हुआ।

स्त्रीतत्त्व का यह समाकलन ऐसा है जिसे फ्रायड ने अपने मनोविश्लेषण का आधार बनाया। उनके समक्ष शायद उक्त मंत्र की जर्मन में अनूदित प्रति रही होगी! युंग ने अपने मनोविश्लेषण में इसी को अधिक सटीक बनाते हुए 'एनिमा' तथा 'एनिमस' की स्थापना की। 'एनिमा' स्त्रीतत्त्व तथा 'एनिमस' पुरुष तत्त्व है। युंग के अनुसार इन दोनों के मिश्रण से ही सृष्टि होती है। किसी नारी में 'एनीमा' या स्त्रीतत्त्व जागरित रहता है। जबकि 'एनिमस' या पुरुष तत्त्व अवचेतन में चला जाता है। किसी नर में उसके विपरीत 'एनिमा' या स्त्रीतत्त्व अवचेतन में रहता है। युंग की स्थापना

काव्यकला पर लिखे हुए उनके विशाल निबंध में उजागर हुई है। काव्य रचना के लिए दोनों तत्त्वों का होना उसी प्रकार है जिस प्रकार कि 'बृहदारण्यक' के ऋषि ने जगत् की सृष्टि में दोनों रूपों का होना आवश्यक माना है।

कला के विविध आयाम

प्रश्नोपनिषद् के छठे प्रश्न में सोलह कलाओं का परिगणन पाया जाता है और उनका एक क्रम है—प्राण, श्रद्धा, आकाश, वायु, अग्नि, जल, पृथ्वी, इंद्रिय, मन, अन्न, वीर्य, तप, मंत्र, कर्म, लोक और नाम। इनमें नाम को छोड़ कर पन्द्रह कलाएं अर्थरूप हैं। इस प्रकार 'मुंडक' (3.2. 7-8) के अनुसार रूपात्मक कलाओं के न रहने पर नाम भी अस्त हो जाता है। इसके लिए कहा है :

तथा विद्वान् नामरूपाद् विमुक्तः।
परात् परं पुरुषमुपैति दिव्यम्॥

अर्थात् जो ज्ञानवान् पुरुष होता है वह नामरूपात्मक कलाओं से मुक्त हो जाता है और परमपुरुष के साथ एकाकारता प्राप्त करता है। स्पष्ट है कि मूलद्रव्य में प्राणात्मक गति लाने का कार्य कला है जिसका प्रथम स्पंद प्राण नाम से जाना गया। नामात्मक कला अंतिम है। शेष पंचदश कलाएं रूपात्मक होती हैं। इस प्रकार शब्द और अर्थ की सक्रिय अवस्था कला है। निस्पंद अवस्था को मूल सत्ता या आदिद्रव्य के रूप में स्वीकार किया गया है। कला को समझने के लिए वैदिक वाङ्मय का अनुशीलन अपेक्षित होता है। सर्वप्रथम यह देखना है कि किसी भी चौथाई को पाव (पाद) कहा जाता है। यह चौपाये पशुओं के पैरों से बना हुआ अर्थ नहीं है, प्रत्युत समग्र विश्व चार दिशाओं में विभक्त हो कर ब्रह्म के चार पाद बनाता है। उस विश्वरूप की ये चार कलाएं हैं जिनसे विश्व प्रकाश में आता है। चतुष्कल-ब्रह्म का प्रत्येक पाद एक प्रकाशमान पाद है :

प्राचीदिक् कला। प्रतीचीदिक् कला। दक्षिणादिक् कला।
उदीचीदिक् कला। एष वै सोम्य चतुष्कलपादो ब्रह्मणः
प्रकाशमानो नाम। *(छांदोग्य, 4.5.2)*

आगे भी चार कलाओं तथा चार पादों को प्रकारांतर से लिया गया है, जहां पृथिवी, अंतरिक्ष, स्वर्ग और समुद्र को कला मानते हुए ब्रह्म के पाद को चतुष्कल तथा अनंत बताया गया :

पृथिवी कला। अन्तरिक्षं कला। द्यौः कला। समुद्रः कला।
एष वै सोम्य चतुष्कलपादो ब्रह्मणोऽनन्तवान्नाम।

तृतीय पाद में अग्नि, सूर्य, चंद्र और विद्युत् को कला के रूप में लिया गया है। चार कलाओं का तृतीय पाद ब्रह्म का ज्योतिष्मान् पाद कहा गया है। श्रुतिशब्द इस प्रकार है :

अग्निः कला। सूर्यः कला। चन्द्रः कला। विद्युत् कला।
एष वै सोम्य चतुष्कलपादो ब्रह्मणो ज्योतिष्मान्नाम। *(छांदोग्य, 4.7.3)*

अंत में आयतनवान् नाम का चतुर्थपाद है जिसकी भी चार कलाएं बतायी गयी है।

प्रकारांतर से भी पाद और कला की व्यवस्था दे कर आध्यात्मिक रूप में प्राणी के प्राण, चक्षु, श्रोत्र एवं मन को कला कहा गया है। असीम से चल कर सीमा में प्रतिबद्ध यही कला हमारी ललित कलाओं में परिव्याप्त है :

प्राणः कला। चक्षुः कला। श्रोत्रं कला। मनः कला।
एष वै सोम्य चतुष्कलपादो ब्रह्म आयतनवान्नाम। *(छांदोग्य, 4.8.3)*

यहां चार आयामों में कला को परिनिष्ठित किया गया है। हम कला के चार स्वरूपों के साथ ब्रह्म के चार-चार आयामों को पाद के रूप में जान कर कला को विस्तृत जीवन में परिव्याप्त देख सकते हैं। ऐसा प्रतीत होने लगता है कि कला के बिना जीवन की कल्पना नहीं की जा सकती। जब सोलह कलाओं में जीवलोक का विभाजन किया जाता है तब भी इस प्रकार की अनेकरूपता पायी जाती है। यहां अभी समष्टि की षोडश कलाओं का विवरण दिया गया है : प्रकाशवान्, अनंतवान्, ज्योतिष्मान और आयतनवान् नामों से ब्रह्म को चतुष्पाद कहा गया है। प्रत्येक पाद को चार-चार कलाओं में विभक्त करके परम पुरुष को षोडषकल बताया गया है :

ब्रह्म

प्रकाशवान पाद	अनंतवान् पाद	ज्योतिष्मान् पद	आयतनवान् पाद
प्राची कला	प्रतीची कला	दक्षिणा कला	उदीची कला
अग्निकला	सूर्यकला	चंद्रकला	विद्युत्कला
पृथिवीकला	अंतरिक्षकला	द्यौःकला समुद्रकला	प्राणकला चक्षुःकला
श्रोत्रकला	मनःकला		

समष्टि से व्यष्टि तक कला का प्रसार वेदांतों में है। संवत्सर को प्रजापति के रूप में ले कर उसकी सोलह कलाएं मानी गयी हैं। दोनों पक्षों की पन्द्रह-पन्द्रह रात्रियां कलाएं हैं, जबकि एक कला षोडशी कही गयी है जिसका कभी क्षय नहीं होता। अमावस्या को वही एक ध्रुवा कला रहती है। प्राणी का जीवन इन्हीं कलाओं से

परिव्याप्त माना गया है। रात्रिरूप कलाओं से प्राणी की शुक्लपक्ष में पूर्ति और कृष्णपक्ष में क्षय की व्यवस्था है :

स एष संवत्सरः प्रजापतिः षोडशकलाः। तस्य रात्रय एव पंचदश कलाः। ध्रुवैवास्य षोडशी कला। स रात्रिभिरेवा च पूर्यतेऽप च क्षीयते। सोऽमावास्यां रात्रिमेतया षोडश्या कलया सर्वमिदं प्राणभृदनुप्रविश्य ततः प्रातर्जायते।

(बृहदारण्यक उपनिषद्, 1.5.14)

संवत्सर का स्वरूप समष्टिगत है। पुरुष में वही साकार पाया जाता है। आत्मा ही उसकी सोलहवीं कला है। पन्द्रह कलाएं वित्तरूप हैं, क्योंकि वित्त की पूर्णता से उसकी पूर्ति और वित्त की क्षीणता से उसका क्षय देखा जाता है। पुरुष के स्वरूप पद में जो केंद्र आता है वही सोलहवीं कला है। धन उसके आसपास चक्र में लगने वाले काष्ठों के समान है :

यो वै स संवत्सरः प्रजापतिः षोडशकलोऽयमेव स योऽयमेवंवित् पुरुषः। तस्य वित्तमेव पंचदश कलाः। आत्मैवास्य षोडशी कलाः। स वित्तेनैवा च पूर्यतेऽप च क्षीयते। तदेतन्नभ्यं यदयमात्मा प्रधिर्वित्तम्।

(बृहदारण्यक, 1.5.15)

इस विषय का छांदोग्य में प्रकारांतर से विवरण मिलता है :

जीवात्मा को षोडश कलाओं वाला कहा गया है जिसमें एक कला स्वयं आत्मा की है और पन्द्रह कलाएं अन्न या भोजन की बतायी गयी हैं। छांदोग्य के छठे अध्याय के सातवें खंड में अन्न की पन्द्रह कलाएं ले कर स्पष्ट किया गया है कि पन्द्रह दिन भोजन न किया जाये, केवल जल पी कर रहा जाये तो भी प्राणांत नहीं होता। परंतु वेदाध्ययन एवं स्वाध्याय की सामग्री समाप्त हो जायेगी, क्योंकि केवल सोलहवीं कला ही शेष रहेगी और शक्ति देने वाली पन्द्रह कलाओं के न रहने से कार्यक्षमता समाप्त हो जायेगी। जैसे खद्योतमात्र अंगार शेष रहे और तृणों से जलाया जाये तो उसमें प्रज्ज्वलन शक्ति आ जाती है उसी प्रकार सोलह कलाओं में एक कला बची हो तो उसे अन्न से परिपूर्ण किया जायेगा।

इस संदर्भ में यह अवश्य ज्ञातव्य है कि जीव की षोडश कलाओं में एकादश इंद्रियों और पंचमहाभूतों का भी परिगणन होता है। इन्हें भी कला कहा गया है। प्रश्नोपनिषद् में आया है :

अरा इव रथनाभौ कला यस्मिन् प्रतिष्ठिताः।
तं वेद्य पुरुषं वेद यथा मा वो मृत्युः परिव्यथा इति॥

(प्रश्नोपनिषद्, 6.6)

अर्थात् जिस प्रकार रथ के चक्र के नाभि में अरे प्रतिष्ठित होते हैं उसी प्रकार प्राणी में सभी कलाओं की प्रतिष्ठा होती है। इस प्रकार कला को निष्प्राण तत्त्व नहीं माना जा सकता। प्राणों के साथ ही उसकी भी प्रतिष्ठा है।

शरीर की रचना मुख्यत: पृथिवी, जल और तेज से होती है। इनमें मन को अन्नमय, प्राण को जलमय और वाक् को तेजोमय कहा गया है :

अन्नमयं हि सोम्य मनः। आपोमयः प्राणः।
तेजोमयी वागिति। (छांदोग्य, 6.7.6)

इस संदर्भ में यह भी ज्ञातव्य है कि भगवान् का अवतार तथा अवतारी रूप भी इन्हीं सोलह कलाओं से बनते हैं जिनमें ग्यारह इंद्रिय और पंच महाभूत को लिया गया है (श्रीमद्‌भागवत, 1.3.1)।

कला का अन्न से संबंध इस तथ्य का सूचक है कि कला उस अन्न की देन है जिससे शरीर धारण होता है। लोक से लोकोत्तर तक शरीर की परिव्याप्ति मान कर ही कला का स्वरूप निर्धारित किया जा सकता है। भावरूप में शब्द और अर्थ का द्वैत नहीं रहता। ज्यों ही इनमें पार्थक्य की प्रतीति होती है त्यों ही कला का जन्म मानना चाहिए, क्योंकि कला शिल्पविशेष का नाम है और सभी शिल्पों को संस्कृति का घटक मानते हुए 'ऐतरेय ब्राह्मण' में आया है :

आत्मसंस्कृतिर्वाव शिल्पानि।

अर्थात् जितने शिल्प हैं वे सब समुदित रूप में आत्मा की संस्कृति हैं, क्योंकि शिल्पों से ही कोई मनुष्य अपने आपको संस्कार संपन्न बनाता है। संस्कृति के बिना कला की कल्पना नहीं हो सकती और सभी कलाएं संस्कृति का स्वरूप देती हैं। यह बात अवश्य है कि कला कालातीत से अवतरण पा कर भी कालातीत नहीं है। ललितकलाओं में किसी चित्र को लें तो उसमें केवल एक क्षण दृश्य होता है। सभी अंग क्षणिक परिचालन या क्षणिकमुद्रा से स्वरूप लेते हैं। यहां हम देखते हैं कि किसी क्षण में किसी स्वरूप का जितना अनुकरण कर मिलता है, उसी को कलाकृति में लाया जाता है। काव्यकला भी इसका अपवाद नहीं है।

अन्नमय शरीर तक अवतरण-क्रम से पहुंच कर हम स्त्री-पुरुष-संबंधों को विचार में ला सकते हैं। नपुंसक को उदासीन माना गया है, परंतु स्त्री-पुरुष दोनों सापेक्ष हैं। पुरुष में उक्त तत्त्वों का उपचय पाया जाता है जिससे दृढ़ता, कठोरता आदि की निष्पत्ति होती है। तत्त्वों के अपचय से स्त्री का स्वरूप निर्धारित होता है, अत: उसमें सुकुमारता जैसे गुण पाये जाते हैं। कला शब्द स्वत: स्त्रीलिङ्ग है, अत: लालित्यरूप अपचय उसमें स्वाभाविक है। काव्य में शृंगार और शृंगार में स्त्रीतत्त्व की महिमा रही है। विवाह में जब स्त्री-पुरुष का दांपत्य स्वरूप लेता है तब युगल के आसपास स्त्रियों

का आवरण पाया जाता है। उस समय पुरुष श्रमिक जैसे दिखायी पड़ते हैं। कामशास्त्र में स्त्रीराज्य एक जनपद रहा होगा, परंतु वैवाहिक पर्व में स्त्रीराज्य का साक्षात्कार होता है!

[2]

वर्तमान युग की भारतीय स्त्री एक लंबा इतिहास रखती है। लोग कह चलते हैं कि आज वैदिक एवं पौराणिक स्त्री समाप्त हो चुकी है। पश्चिम के प्रभाव से जो महिला अपनी साज-सज्जा के साथ दृष्टिगोचर होती है वह परंपरा से बहिर्भूत है। यह कथन अतिरंजित अवश्य है, क्योंकि पुरुष की अपेक्षा स्त्री में युगानुरूप साज-सज्जा पायी जाती रही है। ऋग्वेद की स्त्री का रूप प्राचीनतम है और उसमें भी ब्रह्मवादिनी स्त्रियां रहीं। ब्रह्मज्ञान की बात करने वाली स्त्रियां विवाहित हो कर भी ब्रह्मवादिनी मानी गयीं। यद्यपि ऋषिका एवं ब्रह्मवादिनी शब्द की आधुनिक व्याख्या हमें भ्रम में डाल देती है फिर भी यह तो कहना ही होगा कि जिन स्त्रियों का वर्णन पाया गया है और जिन स्त्रियों का नाम वर्ण्य-विषय के रूप में लिया गया है, उनसे स्पष्ट प्रतीत होता है कि वैदिक स्त्री का स्वरूप अपनी विविधता में भी एकरूपता का उदाहरण है। उदाहरणों के साथ आगे विचार किया जायेगा।

प्रस्तुत संदर्भ में व्यक्तिशः स्त्रियों को नहीं देखना है, प्रत्युत स्त्रीत्व विधायक उस मूल को देखना है जिससे स्त्रीतत्त्व की निष्पत्ति होती है। हम यहां स्त्री जाति को तत्त्वरूप में ले कर कला की संगति में लाना चाहते हैं। यह तभी होगा जब वेदों में वर्णित स्त्री के विविध रूपों को विभक्त रूप में देखा जायेगा।

हम ऋग्वेद के मंत्रों से चलते हैं तो सर्वप्रथम रोमशा नाम की ऋषिका आती है जो बृहस्पति की पुत्री एवं ब्रह्मवादिनी है। वह ऋग्वेद 1/126/6-7 में अपने को प्रजनन के योग्य बताती है। यह मंत्र इसलिए महत्त्वपूर्ण है कि वेदों का स्त्रीत्व लज्जा के आवरण में छुईमुई नहीं हो जाता। अगस्त्य की पत्नी लोपामुद्रा पति से इसलिए असंतुष्ट है कि अन्य युवतियों के समान वह पतिसुख सुलभ नहीं कर पाती। वह स्पष्ट कहती है कि आप तो देवपूजन में लगे रहते हैं और हमारा सौंदर्य बुढ़ापे की चपेट में आ गया है। इसके उत्तर में अगस्त्य को पत्नी की बात स्वीकार करनी पड़ती है। पति-पत्नी दोनों परस्पर योग्यता सुलभ कर लेते हैं (ऋग्वेद 1/179/1-4)। आत्रेयी विश्ववारा का और भी महत्त्वपूर्ण उदाहरण है। ऋग्वेद के इस सूक्त (5/28) में प्रार्थना की गयी है कि दांपत्य जीवन उत्तम संस्कारों से संपन्न हो।

ऋग्वेद 8/1/34 में शश्वती नाम की ब्रह्मवादिनी का संदर्भ है जो पुरुषत्वहीन अपने पति को पुरुषरूप में पा कर प्रमोद से भर उठती है। अनेक ऋषिकाएं हैं जो स्त्रीत्व के विषय में अंशतः प्रकाश डालते हुए दांपत्य की पूर्णता का संकेत देती हैं। सूक्त 10/154 में यमी नाम की ऋषिका मृत पुरुष की सत्कृति हेतु प्रार्थना करती है। वहां प्रेत

के लिए यम शब्द आया है जो 'नियत' का अर्थ देता है। विवाह के विषय में सूक्त 10/17 में शरण्यू का इतिवृत्त आता है। यह त्वष्टा की पुत्री थी। इस विषय में आता है कि शरण्यू का विवाह इतिहास का प्रथम है। उसके बाद ही सर्वत्र विवाह होने लगे। इन्द्र की पुत्रवधू वसुका ऋषि की पत्नी है। इन्द्र की प्रतीक्षा में उसका एक मंत्र है (10/28/7)। श्वशुर के प्रति यह सम्मान यहां प्रथम बार देखा गया है। वैसे तो विवाह में स्त्री के लिए वेद मंत्र इस प्रकार है :

सम्राज्ञी श्वशुरे भव।

स्पष्ट है कि स्त्री की यह वैदिक महिमा वधू को सम्राज्ञी बना देती है। महर्षि कक्षीवान् की पुत्री घोषा ऋग्वेद के दशम मंडल 39-41 सूक्तों की ऋषिका है। उसमें अश्विनीकुमारों की स्तुति की गयी है। वहां आता है कि बुड्ढी होती हुई घोषा को च्यवन-सा पति प्रदान किया और च्यवन को युवा बनाया। इस प्रकार घोषा ने अश्विनीकुमारों से यह भी कहा है कि पिता-माता जिस प्रकार पुत्र को धन देते हैं, उसी प्रकार हमको धन दो तथा अनुचित कर्म से बचाओ। इससे यह भी प्रमाणित होता है कि विवाह में दहेज देना अनिवार्य नहीं था। यह पूरा सूक्त स्त्रीतत्त्व की व्याख्या करता है और पति पत्नी के मध्य सौमनस्य एवं सुख का निश्छल उपभोग बताता है। सभी तथ्य वेदवाणी में ही स्फुरित हो सकते हैं। यहां सारांश मात्र दिया गया है।

दाक्षायणी अदिति (10-72) सूक्त की ऋषिका है। यह अदिति देवमाता है। इस सूक्त के दूसरे मंत्र में आता है कि जिस प्रकार कर्मार (लोहार) धौंकनी से वायु निकालता है उसी प्रकार अदिति ने देवों को उत्पन्न किया। यहां गर्भाधान एवं प्रसव को प्रतीकात्मक रूप में लिया गया है।

ऋग्वेद 10/145 में इंद्राणी शची तथा पोलोमी के नाम से आती है। (10/159) सूक्त में वह बड़े कुटुंब की स्वामिनी है। इसी के अनेक पक्ष पोलोमी ऋषिका में उजागर हुए। 10/145 सूक्त में छः सूक्तों में से प्रथम पांच द्वारा सपत्नीमर्दनी औषधी की प्रार्थना की गयी है और अंत में पति से कहा गया है कि इस अत्यंत बलवती औषधी लता को खोद रही हूं जिससे सौत को बाधा पहुंचती है और पति अनुकूल हो जाता है। औषधी से कहा गया है, 'तू मेरी सौत को पराभूत कर दे और मेरे पति को पूर्णतया मेरे लिए अकेला कर दे।' वह फिर पति से कहती है :

उप तेऽधां सहमानामभि त्वाधां सहीयसा।
मामनु प्र ते मनो वत्सं गौरिव धावतु, पथा वारिव धावतु॥

(ऋग्वेद, 10/145/6)

अर्थात् हे पति, तुम्हारे तकिये के नीचे मैंने सौत को बाधा देने वाली सहमाना

(पाठा) औषधी रख दी है, वह तकिया अब सपत्नीमर्दन हो गया है। तुम्हारा मन मेरे पीछे ऐसे दौड़े जिस प्रकार गाय बछड़े के पीछे भागती है या पानी मार्ग से चलता है।

ऋग्वेद 10/86 संवादसूक्त में शची का इन्द्र और वृषाकपि के साथ संवाद है। उसका पुत्र वृषाकपि बड़ा ऊधमी है। यहां तक कि वह वृषाकपि से अत्यंत रुष्ट रहती है, परंतु पति से रुष्ट होने पर इंद्राणी वृषाकपि को समझाती है। अनेक संदर्भों से ऐसा पता चलता है कि वृषाकपि मृग का भी नाम है। सूक्त के छठे मंत्र में अपने कामातुर स्वरूप का स्पष्ट चित्र उपस्थित किया है। इस मंडल के 159 सूक्त के मंत्रों में शची दांपत्य जीवन में अपनी तुष्टि का विवरण देती हुई कहती है, 'सूर्योदय हुआ तो उसके साथ ही मेरे सौभाग्य का उदय हुआ। पति को समझ कर मैंने उसको अनुकूल किया और सपत्नी को अनुकूल करके मैंने पति को भी अभिभूत किया। मेरे पुत्र वीर हैं तथा मेरी पुत्री विराट् सुंदरी है और मैं पति पर प्रभाव रखती हूं।'

यहां पूर्वोक्त तीनों सूक्त गृहस्वामिनी के ही अभिजात स्वरूप का चित्र देते हुए पुराकाल के स्त्रीतत्त्व का भव्य पक्ष उपस्थित करते हैं। उसमें जो काम कला संबंधी चर्चा हुई है वह उस काल के लिए महत्त्वपूर्ण होने के साथ दांपत्य जीवन में स्त्रीतत्त्व को समझने के लिए आज भी उपयोगी है। शची की आत्मप्रशंसा से स्त्री का जो महत्त्वपूर्ण पक्ष सामने आता है उसके विपरीत उर्वशी पुरूरवा के सूक्त (10/95) में स्त्री का ऐसा रूप आता है जिसमें पति स्त्री की अपेक्षा न्यून पड़ता है। वहां उर्वशी एक सामान्य स्त्री का-सा व्यवहार करती है जिसमें पुरूरवा की लघुता स्पष्ट प्रतीत होती है। जब वह कहता है कि तुम्हारे बिना मैं जी नहीं सकता, मैं पृथिवी पर गिर जाऊंगा, मुझे वृक खा जायेंगे तब वह कहती है :

पुरूरवो मा मृथा, मा प्रपप्तो मा त्वा वृकोसो अशीवास उ क्षन्।
न वै स्त्रैणानि सख्यानि सन्ति सालावृकाणां हृदयान्येता॥

(ऋग्वेद 10.95.15)

हे पुरूरवा तुम मरो नहीं! भूमि पर पतित न हो! तुम को भेड़िये न खा जायें! स्त्रियों की मित्रता स्थायी नहीं हुआ करती, ये वृक आदि के समान हृदयवाली अविश्वसनीय होती हैं! यहां उर्वशी और पुरूरवा का संवाद भारतीय नाट्यकला के साथ सहज ही जोड़ा जाता है। कला के साथ स्त्री का योग यहीं से प्रमाणित होता है। यही इतिवृत्त ले कर कालिदास ने 'विक्रमोर्वशीय' की रचना की और इसी सामग्री को उपादान बना कर योगिराज अरविन्द ने 'उर्वशी' नाम की रचना की जो वेदांतिक काव्य का ज्वलंत उदाहरण है। यहां 17वें मंत्र में पुरूरवा द्वारा उर्वशी को व्यापक स्त्री के रूप में बताया गया है। वह अंतरिक्ष को व्याप्त करती है, जल का निर्माण करने वाली है। ऐसी स्थिति में यह स्त्रीरूप भावात्मक प्रतीत होता है।

अम्भृण ऋषि की पुत्री वाक् है। 10वें मंडल का 125वां सूक्त उसी वाक् के

द्वारा कहलाया गया है। पांचवां मंत्र इस प्रकार है :

अहमेव स्वयमिदं वदामि जुष्टं देवेभिरुत मानुषेभिः।
यं कामये तं तमुग्रं कृणोमि तं ब्रह्माणं तमृषिं सुमेधाम्॥

(ऋग्वेद, 10/125/5/10)

मैं ही स्वयं इस परम तत्त्व का उपदेश करती हूं जो देवों और मनुष्यों से सेवित है। मैं जिसे चाहती हूं उसको उग्र (तीव्रबुद्धि) कर देती हूं, ऋषिरूप देती और मेधावी कर देती हूं।

भारद्वाजी रात्रि का सूक्त रात्रि का वर्णन करता है। 10/127 रात्रिसूक्त में भरद्वाज गोत्र की रात्रि ऋषि है। सूक्त में कुल 8 मंत्र हैं। 4-8 मंत्रों तक का भाषांतर द्रष्टव्य है:

जिस प्रकार रात्रि में पक्षी वृक्ष पर अपने घोसलों में रहते हैं, उसी प्रकार हम सब जिस रात्रि के विस्तार में सुखपूर्वक सोते हैं, वह देवी हम पर प्रसन्न हो (4)। सभी समूह (ग्राम), पैरों वाले, पंखों वाले, बाज़ तथा अन्य गमनशील प्राणी इसी रात्रि में विश्राम पाते हैं (5)। हे रात्रि, भेड़ियों और चोरों को हम से दूर करो और हमारे लिए सुखदायिनी होओ (6)। हमारी ज्योति को पीड़ित करने वाला काला तम उपस्थित है। हे उषा, उसे ऋण के समान दूर कर दो (7)। गायें जैसे बाड़े में जाती हैं, उसी प्रकार हमारे स्तोत्र का वरण करो (8)।

कामायनी बहुत प्रसिद्ध ऋषिका मानी गयी है। उसको नायिका बना कर कविवर जयशंकर प्रसाद ने 'कामायनी' महाकाव्य की रचना की। काम के गोत्र में पैदा होने से उसे कामायनी कहा गया है। प्रायः विश्वासयुक्त भक्ति को या केवल विश्वास को हम श्रद्धा नाम से जानते हैं। विश्वास करके ही किसी गंतव्य की ओर यात्रा करते हैं, यह मान कर कि इस मार्ग से हमको गंतव्य प्राप्त होगा। कोई भी कार्य फल के प्रति विश्वास ले कर ही किया जाता है। इस विश्वास में मुख्य रूप से इच्छा निहित रहती है। काम तो इच्छा का पर्याय है। उस कामायनी श्रद्धा को उसके आनुवंशिक अर्थ से मुक्त नहीं किया जा सकता। इसीलिए सायण ने श्रद्धा को अभिलाषा विशेष के अर्थ में लिया है। श्रद्धा शब्द प्राकृत में सद्धा बन जाता है। अपभ्रंश में सद्ध बनता है और हिंदी में वही साध हो जाता है। सघन इच्छा ही साध है और वही ऋग्वेद की श्रद्धा है। दशम मंडल के 151वें सूक्त में 5 मंत्र हैं जिनकी ऋषिका श्रद्धा है। इस सूक्त के पांच मंत्रों को सामने रखकर ही इस स्त्रीतत्त्व को उसके मूल स्वरूप में जान सकते हैं। अतः यहां सभी मंत्रों का सार्थक अवतरण अपेक्षित है :

श्रद्धयाग्निः समिध्यते श्रद्धया हूयते हविः।
श्रद्धां भगस्य मूर्धनि वचसा वेदयामसि॥ 1॥

श्रद्धा से अग्नि प्रज्वलित होती है, हवन होता है प्राप्य वस्तुओं के सर्वोपरि स्थान

पर श्रद्धा को वचन द्वारा हम विख्यात करते हैं।

प्रियं श्रद्धे ददतः प्रियं श्रद्धे दिदासतः।
प्रियं भोजेषु यज्वस्विदं म उदितं कृधि॥ 2॥

हे श्रद्धे, देने वाले और देना चाहने वाले का प्रिय करो। भोग करने वालों और यज्ञ करने वालों में यह प्रिय उदित करो।

यथा देवा असुरेषु श्रद्धामुग्रेषु चक्रिरे।
एवं भोजेषु यज्वस्वस्माकमुदितं कृधि॥ 3॥

जिस प्रकार देवों ने उग्र असुरों पर विजय की श्रद्धा की, उसी प्रकार सभी के लिए प्रिय उदित करो।

श्रद्धा देवा यजमाना वायुगोपा उपासते।
श्रद्धां हृदय्ययाकृत्या श्रद्धया विन्दते वसु॥ 4॥

देव और प्राणों से रक्षित यजमान मनुष्य श्रद्धा की उपासना करते हैं। सभी लोग हृदय की संकल्पन क्रिया से श्रद्धा की परिचर्चा करते हैं। श्रद्धावान पुरुष श्रद्धा से द्रव्य पाता है।

श्रद्धां प्रातर्हवामहे श्रद्धां मध्यदिनं परि।
श्रद्धां सूर्यस्य निम्रुचि श्रद्धे श्रद्धापयेह नः॥ 5॥

प्रातः मध्याह्न और सूर्यास्त में हम श्रद्धा का आह्वान करते हैं—हे श्रद्धे, हमें श्रद्धयुक्त करो।

प्रसाद जी ने 'कामायनी' में इस सूक्त के आधार पर नारी की महिमा का गान किया है। उन्होंने श्रद्धा और नारी को विश्वास रूप विशाल पर्वत के रूप में भी स्मरण किया और उनका मंत्र तुल्य पद इस प्रकार है :

नारी तुम केवल श्रद्धा हो विश्वास रजत नग पगतल में,
पीयूष स्रोत-सी बहा करो जीवन के सुन्दर समतल में।

ऐसा ही तो मंत्र भी कहते हैं कि—

श्रद्धया हूयते हविः।

इससे कर्म मात्र को प्रतीक में लिया जाये तो श्रद्धा तथा स्त्री दोनों कर्म रूप यज्ञ की अधिष्ठात्री हैं :

अयज्ञो वा एष योऽपत्नीकः

अर्थात् जो पुरुष अपत्नीक है वह यज्ञ का अधिकारी नहीं हो सकता। पत्नी शब्द

का यही अर्थ है जिसे पाणिनि ने सूत्रबद्ध किया है :

पत्युर्नो यज्ञसंयोगे।

अर्थात् यज्ञ में पति के साथ स्त्री का संयोग होने पर पत्नी शब्द की निष्पत्ति होती है।

श्रद्धासूक्त के पश्चात् महत्त्वपूर्ण सूक्तों में सूर्यासूक्त आता है। अथर्ववेद में इसे विवाहसूक्त के रूप में लिया गया है और कुछ मंत्र भी अधिक हैं। इसमें वरण से ले कर विवाह तक के विषय में बहुत से मंत्र हैं। यहां दिग्दर्शन मात्र अभीष्ट है। विवाह में वधू को आशीर्वाद दिया गया है :

अधोरचक्षुरपतिघ्नि एधि
शिवा पशुभ्यः सुमनाः सुवर्चाः।
वीरसूर्देवकामा स्योना
शं नो भव द्विपदे शं चतुष्पदे॥ (ऋग्वेद, 10.85.44)

क्रोधादि से भयानक आंखों वाली तथा पतिमारक न बन, उत्तम मन तथा उदात्त तेज वाली हो कर पशुओं के लिए कल्याणी बन, वीर पुत्रों की जननी, देवयजन की कामना वाली सुखकारी बनी रह (44)। इस सूक्त का 46वां मंत्र अत्यंत महत्त्वपूर्ण है जिसमें वधू को आशीर्वाद दिया गया है कि वह श्वसुर एवं श्वश्रू ननद एवं देवरों के ऊपर सम्राज्ञी बने :

सम्राज्ञी श्वशुरे भव सम्राज्ञी श्वश्रवाँ भव।
ननान्दरि सम्राज्ञी भव सम्राज्ञी अधि देवृषु॥ (ऋग्वेद, 10.85.46)

यहां तो यह स्त्रीतत्त्व का दिग्दर्शन मात्र है। संपूर्ण वैदिक ब्राह्मण स्त्री के विषय में अत्यंत उदार है। वात्स्यायन के कामशास्त्र में चौसठ कलाओं का उल्लेख है। इससे स्पष्ट होता है कि कामकला के साथ जुड़ा हुआ स्त्रीतत्त्व अन्य कलाओं का प्रेरक रहता है। उन चौसठ कलाओं में काव्यकला भी परिगणित है। वस्तुतः भारतीय परंपरा में कला के साथ स्त्रीतत्त्व का अनुसंधान एक विशालकाय ग्रंथ की अपेक्षा रखता है। यहां तो दिग्दर्शन करके पाठकों से अपेक्षा की गयी है कि वे संपूर्ण वैदिक परंपरा में स्त्रीतत्त्व की खोज करें और विभिन्न कलाओं के साथ उसकी संगति पर विचार करें।

डॉ. मो.दि. पराडकर

कलाओं का स्वरूप एवं प्रयोजन

राष्ट्र के विकास के इतिहास में कलाओं के समन्वित विकास के इतिहास को असाधारण स्थान प्राप्त है, क्योंकि प्राचीन काल से ही मानव 'चरम सुंदर तत्त्व' के अन्वेषण में निरत रहा है। इस तत्त्व की मीमांसा मोटे तौर पर दो पद्धतियों से की जाती है जिनमें से एक को दार्शनिक तो दूसरी को वैज्ञानिक की संज्ञा देना समीचीन होगा। दर्शन का अर्थ है देखना, किंतु सही ढंग से देखने के लिए सम्यक् दृष्टि आवश्यक है। वही मनुष्य सही देखने वाला है जो अंतस् के साथ-साथ बाहर से भी निर्मल हो, राग और द्वेष से परे हो और भय तथा भ्रांति का शिकार न हो। भारतीय परंपरा में प्राचीन ऋषि इसी तरह से दृष्टा थे, तत्त्व का साक्षात्कार करने की क्षमता रखते थे। यही कारण है कि दार्शनिक पद्धति दृष्टा की अपेक्षा रखती है। वैज्ञानिक पद्धति ज्ञात तथ्यों के बल पर अज्ञात तथ्यों का पता लगाती है और नवजात तथ्यों के आधार पर इन को शब्दरूप प्रदान करती है। आसान है समझना कि स्थूल वस्तुओं के अन्वेषण के लिए वह पद्धति सफल सिद्ध हो चुकी है। परंतु जीवतत्त्व अथवा मनस्तत्त्व जड़ विज्ञान के नियमों को लांघता है और स्थूल से सूक्ष्म की विवेचना की अपेक्षा रखता है। सच्चाई तो यह है कि स्थूल और सूक्ष्म भी सापेक्ष शब्द हैं और आज के वैज्ञानिक भी जड़ और चेतन को अभिन्न मानने की ओर उन्मुख हुए हैं, वास्तव में पदार्थविज्ञान में आधुनिक विशारद दोनों को एक ही चेतन तत्त्व के आविष्कार मानने लगे हैं। A New Science of Life (1981) के लेखक डॉ. रूपर्ट शेलड्रेक ने तो 'The universe as a whole could have a course and purpose only if it were itself created by a conscious agent which transcended it.' यह कह कर विज्ञान के क्षेत्र में भी समूचे संसार को चेतन ब्रह्म की कला मानने वाले अद्वैत वेदांत के दार्शनिक स्वर को ही बुलंद किया है (इसके विवेचन के लिए देखें 'Vedanta and Science' pages 57-69 from Vivekananda—A Tribute by Vivek Vyaspeeth)। सच्चाई तो यह है कि दार्शनिक पद्धति को अपना कर ही जीवन के रहस्य का उद्घाटन संभव है। यह उद्घाटन वास्तव में 'चरम सुंदर' का अन्वेषण है और कला इसी अन्वेषण को अभिव्यक्त करती है। कला वह साधना है जिसके माध्यम से मनुष्य अथवा कलाकार 'के नाम सुखे अथवा आनंदे' लीन होने

का अनुभव करता है। यहां 'सुख' के स्थान पर 'आनंद' को ही प्रयुक्त करना समीचीन है, क्योंकि सुख सीमित है और आनंद असीम। समीम का असीम के निकट पहुंचने का प्रयत्न निरंतर चलता रहता है और वही कला की सफलता का परिचायक है। हां, यह सही है कि प्रत्येक मनुष्य में सौंदर्य रचना तथा सौंदर्यानुभूति की योग्यता समान रूप से नहीं होती। यही कारण है कि कलाओं को कभी-कभी उपयोगी एवं ललित जैसे दो विभागों में बांटा जाता है, किंतु यह विभाजन भी विश्लेषण की सुविधा का ही परिचायक है। व्यावहारिकता में भी मानव सुडौलता एवं सुंदरता का विचार करता ही है। हां, देश और काल की सीमाओं के साथ व्यक्ति की भी सीमा होती है जो मूर्त या अमूर्त साधनों की सहायता से सिसृक्षा व्यापार में निरत होता है। हर्सेकोवित्स ने कई निरक्षर मानव-समाज की कलाप्रवृत्तियों का अध्ययन करने के बाद निष्कर्ष निकाला था कि 'विस्तृततम अर्थों में योग्यता द्वारा संपादित सामान्य जीवन का कोई भी ऐसा अलंकरण, जिसे वर्णनीय रूप प्राप्त है कला कहा जा सकता है।' उनके कथनानुसार योग्यता ही कला विदग्धता बन सकती है। समाज को सुंदरतम कलाकृतियां प्रदान करना केवल कलाकार की प्रतिभा का ही कार्य नहीं है, उसके मूल में कला विधि पर पूर्ण अधिकार पाने की योग्यता का संपादन भी निहित है। मम्मट जैसे भारतीय आचार्यों ने काव्य के मुख्य हेतुओं की चर्चा करते हुए शक्ति यानी प्रतिभा के साथ निपुणता तथा अभ्यास की भी बात उठायी थी और काव्य निर्माण में 'एतेत्रय: समुदिता: न तु व्यस्ता:' पर ज़ोर दिया था। स्पष्ट है कि आचार्य मम्मट साहित्यकला की चर्चा कर रहे थे, किंतु मनुष्य के अलौकिक आनंद की सिद्धि काव्यकला के साथ-साथ वास्तु कला, मूर्ति कला, चित्रकला, एवं संगीतकला में भी होती है। वास्तु, मूर्ति और चित्र से संबद्ध कलाएं अगर चक्षुरिंद्रिय के सन्निकर्ष से मानसिक तृप्ति का विधान करने वाली हैं तो संगीत तथा काव्य श्रवण से। स्पष्ट है कि वास्तु, मूर्ति तथा चित्रकलाओं में मूर्त आधार प्रत्यक्ष है, संगीतकला में इसका स्वरूप नाद के रूप में दिखायी देता है और काव्यकला में कोई मूर्त आधार होता ही नहीं। स्वाभाविक है कि कला की श्रेष्ठता मूर्त आधार के कम होने के अनुपात पर निर्धारित हो। इस दृष्टि से साहित्यकला (या काव्यकला) और संगीत में स्पर्धा होगी, क्योंकि नादरूप आधार को शब्दरूपी आधार से सूक्ष्म मानना समीचीन होगा। किंतु काव्य में जहां केवल अर्थ की रमणीयता रहती है तब वहां मूर्त आधार का या तो कोई अस्तित्व नहीं रहता अथवा वह सिमट जाता है। इन सभी ललित कलाओं के विकास के विषय में स्वर्गीय बाबू श्यामसुंदरदास ने 'हिंदी भाषा और साहित्य' नाम की अपनी पुस्तक के तीसरे अध्याय में जो विवेचना की है वह आज भी पठनीय प्रतीत होती है।

मानी हुई बात है कि रूप (From) कार्य (Function) और डिज़ाइन किसी भी कलारूप को कार्यान्वित करने के लिए आवश्यक है। प्रत्येक कलाकार का उद्देश्य है रूप सर्जन। क्या वास्तुकार, क्या चित्रकार, क्या मूर्तिकार रूप की ही सृष्टि करते

हैं? किंतु सवाल है, रूप किसे देना है? जो कुछ देखा है उसे या जो कुछ समझा है उसे? वस्तु जैसे दिखायी देती है उसी को चित्रित करना व्यक्ति-निरपेक्ष दृष्टि का परिचायक है और वस्तु को जिस तरह से समझा है उस समय को अभिव्यक्त करना व्यक्ति-सापेक्ष दृष्टिकोण माना जाता है। यथार्थवाद के विकासक्रम को गरिमा प्रदान करने वाले कई मनीषी यथादृष्ट भाव से वस्तु का चित्रण करने के कौशल को कलात्मकता की कसौटी मानते रहे, किंतु क्या शतप्रतिशत व्यक्ति-निरपेक्ष चित्रण संभव है? यही प्रश्न कला कोविदों को कुरेदता आया है। व्यक्ति-निरपेक्ष चित्रण का अभिप्राय अनासक्त चिंतन से है, किंतु वास्तव में इस तरह का चित्रण बात की बात ही है। मानस की अनुभूतियों से प्रभावित हुए बिना यानी चित्प्रवाह के दबाव को ताक में रख कर यथादृष्ट चित्रण करना संभव भी नहीं होता और इसे ग़लत मानने का कोई कारण भी नहीं है। एमिल ज़ोला की कलाविषयक परिभाषा इसी सत्य की ओर निर्देश करती है, उसने कलाकृति को 'किसी विशिष्ट मानसिक शक्ति द्वारा देखा हुआ प्रकृति का कोना' कहा था ई.एच. गोम्ब्रिख़ की पुस्तक Art and Illusion के पृष्ठ 55 पर एक जर्मन विद्धचित्री का जो संस्मरण उद्धृत किया है वह भी इसी तथ्य की ओर संकेत करता है। इसे कई समीक्षक 'निजी व्यक्तित्व' की संज्ञा देते हैं किंतु वास्तविकता यह है कि सब का 'ज्यों का त्यों' चित्रण भी एकरूप नहीं हुआ करता, हर कलाकार का अपना-अपना रंग उस पर चढ़ता ही है। किसी भी विषय को शतप्रतिशत आत्मपरक ढंग से चित्रित करना सिवा कैमरा के संभव नहीं है। हां, विषयपरक आलेख्य शिक्षा और अभ्यास के प्रयत्नों के बल पर निर्भर है, भारत के अधीन आलंकारिकों ने इस प्रयासगत कौशल के लिहाज़ से स्वभावोक्ति नामक अलंकार की कल्पना की थी, किंतु सूक्ष्म वस्तुस्वभाव का यथावत् वर्णन करने वाले इस अलंकार में भी 'सूक्ष्म' का अर्थ रहा 'कविप्रतिभामात्रामवेक्ष्य'। सच्चाई तो यह है कि मनुष्य आंखों से जो कुछ देखता है वह कैमरे के लैंस से देखने से भिन्न है, क्योंकि आंखों की कनीनिका के पीछे उसका मन रहता है और इस मन को इसका चैतन्य ही गतिशील बनाता है। कलाकार के मानस पटल पर उपस्थित होने वाला द्रष्टव्य वस्तुतः उसके अंतरतर के चैतन्य की ही संवारी हुई भावमूर्ति है और पद-पद पर यह मूर्ति उसे प्रभावित किये बिना नहीं रहती। इसी सृजनात्मक शक्ति के बल पर कलाकार आधा देख कर भी पूरा देख सकता है। क्योंकि बाक़ी आधे को अनायास गढ़ने की शक्ति उसके पास रहती है।

सर्जनात्मक शक्ति के साथ-साथ कलाकार की इच्छाशक्ति उसकी क्रियाशक्ति को प्रभावित करके सर्जन प्रक्रिया के वेग को हलका कर देती है। मनुष्य के भीतर जो चैतन्य है वह उक्त दोनों शक्तियों के माध्यमों से द्रष्टव्य के स्वरूप को ग्रहण करता है। यह देखना वस्तुतः जनना है जो ज्ञानशक्ति के संबद्ध है। मतलब, चैतन्य की इन तीनों शक्तियों की उपस्थिति के कारण वह द्रष्टव्य को विशुद्ध विषयपरक रूप में देख नहीं पाता कलाकार के मानस जगत् में मानस मूर्ति का जो रूप होता है वह जब भौतिक

सामग्रियों के सहारे (वहां उसकी व्युत्पत्ति चरितार्थ होती है) प्रकट होने लगता है तो सब समय ज्यों-का-त्यों उतर नहीं पाता, इसे भी समझना ज़रूरी है। चेतन चित्त की सर्जनात्मिका वृत्ति कई बाधाओं से टकरा सकती है। मूर्तिकार जब अपने मानस की कल्पना को पत्थर और छैनी की सहायता से साकार करना चाहता है तब संभव है कि पत्थर ठीक न हो, छैनी अपना काम करने में कुंठित हो अथवा भूचाल, आंधी जैसी प्राकृतिक शक्तियों के कारण व्याघात उत्पन्न हो। कृष्ण ने कार्य की नियामक बातों की चर्चा करते हुए उचित ही कहा था :

अधिष्ठानं तथा कर्ता करणं च पृथग्विधम्।
विविधाश्च पृथक्चेष्टा दैवं चैवान्न पच्चमम्॥

मतलब, कलाकार को कई प्रतिरोधों का सामना करना पड़ता है और उसके कृतित्व की परीक्षा करते समय इनका भी हिसाब लगाना चाहिए।

हाल ही में सौंदर्यशास्त्रियों ने तथा गेस्टाल्ट मनोविज्ञानवादियों ने अनेक मूर्तियों और चित्रों की परीक्षा के लिए एक्स-किरणों का उपयोग करके सर्जन प्रक्रिया का अध्ययन तथा प्रतिरोधों की मात्राओं की जांच करने की कोशिश की है। इनके सहारे चित्रों के मूल रूपों में चेतन (युग, शैली तथा कौशल) की दस्तंदाजी और रेखाओं के परिवर्तनों का बोध होता है और इन परिवर्तनों को माप कर प्रयोगकर्ता की सृजन के पूर्व की मूल ऊर्जा के बीच के अंतर को एक ग्राफ पन्ने पर अंकित करता है। इन ग्राफों ने साधारण तौर पर यह बतलाया है कि सर्जन के पूर्व तथा रचने के दौरान सहमी हुई अस्त-व्यस्त शक्ति का प्रभाव बड़ा टेढ़ा-मेढ़ा होता है। बाद की रेखाओं में शनैः शनैः स्थायित्व की अधिकता और घबराहट की कमी प्रतीत होती है। हमारे पुराने आचार्य इस प्रक्रिया को ही चित्त का सत्वस्थ होना कहते आये। वह राजसिक तथा तामसिक वृत्तियों में उलझ कर चांचल्य का शिकार होता है और इस अवस्था में कलाकार की रचना स्तरीय नहीं होती। यह वास्तव में आंतरिक बाधा है, इसे भी आज के एक्स-किरण पकड़ लेते हैं। माइकेल एंज़िलो तथा लियोनार्दो दा विन्सी के चित्रों पर एक्स-किरणों को प्रयुक्त करके नक़ली चित्र पहचाने गये और यह तथ्य उद्घाटित हुआ कि ये चित्रकार सामने मॉडेल रख कर चित्रांकन करते थे या स्वतंत्र दिवास्वप्नों-सी भरी कल्पना का प्रयोग करते थे। यह सब ठीक हुआ, परंतु मनुष्य के विचारों पर दूसरों के विचारों का जो सूक्ष्म प्रभाव पड़ता है उसे एक्स-किरण तो नहीं पकड़ पायेंगे। यह सच है कि स्त्रष्टा का संकल्प प्रतिरोध के धक्के से कई बार मुड़ने पर या झुकने पर बाध्य हो सकता है और वह अपनी प्रकृति के अनुसार उन पर अनुशासन करता हुआ दिखायी दे। यहीं संस्कारी चित्त को सर्जनात्मिका कल्पनावृत्ति की गरिमा को स्वीकार करना पड़ता है और 'माध्यम को अनुकूल बनाने' की बात विशिष्ट प्रतिभा द्वारा सहज साध्य होती है। यही कारण है कि सिद्ध कवि विषय के अंतर्निहित छंद और लय का

संधान पाने में समर्थ होता है और सिद्ध मूर्ति शिल्पी माध्यम के अंतर्निहित छंद और राग को पहचानने में सक्षम।

स्पष्ट है कि मनुष्य के भीतर जो सर्जनशील चित्तवृत्ति काम करती रहती है वह बाह्य जड़ तत्त्वों की सहायता लिये बिना इंद्रिय गोचर रूप की रचना नहीं कर पायेगा। शक्ति या प्रतिभा इसी गतिशील एवं सृजनशील चित्तवृत्ति का नाम है। इसकी गरिमा को स्पष्ट करते हुए आचार्य मम्मट ने 'यां वना काव्यं न प्रसरेत् प्रसृतं वाहसनीयं स्यात्' कहा था। लेकिन कलाकार के रूप निर्माण जड़ तत्त्वों की सहायता लेने पर वह बाध्य होता है, क्योंकि गति और स्थिति के द्वंद्व से रूप बनता है। इसीलिए कला सृष्टि को विशुद्ध आंतरिक चेतन धर्म की संज्ञा दे कर बाह्य जड़ तत्त्वों को अनुकूल बनाने की आवश्यकता को नकारना बात को उलझाना ही है। बाह्य तत्त्वों के साथ समझौता करना ही पुराने आचार्यों की राय में निपुणता और अभ्यास की प्रक्रिया रही। माना कि जड़तत्त्व प्रतिरोधक हो सकते हैं, किंतु उन्हें अनुकूल बनाने से वह तत्त्व रूप निर्माण में अनमोल सहायता कर सकता है। इस सत्य का भान रखने के कारण ही मम्मट ने शक्ति के साथ निपुणता और अभ्यास को समन्वित करना चाहा था। 'एते त्रयः समुदिताः न तु व्यस्ताः काव्यस्य निर्माणे, समुल्लासे च हेतुः न हेतवः, यह शब्द भले ही काव्य कला के विषय में कहे गये हों, लेकिन वे सभी कलाओं पर लागू होते हैं, यह मानना पड़ेगा। इन तीनो का सुष्ठु समन्वय करने से ही 'आप बीती' और 'जग बीती' अंतर सालने वाला नहीं रहता और कलाकार की कला आस्वादकर्ता को आनंद की अनंत तरंगों में विलीन करने में सक्षम होती है। यही चरम आनंद कला का लक्ष्य है जिसका न कुछ ओर है न छोर। कलाकार के साथ आस्वादकर्ता के लिए भी संस्कारी चित्त की आवश्यकता मानी गयी है उसे 'सहृदय' तो होना ही चाहिए। इस सहृदय की व्याख्या में उचित रूप से कहा गया है, 'काव्यनुशीलनाभ्यासवशाद् विशदीभूते मनोयुकुरे वर्णनीयत्तन्मीभवन योग्यता।' सर्जनशीलता कलाकार की तुलना में भले ही कम हो, किंतु आवश्यक है कि उसका मनरूपी आदर्श धुंधला या पूर्वाग्रहों के कारण धूमिल न हो जिसमें व्युत्पत्ति तथा निपुणता का यथोचित समावेश अपेक्षित है।

पुरुषोत्तम अग्रवाल

कला का स्वधर्म : संस्कृत काव्यशास्त्र में काव्य और पुराण

स्वधर्मे निधनंश्रेय परधर्मोभयावह...' गीता के इस प्रसिद्ध श्लोक में 'स्वधर्म' की पहचान वर्णाश्रम से होती है, लेकिन हम यदि 'धर्म' का अर्थ प्रकृति (स्वभाव) और सहज नैतिक बोध से लें तो क्या कला का ऐसा कोई स्वधर्म.हो सकता है जिसके लिए कला प्राणों तक की आहुति देने को तैयार हो? ज़ाहिर है कि रूपक के बाहर तो यह आहुति कलाकार (या लेखक) के प्राणों की ही होगी। जहां तक स्वयं रचना का सवाल है, उसका तो मामला वैसा है जैसा कि मिख़ाइल बुल्गाकोव के उपन्यास 'मास्टर ऐंड मारग्रेटा' के उस पात्र ने अनुभव किया था : 'बड़ी मुश्किल से जलता है वह काग़ज़ जिस पर लिखावट का आवरण हो।'

बहरहाल, क्या कला, साहित्य, नाटक, नृत्य गरज कि सर्जनात्मक अभिव्यक्ति का ऐसा कोई स्वभावगत नैतिकबोध हो सकता है जिसका पालन करते हुए निधन भी श्रेयस्कर हो और जिसका किसी परधर्म के लिए त्याग करना भयावह माना जाये?

समाज और व्यक्ति के आधुनिक विमर्श और उसके विविध मुहावरों में उपरोक्त प्रश्न के अनेक उत्तर उपलब्ध हैं। इन मुहावरों में कला के स्वधर्म की पहचान राष्ट्र, क्रांति, परिवर्तन, समाज आदि के संदर्भ में होती है। कला का स्वधर्म यही तो है कि वह भावक को इस या उस सामाजिक प्रयोजन के निकट लाये। या तो उसे राष्ट्र प्रेमी बनाये या क्रांतिकारी। अपने लक्ष्य में विरोधी होते हुए भी ऐसी अपेक्षाएं कला से रिश्ता बनाने के धरातल पर एक ही रास्ते चलती हैं। कला का काम किसी-न-किसी 'अन्य' द्वारा खोजे गये सत्य के अनुरूप स्वयं को ढालना, फिर अपने भावक को उस सत्य के अनुकूल बनाना है। मनुष्य की आध्यात्मिक वेदनाएं हों या उसकी सामाजिक स्थिति कला को उन तक किसी 'अन्य' के बनाये रास्ते पर ही चल कर पहुंचना चाहिए। कला की कलात्मकता उसके अपने आंतरिक (गठन) से जांची जा सकती है, लेकिन उसकी महानता तो इसी से तय होगी कि जिस 'अन्य' के बताये रास्ते पर चलना कला ने मंजूर किया, वह 'अन्य' कितना 'महान' था।

दूसरी ओर कुछ लोग कला (या किसी भी सर्जनात्मकता) को आत्म-संदर्भित मानते हैं। कला का अस्तित्व इतिहास या समाज से परे, अपने आप में स्वयं पूर्ण है। जितना समाज या इतिहास कला में आता भी है वह तो सिर्फ़ एक बहाना है, कला द्वारा स्वयं को निखारने का। इस 'निखार' के प्रतिमानों के ऐतिहासिक, सामाजिक संदर्भों की बात भी करना फ़ज़ूल है, क्योंकि ऐसी कोई भी बात कला को उसके उच्च स्थान से हटा कर तुच्छता की ओर ले जाती है।

तो, एक समझ के मुताबिक़ कला का स्वधर्म है किसी अन्य द्वारा कमाये गये सत्य का गुणगान, किसी अन्य के बताये रास्ते पर चलना और दूसरी समझ के मुताबिक़ कला का स्वधर्म है, सिर्फ़ अपने लिए, सिर्फ़ अपने संदर्भ में जीना। कला या तो किसी-न-किसी 'मर्यादा' के अनुकूल हो सकती है या फिर मर्यादा के सभी प्रश्नों, उनसे जुड़ी सभी असुविधाओं से उदासीन।

कला के 'स्वधर्म' की पड़ताल आगे बढ़ाने से पहले ज़रा सोचें, क्या उपरोक्त विकल्प कला के स्वभाव को ठीक-ठीक दरशाते हैं? क्या सचमुच सारी महान कला या कविता इसीलिए महान है कि वह किसी-न-किसी महत् प्रयोजन के अधीन लिखी गयी है? या सच्चाई इससे उलटी है? कहीं ऐसा तो नहीं कि किसी समय मान्यता प्राप्त महत् प्रयोजन द्वारा कला की उपलब्ध परंपरा अपने प्रोजेक्ट में खींच ली जाती है? जब हम इतिहास के एक ख़ास मोड़ पर साहित्य को 'राष्ट्र की आत्मकथा' घोषित कर देते हैं, उसके बाद ही शेक्सपियर या तुलसीदास राष्ट्रीय गौरव के पुरस्कर्ता कवि कहे जाने लगते हैं, या जब हमें जाति के सवाल से मुंह चुराना हो, पारंपरिक वर्चस्व को ही आधुनिक राष्ट्रवाद का जामा पहनाना हो तो हमें कबीर लोक विद्वेषी और तुलसीदास समन्वयवादी नज़र आने लगते हैं। यह सवाल पूछना तक मर्यादा विरोधी लगने लगता है कि स्वयं तुलसीदास की चेतना में 'समन्वय' का अर्थ और 'विवेक' का मतलब क्या था? दूसरी ओर हम घोषित करते हैं कि कबीर की कविता में निहित वेदना असल में दलित धर्म की स्थापना के लक्ष्य से प्रेरित थी। तुलसी या कबीर की कविता के अपने स्वभाव का विश्लेषण आनुषंगित हो जाता है। प्राथमिकता मिल जाती है, हिंदू जाति या हिंदी जाति या भारतीय राष्ट्र या दलित चेतना के प्रोजेक्ट को।

तो, क्या कला की संवेदना में समाज कहीं होता ही नहीं? या सिर्फ़ 'निखार' के बहाने के रूप में होता है? या कला के अपने स्वभाव में समाज विमुखता बद्धमूल है? जिनके उदाहरण ऊपर लिये, उन दोनों कवियों का सरसरी निगाह से किया गया पाठ भी इस प्रश्न के नकारात्मक उत्तर की ओर ले जायेगा, बल्कि यहां से एक नया सवाल भी सामने आ जायेगा। तुलसी और कबीर की रचना को प्राथमिक रूप से कविता की तरह पढ़ना हमने कब से और किन परिस्थितियों में शुरू किया? इस सवाल पर विस्तृत विवेचन की फिलहाल गुंजाइश नहीं, लेकिन इतना स्पष्ट है कि कला के

स्वभाव की समग्रता को ध्यान में रखें तो न कला की अन्यपरकता अपरिहार्य है, न ही उसकी समाज विमुखता।

यह भी निर्विवाद है कि कला हक़ीक़त में जितनी लौकिक है, सपनों में उतनी ही अलौकिक। अपने स्वरूप में जितनी प्रत्यक्ष है, स्वभाव में ही उतनी ही रहस्यपूर्ण। अपनी रचना में जितनी देशकालबद्ध है, प्रभाव में उतनी सार्वभौमिक और कालातीत। जितना गहरा रिश्ता उसका समाज से है, उतना ही आत्मीय संबंध अंतरात्मा से।

कला के स्वधर्म की संतोषजनक अवधारणा कला के स्वभाव की उपरोक्त विशेषताओं को ध्यान में रखे बिना संभव नहीं।

असल में, कला के स्वधर्म अर्थात् नैतिक बोध की ऐसी अवधारणा जो कला के स्वभाव और उसकी अस्तित्वगत विशेषताओं के प्रति संवेदनशील हो ज़रूरी इसलिए है ताकि हम कला से ऊटपटांग मांगें करने और उन्हें पूरा न कर पाने वाली कला को देश निकाला या प्राणदंड देने के क्रूर कर्म से बच सकें। इस क्रूरता से बचना कला पर कृपा करना नहीं, बल्कि स्वयं समाज और उसकी विविध संस्थाओं को प्राणवंत, स्पंदनशील बनाये रखना है। प्रचलित मर्यादा के अनुकूल न पड़ने वाली या प्रस्तावित 'मर्यादा' पर संदेह करने वाली कला को जो समाज देशनिकाला देता है, वह वस्तुतः अपनी अंतरात्मा और विवेक को देशनिकाला देता है। कला, कविता या किसी भी सर्जनात्मक उपक्रम की गंभीर समस्याओं को नारेबाज़ी और जुलूसों, धमकियों और फ़तवों के भीड़तंत्र के बीच स्थापित करने वाला समाज असल में, तेजी से एक सुअरबाड़े में बदल रहा समाज है। वह बात उनके लिए ज़्यादा ग़ौरतलब है जो सचमुच किसी बेहतर, अधिक संवेदनशील, अधिक न्यायपूर्ण समाज का सपना देखते हैं। समाज के साथ कला का रिश्ता 'बहुमत' के जरिए न तो निर्धारित हो सकता है न होना चाहिए।

लेकिन जब ऐसा मान ही लिया गया है कि कला को किसी-न-किसी ऐसे सत्य, मर्यादा, प्रोजेक्ट या विचार के ही अनुकूल होना चाहिए जो उसे बाहर से दिया गया है और जिसकी रूपरेखा की बहसें भी कला से बाहर ही होती हैं तो परिणतियां विकराल होंगी ही। कला के लिए भी, समाज के लिए भी। कभी सोल्जेनित्सिन कांड के रूप में, कभी रुशदी कांड के रूप में और कभी हुसेन कांड के रूप में। 'अधिक मानवीय' समाजवाद सोल्जेनित्सिन के पीछे पड़ जायेगा, 'शांति का पर्यायवाची' इस्लाम एक उपन्यास के कारण खतरे में आ जायेगा और 'परम सहिष्णु' हिंदू समाज के स्वयंभू नेता हुसेन का जीना हराम कर देंगे।

(इस डरावनी स्थिति में भी कुछ मज़ा है। हज़ारों साल की परंपरा का दावा करने वाली, करोड़ों मनुष्यों के दिलोदिमाग़ पर राज करने वाली व्यवस्थाएं किसी नाकुछ से लेखक या चित्रकार से इतनी डर क्यों जाती हैं? इतना कम क्यों है उन्हें अपने आप पर विश्वास? इतनी छुईमुई क्यों हैं भावनाएं जबकि वे ईश्वर या इतिहास

के दिये सत्य पर टिकी हैं कि एक उपन्यास या एक चित्र से मुरझा जाती हैं ? इतनी दुर्बल क्यों है आस्था, यदि उसके केंद्र में सत्य है!)

कला के स्वभाव के प्रति संवेदनशील, उसके स्वधर्म का सम्मान करने वाला समाज सहज रूप से आत्मविश्वासी समाज है। कला के असुविधाजनक सवालों को सम्मान देने वाली आस्था वास्तव में गहरी और उन्मुक्त आस्था है। कला को अवकाश और सम्मान देना ऐन इसी कारण समाज की अपनी ज़रूरत है (कला पर कृपा नहीं) ताकि समाज स्वयं को पुनर्नवा कर सके। कला को अनुगमन के लिए बाध्य करने की बजाय उसके साथ मुखामुखम का संबंध बनाना शास्त्र और विचार का कर्त्तव्य इसलिए है ताकि वह कला से सीख सके कि अपने आप पर संदेह कैसे किया जाता है। कला के प्रति विनम्रता व्यवस्था का धर्म इसलिए है, क्योंकि कोई भी व्यवस्था शाश्वत नहीं है। जबकि वह सर्जनात्मकता जो व्यवस्था के लिए असुविधा उत्पन्न करने वाली कला को संभव करती है, शाश्वत भी है, सार्वभौमिक भी। ज़ाहिर है कि ऐसी कला चाहे तो भी समाजविमुख नहीं हो सकती। हां, समाज से संवाद करने का उसका ढंग और है, समाज के साथ-साथ उसका रिश्ता लौकिक-अलौकिक, भौतिक-आध्यात्मिक, तार्किक-तर्कातीत के परस्पर विरोध से नहीं, बल्कि इन युग्मों की समग्रता से परिभाषित होता है।

अन्यपरकता या समाजविमुखता के परे कला के स्वधर्म को समझने का आधार है अनुव्याहरण; कुछ भी पूछ सकना। कुछ भी पूछ सकने का यह रिश्ता एक अर्थ में भावक की संवेदना के विस्तार का रिश्ता भी है। संवेदना का वह विस्तार जो तात्कालिक संदर्भ में बहुत विनम्र प्रतीत होता है। लेकिन जो गहरे, दूरगामी अर्थ में कला को बहुत ही सघन लक्ष्य देता है।

क्या ऐसे रिश्ते के आधार पर कला के स्वधर्म की कोई अवधारणा संभव है ? यह प्रश्न सर्जनात्मकता के कारण से कम, अपेक्षाओं और आलोचना के कोण से ज़्यादा ज़रूरी है। हम सर्जनात्मक अभिव्यक्ति के विविध रूपों से क्या अपेक्षाएं रखें ? क्या मांग करें उनसे ? किन प्रतिमानों पर आकलन करें उनकी महानता का ? अनुव्यावहरण को कला के मूल स्वभाव के रूप में स्वीकार करते हुए क्या ऐसा कोई ढंग विकसित किया जा सकता है जो कला को अपना स्वधर्म त्यागने और परधर्म अपनाने के लिए बाध्य न करे ? क्या ऐसे ढंग की संभावना का संकेत करने वाली कोई परंपरा सुलभ है, जिसको हम स्वीकार, परिष्कार और विस्तार कर सकें ?

संस्कृत काव्यशास्त्र की परंपरा उपरोक्त प्रश्न का अत्यंत विचारोत्तेजक उत्तर देती है, यदि हम काव्यशास्त्री के मानस के प्रति संवेदनशील हो कर उस परंपरा को पढ़ें। कहने की आवश्यकता नहीं कि संस्कृत काव्यशास्त्र की परंपरा 'शिष्ट' समुदाय की वर्चस्वशील संस्कृति के ही अंतर्गत है। इस कारण, इस परंपरा के लिए 'कविता' की अवधारणा कुछ साझे प्रस्थान बिंदुओं पर टिकी है। ये प्रस्थान बिंदु काव्यरूढ़ियों से

ले कर भावक के मन पर कविता के प्रभाव के विश्लेषण तक को निर्धारित करते हैं। सच तो यह है कि भावक के संस्कार और काव्यशास्त्री के वैचारिक पूर्वग्रहों के बीच मौजूद वैचारिक निरंतरता के सूत्र ही यह तय करते हैं कि कौन-सी शब्द-रचना बतौर 'कविता' के विचारणीय है और कौन-सी नहीं। यदि कोई रचना इन प्रस्थानों पूर्वग्रहों का ही प्रतिवाद करे तो काव्यशास्त्री के विचार लोक में उसका काव्यत्व संदिग्ध होगा। इस कारण, 'शिष्ट' समुदाय द्वारा स्वीकृत और व्यवहृत 'संस्कृति' के बाहर यदि कोई कविता पड़ती है तो 'कविता' के रूप में उसकी स्वीकृति तब तक स्थगित रहेगी जब तक कि शिष्ट समुदाय की कविता संबंधी धारणा किसी-न-किसी कारण बदल न जाये। ऐसे में संस्कृत काव्यशास्त्र पर संकीर्णता का आरोप लगाने का प्रलोभन प्रचंड होगा, लेकिन इस प्रलोभन में फंसने के पहले ध्यान रखें कि यह केवल संस्कृत काव्यशास्त्र की विशेषता नहीं। उसका व्यवच्छेदक लक्षण तो बिलकुल नहीं। कोई भी काव्यशास्त्र, किसी-न-किसी संस्कृतिबोध के ही अंतर्गत कविता संबंधी अपनी अवधारणा को स्थित करता है। जब ऐतिहासिक दबावों के कारण, समाज स्वयं को, अपनी सांस्कृतिक पहचान को नये सिरे से परिभाषित करता है तो कविता की अवधारणा बदलती है और उपलब्ध काव्यशास्त्र की चिंताएं भी रूपांतरित होती हैं। जैसा कि उन्नीसवीं सदी के उत्तरार्द्ध और बीसवीं के आरंभ में स्वयं हमारे समाज में हुआ। कविता की अवधारणा बदली और कबीर, तुलसी, सूर प्राथमिक रूप से 'भक्त' की बजाय कवि के रूप में देखे गये। भक्तिकाव्य कविता संबंधी विमर्श के केंद्र में आ गया। संस्कृत काव्यशास्त्र की शब्दावली और उसके प्रतिमानों के उपयोग के उपजीव्य और संदर्भ भी बदल गये।

कला या कविता के स्वधर्म के प्रसंग में संस्कृत काव्यशास्त्र से हम जो सीख सकते हैं, वह यह कि वर्चस्वशील वैदिक पौराणिक संस्कृति के विचारलोक में रहते हुए भी यह काव्यशास्त्र कविता के अपने विशिष्ट प्रयोजन, प्रकार्य और आशय के प्रति अत्यंत आग्रहशील है। वह शास्त्र परंपरा का सम्मान करता है। उस परंपरा में निहित मूल्यबोध उसका अपना मूल्यबोध है। उस परंपरा में स्वीकृत दार्शनिक प्रस्थानों में काव्यशास्त्री की अपनी भी आस्था है, लेकिन वह कविता के इस स्वभाव से वाक़िफ़ है, उसका सम्मान करता है कि कविता कुछ भी पूछ सकती है। कविता का काम किसी भी विचार विशेष का प्रचार करना नहीं, बल्कि सौंदर्य की भाषा के जरिये मनुष्य की समग्र सत्ता से संवाद करना है। ऐसा संवाद कई बार 'स्वीकृत' मर्यादाओं के परे भी जा सकता है और इसे कविता के ख़िलाफ़ तर्क नहीं बनाया जा सकता। कविता का काम धर्म की प्रतिष्ठा करना नहीं, सौंदर्य की सृष्टि करना है। निस्संदेह स्वयं सौंदर्य के प्रतिमान साझे विचारलोक के ही हैं, लेकिन उनकी स्वायत्तता उतनी ही पवित्र है, जितना कि स्वयं धर्म। यही कारण है कि संस्कृत काव्यशास्त्र कविता को गृहस्थ नैतिकता के प्रतिमानों से नहीं, बल्कि सौंदर्य और अनुरक्ति के समानांतर संसार के

प्रतिमानों से जांचता है। वह काव्य की सफलता या असफलता का निर्धारण धर्म की लोक प्रतिष्ठा या संशय निवारण के आधार पर नहीं करता। उसके लिए कविता की महानता का आधार भी यह नहीं है कि कविता अद्वैतवाद के अनुकूल है या द्वैतवाद के। कविता संबंधी उसके निर्णय के आधार भिन्न प्रकार के हैं जैसे रसनिष्पति, साधारणीकरण, अर्थगौरव, शब्द सौंदर्य। इस भिन्नता का कारण है : कविता के प्रयोजन, रचनात्मक अभिप्राय और उसके प्रकार्य की स्वायत्तता का आग्रह। कविता के स्वधर्म का बोध।

कविता के स्वधर्म के स्पष्ट बोध ही के कारण, संस्कृत काव्यशास्त्र हर छंदोबद्ध शब्द रचना को काव्य मानने की उदारता नहीं बरतता। यह नितांत आधुनिक भ्रांति है कि संस्कृत काव्यशास्त्र, शब्द के पारिभाषिक अर्थ में रूपवादी है। उसकी चिंता रचना के प्रस्तुत रूप तक सीमित न रह कर रचना के प्रयोजन तथा उसके संभावित प्रभाव तक जाती है। रचनात्मक अभिप्राय और रचनात्मक प्रभाव का विश्लेषण संस्कृत काव्यशास्त्र के लिए 'हेत्वाभास' न हो कर वेध समस्याएं हैं। इसीलिए वह अपने विचार का उपजीव्य उन्हीं शब्द रचनाओं को बनाता है, जो अपने प्रयोजन में 'काव्य' हों। पुराण छंदोबद्ध होने और कई स्थानों पर काव्य सौंदर्य से संपन्न होने के बावजूद काव्यशास्त्रीय विवेचन का उपजीव्य इसलिए नहीं बन पाते, क्योंकि उनका प्रयोजन भिन्न है। ध्यान देने की बात यह है कि जो प्रयोजन आज का विमर्श कविता या कला से साधना चाहता है, वे प्रयोजन भारतीय परंपरा में पुराण के हैं। विचार विशेष का 'डिफेंस' या उसका प्रचार पुराण का काम है, काव्य का नहीं। जिस तरह काव्य के लक्षण की परंपरा है, उसी तरह पुराण के लक्षण की भी और दोनों के बीच परस्पर भ्रांति की कोई गुंजाइश न तो पुराण विमर्श में है, न काव्यशास्त्र में।

पुराण वह रचना है जो सर्ग, प्रतिसर्ग, वंश, मन्वंतर, वंशानुचरित का वर्णन करे। इस वर्णन का लक्ष्य है 'धर्म' (अर्थात् वर्णाश्रम) की प्रतिष्ठा। 'महाभारत' का एक श्लोक जिससे लगभग हर पुराण अपने आपको परिभाषित करता है, इस प्रकार है :

इतिहासपुराणाभ्याम् वेद समुपबृंहयेत्।
विभेत्यल्पश्रुताद् वेदो मामयं प्रहरिण्यति॥

'अल्पश्रुत' से वेद डरता है कि मुझे मार न डाले, सो वेद का उपबृंहण इतिहास और पुराण से करना चाहिए। उपबृंहण अर्थात् विस्तृत व्याख्या। शाब्दिक पाठ तो इतना ही है, लेकिन सांस्कृतिक प्रक्रिया के धरातल पर इसका अर्थ हुआ तमाम वेदेतर परंपराओं और वेद विरोधी मतों का वर्णाश्रम के पक्ष में अनुकूलन। वर्णाश्रमवादी वर्चस्व में उनका समावेश बेशक इस प्रक्रिया में, समाविष्ट मतों की वैचारिक विशेषताओं और जीवन शैलियों को भी अस्तित्व का अवकाश किसी हद तक हासिल रहा। हद स्पष्ट थी। वर्णाश्रम की सामाजिक व्यवस्था की व्यवहार में स्वीकृति और उसके दार्शनिक

बौद्धिक अनुषंगों की निर्विवादता का सम्मान। पुराण सिर्फ़ वेद के 'अर्थ' की विस्तृत व्याख्या नहीं करते, वे उस उपबृंहण रूपांतरण को व्यंजित भी करते हैं जो सामाजिक, सांस्कृतिक वाद-विवाद, संवाद के फलस्वरूप वेदपरक धर्म में आ रहा था। वैदिक धर्म का पौराणिक धर्म में रूपांतरण इसी जटिल प्रक्रिया की एक व्यंजना है। वरुण, इन्द्र जैसे वैदिक देवता उपेक्षित, बल्कि हास्यास्पद हो जाते हैं और कृष्ण, राम जैसे वेदेतर चरित स्वयं को वैदिक कहती धर्म परंपरा के केंद्र में आ जाते हैं। प्रतीकों और पूज्यों के इस परिवर्तन के बावजूद जो निरंतरता बनी रहती है, वह है वर्णाश्रम के वर्चस्व और सारे समाहार के बावजूद उस वर्चस्व के ख़िलाफ़ जिरह की। इस जिरह को निस्तेज बनाना, संभव हो तो उसे नष्ट कर डालना, यह पौराणिक परंपरा की निरंतर चिंता है। जिस महामोह ने विष्णुपुराण में असुरों को वेदमार्ग से भटकाया, परवर्ती पुराणों में वही महामोह बुद्ध का अवतार ग्रहण करता है, वही बुद्ध जो तुलसी के शब्दों में 'निंदित अवतार' है, 'भयो निंदित बुद्ध अवतार।' विष्णुपुराण में वर्णित इस महामोह के वेद यज्ञ विरोधी तर्क ठीक वैसे ही हैं, जैसे कि कबीरादि निर्गुण संतों के। पौराणिक तर्क विलक्षण हैं जो वेदनिंदक हैं, वे असुर हैं, और जो असुर हैं उन्हें वेदनिंदक बना कर उन्हें नष्ट करने के हेतु ही निंदित बुद्धावतार हुआ था।

एक यथास्थितिवादी व्यवस्था के मूल तर्क को जनसाधारण के चित्त का स्थाई संस्कार बना देना, यह पौराणिक चेतना की केंद्रीय चिंता है। इस तर्क का मूल प्रस्थान वेद को निरूपित कर दिया गया। वेद स्त्री शूद्र के लिए सुलभ नहीं है, सो उसका उपबृंहण पुराण करेगा। ज़ाहिर है कि उपबृंहण की मूल से तुलना करने की कोई गुंजाइश है नहीं। सो व्यवहार में, दैनिक अनुष्ठान से ले कर दार्शनिक स्थापनाओं तक के धरातल पर जो पुराण कहे, वही प्रमाण। 'नारदीय' पुराण के अनुसार :

वेदार्थाधिक मन्ये पुराणार्थ वरानने।
वेदाः प्रतिष्ठिताः सर्वे पुराणेष्वेव सर्वदा। (2/24/17)

पुराण को वेद से भी अधिक महत्ता देने का कारण 'नारदीय' पुराण के ही अनुसार यह है कि 'वेद में व्यावहारिक निर्देशों का अभाव है।' तिथि निर्णय से ले कर पूजापाठ तक के व्यावहारिक निर्देश, वर्णाश्रम के अनुकूल 'आदर्श' आचरण और उस व्यवस्था का औचित्य निरूपण करने वाले सोच को सभी के जीवन व्यवहार के प्रतिमान के रूप में स्थापित करना पुराण का आत्मसजग लक्ष्य यही है। 'देवीभागवत' में कहा गया है :

स्त्री शूद्र द्विजबन्धूनां न वेदश्रवणं मतम्।
तेषामेव हितार्थाय पुराणानि कृतानि च॥ 1/3/21

यहां 'द्विजबंधु' शब्द पर ध्यान दें। यह शब्द अनजाने ही उस सामाजिक

गतिशीलता की ओर संकेत करता है जिसके चलते कई द्विजेतर जातियां द्विज होने की हिचक भरी स्वीकृति पा रही थीं। द्विजबंधु अर्थात् द्विज होने का दावा करने वाले ग़ैर द्विज। पुराण इस गतिशीलता को सिर्फ़ प्रतिबिंबित ही नहीं करते, उसे वर्चस्वपरक ढंग से अनुशासित करने का प्रयत्न भी करते हैं। यह गतिशीलता पुराण के लिए 'कलियुग' की चुनौती है, विघटन का प्रमाण है, उन्नति का सूचक नहीं।

निःसंदेह पुराणों में ऐसे संकेतों के साथ ही कई स्थानों पर काव्यात्मकता भी है, लेकिन उनका प्रयोजन नियामक है, जबकि काव्य का सर्जनात्मक। पुराणकार जानता है कि पुराण का काम 'कलियुग' (अर्थात् वर्णाश्रम के संकट) का निवारण, अधर्म (अर्थात् जिरह) का विरोध, संशय (अर्थात् असुविधाजनक सवाल) का उच्छेद और अंततः 'सही' (!) विचार की प्रतिष्ठा करना है। मध्यकालीन पुराणों और धर्मशास्त्रों में उन ग्रंथों और विचारों का बाक़ायदा निर्देश किया गया है जिनका प्रचार किया जाना चाहिए। काव्य और काव्यशास्त्र का विलक्षण महत्त्व इस बात में है कि पुराण द्वारा प्रस्तावित विचारलोक में स्थित होने के बावजूद वह सर्जनात्मक प्रयोजन की स्वायत्त विशिष्टता का आग्रह लगातार करता है। इस स्वायत्तता का सम्मान पौराणिक परंपरा भी करती है। यही कारण है कि दार्शनिक आचार्य काव्य के क्षेत्र में हस्तक्षेप नहीं करते। यह अहस्तक्षेप शंकराचार्य से ले कर वल्लभाचार्य तक देखा जा सकता। मज़ेदार बात तो यह है कि जब शंकराचार्य काव्य रचना करते हैं तो वे काव्य पर अपनी शुष्क दार्शनिकता थोपने की बजाय काव्य भाषा और काव्य के अभिप्रायों की अपनी रसपूर्ण परंपरा का ही अनुगमन करते हैं। कारण वही है; शास्त्र और काव्य के प्रयोजनपार्थक्य का स्पष्ट बोध। असल में, साहित्य की 'समाजसुधार' या 'धर्म निरूपण' जैसी कोई भूमिका ही उस युग तक अनजानी है, जिसे 'टीकायुग' कहा जाता है। कवि की अपनी सामाजिक चिंताएं हो सकती थीं, उनकी मुखर अभिव्यक्ति भी संभव थी, लेकिन काव्य का प्रतिमान इस 'सामाजिक चिंता' की बहुत चिंता नहीं करता था। दूसरी ओर 'धर्म' और 'दर्शन' के आचार्यगण कवि (व्यक्ति) को सुधारने की कोशिश शायद कर भी लें, 'कविता' को सामाजिक कोण से सुधारना उन्हें ज़रूरी नहीं लगता था और दार्शनिक कोण से 'कविता' वही शब्द रचना कहला सकती थी जो आचार्यों के अपने विचारलोक की सहनागरिक हो। संबद्धता और स्वतंत्रता के इस परस्पर संबंध को समझने में आधुनिक आचार्यों को दिक़्क़त होती है और वे कह उठते हैं, 'यह शोचनीय बात हुई कि जब शंकर, रामानुज और वल्लभ जैसे महापुरुषों का आविर्भाव हुआ, तब साहित्य पूर्णतः कलुषित हो रहा था, तथापि उसे अलौकिक समझ कर उसके संस्कार की बात करना भी शायद अनुचित समझा गया' (आचार्य नन्ददुलारे वाजपेयी 'हिंदी साहित्य': बीसवीं शती, पृ. 90)।

संबद्धता और स्वतंत्रता के इस संबंध में पुराण नियामक है और काव्य सर्जनात्मक। इस कारण कवि न तो हर स्थिति को 'रेशनलाइज' करने के लिए उत्सुक

है और न ही अपने प्रिय पात्रों की मानवीय दुर्बलताओं, आत्मसंघर्षों से मुंह चुराने के लिए बाध्य। काव्य परंपरा के राम सर्वगुण संपन्न और परम विभूतिवान होते हुए भी अंततः मनुष्य ही हैं, जिनकी आत्मग्लानि को तीखे शब्दों में व्यंजित करते भवभूति को कोई संकोच नहीं होता, 'रे हस्तदक्षिण रामस्य गात्रमसि करुणा कुतस्तते ?' जिनसे सीता के चरित्र पर संदेह करवाते वाल्मीकि को कोई धर्म संकट नहीं सालता और जिन पर तीखा व्यंग्य करती कालिदास की सीता अविस्मरणीय है।

सामान्य रूप से काव्य की रचना और आस्वाद का लक्ष्य चतुर्वर्ग प्राप्ति को मानने के बावजूद संस्कृत काव्यशास्त्र कवि का काम, कविता का प्रयोजन यह नहीं मानता कि वह धर्म निरूपण करे या धर्म के प्रति उठने वाले संशयों का निवारण करे। आधुनिक मुहावरे में कहें तो संस्कृत काव्यशास्त्री जिस विचार को स्वयं स्वीकार करता है, कविता को उसका भी उपनिवेश या प्रचारक बनाने से परहेज करता है। उसे अपने विचारलोक के प्रति इतना विश्वास है, अपने 'धर्म' पर इतनी आस्था है कि वह काव्य को अनुव्यवहरण का पूरा अवकाश न केवल स्वयं देता है, बल्कि समाज से भी ऐसा अवकाश तलब करता है। वह चाहता है कि काव्य काव्य का काम करे और पुराण पुराण का। यही कारण है कि काव्यशास्त्र की चिंतन परंपरा में विश्वनाथ सरीखे आचार्यों के नैतिकतावादी आग्रहों का स्पष्ट खंडन करने में कोई कोताही नहीं बरती गयी। 'चतुर्वर्ग' प्राप्ति सामान्य रेखांकन का विषय है, लेकिन उसके जितना ही महत्त्व प्रीति (अर्थात् आनंद) और कीर्ति को भी प्राप्त है। बतौर काव्य प्रयोजन के, साधु काव्य रचना में इन सभी का ध्यान रखा जाना चाहिए :

धर्मार्थ काममोक्षेषु वैचक्षण्यम् कलासु च।
प्रीतिं करोति कीर्तिं च साधुकाव्यनिबन्धनम्॥

(भामह, काव्यालंकार, 1/2)

'चतुर्वर्ग' का रेखांकन काव्यशास्त्री मानस के लिए स्वाभाविक है, किंतु उसके अपने विशिष्ट विमर्श का लक्ष्य 'प्रीति' और 'कीर्ति' ही है। विश्वनाथ चूंकि चतुर्वर्ग के सामान्य रेखांकन को काव्य द्वारा धर्मसिद्धि तथा कर्त्तव्याकर्त्तव्य निर्धारण की मांग तक पहुंचा देते हैं इसीलिए आलोचना के लक्ष्य बनते हैं। रुद्रट जब कहते हैं कि कवि किसी स्थिति का काव्यांगपूर्ण वर्णन करता है, इसलिए धर्माधर्म की दृष्टि से उसे दोष देना विद्वानों को शोभा नहीं देता, तो इसका अर्थ यह नहीं कि उन्हें या उनके द्वारा वर्णित कवि को लोक-परलोक या धर्माधर्म के प्रश्नों से कुछ लेना-देना ही नहीं है। उनका आशय यह है कि कविता के स्वभाव कला के स्वधर्म का ध्यान लगातार रखा जाये। 'कांतासम्मित उपदेश' को धर्माधर्म निर्णय, दार्शनिक संशय निरूपण और धार्मिक शंका समाधान से स्वायत्त समझते हुए देखा और सराहा जाये।

काव्य प्रयोजन संबंधी बहस का समाहार करते हुए मम्मट ने काव्य के छह

प्रयोजन गिनाये हैं : यश, अर्थ, व्यवहारज्ञान, अमंगलनिवृत्ति, लोकोत्तर आनंद और कांतासम्मित उपदेश। महामहोपाध्याय काणे के अनुसार मम्मट का 'काव्यप्रकाश' अपने-आप में चार सदियों की काव्यशास्त्र संबंधी चर्चा का समावेश लिये हुए हैं (पांडुरंग वामन काणे, 'हिस्ट्री ऑफ़ संस्कृत पोयटिक्स' नयी दिल्ली, 1961, पृ. 267)। हेमचन्द्र तो काव्य के तीन ही प्रयोजन स्वीकार करते हैं : आनंद, यश और कांतातुल्य उपदेश। काव्य का प्रयोजन आनंद ही है, उपदेश यदि उसमें आये भी तो कांतातुल्य रसवत्ता के ही साथ। पुराणोपयुक्त संशय-निवारण से या विचार के प्रसारण से सर्वथा भिन्न आशय है, इस 'उपदेश' का।

काव्य की स्वायत्तता के इस आग्रह को ज्ञान की उपेक्षा या शास्त्र की अवहेलना के रूप में नहीं पढ़ा जा सकता। विचार की जितनी उपस्थिति काव्य की भाव सत्ता में अंतर्निहित है, उतनी काव्यशास्त्री को स्वीकार्य है, लेकिन वह काव्य को मत-विशेष के प्रचार का माध्यम नहीं मानता। सच तो यह है कि अनुव्यावहरण के लिए कुछ पूछ सकने के लिए उसकी जानकारी ज़रूरी है, जिससे या जिसके बारे में कुछ पूछा जा रहा हो। इसीलिए काव्यशास्त्री की कल्पना का कवि होना बच्चों का खेल नहीं। भामह के शब्दों में—

'न स शब्दो न त द्वाच्यं न स न्यायो न सा कला।
जायते यन्न काव्यांगमहो भारो महान्कवे:॥' *(काव्यालंकार, 5/4)*

काव्य और शास्त्र के प्रयोजन में पार्थक्य के बोध और इसके व्यावहारिक उपयोग में काव्य के अपेक्षाकृत खुले अवकाश की मान्यता अंतर्निहित है। रुद्रट के 'तदीयं वृत्तं काव्यांगतया स केवलं वक्ति' में जो मान्यता निहित है, उसका व्यावहारिक आशय यही है कि जितनी वैचारिकता काव्य की भावसत्ता में अंतर्निहित है, उसके परे जा कर मनचाहे को जबर्दस्ती 'वृत्त' में लाना और 'अनचाहे' को धकिया देना कवि के लिए उचित नहीं है। ठोस उदाहरण यदि रामकथा की परंपरा से ही लें तो सीता की अग्निपरीक्षा के असुविधाजनक, लेकिन मार्मिक प्रसंग का कवि को साहसपूर्वक वर्णन करना चाहिए, जैसा कि आदिकाव्य करता है। इस प्रसंग को मायासीता के जरिए 'रेशनलाइज' करना (जैसा कि अध्यात्म रामायण करती है) अथवा उसे कवि के 'आभ्यंतर सेंसर' के हवाले कर देना (जैसा कि 'मानस' करती है) संस्कृत काव्यशास्त्री को अवश्य अटपटा लगेगा। कारण यह कि उसकी दृष्टि, प्रसंग की मार्मिकता और कवि विशेष द्वारा उसके निर्वाह की सुकरता पर है, न कि पूर्वग्रह विशेष के कोण से प्रसंग की वांछनीयता या अवांछनीयता पर। उसके लिए कविता का अपना आंतरिक तर्क मूल्यवान है, कविता पर आरोपित प्रचारवादी तर्क नहीं।

विचारक्रम में निस्संदेह काव्यशास्त्री पुराणों को उद्धृत करता है, लेकिन उन्हीं को जिनसे उसे काव्य विवेचन के कुछ सूत्र मिलते हैं। 'विष्णु' और विष्णुधर्मोत्तर

पुराणों से प्राप्त इस तरह के कुछ विचार सूत्रों पर विभिन्न आचार्यों ने टिप्पणियां की हैं। पौराणिक परंपरा (और आधुनिक काव्यशास्त्र विवेचन का वह अंश जो पौराणिक परंपरा और भारतीय परंपरा को पर्यायवाची मानता है) जिस 'अग्निपुराण' को काव्यशास्त्र का आदिस्रोत मानती है, उस 'अग्निपुराण' को बतौर प्रमाण के काव्यशास्त्रियों में से केवल विश्वनाथ उद्धृत करते हैं। ये वही विश्वनाथ हैं जो देवस्तुतिपरक काव्यरचना को धर्मलब्धि का साधन भी मानते हैं। महामहोपाध्याय काणे बताते हैं कि काव्यशास्त्र के प्रमाण के तौर पर 'अग्निपुराण' स्वयं काव्यशास्त्र परंपरा को नहीं, बल्कि 'अपरार्कटीका' और 'अद्भुतसागर' सरीखे धर्मशास्त्र ग्रंथों को ही स्वीकार्य है। यह स्थिति इसके बावजूद है कि 'पुराणों के प्रति अपनी स्वाभाविक श्रद्धा के कारण, उनके व्यास प्रणीत होने की मान्यता के कारण मध्यकालीन विचारक 'अग्निपुराण' को अलंकारशास्त्र का प्राचीनतम ग्रंथ मानें, यह स्वाभाविक ही तो था' (हिस्ट्री ऑफ़ संस्कृत पोयटिक्स, पृ. 10)।

और भी अधिक स्वाभाविक यह था कि काव्यशास्त्री मानस वाङ्मय के दो भेद करें, शास्त्र और काव्य। शास्त्र अपौरुषेय भी है, पौरुषेय भी। पुराणों की गणना स्वभावत: पौरुषेय शास्त्रों में है। दूसरी ओर अपौरुषेय शास्त्र के जो विविध रूप स्वीकृत हैं, काव्यमीमांसाकार राजशेखर उनमें काव्यशास्त्र को भी शामिल करना चाहते हैं। वैसे ही जैसे बहुत पहले नाट्यशास्त्र को पंचमवेद मानने का आग्रह किया गया था। भरत से ले कर राजशेखर तक की कोशिश यही है कि वैदिक पौराणिक विचारलोक की सीमाओं में रहते हुए ही काव्य और उसके अपने शास्त्र के लिए अधिकाधिक स्वायत्तता अर्जित की जाये। नाट्य वेद को पंचम वेद और काव्यशास्त्र को सप्तम अंग मनवाने का आग्रह वस्तुत: काव्य की अपने 'सेक्रेड स्पेस' की रचना करने और उस पवित्र अवकाश को सहेजने का अनुष्ठान है। ऐन इसी वजह से काव्यशास्त्री अपने विमर्श और विवेचन का उपजीव्य बहुत सजग रूप से काव्यों को ही बनाता है, शास्त्रों और पुराणों को नहीं। कवि को निस्संदेह शब्दानुशासन, न्याय और लोक व्यवहार के साथ ही 'इतिहासाश्रित कथाओं' का ज्ञान होना चाहिए। (शब्द छंदोभिनार्था इतिहासाश्रया: कथा...भामह) लेकिन काव्यशास्त्री के लिए विचारणीय है, इस ज्ञान का काव्य में फलीभूत रूप ही। यह बात उन रचनाओं की सूची बनाने से एकदम स्पष्ट हो जाती है जिनका उल्लेख विभिन्न काव्यशास्त्री करते हैं। भामह, आनन्दवर्द्धन, राजशेखर और मम्मट द्वारा उल्लिखित रचनाओं और रचनाकारों की एक समावेशी सूची (काणे के आधार पर) निम्न प्रकार है :

रामशर्मा कृत अच्युतोत्तर, अश्वकवश, कणभक्ष, न्यास, पाणिनि, मेधाविन्, रत्नाहरण, राजमित्र, शाखवर्धन, भरत, महाभाष्यकार, पदकार (अर्थात् कात्यायन), वत्सेश (उदयन) और नरवाहनदत्त की कथाएं भामह द्वारा उल्लिखित रामायण, महाभारत, अर्जुन चरित, अमरूक, उद्भट, कादम्बरी, मालती माधव, वेणी संहार,

शिशुपाल वध, सूर्य शतक, हयग्रीव वध, कुमारदास, कौटिल्य, पात्य कीर्ति, रुद्रट, वररुचि, भामह, वाक्पतिराज, भारवि (राजशेखर द्वारा उल्लेखित) अभिनवगुप्त, कालिदास, कामशास्त्र, उद्भट, ध्वनिकार, बाण, भट्टनायक, भरत, महाभाष्यकार, मयूर, रुद्रट, लौल्लट, वाक्यपदीय, शंकुक, श्रीहर्ष, कालिदास, भवभूति, अमरुशतक, कर्पूरमंजरी, कुट्टनीमत, चंडीशतक, नवसाहसांकचरित, नागानंद, बालरामायण, भट्टि, भल्लट, भामह, भास, माघ, रत्नावली, राघवानन्द, विज्जका, विद्वशालभंजिका, विष्णुपुराण, वेणीसंहार, हयग्रीववध, हरविजय (मम्मट द्वारा उल्लिखित)।

इस विशाल सूची में पुराण केवल दो हैं—हरिवंश और विष्णु। इनमें से हरिवंश तो महाभारत परिशिष्ट ही माना जाता है और काव्यशास्त्री के विचारलोक में महाभारत की स्थिति विशिष्ट है, वह शास्त्र भी है और काव्य भी। अनेक प्राकृत रचनाएं भी उपरोक्त सूची में हैं। लेकिन विभिन्न अंशों के काव्यात्मक सौंदर्य के बावजूद भागवत जैसा महापुराण भी यहां नहीं है, क्योंकि जैसे काव्य का निश्चित प्रयोजन और आदर्श रूप विधान स्वीकृत है, ठीक वैसे पुराण का निश्चित प्रयोजन और रूपविधान है। दोनों के घालमेल की गुंजाइश न काव्यशास्त्री की चेतना में है, न पुराणकार की योजना में। निस्संदेह काव्य और पुराण संबंधित हैं—एक ही विचार लोक में अवस्थिति के नाते, स्वतंत्र हैं सुपरिभाषित प्रयोजन के चलते।

यह सुपरिभाषिक प्रयोजन कला के स्वधर्म को समझने की दिशा में जो महत्त्वपूर्ण संकेत करता है, उससे स्वयं को समृद्ध करने का तरीका यह नहीं है कि उस विचारलोक को भी जस का तस अपना लिया जाये जिसमें संस्कृत काव्यशास्त्र स्थित है। सीखने की बात है वह निष्ठा जिसके साथ काव्यशास्त्री उस विचारलोक के भीतर ही कला के विशिष्ट प्रयोजन स्वीकृति के लिए उसके पवित्र अवकाश के लिए संघर्ष करता है। यह भी ध्यान रखना चाहिए कि अपनी आस्था पर काव्यशास्त्री का जो विश्वास है, वह एक विशिष्ट ऐतिहासिक स्थिति का परिणाम है। ऐसे में सवाल उठता है, क्या आज की वैचारिक सत्ताएं और उनसे जुड़ी आस्थाएं उस तरह के आत्मविश्वास से संपन्न हो सकती हैं कि कला को उसके स्वधर्म अनुव्याहरण की छूट दे सकें?

यहां हम संस्कृत काव्यशास्त्र द्वारा रेखांकित काव्य और पुराण के प्रयोजनभेद से थोड़ा आगे बढ़ कर सोचें। उस प्रयोजनभेद में काव्य की जो सीमाएं निर्धारित की गयी हैं, उनका अतिक्रमण करने का प्रयत्न करें। इस बात को ध्यान में रखें कि सारी नियामकता के बावजूद भागवत को छोड़ कर भारतीय जनमानस पर कैसा गहरा, प्रत्यक्ष (या अप्रत्यक्ष) प्रभाव किसी पुराण का नहीं है, जैसा कि रामकथा और महाभारत का। इस बात पर विचार करें कि कविता या कला का काम न केवल विचार विशेष का उपनिवेश बनना नहीं है, बल्कि वर्चस्व की संस्कृति का संरक्षण करना भी उसका काम नहीं है। संस्कृत काव्यशास्त्र कविता के जिस आंतरिक तर्क की प्रधानता स्वीकार करता

है, क्या उसका विस्तार नहीं किया जा सकता? कविता विचार या शास्त्र का प्रचार अथवा संशय निवारण करें। यह एक स्थिति है जो आधुनिक विमर्श के उस अंश को सर्वथा स्वाभाविक लगती है जो कि 'सामाजिक जवाबदेही' के नाम पर कविता या कला को अन्यानुगामी बना देना चाहता है—कविता वर्चस्व की एक संस्कृति के व्यापक आशयों को स्वीकार करते हुए ही कुछ भी पूछ सके—यह काव्यशास्त्रीय परंपरा की समझ है। कहना न होगा कि इस दूसरी स्थिति में संभावना निहित है, कविता या कला द्वारा स्वयं उस वर्चस्व से टकरा जाने की, उसकी सीमाओं को उजागर कर देने की। इस संभावना को स्वीकारना होगा, क्योंकि संस्कृति की बुनावट, उसका सामाजिक आधार बदलता रहता है और यह बदलाव अधिक खुलेपन और अधिक सर्जनात्मकता की दिशा में हो सके। यह तभी संभव है कि संस्कृति और सत्ता से सवाल किये जा सकें। संस्कृत काव्यशास्त्र कविता और सत्ता के संबंध को ठीक-ठीक इसी रूप में शायद नहीं देखता, लेकिन काव्य प्रयोजन की स्वायत्तता को आग्रहपूर्वक रेखांकित कर इस बात की प्रेरणा अवश्य देता है कि हम कला और समाज के संबंध को फिर से परिभाषित कर सकें।

इस परिभाषा में सबसे पहली बात यही है कि कला का समाज, सत्ता और ईश्वर से संबंध अन्यपरक हो, यह क़तई ज़रूरी नहीं। जीवन से संवाद करने के उपकरण कला किसी 'अन्य' (विचारधारा, धर्म या सत्तातंत्र) से ले, यह क़तई ज़रूरी नहीं। कला की सामाजिक जवाबदेही का प्रतिमान कोई 'महत् प्रयोजन', कोई 'पालिटिकल प्रॉजेक्ट' या कोई छुईमुई भावना या आस्था हो—यह भी कतई ज़रूरी नहीं। कला का स्वधर्म यही है कि वह जीवन की समग्रता से संबंध बनाने का अपना मुहावरा तलाश करे, शास्त्र के साथ अनुगमन का नहीं, मुखामुखम का संबंध स्थापित करे।

जहां तक यह सवाल है कि क्या आज के संक्रमणशील, भ्रांतिपूर्ण युग में वैचारिक और सामाजिक राजनैतिक सत्ताएं ऐसे आत्मविश्वास से संपन्न हो सकती हैं कि कला को उसके स्वधर्म का निर्वाह करने दें तो इसका उत्तर अन्य बातों के अलावा बड़ी हद तक स्वयं कलाकारों (यानी सर्जनात्मक रूप से सक्रिय व्यक्तियों) के अपने रवैये पर भी निर्भर करता है। यदि वे स्वयं कला को किसी-न-किसी 'मर्यादा' या 'प्रोजेक्ट' के साथ नत्थी किये रखना चाहते हैं तो स्वभावतः उन्हें सर्जनात्मकता पर ख़तरा तभी मंडराता दिखेगा, जबकि कला पर हमला उनके प्रोजेक्ट के विरोधियों द्वारा किया जाये। दूसरी ओर, कला की अपनी विशिष्ट समस्याओं को 'लोकतांत्रिक प्रक्रिया' के विकृत रूप अर्थात् भीड़तंत्र के हवाले कर देने का रास्ता भी खुल जायेगा—यदि यह मान लिया जाये कि कलाकृति को ऐन इस वक़्त के समाज की भावनाओं और बौद्धिक क्षमताओं के लघुतम समापवर्तक के ही अनुकूल होना चाहिए।

कला के स्वधर्म की प्रतिष्ठा ज़रूरी है। और उसके लिए ज़रूरी है कला के अपने स्वभाव के प्रति संवेदनशीलता, जीवन के साथ कला के अपने स्वायत्त संबंध

की संभावना का पुनर्वास। यह पुनर्वास न तो कला को समाज विमुख मान कर संभव है, न ही उसे किसी प्रदत्त मर्यादा के अनुकूल बना कर।

कविता के अपने प्रयोजन के लिए संस्कृत काव्यशास्त्री के संघर्ष से कला के स्वधर्म के ऐसे पुनर्वास की संभावना के संकेत मिलते हैं जिनसे सीखा जा सकता है। संस्कृत काव्यशास्त्री के व्यापक विचारलोक से जिरह करते हुए भी!

विजय बहादुर सिंह

सभ्यता की चुनौती और कला का धर्म

'**म**नुष्य अपने ही व्यापारों का ऐसा सघन और जटिल मंडल बांधता चला आ रहा है जिसके भीतर बंधा-बंधा वह शेष सृष्टि के साथ अपने हृदय का संबंध भूला-सा रहता है। इस परिस्थिति में मनुष्य को अपनी मनुष्यता खोने का डर बराबर रहता है। इसी से अंत:प्रकृति में मनुष्यता को समय-समय पर जगाते रहने के लिए कविता मनुष्यजाति के साथ लगी चली आ रही है और चली चलेगी' (आचार्य रामचन्द्र शुक्ल—कविता क्या है?)।

'स्वार्थ और अज्ञान के घने अंधकार में भी हम अंत:करण में जिस आलोक को देखते हैं, साहित्य और शिल्प उसी की छटाएं हैं, उससे बाहर का अंधकार दूर हो जाता है, दु:ख भले ही न दूर हो, दु:ख का कारण दूर हो जाता है' (शिल्पाचार्य नंदलाल बसु—'शिल्प कथा')।

'पिताजी ने दीर्घ नि:श्वास लिया। बोले, 'बेटा, मैं कवि हूं। कई बार मुझे लगता है कि मैं जो बोल रहा हूं वह मेरी सोची समझी बातों से एकदम अलग है। कई बार मेरे चित्त में जो उठता है, वह वाणी की रस्सी पकड़ कर कहीं ऐसी जगह चला जाता है जो चित्तगत आरंभिक विचारों से एकदम भिन्न होता है। मैंने कई बार सोचा कि ऐसा क्यों होता है। मुझे ऐसा लगता है कि मेरे अंतातर में कोई और बैठा है जो मेरी वाणी में छंदों के पर बांध देता है और वह प्रयोजनों की दुनिया से ऊपर बहुत ऊपर विपुल व्योम में उड़ने लगती है। मेरी वाणी में लाख लाख लोगों की आशाओं और आकांक्षाओं के स्वर झंकृत हो उठते हैं। यही देवता मेरी वाग्देवी है। वह जनचित्त की समष्टि शक्ति से भिन्न और कुछ नहीं है' (आचार्य हजारीप्रसाद द्विवेदी—चारुचन्द्र लेख)।

कई बार, कई युगों में यह सवाल पूछा गया है। आपने भी अंतत: पूछ ही डाला कि कलाएं क्यों? ठीक भी है। कलाएं अपने स्वभाव में ही इतनी ग़ैर दुनियादार और रहस्यात्मक हैं कि कोई भी समझदार आदमी उनसे यह सवाल कर लेता है। समझदारी का तकाज़ा ही हमेशा से यही और ऐसा ही रहा है।

कौन नहीं जानता कि सभ्यता एक बुद्धिप्रसूत व्यापार है। आधुनिक युग सभ्यता के इस चरम सोपान से हो कर गुज़र रहा है। बुद्धि का दंभ देखने योग्य है। इसी शताब्दी

के पूर्वार्द्ध में सभ्यता के इस महादंभ को प्रसाद जैसे कवियों ने देख और अनुभव कर अत्यंत विकल और व्यथित हो कर लिखा था :

यह महादम्भ का दानव
पी कर अनंग का आसव
कर चुका महा भीषण रव
सुख के प्राणी को मानव
तज विजय पराजय का कुढंग
जलता है यह जीवन पतंग

यह कविता ही थी जो बुद्धि के इस कुढंग पर दुःखी और चिंतामग्न थी। बुद्धि की धार दुधारी है। वह बचाती भी है, किंतु चालाकी से घात करना भी सिखाती है। कविता का मक़सद बिलकुल अलग है। उसका सुख ठगने में नहीं, ठगे जाने में है। क्योंकि वह लोक-बुद्धि के जय-पराजय और निकृष्ट-उत्कृष्ट के भेद से बहुत अलग है। वहां न कोई जीतता है न हारता है। भेदबुद्धि होगी तो कला पैदा ही नहीं होगी। वह अभेद की अनुभूति से पैदा होती है। इसीलिए सत्य के क़रीब होती है, ऐसा सत्य जिसे लोक व्यवहार में पगी और सधी निपुण सामाजिकता प्रायः छिपाती है। बल्कि यों कहना चाहिए कि उससे आंखें चुराती है।

यही सामाजिक निपुणता हमारी संवेदनाओं की सहज करवटों को डांटती-फटकारती रहती है। फलतः हम एक सार्थक जीवन के बजाये सफल जीवन की ओर बढ़ना शुरू कर देते हैं। सफल जीवन का दूसरा नाम भौतिक उपलब्धियों का उत्कृष्ट ढेर है। पद प्रतिष्ठा, बैंक बैलेंस आदि। पर ये पुरुषार्थ हो कर भी उन 'मूल्यों' से बहुत नीचे हैं, जिन्हें परंपरा और इतिहास के बल पर पीढ़ियां ग्रहण और धारण करती हैं।

मैंने अपनी कक्षा में कई बार कई छात्र-छात्राओं से, जिनके माता-पिता बड़े अफ़सर, उद्योगपति और व्यवसायी हैं, पूछा कि वे इनके बावजूद कबीर, गांधी न्यूटन, भगतसिंह आदि की जयंतियां क्यों मनाना चाहते हैं? उनका उत्तर था, क्योंकि इनका जीवन व्यक्ति विशेष का जीवन नहीं समूचे लोक का जीवन था। जो समूचे लोक का है वही वरेण्य है। अजंता हो या ऐलोरा, खजुराहो हो या ताजमहल, शेक्सपियर हो या तुलसीदास, वॉन गाग हो या पिकासो या बाख—ये व्यक्ति नहीं हैं, समष्टि हैं। इकाइयां नहीं विश्व हैं। कलाएं इसी विश्वबोध की उपज हैं।

प्लेटो ने ठीक कहा कि सत्य तो सुंदर है ही, उसकी अनुकृति प्रकृति भी अनिंद्य सुंदर है। शिष्य अरस्तू ने एक क़दम आगे बढ़ कर और कहा कि कलाएं इस सुंदरता के बोध को और अधिक परिपूर्णता देती हैं। खेद है कि सभ्यता के विकास के साथ परिपूर्णता का यह जीवंत बोध फार्मूले में बंध कर सुंदरता का बाह्य कर्मकांड भर बच रहता है। बड़े-बड़े बुद्धि सम्राट तब यह बताने लगते हैं कि मूर्ति कैसे गढ़ी जाये, छंद

कैसे लिखा जाये, पर कभी यह सोचने का साहस नहीं कर पाते कि मानव अनुभवों की सहजता और साहसिकता का सौंदर्य क्या है? जिसे हम 'सृजन' कहते हैं, क्या सचमुच वह किन्हीं पूर्व प्रचलित सौंदर्य-नियमों का अनुगमन मात्र है? यदि ऐसा ही है तो फिर सृजन का एक अर्थ अनुगमन या अनुसरण या अनुकरण भी हुआ। अरस्तू ने भले ही 'अनुकरण' को कलाओं का स्वभाव माना पर व्याख्या करते वक़्त यह सुस्पष्ट कर दिया कि वह पुनर्रचना है। देखे हुए को फिर से देखना है, सोचे हुए को फिर से सोचना और जी लिये गये जीवनानुभव को कुछ और ही अनोखे ढंग से जीना है। एक प्रकार से चीज़ों, विचारों और अनुभवों का ऐसा रूपांतरण है जो हमें मूल मनोवेगों या वस्तुओं के आदिम सत्य तक पहुंचा देता है और हम समझ पाते हैं कि 'सफल' कहा जाने वाला जीवन कितना बड़ा छल है। सच्ची कला बार-बार हमें इस छल के प्रति आगाह करती रहती है।

एक ऐसे समय में जब विज्ञान, धर्म, राज्य और साम्राज्य चारों मिल कर मनुष्यता को घेर चुके हों, न नीति बची हो न धर्मानुभूति, विज्ञान बाहुबलियों का ग़ुलाम हो चुका हो, प्रयोगशालायें रखैलों की तरह काम करती हों और बाज़ारों में निरीह ख़रीददार और मुस्टंड भड़ुए घूम रहे हों, आदमीयत की सत्ता तब कैसे बचेगी? कहीं ऐसा न हो कि यह बोध ही छीन लिया जाये हमसे और अब इसकी प्रबल संभावनाएं सामने हैं।

कम सुंदर स्त्रियों के मुक़ाबले कुछ अधिक सुंदर स्त्रियों को खड़ा किया जा रहा है। सौंदर्य प्रतियोगिताओं के पीछे की हिंसा पर सोचते हुए रोंगटे खड़े हो जाते हैं। पुरुष वर्ग नये सिरे से चालाक हुआ है और स्त्री बुरी तरह उसके चंगुल में आ चुकी है। उसकी सत्ता मां-बहन-बेटी के रूप में कम और विज्ञापन सुंदरी के रूप में कहीं अधिक होने जा रही है। समझती वह यह रहेगी कि वह बेच रही है। जबकि दुःखद हक़ीक़त यह है कि बेचने से कहीं अधिक वह समूची स्त्री जाति को बिकाऊ बना रही है। प्रौद्योगिकी का युग उसे एक ऐसी वस्तु में ढाल देना चाहता है जिसके रैपर बदले जा सकें, नया पोज़ दिया जा सके और दुबारा-तिबारा मनमाने ढंग और मनचाही क़ीमत पर ख़रीदा-बेचा जा सके। कलाओं की चुनौतियां इस संदर्भ में बढ़ गयी हैं। अकारण ही नहीं बीसवीं सदी में अधिकांश महत्त्वपूर्ण काव्य (ख़ास तौर से हिंदी का) स्त्री केंद्रित है। साकेत, 'यशोधरा' और 'कामायनी' इसके उल्लेखनीय उदाहरण हैं। सभ्यताएं अपने चरम पर पहुंच कर सबसे पहले अपनी कामाग्नि बुझाने की कोशिश करती हैं] किंतु यह भी सच है कि वे ख़ुद भी उसी में राख हो जाती हैं। ऐसी भयानक आशंकाओं के बीच ही कलाएं अपने उदात्त संगीत से युग की रक्षा का भार भी वहन करती हैं। महाराष्ट्र का दलित लेखन हो या बंगला में महाश्वेता देवी का ये सब उस विस्फोट के अग्र स्वर हैं जो किसी समाज की संवेदन जड़ता को झकझोरते हैं। उसके निर्जीव और अमानुषिक जीवन

को सचेत और मानुषिक करने का उद्यम करते हैं। वह बुद्धि जो सैकड़ों बरसों की जड़ता की चेरी है, वह चेतना जो नाम मात्र को बची है उसे उद्बुद्ध करने, सहलाने और नये नीतिबोध तक पहुंचाने का काम करते हैं। कहा जाता है कि जब धर्म, विज्ञान, नीति और दर्शन थक हार कर बैठ जाते हैं, न राज्य प्रभावशील रह जाता है न धर्मोपदेश, तब उम्मीद अगर बचती है तो सिर्फ़ कला में। क्योंकि कला का संदेश न तो ऊपर से थोपा हुआ होता है, न औपचारिक हो। वह आत्मा की गहराइयों से किसी निसर्ग जल स्रोत की तरह फूटता है। इतना पवित्र, इतना पवित्र कि पवित्रता भी चाहे तो उससे स्वयं को परिभाषित कर ले। ऐसा शीतल और निर्मल कि बुद्धि प्रसूत सारे कलुष अपने आप धुल जायें। मुक्तिबोध ने 'अंधेरे में' इसका ज़िक्र कुछ इस प्रकार किया है :

वही जो सिरफिरा पागल क़तई था
आज एकाएक वह
जागरित बुद्धि है, प्रज्ज्वलित धी है
छोड़ सिरफिरापन
बहुत ऊँचे गले से
गा रहा कोई पद, कोई गान
आत्मोद्बोधमय॥

अन्य शास्त्र बुद्धि की सामान्य सतहों से जुड़े हैं, इसलिए उनमें जितना वाद है, उससे कहीं अधिक विवाद है। इसके प्रमाण गांधी और मार्क्स जैसे महापुरुषों के विचार हैं। एक ही देश और समाज में जन्मे दो विचारों में भी इतनी शत्रुता है कि लगता है दोनों में से एक ज़रूर झूठा है। विचार की यही सीमा है, पर होमर और व्यास या वाल्मीकि या मिल्टन और गोर्की या प्रेमचन्द जब कोई अनुभव सूत्र हमें थमाते हैं तब ऐसा लगता है कि यह था तो हमारा भी पर इसे शब्द देना हमें आया नहीं था। वस्तुत: यही आत्मा का गीत है। इसीलिए काव्य हो या कला हमें सबसे अधिक 'स्प्रिचुअल' लगती है।

जब मैं साहित्य में नया-नया ही आया था, मुझे अपने आचार्य की एक पंक्ति बहुत परेशान करती थी, जिसमें एक पद था—आध्यात्मिक सांचा। मैंने एक साक्षात्कार के दौरान डरते-डरते उनसे पूछ लिया था, 'यह आध्यात्मिक सांचा क्या है?' उनका जवाब सुन कर मैं बेहद आश्वस्त हुआ था, 'साहित्य की रचना और संवेदना एक मानसिक पदार्थ है जो जितनी गंभीर होगी उतनी ही आध्यात्मिक कही जायेगी। इस दृष्टि से आप मुझे गंभीर संवेदनाओं का प्रेमी कह सकते हैं।' उनके इस कथन को समझने के लिए हम चाहें तो सूर-तुलसी-कबीर के काव्य के सामने केशव, बिहारी आदि के काव्य को रख सकते हैं। स्थिति बहुत कुछ स्पष्ट हो जायेगी।

संवेदनाओं का हलका-फुलका अगंभीर और सतही रूप हम भौंडे कवि सम्मेलनों में देखते हैं, भांडों के नाच में देखते हैं, तथाकथित उच्च वर्ग की शिष्टाचार मंडित भाषा में देखते हैं, कोर्ट कचहरियों में पाते हैं। अरस्तू ने इनको अपने समय की कामदियों (कामेडीज) में लक्षित किया था। पर साथ ही उसने यह संकेत भी दे दिया था कि यह जीवन का अपूर्ण और खंड चित्र है। इसमें मन की स्थूलता तो प्रकट होती है किंतु सूक्ष्मता नहीं सूक्ष्म मन निर्विकार मन होता है। परंतु यह भी सही है कि उसमें प्राय: भाव तो होता है 'महाभाव' नहीं। 'पुनर्नवा' में पं. हजारीप्रसाद द्विवेदी ने इस बहस को शुरू में ही उठाया है। 'भाव' में अहं का संपूर्ण विगलन नहीं हो पाता। रचनाकार की बाह्य सजगता बनी रहती है। दुनियादारी का किंचित् बोध बचा रहता है। और कुछ नहीं तो प्रदर्शन करने की वृत्ति बची रहती है। बौद्धदर्शन के हिसाब से 'अरूप राग' बचा रहता है। जैसे जली हुई रस्सी की ऐंठन बची रहती है। 'महाभाव' में इस बोध की राख भी नहीं बचती। एक दिव्य अकिंचनता भर बचती है जैसी कि असाध्य वीणा के वादक में बची थी (अज्ञेय)। इस अकिंचनता को पा लेना ही 'आत्मोद् बोध' है। इसी रूप में प्रत्येक कलाकार परमहंस होता है। वह इतना सहज होता है कि ज्ञात ही नहीं हो पाता। किंतु जब शक्तिपात की क्रिया में लीन होता है तब रूपांतरित हो कर विवेकानन्द हो जाता है जिसकी वाणी विश्व वाणी हो उठती है। कलाएं युगों से इसी वाणी का वरदान वहन करती आयी हैं।

हमारे अपने समय में ऐसे विचार और जीवन दर्शन बहुत प्रतिष्ठित और बहुस्वीकृत हैं जो यह दावा करते हैं कि भौतिक समृद्धि के चरम उत्कर्ष के बाद ही कलाओं का चरम उत्कर्ष संभव है। इसका एक अर्थ यह भी है कि बुद्धि के चरम विकास के बाद ही सूक्ष्म मन का सक्रिय जागरण होगा। जैसे कि शरीर-विज्ञान को जान लेने पर सूक्ष्म मन को भी जानना और अपने अधीनस्थ करना सुगम हो जायेगा। भारत में ऐसे प्रयोग हुए हैं जब हृदय की धड़कन बंद हो चुकी है, नाड़ियां स्थगित हैं, किंतु प्राण फिर भी निष्प्राण नहीं हुए हैं। डॉक्टरों द्वारा मृत घोषित कर दिये जाने वालों ने आंखें खोली हैं और विज्ञान सकपका कर रह गया है। इसलिए भौतिकवादी जिसे प्रयत्नजनित और अर्जित मानते हैं, वह कला ऐसी नहीं है। हां, इस तर्क से पश्चिम को यह सुविधा अवश्य मिल जाती है कि वह स्वयं को पूर्व से श्रेष्ठ प्रचारित करे। उसके पास विज्ञान, व्यापार और बाज़ार का इतना बड़ा और शक्तिशाली तंत्र है कि वे यह सब बहुत आसानी से कर लेते हैं। यह एक सांस्कृतिक युद्ध है। इसे फिलहाल समझा जा सकता है कि जिसका अंतिम अर्थ तीसरी दुनिया के अर्धविकसित या अविकसित मुल्क़ों को शुद्ध-बाज़ार में बदल डालना है। एक ऐसा बाज़ार जिसमें बेचने वाला भी माल होगा और ख़रीददार भी माल से अधिक कुछ नहीं। जबकि भारत का बहुत पुराना नारा है, 'वसुधैव कुटुम्बकम'। इसमें सिर्फ़ मनुष्य नहीं है, वे समस्त

जीवन-रूप हैं जो अस्तित्ववान हैं। मैं अक्सर पूछता हूं कि ग्लोबलाइजेशन क्यों, कुटुम्बीकरण क्यों नहीं? कुटुम्ब भाव में जो सगापन है, मनुष्यता बोध है, ग्लोबलाइजेशन में उसकी दरकार नहीं। कलाओं के सामने आज यह सबसे कठिन चुनौती है कि वे इस बौद्धिक धूर्तता का पर्दाफ़ाश करें। लेकिन क्या भारत के ग़ुलाम बुद्धिजीवियों से इसकी उम्मीद की जा सकती है? क्या उन्हें भारत की परंपराओं का कोई अता-पता है? कहीं ऐसा तो नहीं कि उनका स्वबोध (या आत्मबोध) ध्वस्त हो चुका है और वे अपनी ऐतिहासिक विरासत से छिटक कर काफ़ी दूर जा पड़े हैं। इसका एक ही उदाहरण पर्याप्त होगा और वह है काव्य और कलाओं के संदर्भ में रसबोध की उपेक्षा और अवमानना। रस क्या है, क्या नहीं है, इस विवाद में जाने का यह अवसर नहीं है पर जो लोग इसे नकारते हैं, क्या उनके पास इसके अपने तर्क भी हैं? क्या उन्होंने रस-चिंतन के आधार तर्कों का कभी कोई खंडन किया है? क्या वे कभी इस पर विचार करेंगे कि रसबोध मात्र काव्य अथवा कलाबोध नहीं है। वह अपनी समग्रता में जीवनबोध भी है। स्थूल जीवन व्यापारों के निविड़ शून्य से निकल कर सूक्ष्म जीवन की कौंध में, कुछ देर के लिए ही सही, प्रवेश कर जाना है। व्यक्ति सत्ता की स्वार्थपूर्ण चौहद्दियों को पार कर समष्टि सत्ता के विराटत्व के बोध में लीन हो जाना है।

आधुनिक दुनिया में यह रहस्यात्मक एकत्व घटा है और अजनबीपन की पीड़ा बढ़ी है। जहां सब एक थे, वहां अनेक अपरिचितों की भीड़ क्यों लग चुकी है? क्यों सामूहिक चित्त विनष्ट हो चुका है? यह किसके चलते हुए हैं? आज कलाओं का काम इस सामूहिक चित्त की पुनर्खोज और पुनर्प्रतिष्ठा है। आधुनिक असभ्य संसार के ठीक समानांतर एक ऐसे संसार की रचना है जहां सारा विश्व एक दूसरे के प्रति सगापन और पारस्परिक का बोध विकसित कर सके।

दुनिया में कूटनीति ही आज सबसे बड़ी राजनीति है, उसे इस अंधकार से निकालना होगा। क्या यह काम वह विज्ञान कर पायेगा जो हमें हिरोशिमा जैसा घात दे चुका है? वह पूंजीवाद दे पायेगा जो केवल मुनाफ़े की भाषा जानता है। जो केवल दादागिरी और बदमाशी करता है। एक बड़े विश्व का चौधरी बन कर उसका अस्तित्व समाप्त करना चाहता है। जो चाहता है कि 'हमीं हम ठोस' और बाक़ी सब फूटी ढोल भर बचें। यह कैसी प्रतिस्पर्धा है जिसकी सफलता की भैंस लाठी वाले हाथों में रहा करती है? क्या यह हिंसा, भय और झूठ के बल पर गढ़ा गया साम्राज्य नहीं है? क्या ये अवधारणाएं राक्षसी बदमाशियों की उपज नहीं है?

'हिंद स्वराज' में गांधी जी ने पश्चिम की सभ्यता पर विचार करते हुए उसे 'शैतानी सभ्यता' कहा था। सभ्यता की अवधारणा पर उनकी टिप्पणी थी 'यह सभ्यता एक तरह का रोग है।' यह भौतिक बोधों की निरंतर विकरालता और विध्वंसक विपुलता का ही दूसरा नाम है। मनुष्य को मनुष्यता से दूर खदेड़ते जाने की एक दंभपूर्ण प्रक्रिया है। गांधी ही क्यों इलिच आदि नवगांधी भी इसे रेखांकित और विश्लेषित कर

चुके हैं। तंत्र अपने सृष्टा पर हावी हो चुका है। इसका एक मज़ेदार तथ्य धर्मपाल ने अपनी पुस्तक 'अंग्रेज़ों से पहले का भारत' में प्रस्तुत किया है। लोकतंत्र पर विचार करते हुए उन्होंने लिखा 'राज्य व्यवस्था लोगों के लिए हो ऐसा नहीं लगता, बल्कि ऐसा लगता है कि जो लोग राज्य के लिए उपयोगी हैं उन्हीं को रहने का अधिकार मिला हुआ है।' यही इस सभ्यता की परिणति है। कलाओं के सामने यह एक समस्या है जिस पर उन्हें विचार करना है। वे इससे कैसे निपट पायेंगी? आचार्य शुक्ल पहले ही कह चुके हैं कि यह कार्य बहुत जटिल है।

प्रकाश परिमल

हेनरी मूर के बहाने कलाओं के मूल्य पर बहस

एक छोटी-सी कलाकृति मूल्यांकन को ले कर हमारे लिए कितनी चुनौतियां पैदा कर सकती है, इसका अनुमान कोई आसानी से नहीं लगा पाता। अपनी अवस्था व स्थान पर बनी रह कर, जाने कितनी बार वह हमारे विश्लेषण को पिछड़ा और समय-बायरा (Obsolete) क़रार दे देती है, कहा नहीं जा सकता। कई बार हमें लगता है, वस्तु की अंतर्निहित ताक़त (Potentiality) को पूरी तरह हृदयंगत न कर पाने की हमारी विवशता पर वह दांत निकाल कर हंस रही होती है। जैसे कह रही हो, थोड़ा और अभ्यास करो दोस्त, इतना काफ़ी नहीं है। फिर चीज़ों और कलाकृति में भी आधारभूत अंतर होता है। हर कलाकृति अनिवार्यतः अपने समय की भी उपज होती है और उसी के साक्ष्य से उसके मूल्य को पहचानना होता है। मूल्यांकन के लिए वस्तु का कलाकृति होना ज़रूरी होता है।

ठोस वस्तु लगातार अपने स्वरूप और तत्त्वांशों के वैज्ञानिक विवरण की ही अपेक्षा रखती है मूल्यांकन की नहीं, क्योंकि जैवतत्त्व की तरह उसमें प्रत्यक्ष विकास या रूपांतरण नहीं होता। विकास और रूपांतरण की इन्हीं संभावनाओं के कारण हम प्राणवान जिंसों का मूल्यांकन कर सकते हैं, क्योंकि हमारे लेखे इनका विकसित और रूपांतरित हो सकने वाला एक जीवंत इतिहास होता है, जल कर बुझने के बीच एक अद्वितीय मायावी खेल खेला गया होता है, नष्ट होने से पहले एक 'अलोक छुआ अपनापन' अंकित करने का सपना निहित होता है।

कलावस्तु, प्रकृत वस्तु से इसलिए भिन्न है कि वह मानव की कृति होती है, पूरी तरह से मानव की रचना। इसीलिए हर कलाकृति प्रकृत वस्तु से गुणात्मक भेद भी रखती है। इसके बावजूद कलाकृति वस्तु होने की अपनी सभी मौलिक (प्रकृत) भाव धर्मिताओं को बाक़ायदा धारण किये रहती है। ऐसी स्थिति में मूल्यांकन के लिए तब हमें कलाकृति की कलावस्तु से रही भिन्नता को ज़्यादा सावधानी से विश्लेषित करना होगा, उसकी इस प्रकृतधर्मिता को सिर्फ़ वैज्ञानिक विश्लेषण के हवाले कर देना होगा।

कलाकृति की (कलावस्तु की) ठोस वस्तु से भिन्नता एक दूसरे अर्थ में भी

है। वह यह कि हर कृति वस्तु काया में मानव अर्थ भर कर उसे दीर्घकाल तक जीवित कर देती है, 'माटी ने जब भी उत्तर दिया मुझे, मैंने जाना मैं माटी हुआ और वह मूरत' वह इसी तरह मृत से कृत हो जाती है—'मृत्योर्माअमृतंगमय' हुई वह हमारे लिए मूल्यवान हो जाती है। मृत से कृतार्थ वस्तु इसीलिए होती है कि मनुष्य के लिए मूल्यवान हो कर उसे हम याद रखें 'ईशावास्योपनिषद' में इसी बात को इस मंत्र में दो बार यूं कहा गया है, 'क्रमोस्मर कृतंस्मर, क्रतो स्मर कृतं स्मर' (17)।

जब हमने कहा कि हर कलाकृति मूल्यांकन के वक्त मुंह चिढ़ा कर अपने बहुत सारे गूढ़ रहस्यों को हमसे छुपा कर रख लेती है तो एक कारण तो यही होता है कि मनुष्य की चेतना की ग्राहिका शक्ति, दिक्, देश और काल में बहुत सीमित होती है। वह वस्तु संबंधी पूर्ण सत्य को (उसके बारे में सभी संभव तथ्यों को) एक ही बार में, एक ही झटके में प्रत्यक्ष नहीं कर सकती। इसलिए मनुष्य का वस्तु संबंधी ज्ञानानुभव भी सीमित ही होता है, फलतः उसका मूल्यांकन भी सीमित ही रहता है। इसका एक लाभ यह भी होता है कि मनुष्य के लिए विगत की स्मृति और आगत के प्रति विश्वास बना रहता है और मनुष्य के जीवन में रचनात्मक चेष्टाएं ज़ारी रखने की गति और क्रियाशीलता एक कभी भी न टूटने वाली संप्रेरणा के रूप में बनी रहती है। मनुष्य की चेतना और बुद्धि इस सीमा को जानती है, इसलिए उसके पार देखने, जाने की तितीर्षा इस संसार में उसके कर्म को देवताओं के लिए भी स्पृहणीय बनाती है। हेनरी मूर से जब मूर्तिशिल्प की सामान्य सार्थकता के बारे में पूछा गया तो उन्होंने कहा था, 'A sculptor is capable of making the world a more wonderful place.'

उनके इस छोटे से कथन में ईश्वर की सृष्टि को भी पीछे छोड़ने की मूर्तिकार की क्षमता के प्रति विश्वास भरा हुआ दिखायी देता है। हमारे इस ब्रह्मांड में असंख्य तारों, नभ वीथिकाओं, स्टेलर और नेबुलर आकाशगंगाओं तथा प्रकाश रश्मियों के रसबल-युक्त प्रकरणों के कैसे कैसे अद्भुत (Wonderful) नजारे नित्य प्रति जादुई माया की तरह बन बिगड़ रहे हैं, उनसे बड़े आश्चर्य की भौतिक कल्पना संभव ही नहीं है, परंतु कलाकार ही इस कल्पना के पार देख कर इस सारी अद्भुत और नयी सृष्टि की रचना करते हुए नटराज, गांधार, बुद्ध व माइकिल एंज़िलो, रोदां और हेनरी मूर के जैसे प्रकृत सृष्टि के मुंह चिढ़ाते मूर्तिशिल्पों की सौगात दे सकता है। इस तरह मूल्यांकन का पहला सिरा कलाकार द्वारा अपनी कृति में भरे इसी मानवीय अर्थ से शुरू होता है। मानवीय अर्थ के अभाव में किया गया कोई भी मूल्यांकन अंकगणों के मनोरंजक अभ्यास से ज़्यादा कुछ नहीं हो सकता।

इस सारी पृष्ठभूमि में हमें यह देखना है कि एक मूर्तिशिल्प आख़िर क्या चीज़ है जो हमारी दुनिया को पहले से भी बेहतर बनाने की क्षमता रखती है। इसके बारे में उत्तर प्राप्त करने से पहले सिर्फ़ इतना बता देना ज़रूरी है कि मूर्तिशिल्प, चित्रकला व अन्य समानधर्मी कलाओं से इस एक मामले में भौतिक और गुणात्मक रूप से भिन्न

है कि वह एक त्रिआयामी रचना (Three dimensional creation) है। अस्तु, मूर्तिशिल्प की मीमांसा की मर्यादा आधारभूत रूप से उसके इसी अपवाद को ले कर बांधनी होगी।

कलावस्तु आकाश और अवकाश में अवस्थित या खड़ी हो कर न केवल तीन आयामों का ठोस रूप से आभरण करती है, अपितु दसों दिशाओं के अनंत छोरों को भी अपनी तरफ़ आकर्षित करती है। अमेरीका की 'स्टेच्यू ऑफ़ लिबर्टी', श्रवणबेलगोला की 'भरतेश्वर बाहुबलि' की प्रतिमा और इजिप्ट के 'पिरामिड' सबके सब इस छोटी-सी पृथिवी पर ब्रह्मांड का दूसरा अनोखा आश्चर्य ले आने का मूर्तिकार का चिरकाल का सपना साकार कर देने वाले त्रिआयामी दृष्टांत हैं।

हेनरी मूर के मूर्तिशिल्प को हम आधुनिक काल में हुए मूर्तिशिल्प के क्रांतिकारी विकास के परिप्रेक्ष्य में ही देख सकेंगे, क्योंकि यह बात तो हम प्रारंभ में ही कर चुके हैं कि हर कलाकृति अनिवार्य रूप से अपने समय की उपज होती है और उसे उसी के साक्ष्य से पहचानना होता है।

परंपरागत मूर्तिकला में भाव-प्रवणता और अतीत के गौरव का सौंदर्यमूलक उट्टंकण देखने को मिलता है। इसके लिए दृश्य में व्यक्तियों या घटनाओं का अधिक-से-अधिक सुस्पष्ट और यथार्थ निरूपण उसकी अपनी विशेषता रही है। 18वीं शती के उत्तरार्द्ध तक, कविता और संगीत में डूबी भाव-प्रवणता और अतीत के गौरव का सम्मोहन, मूर्तिकला के दीर्घकालीन इतिहास का हिस्सा बना रहा, परंतु पहले औद्योगिक क्रांति और बाद में दो विश्व युद्धों ने मनुष्य का अपने ही प्रति रहा विश्वास तोड़ दिया था और इस नये समय ने मनुष्य की एक सर्वथा नयी तस्वीर ही उसके सामने रख दी थी। यह तस्वीर न उसके इतिहास राग को बढ़ावा देती थी न उसकी रोमांटिक भाव-प्रवणता को। यह मनुष्य की एक टूटी हुई, विश्रृंखलित और लगभग विकृत तस्वीर ही थी जो उसके दृश्यपट पर बार-बार कौंधती थी। इस तरह, 19वीं शती से ले कर बीसवीं शती की कविता, कहानी, उपन्यास, चित्रकला और मूर्तिकला में भी इस बदलती हुई मनुष्य की दुनिया और उसके कमज़ोर चरित्र को नंगा करके दिखाने में अधिक रुचि होने लगी, बल्कि संक्षेप में यही कहा जा सकता है कि आधुनिक ज़माने की कला की दिशा और संभावना परंपरागत मानव मूल्यों में पड़ गयी दरार ही थी जो सौंदर्यमूलक परंपरागत कला के सर्वथा विपरीत थी। कला और साहित्य का 'ग्रैंड ट्रैडीशन' टूट चुका था और इस महान परंपरा की जगह जो विचार या भाव जन्म ले रहा था, निश्चय ही उसकी पृष्ठभूमि, युद्ध की परिणति की ही तरह विखंडित भयावह और अस्पष्ट थी। इस कारण कला का अमूर्त होना, प्रतीकात्मक होना और एक तरह से एब्सर्ड होना अवश्यंभावी था जो हुआ भी। फिर भी मनुष्य का अपने को और बेहतर तरीक़े से, (अधिक यथार्थ धरातल पर) पहचानने की मुहिम विखंडन और एब्सर्डिटी के प्रतिवाद में ज़ारी रहा। पिकासो का 'गोएर्निका', हेमिंग्वे का 'फेयरवेल

टू आर्म्स', फ़ॉकनर का 'साउंड एंड फ्यूरी', बैकेट का 'वेटिंग फ़ोर गोडो'—जैसे प्रतिवादी स्वरों के साथ ही साथ मूर्तिशिल्प में गाइकोमेटी, ज्यां आर्प, फर्डीनेंड लेजर, जॉन मिरो जैसे मूर्तिकार भी समानांतर स्तर पर सक्रिय थे।

परंतु रोदां की निकटतम पूर्व परंपरा को प्रतिवाद के साथ आगे बढ़ाने वाले कलाकारों में ब्रिटेन के इस महान मूर्तिशिल्पी हेनरी मूर का स्थान सबसे अलग ही रहेगा। मूर की कला के बारे में बताते हुए कैथरीन लेम्पर्ट का कथन है : 'He was convinced that if truly engaged in thinking about form and change, the artist finds himself in a position to be *present at a potential moment of sculptural invention.*'

हर बड़ा कलाकार सृजन के दौरान ऐसे ही जीवंत क्षणों से भरपूर एक कृति (यहां मूर्तिशिल्प) के आविष्कार की स्थिति में खड़ा होता है। परिदृश्य में जहां सब कुछ नया है, अद्‌भुत रूप से नया। हेनरी मूर की कला में प्रतिवाद है, पर व्यर्थ जाने वाले विद्रोह की आग नहीं है। हेनरी मूर की वास्तुकृतियां एक सागर में भीतर ही भीतर उमड़ती हलचल की तरह हैं जिसकी क्रांतिकारी ताक़त का पता, या तो समुद्र में उतरे हुए पारंपरिक जहाज़ को लगता है या फिर तट पर आ कर पछाड़ खाती लहरों को देख कर हो सकता है। मूर का विद्रोह उनकी साफ़-सुथरी-चिकनी खुरदरी कृतियों में इसी विधि से पहचाना जा सकता है। 'Henry Moore's sculptures are apparently unoffensive but they are charged with revolt from within.' बाहरी स्तर पर मूर के मूर्तिशिल्प शांत और अनाक्रामक हैं, परंतु भीतर ही भीतर उनमें से विद्रोह की चिनगारी फूटती दिखायी देती है। ये कृतियां ऐसे कल्पनातीत विस्फोटकों की तरह हैं जो परंपरा के आसपास के और सुदूर के युगों को ध्वस्त कर देती हैं फिर भी न अपना मौलिक रूप नष्ट होने देती हैं, न स्निग्ध खुरदरा आकार। मूर की छैनी प्रकृति के उस हाथ की तरह है जो पतझर ला कर सारी वनस्पति की पुरानी फूल पत्तों वाली सृष्टि को ही नष्ट कर देता है। कोई बड़ी हलचल दिखायी नहीं देती, पर इस शांत विराट विद्रोह के बाद वसंत की क़लम से वह सारी वानस्पत सृष्टि को ख़ुशनुमा फल-फूलों और नव-पल्लवों से लाद देता है।

इसलिए मैं 'हेनरी मूर इंडिया 1987' वाले कैटेलॉग में लिखी भारतीय मूर्तिकार लतिका कट्‌ट की इस टिप्पणी से क़तई सहमत नहीं :

'Henry Moore's sculptures always seem familiar even when one sees them for the first time. They feel close, unshocking. May be that is why they always touch our hearts rather than our minds, and do not mentally strain or disturb us.'

इसका कारण यही है कि लतिका कट्‌ट ने हेनरी मूर के मूर्तिशिल्प के Apparently Unofifensive रूप को ही समझा है, उसके भीतर निहित विद्रोह की

चिनगारी को नहीं समझा है। उनकी एमेच्योर राय के ठीक उलटे मूर के मूर्तिशिल्प 20वीं शती की सबल मानसिक संरचनाएं हैं जो हमें लगातार विचलित और भीतर ही भीतर परेशान करती हैं। आधुनिक कला की पारंपरिक कला के भावात्मक रूप से गुणात्मक भिन्नता दिखाने वाली एकमात्र विशेषता उसका बुद्धिवादी और अमूर्त रूप से चिंतन प्रधान होना है और कहने की ज़रूरत नहीं कि मूर की कला आज के बुद्धिवादी युग के अनुरूप हमारे मस्तिष्क या चेतना को झकझोरने वाली है, भाव-प्रवणता का प्रदर्शन करने वाली नहीं।

सुधीर खास्तगीर और धनराज भगत के समकालीनों में भारतीय मूर्तिशिल्पियों में एक नाम ए.एम. देवियरवाला का भी आता है, इन्होंने, 'मदर एंड चाइल्ड' तथा 'रिक्लाइनिंग फ़िगर' पर हेनरी मूर जैसा काम करने की चेष्टा की है। देवियरवाला के काम पर मूर की कला का प्रत्यक्ष परोक्ष प्रभाव दिखायी भी देता है, परंतु 'मदर चाइल्ड और रिक्लाइनिंग फ़िगर' के मामले में विश्व का शायद ही कोई आधुनिक मूर्तिशिल्पी रहा होगा, जिस पर मूर का प्रभाव न रहा हो।

मूर्तिशिल्प के आधुनिक स्वरूप की व्याख्या देवियरवाला के संदर्भ में करते हुए गीव पटेल की टिप्पणी मुझे अनेक कारणों से अधिक व्यापक और सटीक लगी, क्योंकि इस व्याख्या के माध्यम से हम देवियरवाला के मूर्तिशिल्प को तो समझने की स्थिति में आते ही हैं, हेनरी मूर की कला के भी अंतर्निहित सूक्ष्म प्रतिवादी तत्त्वों को पहचान सकते हैं। उन्होंने लिखा :

'If one sees sculpture as a static art that shows a constant yearning towards movement, it is not difficult to understand that this movement, even in the monolithic piece is a result of tension between two points, between earth and the heavens in *soaring figures,* earth and gravity in *standing figures.* The *floating form* is more complex in that tensions operate from more directions—latitudinal, upward, and through a modified gravity.'

मेरे लिए सबसे मज़े की बात यह है कि मूर्तिशिल्प की चर्चा करते हुए यह उसका मूल्यांकन मूर्तिशिल्प की 'थ्री डाइमेंशनल पोटेंशियलिटी' की पारिभाषिक शब्दावली में व्याख्या कर रहा है और उसके साथ ही उसके आधुनिक संदर्श की झांकी भी प्रस्तुत कर रहा है। मूल्यांकन की ऐसी कला विधिक मर्यादा इन दिनों देखने को भी नहीं मिलती।

इस पृष्ठभूमि में मूर की कला के आधुनिक स्वरूप का मूल्यांकन थोड़ा-बहुत आसान हुआ है, कम से कम दर्शक श्रोताओं को उसकी समसामयिक अर्थवत्ता बता सकने के मामले में। तो सबसे पहले मूर के 'स्त्री आकृति' शिल्पों की ही चर्चा की जाये, क्योंकि मूर 'स्त्री आकृति' को विश्व की सर्वश्रेष्ठ कलात्मक रचना मानते थे। पर मूर के यहां स्त्री-सौंदर्य का वह वीनस और अफ्रोदिती वाला भाववादी संदर्श कहीं

नहीं देखने को मिलेगा। एक आधुनिक मूर्तिशिल्पी की तरह, मूर स्त्री आकृति के एंग्युलर कर्वेचर्स, उठान और वैल बेलेंस्ड कंटूर्स आविष्कृत करते हुए देखे जा सकते हैं—उनकी 'वर्किंग मॉडल फोर सीटेड फ़िगर' शृंखला की एक प्रतिमा है—'आर्म्स आउटस्ट्रेच्ड फीमेल फिगर' इसे उन्होंने सन् 1984 में ब्रोंज के माध्यम में बनाया। यह प्रतिमा सिर्फ़ देखने मात्र से परंपरागत यूरोपियन मूर्तिशिल्प से एक स्पष्ट अंतर बना कर बैठी हुई लगती है। स्त्री आकृति के प्रति एक सर्वथा नया सौंदर्यबोध रचने में मूर ने हज़ारों पेंसिल या पैन के स्केचेज, अपनी नोट बुक में या इतर काग़ज़ों में बनाये हैं, और उन्हीं में से अपनी पसंद की सर्वश्रेष्ठ मॉडल ड्राइंग को उन्होंने मूर्तिशिल्प में ढाला है। यह उनके परंपरा से प्रतिवाद के बाद नयी परंपरा को उतने ही सामर्थ्य से स्थापित करने के साहस को प्रमाणित करती है। इस आकृति में आंख, नाक, कान, हाथ, पैर आदि की अंगुलियों या अंगों के डिटेल्स नहीं हैं, फिर भी स्त्री आकृति के सौंदर्य को उजागर करने वाले जो मोड़, उभार और ब्लॉक्स एक आधुनिक कलाकार की आंख से उन्होंने देखे हैं, उनको हमें भी उतनी ही सफ़ाई से एक सिद्धहस्त कलाकार की प्रवीणता से दिखाने में कामयाब होते हैं। अपने स्थान पर बैठी हुई यह कलाकृति स्पेस के, (आकाश या अवकाश के कितने बिंदुओं और दिशाओं की ओर संकेत करती है इसे देख कर इसका भी अनुमान आसानी से लगाया जा सकता है)।

'एक्स्टर्नल और इंटरनल' फोर्म पर हेनरी मूर ने अपनी नोट बुक ड्राइंग्स में किये गये प्रयोगों को अभिव्यक्ति का अधिक मौक़ा दिया। ज्यां आर्प, गाइकोमेटी, लैजर और डाली अपने-अपने स्तर किये गये प्रयोगों की एक ऐसी नयी धारा बना चुके थे, जिसके अंतर्गत अपेक्षाकृत लंबे, ज्यामितिक और आकृतियों में अनुपलब्ध रूपाकारों को अमूर्तन की दृष्टि से इंट्रोड्यूस कर दिया गया था। बारबरा हैपबर्थ के साथ इनमें से कुछ प्रयोगों पर एक साथ काम करते हुए आकृतियों के पेट, स्तन, नितंब आदि अपेक्षाकृत रूप से भारी अंगों को शून्य करके बारी बारी से ख़ाली ही छोड़ दिया गया था—यहां एक गोलाकार, अंडाकार या ज्यामितिक आकार का कोई वैक्यूम जान-बूझ कर दिखाया गया है। मूर्तिकला के क्षेत्र में यह अब तक का सर्वथा और मौलिक अनुभव था, जिससे इसके मूल्यांकन को एक नया नज़रिया प्रदान किया गया था।

कला सादृश्य है, इस दीर्घकालीन कला संबंधी धारणा को बदल कर, इन प्रयोगों ने यह बताने की कोशिश की थी कि कला सामाजिक, राजनीतिक या वैयक्तिक आक्रोश की एक रचनात्मक टिप्पणी भी हो सकती है, वह एक पूर्णतया अमूर्त विवाद भी हो सकती है और वह आकृतियों के उन रूपों को भी दिखा सकती है जो वहां नहीं है या उन्हें उन्मुक्त अभिव्यक्ति के हक़ में छोड़ भी सकती है और जो किसी काया का स्वाभाविक हिस्सा हैं।

Working model for knife edge two piece कांसे में ढली मूर की यह कलाकृति पीछे से लेटी हुई किसी स्त्री आकृति का रूप ही प्रस्तुत करती है। पर यह

कहना ग़लत भी हो सकता है। इसे एक संपूर्ण रूप से अमूर्त आकृति ही कहा जाना अधिक संगत होगा। इसकी सबसे बड़ी ख़ूबी इसी एंगुलैरिटी से हट कर उसकी चाक़ू जैसी तीखी (पैनी) कुछ कोरों या धारों को ले कर है। नाइफ ऐज टू पीस—'दो खंडों में चाक़ू जैसी पैनी धार' यह शीर्षक केवल अत्याधुनिक युग के बुद्धि संवेदी मानस की पृष्ठभूमि में ही पहले परिकल्पित और फिर मूर्तिमान करके दिखाया जा सकता था। इसे किसी भी पारंपरिक मूर्तिशिल्प के मानदंडों के निकष पर रख कर कभी परिभाषित नहीं किया जा सकता था।

इसी कड़ी में एक और अद्‌भुत निर्मिति है—मूर द्वारा स्थापित निओक्लासिक आधुनिकता की जिसका शीर्षक है—'टू पीस स्कल्पचर न. 10, इंटरलौकिंग 1968' कांस्य मीडियम में ढली यह प्रतिमा 91 सेंटीमीटर लंबी है और पूरी तरह से चिकनी सतह की फिनिश्ड पूर्णता लिये हुए है। हाथों के अंगूठे से दबा कर किसी चौंचनुमा पश्वाकृति के मुख में या आलिंगन में जाती हुई कोई दूसरी वस्तु का यह एक अमूर्त निरूपण दिखायी देता है, परंतु इसमें विषय वस्तु का इतना महत्त्व नहीं लगता जितना इसकी कंपोजीशनल एस्थेटिक्स (संरचनात्मक आंगिक सौंदर्य) की एक अमूर्त आविष्कृति के कारण लगता है। पृथ्वी से आकाश की ओर इसकी कोरों से फूटती किरणों का वितान इसलिए अधिक नहीं फैलता, क्योंकि यह शिल्प अपने आप में पार्थिव आग्रह से युक्त है।

'वर्किंग मॉडल फॉर रिक्लाइनिंग फ़िगर' की उनकी जानी पहचानी शृंखला की एक कड़ी उनकी कांसे की 1976 में निर्मित यह प्रतिमा भी अप्रतिम है। आधुनिक अमूर्त कला की मांगों के अनुरूप स्त्री-आकृति का अपने ही ढंग से अमूर्त किया गया (एब्स्ट्रेक्टेड) रूप सभी स्तर के दर्शकों के मन में एक विस्मयकारी सुखद आतंक पैदा कर सकता है। यह प्रतिमा अवश्य ही लेटी हुई होने पर भी स्पेस की सभी दिशाओं की ओर टोहती है और मानो, पूर्व-पश्चिम-उत्तर-दक्षिण सभी दिशाओं का विश्वास के साथ नियंत्रण करती हुई नज़र आती है।

और अंत में मूर के अतिप्रिय थीम 'मदर एंड चाइल्ड' शृंखला का 1962 में कांस्य में ढाला गया यह मूर्तिशिल्प। यह प्रतिमा साड़ी या ओढ़नी ओढ़े किसी ग्राम्य युवती की जैसी भी लगती है और यदि इस पर 'मदर एंड चाइल्ड' का बिल्ला लगा न होता तो इसे आसानी से 'राजस्थान या भारत के किसी भी क्षेत्र की अंक में घड़ा लिए हुए पनिहारिन' जैसा मान कर भी चला जा सकता था, पर यह तो सिर्फ़ एक विनोदपूर्ण व्याख्या है, वैसे इसे माता की कोख में जन्म लेता हुआ एक बच्चा, इस शिल्प की व्याख्या के लिए माना जा सकता है।

अंत में, इतना ही कहूंगा कि हेनरी मूर कला के क्षेत्र में आधुनिक युग की एक नयी परंपरा के सिद्धहस्त सूत्रधार हैं।

मृदुला गर्ग

साहित्य सम-भाव से संचारित होता है

जब हम बरसों तक अपनी तमाम अभिव्यंजनाएं, अवधारणाएं और मूल्य संहिता : अपने तमाम प्रकल्प और सिद्धांत, अन्य देशों से लेते चले जाते हैं और उनके भाष्य रूपांतर को मौलिकता मान लेते हैं तो और किसी का हो या न हो साहित्य का अवमूल्यन अवश्य होता है। आज़ादी के बाद के पचास और उससे पहले के पचास बरसों में हमने यही किया। राज्य व्यवस्था, प्रबंधन, शिक्षा, अर्थनीति, पर्यावरण, विज्ञान, मनोविज्ञान, समाजशास्त्र सबके प्रकल्प हमने विदेशों से लिये। राजनीतिक परतंत्रता से स्वाधीन होने पर हमने स्वयं सांस्कृतिक जकड़ को बनाये रखा, बल्कि और पुख़्ता किया। उस बच्चे की तरह जो बोतल से दूध पीना नहीं छोड़ना चाहता, हमने दांत चलाने से इनकार कर दिया। जीभ ख़ूब चली, पर दांत नहीं। ऐसे में, ज़ाहिर है, आंत भी कमज़ोर हुई और मेधा भी।

स्वतंत्र चिंतन और मौलिक प्रयोग से कतरा कर हमने समाजशास्त्र के परिवर्तनशील नियमों को एक कालखंड में क़ैद करके जड़ बना दिया। फिर उन्हें कलाओं पर शाश्वत मूल्यों की तरह चिपका दिया। इससे सबसे ज़्यादा नुक़सान साहित्य का हुआ। चूंकि उसका माध्यम भाषा और शब्द है, इसलिए भाष्य रूपांतर की ओर शब्दों को विज्ञापित अर्थ देने की प्रवृत्तियों ने, उससे उसका स्वत्व छीन लिया। उसे समाजशास्त्रीय नियमावली और अध्ययन के अधीन कर दिया। समाजशास्त्र भी वह जो हमने नहीं लिखा और जो हमारे परिवेश के अनुभवों में से निकल कर नहीं आया। समाजशास्त्र की नियमावली भी हमारे पास विदेशों की मार्फत पहुंचती है। हर और वस्तु या सिद्धांत की तरह, काफ़ी अंतराल के बाद। वस्तु तो फिर भी उपयोगी बनी रह सकती है, पर सिद्धांत, तब तक अति पर पहुंच कर प्रतिक्रियात्मक सिद्धांतों को जन्म दे चुके होते हैं।

पहले भाषा का उदाहरण लें। हिंदी में आज हालत यह है कि पढ़े-लिखे तबके में रोज़मर्रा के कामकाज में अनायास हिंदी बोलने वाले इतने कम हैं कि जो अपने भाष्य रूपांतर में, संस्कृत से मदद ले कर क्लिष्ट शब्द समन्वित कर लेता है, वही विज्ञ व्याख्याता मान लिया जाता है। व्याख्या में मौलिक चिंतन हो, या न हो। हिंदी की

भाषिक परंपरा किस हद तक अजायबघर में सजाने वाली चीज़ हो गयी है, उसका एक प्रमाण है व्यावसायिक संस्थानों का संस्कृतनिष्ठ हिंदी नामांकन। वह भी उन लोगों द्वारा जो आमतौर पर हिंदी का एक शब्द भी पढ़ते-लिखते या बोलते नहीं। समाजशास्त्र के ही नहीं, समालोचना के प्रकल्प और अवधारणाएं भी हम अन्य संस्कृतियों से लेते हैं। नतीजन जब इसमें से कोई व्यक्ति, अपनी तरह से अपने परिवेश के यथार्थ का पुनर्सृजन करता है जिससे स्वीकृत मूल्य व्यवस्था का उच्छेदन हो जाता है तो हम बर्दाश्त नहीं कर पाते। कोई भी निजी सूक्ष्म या विप्लवकारी व्याख्या, हमें चौंका कर परेशान कर देती है और हम समाज स्वीकृत शाश्वत और एकार्थक यथार्थ में शरण ले लेते हैं। यह विप्लवकारी व्याख्या विदेश में शास्त्रार्थ होने के बाद, खंडित मंडित होती पिष्टोक्ति बन कर हम तक पहुंचती है, तब हमें उसे स्वीकार करने में एतराज नहीं होता, क्योंकि तब ख़ुद दांत नहीं चलाने पड़ते।

साहित्य रचना या अन्य कोई भी कला, समाज में स्वीकृत स्थापित मूल्य व्यवस्था और सौंदयैबोध की पड़ताल करती है, यह तो मानी हुई बात है। पड़ताल के बाद वह उनका अनुमोदन करती है या उच्छेदन, यह बहस का विषय हो सकता है। साहित्यकार समाज को दर्पण दिखलाने से आगे न भी बढ़े, तब भी, यह सवाल महत्त्वपूर्ण बना रहता है कि साहित्य की अपनी मूल्य दृष्टि क्या है? है भी या नहीं है? यह कुछ वैसा ही प्रश्न है, जैसा यह कि संसार में विविध धर्म हैं, उनकी उक्तियों, प्रार्थनाओं, ऋचाओं का कोई अर्थ है या नहीं है? क्या यह पूछना भी अनुचित है कि उनका अर्थ क्या है? क्या वे तर्कातीत हैं, अपरिभाष्य हैं और केवल विश्वास द्वारा स्वीकार्य हैं। क्या उनका मर्म केवल आस्था और अभ्यास में है, जिज्ञासा में नहीं? कुछ हद तक पर कुछ हद तक ही, यह उक्ति साहित्य पर लागू की जा सकती है। इस रूप में कि साहित्य की उतनी परिभाषाएं हो सकती हैं, जितने उसके लिखने या पढ़ने वाले। तब क्या विविधता साहित्य का एक मूल्य है? दिलचस्प बात यह है कि अगर धर्म को भी कर्मकांड से अलग करके, उसके सहज अर्थ में लें तो, वैविध्य उसका भी अभिन्न अंग बन जाता है। हर व्यक्ति का धर्म उसका अपना है जैसे ही हम इस स्वतंत्र चेता रूप को स्वीकार करते हैं, एक धर्म के अनुयायियों का दूसरे धर्म के अनुयायियों से कोई अर्थपूर्ण मतभेद नहीं रहता। वैविध्य से इनकार करते ही रहती है, कभी न ख़त्म होने वाली बहस, जिसका कोई निदान नहीं है, क्योंकि वह तर्कातीत है।

मेरी दृष्टि में वैविध्य के बाद साहित्य का दूसरा मूल्य है, अनेकार्थता या श्लेष। विविधता यानी अलग-अलग लेखकों द्वारा सत्य को खोजने की अनेक प्रक्रियाएं। और अनेकार्थता मानी एक ही कृति में देखे जा सकने वाले अनेक अर्थ जो स्वतंत्र चेता पाठक स्वयं खोजे और अनुभव करे। यानी अनेक पाठक, अनेक अर्थ। अनेकार्थता का मतलब, लापरवाह अस्पष्टता नहीं, बल्कि बा-परवाह श्लेष है जो पाठक को भी सृजन में

भागीदारी का अवसर देता है। जब भाषा व्याकरण के रूढ़ कारावास से मुक्त होती है, भाषा विन्यास के माध्यम से शब्दों को नये अर्थ मिलते हैं, तभी लेखक का अपना निजी तर्क या स्वत्व उसमें स्थानांतरित होता है। यह तर्क बाहर से आरोपित नहीं होता। कृति के कथ्य को भीतर से उत्पन्न होता है। कृति में कथा हो, चाहे न हो, कम हो, ज़्यादा हो, घटनाक्रम आये या केवल चेतना प्रवाह, कथ्य का एक आंतरिक तर्क होगा वह सामाजिक रूप से स्वीकृत हो, चाहे न हो, सर्वमान्य हो या सर्वनिंदित, लेखक की समर्पित विचारधारा हो या केवल चिंतन प्रयोग, आंतरिक तर्क तो होगा ही। पर यह तर्क कथ्य का तर्क भर होगा, अंतिम निर्णय नहीं। निर्णय पाठक या रसिक के हाथ में होगा। वह भी अंतिम रूप से नहीं। कोई निर्णय अंतिम नहीं है, इसलिए सब आश्वस्त हो सकते हैं कि बरसों बाद भी, कृति के पुनर्पठन के बाद, वे अपना निर्णय स्वयं ले सकते हैं। वाचिक और लिखित साहित्य की सबसे बड़ी शक्ति यही है कि हर नयी पीढ़ी उसका पुनर्मूल्यांकन कर सकती है। हम कह सकते हैं कि साहित्य लोकतांत्रिक चिंतन प्रणाली का अग्रदूत है। इसलिए लोकतंत्र के ख़तरों से भी अभिषिक्त है। लोकतांत्रिकता का सबसे बड़ा ख़तरा माना जाता रहा है, अराजकता।

क्या साहित्य को ऐसा कोई ख़तरा हो सकता है? रूढ़ नैतिक दृष्टि से देखें तो कहा जा सकता है, ख़तरा है अश्लीलता से। या फिर ख़तरा है, शुभ के बजाय अशुभ प्रवृत्तियों को प्रश्रय देने का। शास्त्रीय दृष्टि में साहित्य, अशुभ भावों का 'परिष्कार करके शुभ भावों का संचार करने के लिए प्रतिबद्ध' माना जाता रहा है। यही उसकी मूल्य दृष्टि रही है। पर यहां चक्कर यह पड़ जाता है कि इस नैतिक या शुभ की परिभाषा क्या हो? क्या वह समय, स्थान व समाज संस्कृति सापेक्ष नहीं है? ज़ाहिर है संस्कृतियों का वैविध्य तो आज के विश्व में किसी से छिपा नहीं है। सवाल यह है कि क्या कोई शाश्वत या काल-स्थान निरपेक्ष नैतिक या अनैतिक तत्त्व भी है? मुझे लगता है यहां फिर लोकतांत्रिक होना पड़ेगा। इस शाश्वत तत्त्व की पहचान हर व्यक्ति को स्वयं करनी होगी। यह जोख़िम उठाये बग़ैर वह ईमानदारी से किसी मूल्य में विश्वास नहीं जमा सकता। अपनी कहूं तो मुझे पूरी तरह से अनैतिक पात्र लगता है, शेक्सपियर का यागो (ऑथेलो में)। वह लोगों को दु:ख पहुंचाता है तो अपने किसी लाभ के लिए नहीं, महज़ दु:ख पहुंचाने के लिए। उससे उसका अहंकार तृप्त होता है। पर क्या 'यागो' का चित्रण पाठक को अशुभ या बुरे की ओर ढकेलता है? नहीं। उससे विपरीत भाव का संचार होता है जो संवेदी भाव के संचार से कहीं अधिक प्रभावशाली है।

नैतिकता के परिवर्तनशील मापदंड को छोड़ कर देखें तो लोकतांत्रिक प्रणाली को सबसे बड़ा ख़तरा होता है, स्व-अनुशासन के ढीला पड़ने या विलुप्त होने से। चूंकि वहां हर व्यक्ति अपने पर अंकुश रखने के लिए उत्तरदायी है, इसलिए स्व-शासन में दृढ़ता और ईमानदारी अनिवार्य है। साहित्य लेखन में इसका अर्थ है, भाव

उद्रेक और चिंतन के बीच संतुलन बनाये रखना। इस संतुलन के बिगड़ते ही, स्व-अनुशासन गड़बड़ाने लगता है और सृजन पर अनुवृत्ति और समरूपता हावी हो जाती है। तब साहित्य काल की गत्यात्मकता इतिहास और भविष्योन्मुखता से मुंह मोड़ कर पूरी तरह तात्कालिक के प्रभुत्व में चला जाता है। तुरंतता, झटपटता, तात्कालिकता, चिंतनहीन आवेग या भावहीन चिंतन सब साहित्य से उसका श्लेष छीन कर उसे एकार्थक और एकांगी बना देते हैं। तब वह भी पत्रकारिता या शास्त्र की तरह हो जाता है और कभी-कभी उससे भी पीछे पड़ कर, मात्र प्रचार या विज्ञापन। जिस तरह प्रकृति और परिवेश के बीच संतुलन बिगड़ने से पर्यावरण का ह्रास होने लगता है वैसे ही स्व और परिवेश का संतुलन बिगड़ने से साहित्य का ह्रास होने लगता है। स्व से मतलब है, स्व से संचालित मौलिक चिंतन और भाव उद्रेक।

इस सूक्ष्म और गत्यात्मक संतुलन को बनाये रखने के लिए साहित्यकार को जिस सहज वृत्ति की आवश्यकता होती है, वह है सम अनुभूति या समभाव। मात्र सहानुभूति नहीं। सहानुभूति में दृष्टा और दृश्य में दूरी बनी रहती है, कर्ता कर्म से एकात्म नहीं होता। इसलिए उससे राजनीतिज्ञ, समाजशास्त्री, सुधारक, चिकित्सक आदि का काम भले चल जाये, हालांकि आदर्श रूप में काम उनका भी नहीं होगा, फिर भी शोध और व्यावहारिक कर्म को सहानुभूति द्वारा कुछ भावानुकूलता अवश्य मिल जाती है। पर सृजन के लिए वह काफ़ी नहीं है। सहानुभूति जब दर्शक की तरह की जाती है तो वह संश्रयात्मक निर्णायकता पैदा करती है। जब समभाव उपजता है तभी लेखक या आलोचक निर्णय दे कर रचना दे सकता है।

समभाव को साहित्य का मूल्य मान लेने पर व्यक्तिनिष्ठ और समाजनिष्ठ लेखन का कृत्रिम भेद मिट जाता है। व्यक्ति और समष्टि के बीच, स्व और परिवेश के बीच समभाव व संतुलन जिस लेखन को जन्म देता है वह माध्यम की तरह, चाहे व्यक्ति को ले, चाहे समाज के एक समूह विशेष को, उसकी दृष्टि भीतर और बाहर को समन्वित किये हुए होगी। अब इस समभाव के मूल्य को कृति में रचाते हुए लेखक कितना सौंदर्य और संप्रेषणीयता पैदा कर पाता है, वह अनेक साहित्यिक उपकरणों और लेखक के कौशल व प्रतिभा पर निर्भर करेगा। भाषा, शैली, शिल्प, सभी की अपनी भूमिका होगी। पर वे उपकरण और माध्यम हैं, आंतरिक मूल्य वही है, समभाव। उससे उत्पन्न श्लेष, अनेकार्थता और वैविध्य।

इसके बाद यह कहना ज़रूरी है और ग़ैर-ज़रूरी दोनों है, कि यह मेरी निजी मूल्य दृष्टि है। कोई पाठक या अन्य लेखक इससे बाधित नहीं है। अगर यह किसी में समभाव उपजा पाये तो अच्छा लगेगा!

अशोक आत्रेय

तुम सोचो केवल स्त्री के बारे में...

मैं सोचता हूं कला में इन दिनों जो चल रहा है उसे चाहे जो नाम दिया जाये, कला भी कहा जा रहा है। वह जो कला भी है, कला नहीं भी है और कई चीज़ों के बीच भी कुछ है। उससे बाहर भी। भीतर-बाहर, आगे-पीछे, ऊपर-नीचे।

एक साइकल सवार कला-दीर्घा में साइकल पर चढ़ कर चुइंगम चबाता हुआ घूम सकता है, और अब इसे कला कहा जा सकता है यहां केवल दिक़्क़त यह आती है कि अगर कोई विदेशी कलाकार ऐसा करना चाहे तो उसे तो हमारे यहां के कला आयोजक, समीक्षक और सरकारी तामझाम से जुड़े लोग स्वीकार कर लेंगे, किंतु किसी भारतीय कलाकार या कला समीक्षक की बात को हंसी-मज़ाक़ में टाल दिया जायेगा।...कलादीर्घा में अब कुछ भी हो सकता है—हज़ामत की दुकान खुल सकती है। नाई ढेर सारे बालों को फैला कर उस्तरा, चमड़े की पेटी, पीतल की पानी भरी एक कटोरी और सफ़ेद धुला हुआ तौलिया ले कर कला-दीर्घा में बैठ सकता है। वहां वह आलू-प्याज या टमाटर भी बेच सकता है या हनुमान चालीसा भी पढ़ सकता है। आधी-परधी अश्लील हरक़तों को भी छूट मिल सकती है।...क्या इसे अब कला के नाम पर रोका जाना चाहिए कि दस हज़ार लालटेनें ला कर कला-दीर्घा में रख दी जायें या केवल दो ट्रक पत्थर आधुनिक कला-दीर्घा के बाहर डलवा कर उन्हें रंग दिया जाये और उनमें चमकदार पन्नियां चिपका कर या उन्हें मौली से बांध कर उस सब आयोजन को कला कह दिया जाये। कला अब कैनवस या रंगों तक सीमित नहीं रह गयी है। बहुत पहले ही यह दौर शुरू हो गया था। जब भी कोई परंपरा विकसित होती है या रूढ़ि टूटती है तो यह सब होता है। पिकासो जब अपनी पेंटिंग में स्त्री को रुलाता है तो उसकी आंखों से ज्यामितिक रेखाओं के तीर या गोले खींच देता है। दुशां हिलने वाली आकृतियां बनाते हैं या कोई साइकल के हैंडिल को कैनवस के फ्रेम में टांग कर कलाकार बन सकता है।

मैं यह सब लंबे अर्से से सोचता रहा हूं, किंतु दिक़्क़त यही आती है कि हमारे देश में कला चिंतन की परंपराएं कुछ और हैं और पश्चिम में कुछ और। क्या पश्चिम के आंदोलनों की हमें नक़ल करनी चाहिए? क्या उनसे प्रेरणा लेनी चाहिए या उनसे

परहेज किया जाना चाहिए? किसी विचारधारा या आदर्श को ले कर हम किसी भी चीज़ को स्वीकार लेते हैं या नकार देते हैं। परंपराएं इसी तरह से टूटती हैं, बिगड़ती हैं, बनती हैं। कलाओं में यही तो संक्रमण काल कहलाता है, जब हमें सही और ग़लत के बीच निर्णय लेना पड़ता है। सारी निर्ममताओं को परीक्षणों की संवेदना के साथ साहस और जोख़िम के साथ अपनी बात कहनी पड़ती है। यह चिंता तब नहीं होती कि कोई क्या सोचेगा, कोई क्या कहेगा? मर्यादाएं पुरुषोत्तम तक भी अपनी सीमाएं तोड़ते हैं, समुद्र भी सीमा का उल्लंघन करता है। प्रकृति, पर्यावरण मनुष्य के स्वभाव में सामाजिक बुनियाद में परिवर्तन आता है। चीज़ें बदलती हैं, यह बदलाव रोका नहीं जा सकता है। इसे गहराई से देखा-परखा जाता है। समझा जाता है। इस सारे मामले में रोचक बहसें शुरू हो जाती हैं। कुछ लोग आगे-पीछे, ऊपर-नीचे होते हैं और रास्ते तय हो जाते हैं। तमाम कलाओं के रास्ते श्मशानों से हो कर गुज़रते हैं, महानगरों से, ध्वस्त मंदिरों से या...

आजकल इंस्टालेशन का नया युग कला में चल रहा है। जो कुछ बाहर भीतर, अच्छा-बुरा है उसे कला बना कर परोसा जा रहा है। इस बार के त्रिनाले में काफ़ी कुछ नया देखने को मिला! बनारस की एक पूरी काठ की नाव, गोबर की दीवारें, घास के ढेर, छपी हुई पुस्तकें...काई में पड़ी हुई बहुराष्ट्रीय कंपनियों के कचरे की सांकेतिकता...क्या-क्या देखने को नहीं मिला। एक गोल्फ का मैदान। बच्चों जैसी हरक़तों से जुड़ी महान कलाकारों की कलाकृतियां। यह सब हर दौर में चलता है। नया आता है, पुराना जाता है। इस बार आस्ट्रिया की एक महिला कलाकार ने काग़ज़ के बहुत बड़े स्क्रॉल पर काली लकीरें बना कर उसे इंस्टाल कर दिया है, फैला कर एक बड़े तख़्ते पर। ऐसा पहले भी हुआ है। लगातार हो रहा है।...क्या यह कला पर आक्रमण है? क्या यह संक्रमण है? यह क्या है? यह संवेद को झकझोरने का काम कला के नाम पर क्यों हो रहा है? क्या कला इससे बढ़ कर है या इस सब के भीतर या आगे पीछे। सोचना तो पड़ेगा ही। एक महिला कलाकार भारत-आस्ट्रिया की आधुनिक कला-दीर्घा की नयी प्रदर्शनी में कुछ फटे-टूटे वस्त्र टांक कर कलाकार बनी हुई है। वह पैबंद लगी हुई रज़ाई भी हो सकती है। एक दीवार पर मक्की या किसी बीड़ के दोनेनुमा चीज़ें चिपका दी गयी हैं।...एक दीवार पर कई सौ चूहों को टांगा जा सकता है। बंद पिंजरों में कई सारे तोतों को ला कर कहीं कोई भी टांग सकता है और इस दौर में उसे कला का नाम दिया जा सकता है।...पिछले त्रिनाले में एक कलाकार ने एन.जी.एम.ए. के प्रवेश द्वार पर मंडप में सीढ़ियों के आसपास की दीवारों और छत पर वही सब लकीरों का काला काम कर दिया था जो अब आस्ट्रिया की कलाकार स्क्रॉल पर ले कर आयी हैं। फ्रांस के कलाकार ने पिछले त्रिनाले में एक व्यक्ति का सिर, एक प्लेटफार्म पर से, एक छेद से देखने को दर्शकों से कहा था और उस पर पूरी परिचय पुस्तिका छपी थी। वह कला था या अजूबा? क्या वह कला नहीं थी? क्या था वह? क्यों था वह?

उसे कौन रोक सकता था, यह कहने से कि यह कला नहीं हो सकती? यह जोख़िम कौन उठाता है?

कला में जोख़िम तीन या शायद ज़्यादा स्तरों पर उठते हैं। पहला कलाकार के स्तर पर। दूसरा, कला-समीक्षक के स्तर पर। तीसरा, दर्शक के स्तर पर। यह एक त्रिआयामी, त्रिकोण गति में बनने-बिगड़ने वाले संवेदनशील रिश्तों के तालमेल से होता है। कई चीज़ें जल्दी से ख़ारिज या स्वीकृत हो जाती हैं। कई चीज़ों को प्रतीक्षा करनी पड़ती है। समय काल के तकाज़े 'मूल्य' की शक्ल में बदल कर आते हैं।

कलाकार जब जोख़िम उठाता है तो वह जोख़िम इसीलिए उठाता है, क्योंकि कला में जो कुछ स्वीकृति या सहमति के आधार पर चलता रहता है उसके प्रति उसमें उकताहट, ऊब, झल्लाहट, विद्रोह या अस्वीकृति की भावना भरी रहती है। वह एक तरह की कसमसाहट, बेचैनी, परेशानी, उद्वेग, कुंठा, हताशा या कुछ कर गुज़रने की अजीब-सी अकुलाहट के दौर से गुज़रता है। वह रंगों, रेखाओं, शब्दों, वस्तुओं, दृश्यों की एक ऐसी आंधी से घिर जाता है कि कई बार दिशाएं खो जाती हैं। पहचान गड्ड-मड्ड होने लगती है। आवेग के बांध टूट जाते हैं। एक प्रवाह चल निकलता है...चीज़ें अपने आप टूटने-फूटने लगती हैं और नया आकार ग्रहण करती हैं। वह उस सबका पहला दृष्टा होता है, इसलिए वह उसे किसी तरह, उस अनुभव को अनुभूति में बांध कर, शिल्प या कथ्य के अपने संस्कारों और आग्रहों के साथ अभिव्यक्त करता है। वह अपने वर्ग, अपने समाज, अपने व्यक्तित्व से भी एक तरह से विद्रोह करने की एक नयी पहल होती है। वह उसमें सुख या दुःख का अनुभव करता है, किंतु उस सबकी अभिव्यक्ति का वह जोख़िम उठाता है। भाषा, रंग, रेखाओं या स्वरों के माध्यम से या वस्तुगत चेतना में, आकारों में बदलाव ला कर। वह सारी अंतर्मुखी यात्रा बहिर्मुखी संवाद में बदल जाती है। वह एक रचना बन कर सामने आती है और जब वह रचना समाज के सामने आ जाती है, समाज की टकराहट उस नये सत्य से होती है। यहां एक बिचौलिया वर्ग, एक समझदार वर्ग, एक समीक्षक वर्ग, एक विशिष्ट उपभोक्ता वर्ग, एक नेतृत्व करने वाला वर्ग उस सारे तामझाम का गवाह बन जाता है और वह उसके विरोध में या समर्थन में खड़ा हो जाता है। पाठक या श्रोता या दर्शक वह तीसरा वर्ग है जिसका इस रचनात्मक संवाद से सीधा सरोकार होता है। ये सारे संदर्भ ऐसे हैं जो टल नहीं सकते। ये घटनाएं घटित होती हैं। समय और स्पेस के बीच जो द्वंद्व उभरता है उसके नये समीकरण बनते हैं। पुराने समीकरण टूट जाते हैं। कला और समाज के बीच नया रिश्ता बनने-बिगड़ने लगता है। संक्रमण का यह दौर विकास की प्रक्रिया का एक अनिवार्य अंग है।

कलाओं के विकास की यात्रा के बारे में जब हम सोचते हैं तो संक्रमण के तमाम अच्छे-बुरे पड़ावों व सामाजिक आचार संहिताओं की दीर्घाओं से हमें हो कर गुज़रना पड़ता है। यह दौर परेशानी का, विरोध का, स्वीकृति का, सुख का, असमंजस का,

प्रश्नों से आहत होने का या कई बार लंबी चुप्पी खींच जाने का भी दौर होता है, किंतु निर्णय तो लेने ही होते हैं।

मैं कई बार कई प्रकार की कलाओं की कला मानने की मानसिकता में नहीं रहता। यहां हमारे देखे सुने अनुभव, हमारी मूल्यपरकता, आस्था, अनास्था आड़े आती है। हम विश्वास, अविश्वास के दायरे में क़ैद हो जाते हैं और सज़ा सुनने के लिए तैयार हो जाते हैं। कई लोग अंधेरे में तीर चला कर हमें घायल कर देते हैं, हम भी ऐसा करते हैं। जिसके हाथ जो लग जाये उसी से खेल शुरू हो जाता है, किंतु यह सब खेल-खेल में शुरू नहीं होता, इसके पीछे तीव्र अनुभव होता है। तैयारी होती है। बदलाव की गहरी संलग्नता, संबद्धता या प्रतिबद्धता होती है। पूरी सामाजिक व्यवस्था को उलट-पुलट कर देखने की इच्छा शक्ति होती है जो हमें आंदोलित करने लगती है।

मुझे घर के एक कोने में रखी बाबा-दादाओं की बरसों पुरानी टार्च अचानक उपयोगी लगने लगती है। वह जो किसी कबाड़ी के भी काम की नहीं होती, रातो-रात कला का उपकरण बन जाती है। कोई हथौड़ा, सुतली का ढेर, कोई टूटा हुआ हार्मोनियम, कोई पुरानी खिड़की या उलझे हुए तार। ये सारी वस्तुएं अपनी पहचान, अपने संदर्भ, अपने स्थान छोड़ना चाहती हैं। वे अन्य स्थलों पर, संदर्भों के साथ, नयी पहचान के साथ स्थापित होने की हमसे मांग करने लगती हैं। वस्तुओं और चेतना के साथ जब वे गड्ड-मड्ड होने लगती हैं तो उस सब को व्यवस्थित करके देखने का भी एक समानांतर आंदोलन अंदर चलने लगता है। यह हमारे सोचने-समझने के संस्कारों को बदलने की एक प्रक्रिया होती है। कला-रचना के जन्म लेने की यह एक अनिवार्य प्रक्रिया है।

बहुत कुछ जो वर्षों से अस्वीकृत होता है, स्वीकृति की नयी दस्तक बन जाता है। बहुत कुछ जो स्वीकृत होता है वह अस्वीकृत या रिजेक्ट होने लगता है। अपना ही पराया लगने लगता है। वह गेंग्रीन बन जाता है। इस अच्छे या बुरे के वहम से छूटना ज़रूरी हो जाता है। जो अनुपयोगी था, वह अचानक उपयोगी और प्रिय लगने लगता है। कहीं भी कमरे में, काग़ज़ पर, दीवार पर, मेज़ पर, किताब में, अजायबघर में, वेश्यालय में, घंटाघर में, दफ़्तर में, बाग़ में, जो हमें दिखलायी देता है, वह हमारी रचनाओं में एक आवेश के साथ, एक गहरे आंदोलन, छटपटाहट के साथ आना चाहता है, अभिव्यक्त होना चाहता है। कला का एक उपकरण बन कर। रचना का हिस्सा बन कर। संवेदना का एक झोंका बन कर। कई बार संवेदनाओं की उसके चहेते शब्द नहीं मिलते। भाषा का अधूरापन खलने लगता है। तलाश का रास्ता बदल जाता है। शब्द का स्थान रेखाएं या रंग या ध्वनि ले लेती है। कलाओं में अंतर्निर्भरता बढ़ जाती है। कलाओं का रूपांतरण हो जाता है। साहित्यकार, चित्रकार में या संगीतकार में बदल जाता है।...नये परिवेश की रचना होती है। नयी रचना जन्म लेती है। यह सब हमें

नोस्टैल्जिक बना देता है। यह सब हमें कहीं जोड़ता है कहीं तोड़ता है। कहीं आहत करता है कहीं आल्हादित। रचना का यही आधार बन जाता है।

एक बैटरी, एक लालटेन, एक रामायण, एक बुहारी, तस्वीर का एक पुराना फ्रेम, एक साइकल टूटी हुई, टीन का एक टुकड़ा, भूसे का एक ढेर, उस पर पड़ा स्कूल बैग और उस सबके बीच फुंफकारता हुआ एक जीवित सांप भी एक कंपोजीशन बन सकता है—अगली रचना का। रोता हुआ एक बच्चा एक नग्न स्त्री—अगर भारत में भी यह चल जाये तो ललित कला अकादमी के एक कमरे में जहां प्रदर्शनी चल रही है, उसे कला के नाम पर स्थापित किया जा सकता है। यह बुरी बात नहीं है। कम से कम यह बाबरी मस्जिद जैसे प्रसंग से तो अश्लील नहीं। अयोध्याकांड की हमारी परेशानियों को कम कर सकती है कला के रूप में आयी एक नग्न स्त्री। तुम सोचो उस स्त्री के बारे में। ऐसी हज़ार स्त्रियों के बारे में जो बेपर्दा हैं और रामायण बांच रही हैं, ध्वस्त 'प्रजातंत्र के बाहर'। चुनावों के भूत-प्रेत नरमुंड मालाएं पहन कर घूम रहे हैं। गीदड़, चमगादड़, बिल्लियों की हज़ारों कतारें। एक कुत्ता और एक बिल्ली और एक अजगर और एक क़लम। एक दवात। एक कला प्रयोजन। एक फोटो। हेमंत शेष। एक मुन्नी हज़ारीबाग़ की। पीतल का एक लोटा। मामा जी की भांग। ताज़ा बना गाजर का ख़ुशबूदार हलुआ और एक अदद सचिव या चपरासी। या एक संस्कृति-मंत्री एक फाइल पर हस्ताक्षर करते हुए रिजैक्ट करते हुए प्रस्ताव कलाकारों की विदेश-यात्रा का...एक दरवाजे के भीतर। यह सब एक कला नहीं तो क्या है? कौन-कब, कहां-कैसे, स्वीकृति देगा इसे, यह अलग बात है सोचने की। मैं तो तुम्हें टेलीफ़ोन पर या फैक्स पर इसकी स्वीकृति देता हूं कि यह कला है भइ, कला! सभी बन रहे हैं संस्कृति के सांप।

दिनेश चन्द्र शर्मा

संगीत के कुछ मूल्यगत आयाम

प्रथमतः शब्द आविर्भूत हुआ। शब्द अनर्गल था। स्वर को सार्थकता की आवश्यकता नहीं होती, स्वर का सामर्थ्य व सत्ता अन्य सत्ता की याचक नहीं है। स्वर पर अर्गला नहीं जड़ी जा सकती, अतः यह अनर्गल की संपूर्णता में सुशोभित है। व्यवहारिकतावश संगीत में सार्थक शब्दों को स्थान दिया जाता है तथापि उप-शास्त्रीय संगीत जितनी अर्थवत्ता की शुद्ध संगीत को दरकार नहीं है। स्वर की चोट दोहरा कर श्रोता के मनस को अनुयायी बनाया जाता है। मंत्रोच्चारण की पद्धति से स्वर की मात्रा को पर्याप्तता प्रदान की जाती हैं। उच्चारण की गति को गणितीय अनुपात परिवर्तित कर औषध की मात्रा की भांति श्रोता को संस्कारित किया जाता है। उसी स्वर को अन्य सप्तक में दोहराना एवं आवृत्ति की गति को दुगना अथवा आधा करना स्वर सामर्थ्य विवर्धन के विलक्षण प्रकार हैं। गहन मनोविज्ञान इन पद्धतियों का प्रेरक है। टुकड़े के अंत में 'तिया' इसी प्रकार की भारतीय संगीत की तुष्टिदायक प्रणाली है। अन्य देशों की प्रणाली में रसपरिपाक के प्रति इतना आग्रह नहीं देखा जाता जो भारतीय संगीत की ही विशिष्टता है। रस परिपाक के निमित्त ही संगीत में पुनरुक्ति एवं इस प्रकार की अन्य-अन्य शैलियां प्रचलित हुई हैं। संगीतकार को कौशल प्रदर्शन की स्वाभाविक वृत्ति पर नियंत्रण करना होता है तथा वैविध्य प्रदर्शन पर संयम रखना पड़ता है।

शुद्ध संगीत की सत्ता तालवाद्य की भी चेरी नहीं है। आलाप अंग को संपूर्ण संगीत नहीं माना जा सकता, किंतु केवल अलाप के माध्यम से भी रसपरिपाक सिद्ध होना संभव है। यह भी उल्लेखनीय है कि द्रुत लय के चमत्कार व गति संगीत का आवश्यक श्रृंगार नहीं है, अपितु संगीत की विलंबित अवस्था संगीतकार की वास्तविक कसौटी है। संगीतकार तालवाद्य की प्रतीक्षा न कर प्रारंभिक षड़ज उच्चारण अथवा वादन में ही श्रोता का कलेजा निकाल लेने में सक्षम हो सकता है जो स्वर की सामर्थ्य का स्पष्ट प्रमाण है। स्वर गुंथन के भी कायल नहीं होते। सुयोग्य शिक्षक एक एक वर्ष या अधिक तक केवल अलंकार की शिक्षा देते थे। उलाउद्दीन खां साहब शिक्षार्थी से वचन लेते थे कि एक वर्ष यदि राग बजायेगा तो उसे निकाल दिया जायेगा। यह स्वर सामर्थ्य के परिचय एवं स्वर साहचर्य के आस्वादन की आवश्यक भूमिका

थी जो भारतीय संगीत के मौलिक स्वरूप का परिचायक है।

स्वर सामंजस्य जिसे राग की संज्ञा प्रदान की गयी है, स्वयंभू है। इसकी रचना नहीं की गयी, केवल शोध किया गया है। यदि ऐसा न होता तो नवीन रागों का अंबार लग जाता। तानसेन सरीखा भी टोडी को मियां की टोडी तथा मल्हार को मियां की मल्हार मात्र कर सका, सामान्य जनों का तो कहना ही क्या! नवीन राग रचना का श्रेय कल्पित उपलब्धि मात्र है। यह असंभव नहीं कि प्रचलित रागों के अतिरिक्त भी रागों का अस्तित्व है जो भविष्य में अवतरित हों, किंतु यह अनुमान ही कहा जा सकता है। राग की प्रेरणा दैवी प्रेरणा ही है। बद्रिकाश्रम मंदिर के पृष्ठ पार्श्व में वर्षांत में शेष रहे मेघ नरनारायणादि शिखर त्रयी को स्पर्श कर हिम में विलीन हो जाते हैं तदनुरूप साधक के समीप वायुमंडल में तरणायित रागिनी उसके मस्तिष्क को सुवासित आवासित कर देती है। साधक रागिनी का आह्वान मात्र करता है न कि सायास उसे प्रस्तुत करने की चेष्टा। रागिनी आशीर्वादवत् साधक को स्वप्रगटीकरण का माध्यम बनाती है। आगरा के उस्ताद भाई फैयाज़ की मौखिक स्वर साधना से अनेक बार समीप या दूर रखे तानपूरे स्पंदित, निनादित हो उठते थे तथा भवन में विद्यमान सज्जन अनुमान लगा लेते थे कि उस्ताद साधनारत हैं।

स्वर प्रभाव क्लिष्ट विषय है, किंतु यह सर्वमान्य है कि पशु जगत एवं उद्भित वृक्षादि तक स्वर प्रभाव से अछूते नहीं हैं। सुनते हैं आकाशवाणी जयपुर के वायलिन वादक कलाकार सत्यनारायण ने प्रातः पूर्व दो बजे उस्ताद अलाउद्दीन खां का सरोद सुन कर अचानक ऊपर जा उनके समीप दस सर्पों को बागेश्वरी में मग्न देखा। इनके पदचाप से सर्प सरक कर चले गये।

रागिनी के नमूदार होने को इस शेर से स्पष्ट किया जा सकता है :

बुततराशी था बहाना इल्म के आग़ाज़ का,
बुत तो पहले ही निहाँ था संग के आगोश में।

संगीत की मौलिक अपौरुषेयता को समझे बिना भारतीय संगीत के स्वरूप को समझ पाना कठिन है। उक्त विचारधारा यूनानी दार्शनिकों ने ग्रहण कर ली थी। वे उनके 'म्यूजिक ऑफ़ द स्फीयर्स' अथवा बाह्याकाश में विचरित संगीत की परिकल्पना से स्पष्ट है। शेक्सपियर भी इस परिकल्पना का प्रचारक था।

संगीत को कलेवर प्रदान करने हेतु स्वरों के क्रम-उपक्रम, आरोह-अवरोह परिभाषित हैं तथापि प्रत्येक रचना इन मूल मर्यादाओं का सम्मान करते हुए भी नवीनता का आस्वादन कराने में सक्षम होती हैं। घरानों की विशिष्टता भी इन्हीं मर्यादाओं की सीमा में रह कर भी विशिष्ट फक्कड़पन की द्योतक है। पटियाला घराने में स्वरों में विशिष्ट ऊर्जा फूंकने की परंपरा है। इसी प्रकार अन्य घरानों की प्रायोगिकता।

सप्त स्वरभंगी कलेवर संगीत का मूल स्वरूप है जो दृश्य वर्ण सप्तकों के

समानांतर ही जानिये। श्रुतियों को वर्णों के शेड मानिए। इस क्रम को आगे बढ़ा कर संगीत व चित्रकला के भेद-अभेद को स्पष्ट किया जाना संभव है।

बाह्याकाश संगीत के प्रसंग में कनाडा के पत्र 'मैकेनिकल इंजीनियरिंग' द्वारा प्रकाशित एवं प्रेस ट्रस्ट द्वारा प्रसारित यह रिपोर्ट जो अखबारों में 21 जुलाई, सन् 1998 को छपी है, बहुत ही रोचक है। जर्मनी के भौतिकशास्त्री जोहानीज़ कैपलर के नाम पर कनाडा के संगीत व्यसनी वैज्ञानिकों ने कैपलेरियन हार्प नामक यंत्र के माध्यम से छह सौ फीट ऊपर तक के मेघों से स्वत: उत्पन्न संगीत को पर्कसन यंत्र तुल्य, उससे ऊपर हज़ार फीट के बादलों से ब्रास यंत्र तुल्य, ग्यारह सौ फीट तक का स्वर टिम्पैनी यंत्र तुल्य एवं उससे ऊपर दो हज़ार फीट तक निनादित प्रकृति के नैसर्गिक संगीत को वायलिन अथवा चैलोयंत्र तुल्य पाया है। बादलों का उक्त संगीत रिकार्ड हो कर उपलब्ध है। संगीत की अपौरुषेय सहजोत्पत्ति के सिद्धांत को इस शोध से बल प्राप्त हुआ है। संगीतकार को यह तथ्य चित्त में घनीभूत रखना वांछित है कि वह संगीत का रचयिता न हो कर वायुमंडल में विद्यमान संगीत के अवतरण का माध्यम मात्र है। जहां तक वह इसे अजन्मा नहीं मानेगा वहां तक निज नियति को सांगतिकता में ढालने में असमर्थ रहेगा। उसकी सचेष्ट सायासिकता उसे तट से सटाये रखेगी अनबूड़े बूड़े, तरे जो बूड़े सब अंग स्वर में डुबकी लगाने पर व्यक्तित्व का साक्षी कहां से आयेगा? जुझारू प्रयास जिस सीमा तक संगीत को स्थूल रूप में रचता रहता है, उस सीमा तक संगीतकार अलौकिक संगीत के वरदान से वंचित रह जाता है।

हमने रो रो के रात काटी है,
आँसुओं पर ये रंग तब आया।

इस उक्ति के प्रकाश में संगीत का प्रसाद घोर परिश्रम का प्रतिफल होते हुए भी स्वर साहचर्य की दुर्गम साधना के उपरांत स्वर का आह्वान मात्र ही उल्लेखनीय उपलब्धि का कारण होगा। मुसलमान संगीतकारों द्वारा चिल्ले की अनवरत साधना अर्थात् चालीस दिन तक परमावश्यक अवकाश के अल्प अंतराल के अतिरिक्त चौबीस घंटे अभ्यास पुरुषार्थ का प्रमाण है जो संगीतकार के तदुपरांत प्रेषित आह्वान को स्वर द्वारा स्वीकार्य बनाने हेतु आवश्यक है। (बड़े गुलाम अली ख़ां साहब ने अनवरत् तीन चिल्ले किये थे) व्याकरण ज्ञान एवं स्वर साधना पौरुषेय अवश्य है जो साधक को स्वर अपौरुषेय होने पर भान कराने की महत्त्वपूर्ण भूमिका है। अन्य कलाएं भी प्रेरणा का प्रसाद हैं, किंतु संगीत की अतर्ककातरता सुस्पष्ट है। जैसे स्वाति नक्षत्र की प्रतीक्षा में सीपी मुंह खोले पड़ी रही है तदनुसार साधक संगीत के मुक्ता का धैर्यपूर्वक आह्वान करता है। श्रमसाध्य कल्चर मोती की अपेक्षा वह बसरे के बेडौल मोती का इच्छुक होता है।

संगीत के चारों और बुना आध्यात्मिकता का ताना-बाना कला संवेदना को

पूर्वाग्रह मिश्रित बना देता है जो सर्वथा कला हित में नहीं होता। कला किसी महिमामंडन की मुखापेक्षी नहीं है। आध्यात्मिकता से संश्लिष्ट संवेदना संगीत के सरोकार का अविभाज्य अंग नहीं है। कला के लक्ष्यों में आध्यात्मिक उपलब्धियों को गिना जाये अथवा नहीं यह मूल्य दृष्टि के निमित्त गौण ही मानिये। आहार पौष्टिक भी होता है, किंतु पाकशास्त्र व पुष्टि विज्ञान को अन्योन्याश्रित नहीं कहा जा सकता। उभय विज्ञानों का विस्तार पूर्णतया पृथक् धरातलों पर है। संगीत शास्त्र को संगीत ही रहने देना श्रेयस्कर है। नाद विज्ञान तंत्र एवं तत्संबंधी संत साहित्य से संगीत को अछूता रखना सौंदर्यशास्त्र का दायित्व है, क्योंकि कलाओं का अस्तित्व सर्वतंत्र स्वतंत्र है। संगीत चिकित्सा का इसके कला मूल्यों से कोई वास्ता नहीं है। सौंदर्य संवेदना के साथ आत्म तुष्टि का अवश्य सरोकार है। बस इतना ही। संगीत तथा अन्य शुद्ध कलाएं उपयोगितावादिता से मुक्त हैं।

संगीत को भारतीय मनीषा ने जो मूर्धन्य स्थान प्रदान किया है वह अन्यत्र दृष्टिगोचर नहीं होता, न ही अन्य कला विधाएं उक्त पद प्राप्त कर पायी हैं। स्वतंत्रता पूर्व के युग में शासकों ने योगदान दिया था जिसका प्रभाव कला प्रेमियों के लिए क्षोभकारक है। जुलाई, 1998 में 'टाइम्स ऑफ इंडिया' पत्र में उस्ताद अमजद अली ने संरक्षकों के प्रभाव तथा जन समर्थन को प्रजातांत्रिकता की विजय बतायी है, किंतु उस्ताद फहीमुद्दीन डागर का कथोपकथन संगीत की जनमानस पर ढीली होती पकड़ को ही प्रकट करता है। जहां पश्चिम में संगीत को स्वतंत्र, गंभीर अकादमिक विषय मान कर अध्ययन किया जाता है, वह स्थिति यहां आना शेष है। अठारहवीं, उन्नीसवीं शताब्दी के आस्ट्रिया ने संगीत को जो गति दी वह अन्यत्र नहीं देखी जाती। भारत के शासन व अशासकीय संस्थाओं को इस ओर जागरूक होना चाहिए। सन् 1960 तक लखनऊ, जयपुर, इंदौर आदि आकाशवाणी केंद्र प्रतिदिन दो घंटे उत्कृष्ट शास्त्रीय संगीत का रसास्वादन कराते थे। आज इसका अभाव है। कारण की खोज आवश्यक है। संगीत हमारी संस्कृति का शीर्ष है जिसका उन्नयन हमारा दायित्व।

देवेन्द्र राज अंकुर

आदमी और कला की ज़रूरत

आदमी और कला का रिश्ता सृष्टि के जन्म की कहानी से ही बहुत गहरे में जुड़ा हुआ है। वैज्ञानिक, भौगोलिक अथवा प्राकृतिक प्रक्रिया के तहत सृष्टि का जन्म कैसे भी हुआ हो, उसकी सबसे सुंदर और कलात्मक परिणति आदमी का प्रादुर्भाव होना है और कालांतर में इसी आदमी ने कला को जन्म दिया। अत: यह स्वयंसिद्ध है कि पहले आदमी की सृष्टि हुई और फिर उसने अपनी ज़िंदगी से जुड़ी दूसरी चीज़ों को जन्म दिया, घर, परिवार, भोजन, व्यवसाय, कर्मकांड, विश्वास, धर्म और कला—समय के एक लंबे अंतहीन अंतराल में और यह भी ज़रूरी अथवा निश्चित नहीं कि ये सारी चीज़ें आदमी के साथ किसी क्रमिक विकास में आ कर जुड़ी होंगी। जितना रहस्यमय और जादू-भरा वह क्षण रहा होगा, जब इस धरती पर पहले आदमी ने आंखें खोली होंगी, ठीक उतने ही सम्मोहक क्षण वे भी रहे होंगे उसके लिए, जब दो पत्थरों को आपस में घिसते उसने पहली बार अचानक आग का सामना किया था। जब सूरज, चांद, वर्षा, तूफ़ान आदि प्राकृतिक तत्त्वों के प्रभाव को पहली बार अनुभूत किया होगा और जब उसके हृदय में पहली-पहली बार किसी और के सान्निध्य की इच्छा पैदा हुई होगी। यह सब कुछ जब भी हुआ हो, एक बात निश्चित है कि यह अनायास, सहज और अचानक ही हुआ होगा। क्या कला की उत्पत्ति की कहानी भी आदमी की ज़िंदगी में इसी तरह से अचानक शुरू हुई होगी अथवा किसी विशेष क्षण में उसे उसकी ज़रूरत महसूस हुई और उसने कलाओं को जन्म दिया? इस प्रश्न का कोई भी संभावित उत्तर पाने के लिए हमें एक बार फिर से इतिहास में लौटना होगा।

यद्यपि इसका कोई लिखित या लिपिबद्ध इतिहास मौजूद नहीं है, लेकिन फिर भी आज से लगभग एक-डेढ़ लाख वर्ष पहले आदमी का इतना विकास अवश्य हो गया था कि वह क़बीलों में रहने लगा था, जंगली जानवरों का शिकार करके शाम को सब एक घेरे में इकट्ठे होते थे, शिकार को भून-पका कर खाते थे और आग के चारों तरफ़ नाच-कूद कर अपने आनंद का इज़हार करते थे। आज जैसी कोई शाब्दिक भाषा नहीं थी उसके पास, लेकिन एक संप्रेषण की भाषा तो थी—ध्वनियों की भाषा, मुद्राओं की भाषा और हाव-भाव शारीरिक हरक़तों की भाषा। सब की जीवनचर्या एक जैसी

थी, सब के अनुभव एक समान थे और सब के सरोकार भी लगभग एक से थे। इसलिए बहुत दिनों तक कोई नयी घटना नहीं हुई।

लेकिन एक दिन आज प्रचलित अनेकानेक कलाओं में से एक कला ने शायद पहली बार उसके जीवन में प्रवेश पा लिया और ऐसा तब घटित हुआ, जब आग के चारों तरफ़ बैठे लोगों में से किसी एक ने अपने अनुभवों को बाक़ी सबसे 'शेयर' करना शुरू कर दिया। मैंने अभी थोड़ी देर पहले इस बात का उल्लेख किया था कि सबके अनुभव एक जैसे ही होते थे तो फिर उसके साथ ऐसा क्या घटित हुआ होगा कि उसे दूसरों के साथ 'शेयर' करने की ज़रूरत महसूस हुई। निश्चय ही वह अनुभव रोज़मर्रा जैसा नहीं रहा होगा, उस दिन अवश्य ही कुछ ऐसा विशेष घटित हुआ होगा जो उसने इससे पूर्व कभी अनुभव नहीं किया होगा अर्थात् वह किसी न किसी 'क्राइसिस' का सामना करके लौटा होगा। उसकी अपनी दिनचर्या में यह 'क्राइसिस' संभवतः दो प्रकार का हो सकता था—एक तो किसी नये और ज़्यादा खूंख़ार और ताक़तवर जानवर से मुठभेड़ हो गयी होगी और उसे मार गिराने में अपने अदम्य साहस का परीक्षण देना पड़ा होगा अथवा वह किसी दूसरे क़बीले के लोगों के हाथों में पड़ गया होगा और वहां कैसे या तो उन्हें मार कर या भाग कर अपनी जान बचाने में सफलता पायी होगी। बहरहाल, उसके साथ जो भी घटित हुआ, उसे दूसरों के साथ 'शेयर' करने की इच्छा ने उसके अनजाने दुनिया की पहली कला को जन्म दे दिया और वह थी कहानी सुनाने की कला। उसके बाद तो फिर कहानी दिखाने की कला, कहानी चित्रित करने की कला, कहानी गायन की कला इत्यादि अलग कलाओं जैसे अभिनय, चित्रकला, संगीत, नृत्य, कठपुतली और बहुत बाद में शब्द के आने पर साहित्य एवं उसके विविध रूपों का विकास होता चला गया, जो आज तक जारी है। सभी सभ्यताओं में कलाओं का यह इतिहास समय के अंतराल में थोड़ा-बहुत आगे-पीछे ज़रूर होगा, लेकिन उनका विकास कमोवेश इसी रूप में हुआ।

लेकिन यहीं यह प्रश्न महत्त्वपूर्ण हो उठता है कि आख़िर आदमी को कला की ज़रूरत क्यों पड़ी और इस ज़रूरत का अनुभव सबको क्यों नहीं होता? यदि हम पहली कला अर्थात् कहानी सुनाने की कला के जन्म की तरफ़ ग़ौर करें तो कुछ सूत्र हमारे हाथ आते हैं, जिनके माध्यम से उपर्युक्त प्रश्न का उत्तर खोजा जा सकता है। एक सूत्र तो यही कि किसी भी जीवनानुभव को कला रूप में परिवर्तित होने के लिए उसका सामान्य से अलग होना बेहद ज़रूरी है। 'क्राइसिस' के अंतर्गत जिन दो विकल्पों का उल्लेख किया गया है, वह उसी विशेष अनुभव की तरफ़ संकेत करते हैं। दूसरा और उससे भी ज़्यादा महत्त्वपूर्ण तथ्य यह है कि उस अनुभव को किसी दूसरे के साथ बांटने की इच्छा, अर्थात् उस अनुभव को अपने से अलग करके दूसरों तक पहुंचाना और एक दूसरे स्तर पर उस संकट अथवा नाटकीय अनुभव को एक से अधिक लोगों में प्रसारित कर उसे सार्वजनिक एवं सार्वजनीन बना लेना ताकि उस संकट का तनाव अपने लिए

तो हलका हो ही जाये, दूसरों के लिए भी उसका प्रभाव कुछ कुछ वैसा ही पड़े। जिसके यदि उन्हें वास्तविक ज़िंदगी में स्वयं कभी ऐसे क्षणों का सामना करना पड़े तो वे पहले से उसके लिए तैयार रहें।

अब इस विचार को और आगे बढ़ाया जाये तो जिज्ञासा होती है कि यह तो सही है कि पहले तो कोई घनीभूत अनुभव चाहिए और फिर उसकी अभिव्यक्ति। क्या हम सभी ऐसे या इससे मिलते-जुलते सघन क्षणों के भीतर से नहीं गुज़रते? यदि गुज़रते हैं तो फिर उसे अभिव्यक्त क्यों नहीं कर पाते? एक स्तर पर हम अपने वास्तविक जीवन में तो अपने इस अनुभवों को अभिव्यक्ति देते ही हैं। उदाहरण के लिए अपने परिवार के किसी प्रिय सदस्य की मृत्यु हमारे लिए शोक का घनीभूत अनुभव होता है और हम उसे दुःख या रुदन से अपने से बाहर अभिव्यक्ति भी देते हैं—क्या इस अभिव्यक्ति को कला की संज्ञा से अभिहित किया जा सकता है? भरत के 'नाट्यशास्त्र' में रस-विवेचन के अंतर्गत इसी जिज्ञासा का समाधान प्रस्तुत करने का प्रयत्न किया गया है। उनके अनुसार हर आदमी में स्थायी भाव के रूप में कुछ संवेदनाएं आदिम काल से ही मौजूद हैं, लेकिन वे अपने आप में रस की कोटि तक नहीं पहुंच जातीं। अर्थात् स्थायी भाव को रस की ऊंचाई तक पहुंचाने के लिए पूरी एक प्रक्रिया चाहिए जिसे बाद के आचार्यों ने रस-निष्पत्ति के नाम से विश्लेषित करने की कोशिश की है। यह रस-निष्पत्ति ही अंततः वह अभिव्यक्ति है जो स्थायी संवेदना को कला में परिवर्तित करती है और इसी के साथ इन दोनों में एक और बहुत ही महत्त्वपूर्ण अंतर हो जाता है। जीवन में मृत्यु की संवेदना अथवा अनुभव सदैव दुःखदायी और शोकपूर्ण होता है, लेकिन यही अनुभव जब हमें किसी चित्र, इतिहास अथवा नाटक में देख कर प्राप्त होता है तो वह ठीक इसके विपरीत आनंददायक होता है। बेशक मंच पर मृत्यु के दृश्य को किसी अभिनेता के माध्यम से अनुभूत करने पर हम भी कुछ क्षणों के लिए शोकाकुल हो जायें और आंखों से आंसू भी निकल पड़ें, लेकिन हमारी स्मृति में वे क्षण उस अभिनेता के यादगार अभिनय की सुखद स्मृति के रूप में जीवित रहते हैं और बरसों बाद भी उन्हें याद करके हमें उतना ही आनंद प्राप्त होता है।

इससे यह बात तो निश्चय ही स्पष्ट हो जाती है कि जीवन का अनुभव और कला का अनुभव दो अलग-अलग चीज़ें हैं। कला जीवन की अनुकृति होते हुए भी जीवन नहीं है, जिस प्रकार जीवन भी अपने तमाम सघन-गहन अनुभवों के बावजूद कला नहीं कहला सकता। हम चाहें तो इस प्रक्रिया की एक और व्याख्या भी कर सकते हैं, जन्म लेने के बाद हरेक आदमी को जीवन का 'ग्राफ़' सीखने के स्तर पर लगभग एक ही जैसे आगे बढ़ता है। बोलना, चलना, नक़ल करना, पढ़ना-लिखना यानी जीवन के विभिन्न अनुभवों के भीतर से गुज़रना और अपने-अपने ढंग से उन्हें अभिव्यक्ति देना, फिर वह क्या है जो एक आदमी को शिक्षक बनाता है, दूसरे को डॉक्टर, तीसरे को वकील इत्यादि। हम सीधे-सीधे कह सकते हैं कि ये सभी चुनाव

मंच प्रस्तुति क्या है? निर्देशक उस आलेख के माध्यम से क्या करना चाहता है? वह अपनी बात रखना चाहता है तो फिर स्वयं ही आलेख भी क्यों नहीं रच लेता? नाटककार की बात कहना चाहता है तो नाटककार ने तो उस बात को कह ही दिया है, फिर उसे मंच पर लाने की ज़रूरत क्यों है? यही सारे प्रश्न अभिनेता, मंच सज्जाकार, वेशभूषाकार संगीतकार ग़रज़ यह कि रंगकर्म से जुड़े हर व्यक्ति से किये जा सकते हैं और उत्तर भी तुरंत मिल जाते हैं। नाटक चूंकि अपने लिखित रूप में एक पूर्ण विधा नहीं है, इसलिए उपर्युक्त सारे कर्मियों के माध्यम से वह मंच पर अपनी पूर्णता को प्राप्त करता है। दूसरे शब्दों में नाटक एक द्विजन्मी कला है, जिसका पहला जन्म नाटक की रचना के रूप में होता है और दूसरा जन्म उसके मंचन के रूप में होता है। इस अर्थ में उसकी तुलना एक पक्षी से की गयी है तो जो पहले अंडे के रूप में और फिर उससे एक प्राणी के रूप में होता है। इन समानांतर तुलनाओं को थोड़ी देर के लिए छोड़ भी दिया जाये, नाटक के संदर्भ में यह जटिल समस्या ज्यों की त्यों वर्तमान रहती है। नाटक के जन्म को कला माना जाये अथवा उसके मंचन को कला माना जाये? नाटक के जन्म के रूप में तो वह सीधे-सीधे नाटककार का रचनाकर्म है, अतः वह उसके लिए एक कलात्मक अभिव्यक्ति के रूप में रखा जा सकता है। लेकिन उसका मंचन किसकी कलाकृति है? निर्देशक की, अभिनेताओं की अथवा अन्य रंगकर्मियों की जो उसके मंचन की प्रक्रिया से जुड़े रहे हैं। यदि इनमें से किसी एक व्यक्ति की कलाकृति मानी जाये तो वह कौन होगा? और यदि सबकी सामूहिक रचना मानी जाये तो वह कला कहां तक मानी जा सकती है? मान लीजिए, एक व्यक्ति के रूप में हम निर्देशक या अभिनेता को उसके सर्जक के रूप में स्वीकार कर लें तो एक और समस्या खड़ी होती है, नाटक के मंचन का चुनाव निर्देशक के लिए उसकी अपनी इच्छा अपनी अंत:प्रेरणा का फल है, लेकिन ठीक यही बात अभिनेताओं के संदर्भ में कैसे कही जा सकती है? उन्होंने या उस नाटक के मंचन से जुड़े अन्य व्यक्तियों ने तो स्वयं उस नाटक को मंचन के लिए नहीं चुना है और वे संभवत: एक अनुबंध के तहत उससे जुड़े हों। ऐसी स्थिति में यह सारी रचना प्रक्रिया कहां तक एक अंत:प्रेरित रचना-प्रक्रिया के रूप में मानी जाये और कहां तक एक शुद्ध अनुबंध के आधार पर तैयार की जाने वाली रचना के रूप में ली जाये? और फिर यह भी तो नितांत संभव है कि स्वयं निर्देशक ने ही पहले उसके मंचन को मात्र एक व्यावसायिक अनुबंध के तहत ही स्वीकार किया हो। यदि नाटक के मंचन से जुड़े सभी पक्षों के लिए उसकी शुरुआत एक प्रायोजित अनुबंध से ही हुई है तो फिर हम उसकी अंतिम परिणति को कला के साथ कैसे जोड़ें? जीवन-यापन और अनुबंध के रिश्ते को तो आसानी से पकड़ा जा सकता है, लेकिन वह कला के रूप में कैसे पहचाना जाये? यह अहम् सवाल अपनी जगह ज्यों-का-त्यों मौजूद रहता है। वह इसलिए कि नाटककार के स्वत:स्फूर्त अनुभव के विषय में तो कोई विवाद नहीं है, लेकिन निर्देशक

का अनुभव ठीक उसी रूप में सहज, स्वत:स्फूर्त और संवेदना प्रेरित कैसे हो सकता है, क्योंकि पहले तो उसकी रचना-प्रक्रिया में पढ़ना शामिल है फिर रचना के विषय में आत्मचिंतन, अभिनेताओं से विचार-विमर्श और अंत में बिलकुल शुरू से लेकर आख़िर तक तैयारी का सिलसिला, इस पूरे प्रकरण में सोच-समझ कर तैयार की गयी कलाकृति का बिंब उभर कर आता है अथवा एक ऐसी कलाकृति जो 'इंट्यूटिव' हो अपने जन्म या उद्‌भावना में? क्या इसीलिए प्राय: इस बिंदु पर विवाद होता रहता है कि रंगमंच को एक शुद्ध कला माना जाये अथवा मिश्रित कला? इसी से जुड़ा एक पक्ष और भी है रंगकला का जो बाक़ी सारी कलाओं के अनुभव से बिल्कुल अलग है। किसी चित्र को आप उसकी संपूर्णता में एक कैनवास पर, किसी गायक को या नर्तक को मंच पर उसकी एकांत उपस्थिति के रूप में और साहित्य को मात्र शब्दों के माध्यम से अनुभूत कर ले सकते हैं, लेकिन मंच पर एक नाटक के घटित होते समय जो भी हमारा अनुभव होता है, अंतत: वह किस स्तर पर घटित हो रहा है? मेरे कहने का तात्पर्य यह है कि जब हम कोई नाटक देख रहे होते हैं तो वस्तुत: क्या देख रहे होते हैं? एक कहानी, या कि उसका दृश्य-बंध, या कि प्रकाश-योजना, वेशभूषा, संवाद, भाषा, अभिनेता, उसकी गतियां, हावभाव, संवेदनाएं, इतना कुछ क्या देखते हुए यह सब अलग-अलग टुकड़ों में देखा जा सकता है या देखा जा रहा है या कि एक अन्विति के रूप में? और अंत में वर्षों बाद भी यदि किसी नाटक की प्रस्तुति याद रहती है तो उसकी आकृति क्या होती है?

ये सारे सवाल कला और विशेषत: अपने माध्यम को ले कर मेरे मन में इस लेख के बहाने से नहीं, वरन् इसके बहुत पहले से उठते रहे हैं और सचमुच मुझे उनका उत्तर आज तक नहीं मिला है। उत्तर नहीं मिला है, शायद इसीलिए अपने माध्यम को ले कर व्यावहारिक स्तर पर इतना क्रियाशील रहा हूं कि संभवत: विचार के माध्यम से समाधान खोजने की बजाय कार्य के माध्यम के कारण तक पहुंचना ज़्यादा आसान हो। दूसरे शब्दों में शायद इसे यों कहा जा सकता है कि दिल के रास्ते से दिमाग़ की सीमा तक पहुंचा जाये अर्थात् लगातार पढ़ने की भूख है, पढ़ते-पढ़ते बहुत-सी चीज़ें दिल को छू जाती हैं या झकझोर डालती हैं या उकसा देती हैं, उन्हें मंच पर लाने की ललक पैदा होती है। जाने-पहचाने अभिनेता मित्रों के साथ बैठ कर पढ़ते हैं, चुनते हैं, तैयार करते हैं बिना किन्हीं लंबी-चौड़ी बहसों के और जब दर्शक उसे देख कर हमें उसमें निहित नये-नये अर्थों से स्वयं हमारा ही साक्षात्कार कराते हैं तो बेहद खुशी होती है। क्या कला का मूल्य और मर्म यही नहीं है कि जो रचना अपने अर्थों में जितनी खुली होगी, वह उतनी ही शाश्वत, सार्वजनीन और सार्वकालिक होगी। यदि हम उसमें मात्र एक अर्थ की ही तलाश करते रहेंगे तो वह कितनी बासी और भोंथरी हो जायेगी!

यह मात्र अप्रासंगिक नहीं है कि मध्यकालीन जापान के परिवेश में स्थित

कहानी 'राशोमन द्वार' या उस पर सैंतालीस-अड़तालीस साल पहले बनी अकिरा कुरोसावा की फिल्म 'राशोमन' सत्य या कला के इन्हीं अलग-अलग रूपों की बेहद झकझोर कर रख देने वाली तस्वीर पेश करने वाली कलाकृति के रूप में सदैव याद रहेगी। क्या आदमी को भी कला की ज़रूरत इसलिए नहीं है कि हर आदमी अपने से बाहर की सच्चाई को अपनी दृष्टि और दृष्टिकोण से अनुभूत और व्याख्यायित करना चाहता है?

●●●